치유와 회복의 동반자

Instruments in the Redeemer's Hands
by Paul Tripp

Originally published in English under the title:
Instruments in the Redeemer' s Hands
Copyright © 2002 by Paul Tripp
Published by P&R Publishing Company
P. O. Box 817, Phillipsburg
New Jersey 08865-0817, U.S.A
All rights reserved.

Korean translation copyright © 2005 by Timothy Publishing House
Kwan-Ak P.O.Box 16, Seoul, Korea

이 책의 한국어판 저작권은 P&R Publishing Company와의 독점판권 계약에 의해
도서출판 디모데에 있습니다. 저작권법에 의하여 한국 내에서 보호를 받는 저작물이므로
무단 전재와 무단 복제를 금합니다.

건강한 교회 공동체를
세우는 상담 프로젝트

Instruments in the Redeemer's Hands

치유와 회복의 동반자

폴 트립 지음 **황규명** 옮김

길을 인도해준 형 테드 트립에게

고마움을 표합니다.

Instruments in the Redeemer's Hands

차례 ● ● ●

서문 · 8

1부 | 복음 안에서의 나 자신을 발견하라

1장. 최고의 소식: 아침에 일어나야 하는 이유 · 15
2장. 구속주(하나님)의 손에 들려서 · 39
3장. 우리는 정말로 도움이 필요한가? · 65
4장. 목표는 마음이다 · 91
5장. 마음의 갈등을 이해하라 · 115
6장. 놀라운 상담자이신 주님을 따르라 · 143

2부 | 진정한 변화를 이끄는 상담의 이론과 실제

7장. 그들의 세계에 들어감으로써 관계를 형성하라 · 171
8장. 고통에 동참함으로써 관계를 형성하라 · 207
9장. 사람들을 깊이 알아가라 · 235
10장. 변화가 필요한 곳을 발견하라 · 265

Instruments in the Redeemer's Hands

11장. 사랑 안에서 진리를 말해야 하는 이유 · 289

12장. 사랑 안에서 진리를 말하는 과정 · 319

13장. 새로운 계획을 세우고 책임 소재를 분명히 하라 · 343

14장. 그리스도 안에서의 정체성을 심어주고 책임 감독을 제공하라 · 371

3부 | 영적 깊이를 더하는 성경적 상담의 돌봄(부록)

1장. 자료 수집에 대한 새로운 관점으로 닫혔던 눈 뜨기 · 399

2장. 자료 수집을 통해 반드시 얻어야 하는 것 · 417

3장. 전략적인 자료 수집 방법 · 439

4장. 본질적 교리가 담긴 상담 과제 · 465

5장. 과제와 연관된 상담의 네 가지 측면 · 481

 서문

　하나님이 교회를 위해 제정하신 것들은 매우 놀라운 것이면서, 또한 우리에게 진지함을 요구한다. 그것은 주님이 질투에 가까운 사랑을 보이시며 결의가 굳으신 분이라는 점에서 경이로운 것이다. 그분이 자신의 백성들 안에서 이루시는 역사(役事)는 결코 실패하지 않으며, 온전해질 때까지 계속된다. 뿐만 아니라 그 사역은 '주님의 모든 백성들과 모든 시대'를 아우르는 원리를 따른다는 점에서 우리에게 진지함을 요구한다.

　하나님이 숙련된 유급 전문가의 손에 우리의 성화를 맡기셨다면 우리 대부분은 마음이 편했을 것이다. 하지만 결론부터 말하자면 그렇게 하는 것은 성경적인 모델이 아니다. 하나님의 계획은, 교회의 모든 지체들이 성실하게 참여하는 사역을 통해서 그분의 교회 전체가 그리스도 안에서 온전히 성숙하게 자라나는 것이다. 교회 지도자들은 바로 이러한 '모든 사람들에 의한, 매일의' 사역 활동에 합당하게 하나님의 백성들을 훈련하고 활용하기 위해서 은사와 임무를 부여받으며 그 자리에 임명되었다.

　이러한 성경적인 모형의 관점은 명료하다. 하나님이 우리를 부르실 때, 섬기는 종으로도 부르신다는 것이다. 즉, 그분의 구원의 손에 들린 변화의 도구로 우리를 부르신다. 그분의 모든 자녀들은 사역으로 부르심을 받은 것이고, 이들 각자는 이러한 사역이 제공하는 매일 매일의 돌봄을 필요로 하고 있다. 당신이 수천 년 동안 주님을 따른다 해도, 처음 믿은 시절에 필요했던 만큼 그리스도의 몸 된 교회의 사역이 필요할 것이다. 이러한 필요는 우리의 성화가 영광 중에 완전해질 때까지 계속될 것이다.

　이것이 바로 이 책이 말하고자 하는 내용이다. 즉, 하나님이 그분의 백성들을 어떻게 사용하시는지, 그들 자신이 변화가 필요하지만 다른 사람들에게 동일한 종류의 변화를 가져다주기 위한 도구로서 어떻게 사용되는지를 보여준다. 이 책의 목표는 단지 사람들이 서로 필요한 도움을 주고받을 때 그들의 삶이 바뀐다는 것을 보여주는 것이 아니다. 목표는, 개인이 변화하고 교회의 문화를 바꾸도록 돕는 것이다.

나는 오늘날 교회에 헌신된 성도들보다도 단순한 소비자가 훨씬 더 많다고 확신한다. 물론 조(Joe)와 셀리아(Sheila) 같은 사람이 제자 훈련이나 집사 사역처럼 특별한 교회 활동에 자발적으로 참여할 수도 있다. 그러나 이것은 신약성경이 제시하는 '모든 사람들에 의한, 매일의' 모델에 비한다면 턱없이 부족한 경우가 많다. 오늘날 교회의 소비자 중심적 경향(consumerism)은 교회의 기능을 심각하게 약화시켰다. 우리 대부분에게 교회는 단지 참석하는 행사나 소속된 조직을 의미한다. 우리는 교회를, 우리의 삶 전체를 형성하는 소명의 장으로 보지 않는다.

그런데 이 점을 한번 생각해보라. 그렇다고 해서 충분한 수의 유급 사역자를 채용하여 일반적인 지역 교회가 필요로 하는 사역을 모두 감당하는 것은 불가능할 것이다. 현대 복음주의 교회는 하나님이 참으로 현명하게 제정하신 사역 모델을 실천하기 위해, '사례를 지불하고 전문 사역자를 채용하는 수동적인 몸'의 문화를 버려야 한다. 나는 바로 그러한 목적을 의식하며 이 책을 썼다.

나는 이와 같은 저술 작업을 할 때마다 내가 얼마나 큰 특권을 누리고 있는가를 새삼 깨닫는다. 평상시 맡은 사역의 책임을 6개월 동안 내려놓고 글쓰기에 전념할 수 있었다는 것은 놀라운 선물이다. 나는 기독교 상담 재단(CCEF,

Christian Counseling and Educational Foundation)의 교수이자 책임자인 존 베틀러(John Bettler)와, 이 일을 헌신적으로 도와주었던 하나님의 백성들 모두에게 감사를 드리고 싶다. 또한 수 루츠(Sue Lutz)에게도 고맙다는 말을 빠뜨릴 수 없다. 그녀의 편집 능력은 매우 탁월하다. 나의 생각이 구체적인 문장으로 나타날 수 있도록 기꺼이 도와준 것에 대해 감사한다. 그리고 이 책을 더 유익하게 만들기 위해서 필요하다고 생각할 때마다 '쓴소리'를 마다하지 않은 것에 대해서도 진심으로 감사한다.

끝으로 한마디 하자면, 독자들이 이 책을 읽을 때 장별로 학습 안내서를 첨부하지 않은 것을 의아하게 생각할지도 모르겠다. 그 이유는 이 책이 지역 교회를 위한 교육 과정으로 개발되었기 때문이었다. '변화의 도구(Instruments of Change)' 교육 과정은 지도자용 안내서와 학습자용 지침서가 될 수 있는 열두 단원으로 이루어져 있다. 각 단원은 세 가지 초점을 가지고 있다. 첫 번째는 상담자인 우리가 알아야 하는 개념이고, 두 번째는 그러한 개념을 개인적으로 적용하는 방법이며, 세 번째는 현장에서 당신이 몸담은 관계와 사역을 위해 계획(agenda)을 짜서 적용할 수 있게 하는 방법이다.

여기서 말한 '변화의 도구' 과정이란 '마음을 변화시키며 삶을 변화시키는 교육 과정(Changing Heart, Changing Lives Curriculum)'의 첫 번째 단계다. 이 과정은 '사람들이 변화되는 과정 그리고 변화와 인간관계(How People Change and Change and Your Relationships)'라는 이름의 과정을 포함하고 있다. 여기서 말한 '마음을 변화시키며 삶을 변화시키는 과정'은 CCEF가 품고 있는 비전을 표현한다. 이 조직은 지역 교회가 하나님의 백성들을 훈련하고 구비하고 배치하여 개인 사역을 잘 감당할 수 있도록 무엇이든 도울 것이다.

만약 '변화의 도구' 과정이나 CCEF에 대해 좀더 알고자 한다면 우리 홈페이지 www.ccef.org(한국에서는 www.kibc.or.kr에서 찾아볼 수 있다 – 역자 주)를 참조해주기 바란다.

마지막으로 우리 가족들에게 꼭 감사의 말을 전하고 싶다. 아내 루엘라(Luella)는 나의 조력자이자 최고의 후원자였으며 가장 친한 친구 이상이었다. 지난 30여 년 동안 날마다 그녀의 상담 사역으로 가장 큰 유익을 얻은 사람은 바로 나였다. 하나님으로부터 받은 가르치는 사명을 어떻게 실천할 것인지 배워가고 있는 아빠를 인내로 참아주었던 것에 대해서 우리 아이들, 저스틴(Justin), 에단(Ethan), 니콜(Nicole), 다네이(Darnay)에게 너무나 감사한다.

끝으로 이 책을 읽고 있는 당신이 이 세상에서 일어나고 있는 가장 중요한 일, 구속(redemption)의 한 부분이 되라는 하나님의 부르심을 따를 때, 그분의 축복을 풍성히 받아 누리기를 기도한다.

폴 데이비드 트립(Paul David Tripp)

1부

복음 안에서의 나 자신을 발견하라

1장. 최고의 소식: 아침에 일어나야 하는 이유 **2장.** 구속주(하나님)의 손에 들려서 **3장.** 우리는 정말로 도움이 필요한가? **4장.** 목표는 마음이다 **5장.** 마음의 갈등을 이해하라 **6장.** 놀라운 상담자이신 주님을 따르라

1장 Instruments in the Redeemer's Hands

최고의 소식:
아침에 일어나야 하는 이유

    당신이 상상할 수 있는 최고로 좋은 소식은 무엇인가? 혹은 '이렇게만 되면 얼마나 좋을까?' 하는 꿈은 무엇인가? 백만장자가 되어서 꿈에 그리던 집을 사는 것인가? 항상 바라던 직업을 갖는 것인가? 그 꿈은 갑자기 배우자가 당신이 언제나 열망하던 모습으로 변하는 것일 수 있으며, 자녀가 잘 성장하여서 책임감을 갖고 살며 좋은 사람과 결혼하는 것일 수도 있다. 과연 당신에게 최고의 소식은 무엇인가?

    이 질문을 좀더 다른 방법으로 해보겠다. 당신이 아침에 일어나야 하는 이유는 무엇인가? 하루 종일 당신을 움직이게 만드는 원동력은 무엇인가? 시간, 재능, 에너지를 기꺼이 쏟을 만한 가치 있는 일은 무엇인가? 핵심으로 붙들고 전체 인생을 설계할 만큼 가치 있고 의미 있는 일은 무엇인가?

이 책은 지금까지 인간이 들을 수 있었던 최고의 소식에 관한 것이다. 다시 말해 우리가 비록 타락한 세상에 사는 결점투성이임에도 불구하고, 우리가 하는 모든 일을 가치 있게 만드는 매우 의미 있는 소식에 대해 이야기한다. 이 소식은 환상이나 꿈 혹은 비현실적인 기대와는 거리가 멀다. 오직 역사적 사실과 현실에 근거한다. 이 소식은 삶을 변화시키는 희망과 함께 매우 현실적이며 거친 인간의 상황 속에 침투한다. 그리고 정말로 삶을 걸 만한 가치가 있는 유일한 것이다. 이 소식은 바로 복음(good news)이다!

복음을 '알기' 위해서는 하나님의 이야기를 이해해야 한다

하나님이 세상을 창조하시고 난 후에 짧은 시간 동안이지만 완전한 사람들이 하나님과 완전한 결합을 이루며 완전한 세상에서 거닐고 있었다. 각종 동물들이 공중과 땅과 바다에 가득 찬 풍성하고 풍요로운 환경이었고, 모든 육체적 필요와 영적 필요가 충족되었다. 아무도 굶주리지 않았고, 두려운 질병도 없었다. 동산에서는 잡초와 가시라는 것을 찾아볼 수도 없었다.

남자 아담과 여자 하와는 서로 완전한 결합을 이루며 살고 있었다. 그곳에는 불건전한 경쟁도, 권력 싸움도, 복수 혹은 비난도 없었다. 은밀한 계획이나 거친 말, 두려움, 죄, 수치, 권위에 대한 반항도 없었다. 그곳에는 이해와 온전한 의사 소통, 사랑만이 존재했다.

또한 그곳에는 정체성이나 불안, 침체, 중독과의 싸움이 없었으며, 극복해야 하는 개인의 고통스러운 과거도 없었다. 다음에 무슨 일이 일어날 것인가에 대한 두려움도 없었고, 혼란스러운 동기도 없었으며, 과도한 욕망과의 싸움도 없었다. 그리고 죄의 유혹도 없었다.

그 대신 하나님과의 완전한 결합이 있었다. 사람들은 그들이 창조된 목적대로 사랑하고, 예배하며, 순종하였다. 그들은 자신을 만드신 분과의 완전한 친교를 누리면서, 날이 서늘할 때에 실제로 하나님과 동산을 거닐었다. 그들은 하나님이 만드신 것을 다스리도록 그곳에 배치된 하나님의 상주 관리자로서, 그들의 일을 잘 감당하고 있었다. 하나님이 그들을 질책하실 이유가 없었고, 그들이 고백해야 할 죄도 없었다. 모든 것이 좋았고, 매일매일이 그러하였다. 우리에게 죄의 흉터가 생겨난 이후로 우리가 상상할 수 있는 그 어떤 것보다 더 좋은 삶이었다.

그러나 안타깝게도 그것은 오래 지속되지 못했다. 지금까지 인간의 행동 중에서 가장 치명적인 반역 행위를 저지름으로써, 남자와 여자는 하나님이 정하신 계획을 벗어나게 되었다. 그러고는 모든 것이 무너졌다. 세상의 경이로운 아름다운 모든 곳에 영구적이면서도 깊은 흉터가 새겨졌다.

즉시 두려움과 죄, 수치가 인간 경험의 표준이 되었다. 완전한 조화 속에 살았던 사람들은 이제 서로 비난하고, 속이고, 싸워 지배하려고 했다. 죽음과 질병이 매일의 관심사가 되었다. 사람들은 악한 것을 열망하고, 옳지 않은 일들을 하기 시작했다. 하나님의 권위에 복종하기보다는 그들 자신의 신(神)을 따라 살게 되었다. 한때 온전한 찬양을 부르던 세상은 이제 타락의 무게에 짓눌려 신음하게 되었다.

죄는 모든 생각, 욕망, 말, 행위를 변화시켰다. 그것은 두 마음을 품은 세상과 혼란스러운 동기, 자기 숭배와 자아 도취를 불러일으켰다. 세상 사람들은 섬김받기만을 바랐고 남을 섬기는 것을 싫어했다. 그들은 지배력을 갖기 원했고, 자기 만족이라는 망상을 키워나갔다. 자신들의 창조주를 잊었고 대신 그분의 피조물을 숭배했다. 사람을 사랑하기보다는 물질을 더 사랑하며, 그것을 축적하기 위해 오히려 사람들을 이용했다. 심지어 인류의 두 번째 세대는 살인도저질렀다. 그들은 거짓말하고 속이며 숨기고 자신의 행동을 부인하기 시작했다. 사람들은 순간적인 경솔함에서부터 말할 수 없는 신체적 학대, 성적 학대 행위에 이르기까지 다른 사람들에 의해 고통받았다. 처음으로, 사람들은 내면에서 오는 슬픔과 외부에서 오는 고통 때문에 울었다.

이제 하나님이 죄로 황폐해진 그분의 세상을 보셨다. 그분은 이 세상을 그 상태로 놓아두기를 원하지 않으셨고, 그래서 한 가지 계획을 고안하셨다. 그 계획을 이루는 데 수천 년이 걸린다. 그것은 자연의 힘을 이용하고 인간 역사의 흐름을 통제하는 것을 의미하였다. 그러나 그분은 이것을 하실 수 있었다. 사실 타락의 순간부터 여러 세대를 거치는 동안 그분은 모든 것을 지배하셨고 그래서 이전에 매우 끔찍하게 손상되었던 것을 바로잡으셨다. 즉, 하나님은 매우 적절한 시기에 이 세상 속으로 그분의 유일하신 독생자를 보내셨던 것이다.

이제 최고의 소식을 위하여

이러한 복음은 처음에 너무나 간결하게 공표되어서 간과되기 쉬울 것이다. 이것은 마가복음의 서두에 단지 짧은 몇 문장으로 언급되어 있다. 그러나 이는 예수님이 오신 이유를 충분히 요약한다.

마가는 예수님의 말씀을 이런 식으로 기록했다. "때가 찼고 하나님 나라가 가까웠으니 회개하고 복음을 믿으라"(막 1:15). 이것이 그저 예수님의 자기 소개 방식이라고 생각하기 쉽지만 그분의 선포는 그 이상의 의미를 담고 있다. 그것은 이 타락한 세상의 거친 현실을 견디어내고 있는 우리 모두에게 아침에 일어나야 하는 유일하고 타당한 이유를 제시한다. 그리고 놀랄 만큼 실제적이고, 너무나도 개인적인 희망을 준다.

그 소식은 이러한 말씀으로 시작한다. "때가 찼고." 그리고 예수님은 말씀하신다. "이것이 바로 하나님이 지금까지 해오신 일이다. 모든 역사가 이 한 순간을 향하여 움직여왔다." 하나님은 인류에 대한 관심을 잊지도 않으셨고 잃어버리지도 않으셨다. 사실 그 끔찍한 첫 번째 타락 이후로 그분은 오늘날까지 이 세계를 이끌어오셨다. 무의미하고 통제 불가능한 것처럼 보인 것은 사실 하나님의 놀라운 구속 이야기가 펼쳐지는 과정이었으며, 이것은 그리스도의 오심으로 정점에 이르렀다.

생각해보라. 구약에 기록된 좋은 일들과 나쁜 일들은 모두 한 가지 목적을 가지고 있었다. 모든 전투, 여행, 시련, 왕국, 계시, 기적뿐만 아니라 모든 정치적이고 개인적인 음모조차도 이 시점까지 세상을 이끄신 하나님의 깊은 계획의 일부였다. 마가복음에 그 말씀이 기록되기보다 훨씬 오래전에 하나님은 백성들에게 자신이 깨어진 것을 회복시킬 것이라고 말씀해오셨다. 그러나 그들은 거의 이해하지 못했다. 예수님은 다음과 같이 말씀하심으로 그분의 사역을 시작하신다. "이제 드디어 일어난 이 일을 이해하겠느냐? 지금이 예언자들이 예언했던 때, 희미하던 소망이 밝은 현실로 나타나는 바로 그때인 것이다. 때가 왔다!"

그렇다면 다음과 같은 질문을 해보자. 무엇을 위해서 때가 찬 것일까? 예수님은 하나님 나라가 가까웠음을 선언하신다. 이것은 "나는 왕 중의 왕이며, 친히 나의 나라의 권능을 가지고 이곳에 왔다"라고 선언하는 것이다. 성경의 다른 구절에서 그리스도는 자신의 나라가 정치적인 것이 아니며 세상의 지배도 받지 않는다는 것을 분명히 하셨다. 그래서 그분은 그 나라를 '너희 안'에 있는 나라라고 지칭하셨다(눅 17:20-21). 하나님의 구원 방법은 정치적인 혁명이나 물리적인 전쟁에 의한 것이 아니었다. 최초의 싸움은 인간의 마음에서 일어났고 하나님은 승리하셨다.

자아에 몰입하는 문화에 사는 우리는 이 나라의 위대함을 볼 필요가 있다. 우리의 필요들과 욕구들의 크기로 그 나라를 축소시킬 수 없다. 그 나라는 우리를 개인적인 상황과 관계로부터 멀리 떨어뜨려 놓는다. 그 나라의 왕은 우리의 계획을 이루기 위해 오신 것이 아니라, 우리가 상상할 수 있는 어떤 곳보다 더 놀랍고 영광스럽고 굉장한 곳으로 우리를 이끌기 위해 오셨다. 이러한 굉장한 목적을 이해하는 최고의 방법은 영원에 대하여 듣는 것일 수 있다. 요한계시록 19장 6-8절에, 구원받은 허다한 무리가 보좌 앞에 서서 '많은 물소리도 같고 큰 뇌성도 같은' 목소리로 외치는 장면이 나온다.

"할렐루야!
주 우리 하나님 곧 전능하신 이가
통치하시도다
우리가 즐거워하고 크게 기뻐하여
그에게 영광을 돌리세
어린 양의 혼인 기약이 이르렀고
그 아내가 예비하였으니
그에게 허락하사
빛나고 깨끗한 세마포를 입게 하셨은즉
이 세마포는 성도들의 옳은 행실이로다."

그들이 무엇을 찬양하고 있는지 생각해보라. "나는 그 직장을 얻었어! 나의 결혼은 환상적이었어! 내 주변에는 멋진 친구들과 잘 자란 아이들이 있었어"가 아니다. "나는 우울증을 이겨내고 두려움을 극복했어"도 아니다. 다음의 두 가지 내용이 모여 있는 무리의 마음을 빼앗았다. 첫 번째는 그리스도가 최후의 승리를 거두셨다는 것이다. 그분의 뜻은 이루어졌고 그분의 계획은 성취되었고 어떠한 도전도 없이 영원히 만물을 통치하신다. 하나님은 그분의 영광에 대한 열정을 품고 그분의 통치하심 속에서 궁극적인 위안을 찾는 사람들을 모으셨다. 그들은 신앙을 따르고, 큰 대가를 치르면서 순종하고, 희생하며 고통받지만 후회의 기미를 조금도 내비치지 않는 사람들이었다. 그들은 구속주의 인격과 통치하심 속에서 영원한 만족을 발견하였다.

두 번째로 영광스러운 일은 최후의 잔치인 어린 양의 혼인 잔치가 마침내 벌어졌다는 것이다. 그들은 자신이 혼인 잔치에 초대받은 자가 아니라, 바로 신부라는 것을 깨닫고 천둥과 같은 소리로 감격스럽게 외쳤다. 그들은 세마포 옷을 입고 서 있었다. 뿐만 아니라 죄의 흔적과 결점이 모두 사라졌다. 불법의 잔재가 모두 사라져버렸다. 그들은 마침내 그리고 영원히 깨끗해졌다. 마침내 순전하고 거룩한 신랑 앞에 서게 된 것이다.

영원에 대해서 들을 때 우리는 그 나라가 하나님이 사람들을 근본적으로 변화시키는 것과 관련된다는 점을 깨닫게 된다. 그러나 우리의 문화가 전제로 삼는 그런 자아 도취적인 의미에서가 아니다. 정반대로 그리스도는 그렇게 위축되고 제한된 세계관에 몰입해 있는 우리 자아를 깨뜨리고, 삶을 걸 가치가 있는 유일한 목적을 우리 마음에 불러일으키러 오셨다. 그분의 나라는 그분의 영광을 드러내는 것과 거룩한 사람들에 관한 것이다. 이것이 그분이 오셨고 사셨으며 죽으셨고 부활하시면서 이룬 놀라운 변화다. 그분이 우리에게 주신 삶과 일이 그렇지 않았다면 우리는 일시적인 영광을 추구했을 것이다. 이제 하나님 나라의 목표는 우리의 마음을 통제하고 우리의 삶을 변화시키는 것이다.

그리스도가 복음을 회개의 촉구와 연결하신 점을 좀더 주의해서 살펴보자. 성경은 회개를 정의하면서, 한 사람의 삶의 방향에 근본적인 변화를 일으키는, 마음의 근본적인 변화라고 한다. 이것은 오직 변화시킬 능력이 있어야만 가능한 것이다. 죄악에 빠져 있는 사람들에게 변화할 수 있는 능력을 제공하지도 않으면서 회개하도록 요구하는 것은 얼마나 잔인한 일인가! 그러나 이것이 복음 메시지에서 가장 흥미로운 부분이다. 예수님이 말씀하신다. "내가 왔기 때문에 지속적인 마음의 변화가 일어날 수 있다." 그렇다. 세상은 완전히 깨졌지만 왕은 그분 나라의 권능과 영광을 지니고 오셨다!

당신은 전혀 극복할 수 없는 특별한 죄에 빠져 있을 수 있다. 어쩌면 절망적으로 산산조각 난 공동체의 일원일 수도 있다. 아니면 결혼 생활이 하나님의 선하신 계획에 전혀 미치지 못하는 상태일 수도 있다. 혹은 어디를 가든지 고통스러운 과거의 기억들을 짊어지고 다닐 수도 있다. 어쩌면 당신은 냉소적으로 변해버린 선한 의도, 지키지 못하는 약속, 산산이 깨어진 희망과 꿈으로 인해 지쳐 있을 수도 있다. 이처럼 변화에 대한 간절한 필요는 우리 삶 주위와 우리 마음속에 깊이 자리잡고 있다.

그런데 우리의 마음을 지배하고 있는 죄는 모든 것을 좀더 복잡하게 만든다. 죄는 사랑을 변형시켜 이기적인 욕망이 되게 한다. 예를 들어 하나님이 세우신 온전한 가정 안으로 죄가 들어오면, 가정은 인간에게 가장 깊은 상처를 줄 수 있는 장소로 변한다. 죄는 일터를 부패하게 만들고, 정부를 타락하게 만들며, 심지어 교회를 더럽게 만든다. 그리고 그날의 끝에는 죽음이 이른다.

죄는 인간 마음속에 자리잡고 있기 때문에 인간은 죄로부터 도망칠 수 없다. 자신이 배운 모든 것들이 죄의 능력으로 뒤틀린다. 인간은 죄를 극복할 수 없으며 벗어날 수도 없다. 심지어 도망가기 위해서 움직일 수조차 없다. 이것이 바로 "왕이 오셨다"는 사실이 우리에게 최고의 소식이 되는 이유다.

진정, 변화는 가능하다! 당신은 죄의 가혹한 실제 가운데 있으면서 당신 자신을 절대 실망시키지 않는 소망을 가질 수 있다(롬 5:1-5). 결혼 생활이 변화될 수 있다. 십대 청소년이 변화될 수 있다. 교회가 변화될 수 있다. 그리고 교우 관계가 변화될 수 있다. 괴로움이 사라지고 억지로 하는 마음이 없어지며 두려움을 이길 수 있다. 돌처럼 굳은 마음이 부드러워지고 이전에는 신랄했던 비판의 말들이 다정한 위로의 말로 변할 수 있다. 과거에는 완전히 자아도취에 빠졌던 사람이 이제는 사랑으로 다른 사람을 섬길 수 있다. 한마디로 사람들은 타락하지 않으면서 능력을 가질 수 있는 것이다. 그리고 가정은 안전과 사랑과 치유의 장소가 될 것이다. 이 모든 변화는 왕이 오셨기 때문에 가능하다!

이 모든 것 안에서 하나님의 궁극적인 목적은 그분 자신의 영광이다. 그리스도는 사람들을 원래 지음받은 목적대로 회복시키기 위해서 오셨다. 즉, 그들 삶의 모든 부분에서 그분을 경배하고 순종하며 살게 하려는 것이다. 그분은 죽은 마음에 생명을 불어넣음으로써 이것을 성취하셨는데 이로 말미암아 우리는 그분이 필요하다는 것을 느끼게 되었다. 그분은 세상의 법을 지키면서 죄 없이 사셨다. 그러나 죄에 대한 형벌로 생명을 버리셨고 따라서 우리는 완전히 용서받을 수 있게 되었다. 그분은 우리가 그분의 자녀로서 모든 권리와 특권을 누리게 하시면서 우리를 그분의 가족으로 택해주셨다. 또 매일 우리를 그분 자신의 형상으로 빚으시고, 그분의 은혜로 말미암아 우리가 옳은 일들을 하게 해주신다. 그분의 성령은 우리 안에 내주하면서 죄를 깨닫게 하시고 진리를 조명하시며 순종할 능력을 주신다. 그분은 그리스도의 몸 안에 있는 어떤 곳, 우리가 배우고 성장할 수 있는 곳에 우리를 보내주신다. 그분의 영광과 우리의 유익을 위해 모든 사건을 다스리신다. 우리가 그분의 영원하고 구속적인 사랑의 대상이 되게 하신다.

성경은 이러한 변화를 '구속'이라고 부른다. 우리는 단지 변화되었을 뿐만 아니라 '하나님께로 돌아가서' 회복되었다. 이것이 다른 모든 변화를 가능하게 한다.

우리가 전하는 소식은 복음이 되어야 한다

예수님이 제자들에게 그분의 이름으로 사역할 임무를 주시면서 선포하라고 명하신 메시지는 이것이다. 죄와 싸우고 있는 우리 자신을 발견했을 때에도, 극복할 수 없는 일들로 인해 곤경에 처한 것처럼 보이는 사람들을 도울 때에도 이것이 우리의 메시지가 되어야 할 것이다. 우리는 성심을 다해 다음과 같이 선포해야 한다. "소망은 오직 왕 중의 왕이신 예수 그리스도 안에서만 발견된다. 그분 안에서만 마음이 지속적이고 개인적으로 변화될 수 있다." 이 외의 다른 메시지는 그릇된 소망을 조장할 뿐이다.

사람들은 이 타락한 세상의 삶과 씨름하면서 종종 자신의 삶에 대한 설명을 얻을 수 있기를 원한다. 하지만 그들에게 정말로 필요한 것은 비전을 갖는 것이다. 또한 사람들은 그저 자신이 처한 상황이 좋아지기만을 원하기 때문에 전략이나 기술, 원리를 중요시 여긴다. 그러나 하나님은 그보다 더 많은 것들을 제공하신다. 사람들은 가족, 이웃, 친구, 도시, 직업, 역사와 교회를 바라보아야 하며 하나님 나라를 기대해야 한다. 보이진 않지만 실제로 있는 것을 볼 수 있는 능력, 즉 비전이 필요한 것이다. 바울은 바로 이것에 시선을 고정시켰다 (고후 4장). 한 도시를 바라보아야 하고, 치열한 영적 싸움 가운데 하나님과 연합하여 살기 위해 모인 구원받은 영광스러운 무리를 보아야 한다. 그들은 자기 자녀를 바라보며, 구원자이신 하나님이 자녀들의 마음이 그분 자신의 것이 되기를 원하신다는 것을 알아야 한다. 역사를 자세히 살펴보고 하나님이 그분의 목적을 이루시는 것을 보아야 한다. 또한 인간 존재의 빛나는 소망을 바라보아야 한다. 사람들은 하나님을 알고 사랑하고 섬길 수 있다. 그들은 그분과 영원히 교제할 수 있고 다른 방법으로는 불가능한 사랑의 공동체를 만들 수 있다. 이 모든 것은 왕이신 하나님이 그분의 사랑과 은혜를 베풀어주셨기 때문에 가능하다.

우리는 죄성을 가지고 있어서 창조주를 떠나 그분의 피조물을 섬기려고 하는 자연스러운 성향을 가지고 있다. 우리는 인격자이신 하나님 안에 있는 소망으로부터 멀어져서 제도와 사상과 사람들 혹은 소유물에서 소망을 찾으려고 한다. 진정한 소망이 되시는 그분은 우리의 얼굴을 바라보고 계시지만 그러나 우리는 그분을 알아차리지 못한다. 그 대신에 작은 통찰이라도 얻을 수 있는가 해서 인간 사상의 언덕을 파헤치고 있을 뿐이다. 그러고는 마침내 어떤 변화를 일으킬 수 있는 열쇠를 발견했다고 말한다. 우리는 그 통찰에 따라 행동하면서 인격이 지속적으로 변화할 수 있다는 유혹에 빠지게 된다. 그러나 얼마 되지 않아서 실망하고 만다. 그런 식의 변화는 문제의 핵심을 간파하는 데 실패한 일시적이고 표면적인 양상일 뿐이다. 그래서 우리는 이번에는 좀더 올바른 장소에서 파헤쳐야겠다는 결심을 하고 다시 그 언덕으로 돌아간다. 우리는 이전보다 좀더 심오하게 보이는 또 다른 통찰을 발견한다. 찾았다! 그런 다음 그것을 가지고 집에 돌아와서 연구하고 실천에 옮긴다. 그러나 결국에는 항상 같은 자리에 있음을 알게 된다.

복음은, 마음을 변화시키는 도움이 결코 그 언덕에서 발견될 수 없다는 사실과 마주치게 한다. 그것은 오직 한 사람, 예수 그리스도에게서만 발견될 수 있을 뿐이다. 우리는 사람들에게 구속의 체계, 즉 통찰과 원리의 체계를 제공해서는 안 된다. 우리는 사람들에게 구속자이신 주님을 제공해야 한다. 우리는 그분의 능력 안에서 가장 강력한 적들을 이기기 위해 필요한 소망과 도움을 발견한다. 소망은 지속적인 변화의 유일한 실제 수단인 구속자의 은혜 가운데 있는 것이다.

이것이 우리 문화의 심리학의 체계를 따르는 사람들과 성도들이 구별되는 점이다. 세상은 근본적으로 하나님을 배척하기 때문에 사람들에게 어떤 종류의 체계만을 제공할 수 있다. 그것은 소망을 관찰의 체계, 일련의 통찰 혹은 과정의 단계들로 격하한다. 그렇지만 상담자인 우리는 절박한 마음으로 언덕을 파헤치면서 소망을 찾을 수 있는 삽을 간절히 구하고 있는 사람들을 만난다. 우리는 부드럽게 그들을 그 언덕에서 떠나게 하여 기쁜 마음으로 예수 그리스도를 향하게 한다. 이것이 개인 상담 사역의 핵심이다.

그러나 마땅히 섬겨야 할 대상을 왕 되신 하나님에서 피조물로 대치하려는 우리의 성향은 쉽게 사라지지 않는다. 이것은 우리가 성경에서 답을 찾을 때에도 나타난다. 우리는 '이 문제에 관한 구절을 어디에서 찾을 수 있을까?'라는 생각을 하며 성경 말씀을 대한다. 우리는 말씀 속의 원리들이 제공하는 유일한 소망이 오직 한 분 예수 그리스도 안에 있다는 것을 잊어버린다. 그리고 성경 말씀이 백과사전이 아니며 소망이 없는 무기력한 인류를 구원하시려는 하나님의 계획에 관한 이야기라는 것을 잊어버린다. 다시 말하지만 성경은 자기 만족과 헛된 지혜로부터 벗어나, 예수님이 중심이 되시고 진정한 소망이 되시는 살아 계신 하나님 나라로 이동된 사람들에 관한 이야기다.[1]

우리는 성경 말씀을 일련의 치료 기법적인 통찰로 간주해서는 안 된다. 말씀의 메시지를 그렇게 왜곡하면 지속적인 변화로 나갈 수 없을 것이다. 만약 어떤 체계가 우리가 필요로 하는 것을 줄 수 있다면 예수님은 오시지 않았을 것이다. 그러나 그분은 우리의 잘못을 다른 방법으로는 고칠 수 없기 때문에 오셨다. 그분만이 유일한 답이며 따라서 우리는 복음 외에 다른 메시지를 제공해서는 안 된다. 우리는 사람들에게 체계를 제공하지 않는다. 우리는 그들에게 구속자를 가리킨다. 오직 그분만이 소망이 되신다.

왜 소망이 한 사람에게 있는가

만약 당신이 누군가를 도우려고 한다면 무엇이 잘못되었으며, 그것을 어떻게 고칠 수 있는지 알 수 있어야 한다. 당신이 자동차 정비사에게 가는 것은 그 사람이 당신 차가 왜 고장났으며, 어떻게 해야 다시 잘 쓸 수 있는지를 결정할 수 있기 때문이다. 사람의 인격적 변화에 대한 신뢰할 만한 관점을 갖는 것도 이와 같다. 즉, 그 사람들에게 무엇이 잘못되었는지 그리고 그들이 변화하기 위해서는 무엇이 필요한지를 정확하게 진단해야 한다.

이것이 바로 우리 문화가 완전히 잘못되어 있는 점이다. 이 세상은 사람에 대한 성경의 관점을 부인하면서 '무엇이 잘못되었는가?' 라는 질문에 정확하게 대답할 수 있다는 희망을 모두 거부해버린다. 그런데 만약 이 질문에 잘못 대답한다면 어떻게 적절한 해결책을 제공할 수 있겠는가?

나는 다음과 같은 의문을 가져본다. 왜 사람들은 현재 하는 행동을 계속하고 있는 것일까? 나의 문제는 근본적으로 어떤 지식이 있고 없음에 기인하는가? 그렇다면 잘 연구된 논리적인 통찰들은 해결책을 제공할 수 있을까? 아니면 나의 문제는 근본적으로 경험과 관련된 것인가? 나의 과거를 다루면 내 문제가 해결될까? 아니면 나의 문제는 근본적으로 생물학적인 것인가? 화학적 균형을 이루면 나의 문제를 해결할 수 있을까? 혹은 이러한 모든 것 이면에 훨씬 깊은 문제가 있는 것은 아닐까? 이 마지막 질문에 대한 성경의 대답은 명확하다. 바로 "그렇다"라는 것이다.

성경은 내가 진정 알아야 하는 것을 모르고 있다는 점에서 나의 문제는 어떤 지식이 있고 없음과 관련된다는 것에 동의할 것이다. 성경은 또한 우리의 경험들이 영향을 미친다는 것을 확언한다. 우리의 핵심 문제가 경험에 선행하며 더 심오한 것과 관련된다는 입장을 밝히면서 말이다. 그리고 우리의 육체적 본성과 영적 본성 사이에 복잡한 상호 작용이 있다는 것을 인정하기는 하지만 우리의 핵심적인 문제를 생물학적으로 설명하려 들지는 않는다. 이러한 의미에서 성경은 근본적으로 우리의 문화와 구별된다.

성경은 우리의 핵심 문제, 우리가 현재 하고 있는 행동을 계속하고 있는 근본적인 이유는 죄라고 말한다. 성경은 죄에 대해서 무엇이라고 말하고 있는가? 성경은 죄를 결과적으로 행동을 초래하는 상태로 정의하고 있다. 우리 모두는 죄인이며 이것 때문에 우리 모두는 죄악된 행동을 한다. 우리의 핵심적인 문제가 우리의 경험에 선행된다고 말하는 이유가 여기에 있다. 다윗은 시편 51편에서 이것을 잘 포착했다. "내가 죄악 중에 출생하였음이여 모친이 죄 중에 나를 잉태하였나이다"(5절). 여기서 다윗은 "나는 근본적인 문제를 가지고 태어났다. 나는 처음으로 무엇인가를 경험하기 훨씬 전부터 이 문제를 가지고 있었다. 인간으로서 기능하는 방식에 근본적인 영향을 미치는 나의 내적 자아에 무언가 잘못된 것이 있다"라고 말하는 것이다. 이 말에는 엄청난 뜻이 담겨 있다. 죄는 인간으로서의 나의 본성이기 때문에 피할 수 없다. 죄는 내가 생각하고 말하고 행동하는 모든 것에서 나타난다. 죄는 나의 열망과 권위에 대한 반응과 결정을 이끌어갈 것이다. 나의 가치관을 바꾸고 나의 소망과 꿈을 조종하며 내가 내리는 모든 해석을 확정지을 것이다.

만약 당신이 자신의 어려운 문제를 다루거나, 어려움에 처한 다른 사람을 돕고자 한다면 먼저 잘못된 생각을 바로잡아야만 한다. 그렇다. 먼저 과거의 고통 그리고 육체가 원활하게 기능하지 않는 상황들을 다루어야 한다. 그러나 좀더 나아가야만 한다. 그들이 이러한 모든 경험들을 왜곡하는 죄를 극복하도록 도와야만 한다. 두 가지 사례를 통해 살펴보기로 하자.

파멜라(Pamela)는 매우 학대하는 가정에서 태어났다. 하루 중 최악의 시간은 아버지가 직장에서 집으로 돌아올 때였다. 파멜라는 자신을 보호하기 위해 집에 있지 않거나 자기 방에 안전하게 숨어 있곤 했다. 이것은 매우 치명적인 영향을 미치는 경험이다. 우리는 파멜라와 함께 눈물을 흘려야 하며 그녀에게 가해진 잘못된 행위에 분노해야 한다. 그러나 우리는 여기에서 한 번 더 생각해야 한다.

파멜라의 현재 갈등을 살펴보면, 그녀의 문제가 단지 그녀의 경험이 아니라 그녀가 그것을 다루는 방식이라는 것을 깨닫게 될 것이다. 파멜라는 매사 통제하려 들기 때문에 다른 사람과 함께 일하거나 친구를 사귀기가 힘들다. 늘 다른 사람과 다투고, 자신이 옳다는 것을 인정해주길 요구한다. 그녀는 다른 사람들이 자신을 어떻게 생각할까에 집착하며, 그 생각은 다른 사람들과의 모든 상호 작용에 영향을 미친다. 그녀가 끊임없이 되뇌이는 질문은 '그들은 속으로 나를 어떻게 생각하는가?' 였다. 그녀는 비판적이고 쉽게 판단하며, 그로 인해 남에게 유익을 끼치는 경우가 좀처럼 없다.

하지만 파멜라가 당신과 이야기할 때면 깊은 고통을 가지고 있는 사람으로 나타난다. 그녀는 계속 거절당한 느낌, 혼자라는 기분에 대해서 이야기한다. 그녀는 사람들이 자신을 위협적인 존재로 여긴다고 잘못 생각하며, 아무도 자신의 의견을 존중하지 않는다고 느낀다.

파멜라에게 무슨 일이 일어난 것인가? 그녀가 현재 겪고 있는 문제들은 모두 과거의 결과인가? 분명히 그 이상이다. 파멜라는 과거에 대한 두려움과 싸우고 있을 뿐만 아니라 자신이 그것을 다루는 방식과도 씨름하고 있다. 여기서도 성경이 우리를 깨달음으로 인도한다. 만약 죄가 우리 본성의 일부라면, 우리의 과거뿐만 아니라, 우리가 자신의 과거를 다루는 방식을 죄가 어떻게 왜곡하는지도 다루어야 할 것이다. 그것은 우리가 우리의 과거를 다루면서 동시에 우리의 죄를 다룰 때에만 도움이 주어질 것이다. 이것은 본질적인 문제인데 왜냐하면 죄인들은 자신에게 저질러진 죄에 대항해 죄악된 방식으로 반응하는 경향이 있기 때문이다.

파멜라와 우리의 유일한 희망이 구속자이신 하나님인 이유가 여기 있다. 우리는 우리의 죄성으로부터 벗어날 수 없다. 우리에게는 사랑과 격려와 정보와 통찰 그 이상이 필요하다. 우리에게는 구원이 필요하다. 그 외에 어떤 것도 우리에게 정말로 무엇이 잘못되었는지 말해주지 않을 것이다.

두 번째 사례로 잭(Jack)의 경우를 생각해보자. 잭의 아버지는 교회에서 활동적인 장로이며 그의 어머니는 교회 사역에 헌신적인 성도였다. 잭은 매일 가정 예배를 드리면서 삶의 경험을 나누는 좋은 기독교 가정에서 자랐다. 잭의 아버지는 열심히 일했고 매우 성공한 사람이었다. 그의 부모는 서로 좋은 관계를 유지했고, 자녀들과도 의사 소통이 잘되는 사람들이었다. 잭은 기독교 학교에 다녔고 그의 부모는 좋은 대학에 보내줄 수 있는 경제적 여유가 있었다. 그런데 잭은 모든 것이 마음에 들지 않았다.

잭과 이야기를 나눌 무렵 그는 이 직장, 저 직장을 전전했고 결혼도 두 번이나 한 상태였다. 그는 확실히 분노하고 있었다. 그는 일이 돌아가는 것을 잘 아는 사람의 말을 들어주지 못하는 바보들의 세상에서 살고 있다고 불평했다. 그는 직장을 잃은 이유가 자신이 회사 일을 다른 누구보다도 더 많이 알고 있어서 직장 상사들이 위협을 느꼈기 때문이라고 말했다. 그리고 이혼한 이유는 감정적으로 연약했던 이전 부인들이 자신감 있고 자기 통제를 잘하는 사람과 사는 것을 감당하지 못했기 때문이라고 생각했다.

잭의 현재 삶은 가정 환경의 영향을 받은 것일까? 물론 그렇다! 그러나 여기에서 좀더 나아갈 필요가 있다. 잭은 근본적으로 자신과 싸우고 있다. 죄는 고통에 악한 방식으로 반응하게 하며, 축복에 대해서도 그렇게 하게 만든다. 영리한 아이는 모자란 아이를 놀린다. 운동을 잘하는 아이가 몸이 둔한 아이를 놀린다. 우리 안에 어떤 것이 너무나 잘못되어서 축복조차 제대로 다룰 수가 없는 것이다.

잭에게는 통찰 이상의 것이 필요하다. 그는 자기 자신으로부터 구원받을 필요가 있으며 이것을 위해서 구속자가 필요하다. 어려움에 처한 사람들에게 단순히 과거를 다루는 방식에 대한 체계나 조언만을 제공할 수 없는 이유가 여기에 있다. 우리는 그들에게 강력하신 하나님, 현재에도 살아 계신 구속자를 알려주어야만 한다. 그분만이 우리의 유일한 희망이다. 그분은 우리를 위하여 죄를 정복하셨다! 그분은 우리에게 마음을 변화시키고 삶을 바꾸는 은혜를 기쁜 마음으로 주셨다!

이 때문에 바울은 골로새서 2장 8절을 강조해서 말한다. "누가 철학과 헛된 속임수로 너희를 노략할까 주의하라 이것이 사람의 유전과 세상의 초등 학문을 좇음이요 그리스도를 좇음이 아니니라." 세상의 철학이 기만적인 이유는 약속한 것을 지킬 수 없기 때문이다. 그것이 잘 연구되고 논리적으로 제시될 수는 있으나 그리스도를 중심으로 삼고 있지는 않다. 죄가 잘못된 것이기 때문에 진정한 소망과 도움은 오직 그분 안에서만 발견될 수 있다. 다른 어떠한 해답도 공허한 것으로 입증될 것이다.

죄가 우리에게 행사하는 영향력

죄는 궁극적인 질병으로서 어떤 의미에서는 큰 정신병이라고도 할 수 있다. 당신 스스로의 힘으로 도망가거나 이길 수 없다. 주위를 살펴보라. 그러면 모든 곳에서 죄의 흔적을 볼 수 있을 것이다. 죄는 충분히 복잡해진 것을 더 복잡하게 만든다. 타락한 세상에서의 삶은 하나님이 이전에 의도하셨던 것보다 더 고되다. 그리고 죄는 그 삶을 더욱 힘들게 만든다. 우리는 고통, 질병, 낙심이

나 죽음보다 더 많은 것을 다루게 된다. 우리의 가장 근원적인 문제는 경험적이거나 생물학적이거나 관계적인 것이 아니다. 그것은 모든 것을 변화시키는 도덕적인 성격의 문제다. 죄는 우리의 정체성을 왜곡하며 우리의 시각을 바꾸며 우리의 행동을 탈선시키며 우리의 소망을 빼앗아버린다. 모세는 홍수를 앞둔 사람들의 문화에 대해 기록하면서 다음 사실에 주목했다. "여호와께서 사람의 죄악이 세상에 관영함과 그 마음의 생각의 모든 계획이 항상 악할 뿐임을 보시고"(창 6:5). 이것이 바로 죄가 우리에게 행하는 것이다. 그런 의미에서 이것은 궁극적인 질병이다!

우리 부부의 첫 아이는 믿을 수 없을 정도로 활동적이었다. 그 아이는 자기 엄마가 마치 최고의 놀이 기구인 양 엄마를 움켜잡고 매달리고 기어오르며 매일매일의 시간을 보냈다. 그리고 8개월 반이 되었을 때, 이 작은 아이는 첫 번째 발걸음을 떼었다. 그리고 나서 곧 집 안 여기저기를 굉장한 속도로 돌아다니게 되었다. 나는 이것을 매우 신기하게 생각했던 기억이 난다. 그 아이가 걷게 되리라고는 생각하지 못했는데 벌써 걷고 있는 것이었다!

아기가 걷기 시작할 즈음에는 집 안에 도사리고 있는 완전히 새로운 위험들로부터 보호받아야 한다. 아이를 보호하는 한 가지 방법은 아이를 당신의 무릎에 앉히고 얼굴을 쳐다보면서 특별한 위험들을 경고하는 것이다. 나는 아이를 집 안 곳곳에 데리고 다니면서 피해야 할 것들을 가르쳐주었다. 하지만 그렇게 하는 것이 이런 아기에게는 대단한 시간 낭비처럼 보였다. 앞서 나는 우리 작은 꼬마에게 모든 방에 있는 전기 콘센트에 대해 말하면서 경고했다. "이것들을 만지면 안 된다. 그리고 이 안에는 어떠한 것도 꽂지 말거라. 죽을 수도 있단다!" 그 아이는 나를 멍청한 눈으로 바라보면서 한 손은 티셔츠를, 다른 한 손은 코를 만지작거리고 있었다. 나는 아이에게 무슨 말인지 알겠느냐고 물었고, 그 아이는 머뭇거리며 고개를 끄덕였다. 그리고 그 아이는 또 다른 모험을 찾아 뒤뚱뒤뚱 걸어갔다. 그때 나는 아무것도 이루지 못했다고 생각했다.

며칠이 지난 어느 날 오후, 나는 거실에서 나를 힐끗거리는 우리 아이를 곁눈질하며 책을 읽고 있었다. 그 아이는 나를 슬쩍 보더니 벽에 기대었다 뒤돌아서는 행동을 몇 번이나 반복했다. 그리고 내가 책에 몰두해 있다고 생각했는지 콘센트를 향해 똑바로 걸어갔다. 그런데 그 아이는 최초의 호기심 어린 접촉을 하기 전에 나를 놀라게 만드는 행동을 했다. 그 아이는 멈추어 섰고 내가 보고 있는지 살펴보기 위해 뒤돌아보았다. 그리고 다시 콘센트를 향해 손을 내밀었고 그와 동시에 나는 아이를 구하러 벌떡 일어섰다.

우리 아이가 그러한 행동을 하기 전에 나를 마지막으로 쳐다보았다는 것은 그 아이가 일전에 내가 말한 내용들을 이해하고 있었다는 것을 보여준다. 그리고 내 뜻과는 반대로 행동하고 있다는 것을 알았으며, 자신의 반역을 숨기려고 했고, 명백히 금지된 것에 자기도 모르게 이끌린다는 것을 보여준다. 적어도 죄의 파괴적인 요소 세 가지가 이 짧은 사건에서 분명하게 나타난다.

죄가 초래하는 첫 번째 요소는 반역이다. 이것은 몇 가지 규칙을 어기는 것 이상의 행위다. 이것은 내 인격의 근본적인 결함이다. 이것은 내가 배우는 것이 아니다. 나는 그것을 가지고 태어났다.

나는 이 작은 아이에게 금지된 것을 갈망하라고 가르칠 필요가 없었고, 권위를 피할 기회를 찾으라고 가르칠 필요도 없었으며, '금지된 열매'에 손을 뻗으라고 가르칠 필요도 없었다. 사실 나 자신도 그와 똑같은 일을 하며 당신도 그렇다. 주차 금지 구역에 주차를 하고 소득세를 속이고 장난감 가게에서 엄마를 피해 도망가고 연장자의 조언을 따르지 않고 비밀스런 욕망에 탐닉하는 등 반역은 우리 각자의 삶에 나타난다.

반역은 자율성이나 자기 충족성 혹은 자기 초점이라는 거짓말과 통하는 타고난 성향이다. 그것은 결국 하나님이 정하신 울타리를 끊임없이 침범하는 것으로 나타난다. 자율성(autonomy)은 "나는 내가 원하는 것을 원하는 때에 할 권리를 가지고 있어"라고 말한다. 자기 충족성(self-sufficiency)은 "나는 내 자신에게 필요한 모든 것을 가지고 있어. 따라서 나는 누구에게도 의존하거나 순종할 필요가 없어"라고 말한다. 자기 초점(self-focus)은 "나는 내 세상의 중심이야. 나 자신을 위해 사는 것과 나에게 행복을 가져다주는 일만을 하는 것은 정당해"라고 말하고 있다. 이러한 것들은 에덴 동산에서의 거짓말, 즉 수많은 세월 동안 유혹에 쉽게 넘어가는 사람들에게 사탄이 속삭여왔던 것과 똑같은 거짓말이다. 이런 말들은 우리가 인간 존재로 만들어진 근본 구성 원리를 부인한다. 우리는 자율적인 존재로 창조되지 않았다. 우리는 하나님께 매일 순종하며 그분의 영광을 위해 살도록 지음받았다. 이러한 하나님의 계획과 상관없이 사는 인생은 결코 제대로 된 삶을 살지 못할 것이다.

이러한 반역 정신은 우리가 고난과 축복에 접근하는 방식에 영향을 미친다. 독립심, 자기 충족성, 자아 도취는 우리로 하여금 자기 자신을 먼저 생각하도록 하며, 우리 자신과 우리의 욕망 사이에 있는 울타리를 넘어가도록 한다. 우리는 통제하는 것은 원하지만 통제받는 것은 싫어한다. 우리는 우리에게 편리한 대로 규칙들을 만들고 변경하기를 원한다. 본질적으로 우리의 세상을 우리 자신의 뜻대로 다스리는 신이 되기를 원하는 것이다. 무엇에 대해 반역하든지 간에 우리의 반역은 궁극적으로 하나님을 향한 것이다. 우리는 그분의 영광을 훔치고 그분의 다스리는 권리를 빼앗으면서, 그분의 권위를 인정하지 않는 것이다.

죄는 또한 우리 안에 있는 어리석음을 보여준다. 어리석음은 우리 자신보다 더 믿을 만한 전망이나 통찰, 이론 혹은 '진리'는 없다고 믿는 것이다. 그것은 내가 더 많이 알고 있다는 거짓말에 넘어가는 것이다. 그것은 우리로 하여금 현실을 왜곡하고 우리 자신이 만들어낸 세상에서 살도록 한다. 이는 마치 똑바로 보고 있다고 확신하면서 카니발 거울(형상이 찌그러져 보이는 거울 – 편집자 주)을 통해 자기를 보는 것과 같다.

우리 아이는 이전에 위험에 대해 계속 경고를 받아왔다. 그러나 어리석음 때문에 자신이 더 많이 알고 있다고 생각하게 되었다. 어리석음은 어떠한 사람의 조언도 받아들이지 않고 하나님의 말씀을 연구할 필요를 느끼지 않는 사람들을 지배한다. 이러한 어리석음은 우리의 정체성을 왜곡하고 관계를 깨뜨리며 성장을 지체시키고 변화를 가로막는다.

어리석음은 우리가 괜찮은 자이고, 우리의 반역적이고 분별 없는 선택이 정당하며 최선의 것이라고 확신시킨다. 어리석음은 인간 존재로서의 우리의 본성을 거부하는 것이다. 우리 자신은 결코 지혜의 근원으로 창조되지 않았다. 우리는 계시를 받는 존재가 되도록, 하나님이 우리에게 가르쳐주신 진리들에 의존하도록, 그러한 진리를 자신의 삶에 적용하도록 만들어졌다. 우리의 해석이나 선택, 행동은 그분의 지혜에 근거하도록 창조되었다. 이것에서 벗어나는 삶은 결코 제대로 된 삶이 아니다.

다윗은 시편 14편 1절에서 "어리석은 자는 그 마음에 이르기를 하나님이 없다 하도다"라고 말하면서 어리석음의 근거를 염두에 두고 있다. 우리의 어리석음은 하나님을 거부하는 것으로서 우리의 지혜로 하나님의 지혜를 대신하려고 하는 타고난 욕망이다. 그 모든 것에 더하여 우리는 우리가 필요로 하는 모든 '진리'를 우리 자신에게 계시하는 신이 되기를 원한다.

마지막으로 죄는 하나님이 우리에게 하라고 명하신 것들을 할 수 없게 만든다. 그리고 이러한 무능력은 우리 삶의 모든 상황과 관계에서 나타난다. 그것은 단지 내가 하나님의 뜻을 행하기를 원치 않는다거나 내가 하는 방법이 더 좋다고 생각하는 정도의 것이 아니다. 심지어 내가 올바른 의도를 가지고 있을 때에도 그것을 제대로 할 수 없다는 의미다. 나는 항상 하나님의 기준에 미치지 못한다.

친구와의 어려운 대화를 앞두고 준비해본 적이 있는가? 당신은 당신의 대사를 연습하고 상대방의 반응들을 예상해본다. 그 대화가 어느 부분에서 잘못될 수 있는지 미리 생각해보고 나중에 후회하게 될 말을 하지 않기 위해 준비한다. 당신은 이 대화로 인해 관계가 악화되는 것을 원하지 않는다. 그러나 막상 대화를 하게 되면 전혀 생각하지 못했던 일이 일어난다. 상대방은 당신에게 상처를 주고 그로 인해 감정이 격발되어서 당신도 상대방에게 보복하는 것이다. 당신은 그 결과를 믿을 수 없을 것이다! 당신은 당신이 하지 않기로 결심했었던 일을 그대로 해버렸다!

사도 바울은 로마서 7장에서 이러한 경험을 절묘하게 묘사한다. "내가 원하는 바 선은 하지 아니하고 도리어 원치 아니하는 바 악은 행하는도다"(19절). 당신 역시 그렇지 않은가? 바울은 계속해서 말한다. "그러므로 내가 한 법을 깨달았노니 곧 선을 행하기 원하는 나에게 악이 함께 있는 것이로다 내 속 사람으로는 하나님의 법을 즐거워하되 내 지체 속에서 한 다른 법이 내 마음의 법과 싸워 내 지체 속에 있는 죄의 법 아래로 나를 사로잡아 오는 것을 보는도다"(21-23절). 사실상 바울은 "심지어 내가 하나님의 권위에 순종하고 그분의 지혜를 듣기 원할 때에도, 결국 옳지 않은 일을 행한다! 나는 선한 의도에도 불구하고 실패한다!"라고 말하는 것이다.

문제는 단지 우리가 반역을 하고 어리석은 일을 한다는 것에 그치지 않는다. 죄로 인해 우리는 도덕적으로 전신 마비 환자가 되고 만다. 우리는 근본적으로 옳은 일을 행할 수 없다. 우리 중 누가 친구에 대한 우리의 분노가 항상 의로웠다고 말할 수 있는가? 어떤 남편이 그리스도가 교회를 사랑하듯 자신의 부인을 항상 사랑했다고 말할 수 있는가? 어떤 사람이 자신의 이웃을 자기 몸처럼 늘 사랑했다고 말할 수 있는가? 우리는 심지어 옳은 일을 하기를 바랄 때에도 이러한 것들에 실패한다. 왜냐하면 우리의 도덕성이 죄로 위축되었기 때문이다. 간단히 말해서 우리는 창조된 목적대로 선을 행할 수 없다. 이것은 궁극적 질병인 죄의 가장 비극적인 결과에 속한다.

인간으로서 우리는 우리 자신의 뜻대로 삶을 살아갈 수 없다. 우리에게는 구원과 치유와 용서가 필요하다. 즉, 하나님이 필요하다. 우리에게는 지속적인 변화를 가능하게 만드는 복음, 이 땅에 오신 왕의 소식이 필요하다. 이것만이 우리의 개인적인 소망이며 다른 사람에게 사역을 베풀 수 있는 근거가 된다.

하나님 나라의 복음은 고난이나 고통, 상실로부터의 해방이 아니다. 그것은 나 자신으로부터 나를 구하기 위해 오신 구속주에 대한 소식이다. 그분의 구원은 이러한 피할 수 없는 현실에 대한 나의 반응을 근본적으로 바꾸는 변화를 일으킨다. 구속주는 반역자를 제자로, 어리석은 자를 겸손한 경청자로 변화시키신다. 그분은 불구자가 다시 걷게 만드신다. 그분 안에서 우리는 삶에 직면하여 믿음과 소망과 사랑으로 반응할 수 있다. 그리고 그분은 우리를 변화시키실 때, 그분이 다른 사람의 삶에서 하시는 일에 동참하도록 하신다. 당신의 삶에서 구속주의 사역에 반응할 때 당신은 그분의 손에 들린 도구가 될 수 있다.

2장 Instruments in the Redeemer's Hands

구속주(하나님)의
손에 들려서

샘(Sam)이 나에게 전화를 걸어 당황한 목소리로 말했다. 그 당시 샘은 평범한 삶을 살고 있었다. 즉, 아침에 일어나서 직장에 갔고 퇴근할 때까지 자신의 일을 했다. 그런데 집으로 돌아오고 있는데 한 남자가 다가왔다. 절망에 가득 찬 그 남자는 자신의 삶이 엉망이라고 말했다. 심지어 그날 밤에 어디로 가서 자야 할지도 모르겠다고 말했다. 샘은 그 사람이 항상 거리에서 지내는 노숙자가 아니라는 것을 알 수 있었다. 샘은 도움의 통로가 되기를 바라면서 그를 집으로 데려왔고, 자신이 다니는 교회의 목사였던 나에게 전화를 했다. 샘은 말했다. "목사님, 직장을 잃고 아내와 심하게 다투고 나서 거리로 내쫓긴 남자를 우연히 만났어요. 목사님이 그에게 필요한 도움을 주시면 좋을 것 같아요. 가능하시죠?"

나는 샘이 다른 말을 더 하기 전에 대답했다. "하나님의 사랑이 놀랍지 않나요? 하나님은 그 사람에게 관심을 갖고 계셔서 그분의 자녀 가운데 한 사람인 성도님을 그 사람 가는 길에 놓아두셨습니다. 하나님은 성도님에게도 관심을 갖고 계시고 그분 사역의 도구가 될 수 있는 기회를 주셨어요. 하나님이 사람을 잘못 보셨을 리가 없다고 확신합니다. 하나님은 그 사람의 삶에서 성도님을 사용하기를 원하세요. 성도님 마음에 하나님의 사랑을 채워주시고 지혜를 달라고 지금 함께 기도합시다." 기도를 마치자 샘이 말했다. "그러나 저는 할 수 없을 것 같은데요." 차분한 목소리로 다시 내가 말했다. "오늘 밤 성도님을 위해 계속 기도하겠습니다. 그리고 내일 아침에 다시 전화 드리겠습니다. 성도님이 그 사람을 섬기는 것은 저에게도 큰 격려가 됩니다." 나는 인사를 하고 전화를 끊었다.

샘이 절망에 빠져 있는 그 사람을 어떻게 사랑해야 하는지를 배우는 몇 주 동안에, 나는 어떠한 간섭도 하지 않고 단지 샘 옆에 있었다. 샘은 어떻게 하면 하나님이 사용하시는 도구가 되어 다른 사람의 삶 가운데서 변화를 일으킬 수 있는지를 배웠다. 뿐만 아니라 그 과정에서 하나님은 상당히 특기할 만한 면에서 샘과 그 아내를 변화시키셨다. 나는 샘이 자신의 일상적인 삶 밖으로 나오도록 격려했는데 그것은 그가 동정심이 부족해서가 아니었다. 그의 문제는 용기가 부족한 것이었다. 샘은 이 사람이 필요로 하는 것이 무엇이든지 간에 자신이 제공할 수 있는 것 이상이라고 짐작했었다. 샘은 자신을 하나님의 도구로 보지 못했다. 오직 하나님의 통로 가운데 하나, 즉 이 부분에서 저 부분으로 연결하는 수동적인 통로로만 자신을 본 것이다. 도구란 어떤 것을 변화시키기 위해 적극적으로 사용되는 것을 말한다. 그리고 하나님은 그분의 모든 백성들을 그분의 구속적인 손길 안에서 변화의 도구가 되도록 부르셨다.

광대한 구속사에서 우리가 반드시 기억해야 할 원칙이 있다. 하나님은 어떤 사람의 삶에서 특별한 일들을 행하시면서 보통 사람들을 사용하신다는 것이다. 어떤 선교 기관이나 사역 혹은 지역 교회가 하나님이 사용하셨던 성경 인물 같은 이들을 사용하겠는가? 하나님이 사용하셨던 성경 인물로는 추방당한 살인자였던 모세, 두려워하며 숨었던 기드온, 군사 훈련을 전혀 받지 않은 양치기 소년 다윗, 사람들 앞에서 그리스도를 부인했던 베드로, 교회를 박해했던 바울 등이 있다. 거론된 사람들 외에도 지상에서 하나님의 계획을 성취하기 위해 크게 사용된 평범한 사람들이 많이 있다. 하나님은 우리가 단순히 그분의 사랑의 대상으로 머물러 있기만을 결코 원하지 않으신다. 우리 모두는 다른 사람들의 삶 속에서 그 사랑의 도구가 되도록 부름받았다.

도구 상자 속의 많은 도구들

개인적인 성장과 변화를 생각할 때 당신 마음에 떠오르는 것이 무엇인가? 당신도 샘과 같이 곧바로 목사나 장로 혹은 전문적인 상담가의 도움이 필요하다고 생각하는가? 그러나 이것은 변화되어야 할 우리 문화의 선입관이다. 분명히 하나님은 공식적인 사역의 역할을 위해 특별한 사람들을 세우셨다. 그러나 성경에서 조력자란 하나님의 백성 모두를 포함한다. 게다가 개인적인 변화에 대한 성경의 관점은 근본적으로 우리 문화의 관점과는 다르다. 성경에서 개인적인 변화란 하나님의 은혜로 우리의 마음이 변화되었을 때 그리고 성령의 능력으로 우리의 정신이 새롭게 되었을 때 일어나는 것이라고 분명히 나타나 있다. 우리는 어떠한 사람도 다른 사람을 변화시키지 못한다. 변화는 구속주의 사역이다. 우리는 단지 그분의 도구다.

문제는 우리 대부분이 하나님이 작은 도구 상자를 가지고 다니신다고 생각하는 것이다! 유능한 목수는 많은 도구들을 사용한다. 각각의 도구들은 각각의 목적에 맞도록 고안되었다. 사실 하나님은 커다란 도구 상자를 가지고 계신다. 그리고 그분의 주요한 도구는 그분의 자녀들이다. 안타깝게도 교회의 많은 사람들이 그들 자신을 이런 식으로 보지 않는다. 그들은 사역을 월급을 받는 전문적인 직업으로 생각한다. 그들 자신의 참여를 생각할 때 기도를 하거나 식사를 준비하는 것 이상으로 생각하지 않는다. 그러나 하나님의 가족으로 받아들여진 것은 또한 사역으로의 부르심, 즉 왕국의 아름다운 역사(役事)의 일부로 부름받은 것을 의미한다.

성경에 입각한 전체 모델은 이것이다. 하나님은 사람들이 그분의 말씀을 다른 사람에게 제시할 때 사람들의 삶을 변화시키신다. 여기에 대해 우리는 본능적으로 다음과 같이 묻는다. "하나님이 사용하시는 사람들은 누구인가 그리고 그들의 자격은 어떻게 되는가? 하나님은 특별한 사람들만 사용하시는가? 왜 어떤 사람은 사용하시고, 어떤 사람은 사용하시지 않는가? 그리고 나도 하나님이 사용하시는 사람인가?" 이러한 질문에 대한 대답이 에베소서 4장 11-16절에 나와 있다.

> "그가 혹은 사도로, 혹은 선지자로, 혹은 복음 전하는 자로, 혹은 목사와 교사로 주셨으니 이는 성도를 온전케 하며 봉사의 일을 하게 하며 그리스도의 몸을 세우려 하심이라 우리가 다 하나님의 아들을 믿는 것과 아는 일에 하나가 되어 온전한 사람을 이루어 그리스도의 장성한 분량이 충만한 데까지 이르리니 이는 우리가 이제부터 어린아이가 되지 아니하여 사람의 궤술과 간사한 유혹에 빠져 모든 교훈의 풍조에 밀려 요동치 않게 하려 함이라 오직 사랑 안에서 참된 것을 하여 범사에 그에게까지 자랄지라 그는 머리니 곧 그리스도라 그에게서 온몸이 각 마디를 통하여 도움을 입음으로 연

락하고 상합하여 각 지체의 분량대로 역사하여 그 몸을 자라게 하며 사랑 안에서 스스로 세우느니라."

교회에 대한 하나님의 계획을 나타내는 유일한 비유는 몸의 비유다. 그리스도는 교회에 지도자들을 주셨는데 이는 그리스도의 몸에 필요한 전체 사역의 짐을 지게 하려 함이 아니라, 각 성도를 준비시켜 개인적인 변화를 도모하는 하나님의 사역에 참여하도록 하기 위함이었다. 기억하라. 어떠한 지역 교회도 모든 사역의 필요를 감당할 전문 사역자를 충분히 고용할 수는 없다! 성경적인 모델에서는 비공식적이고 개인적인 사역들이 공식 사역들보다 더 많이 진행된다. 또한 공식적이고 대중적인 사역은 개인적인 사역을 위해 하나님의 백성들을 훈련시키는 것을 의미한다. 그것이 그리스도의 몸의 생활 방식이다. 당신 자신의 삶을 생각해보라. 변화가 단지 공식적인 말씀 사역만을 통해서 온 것은 아니지 않는가? 하나님은 또한 당신의 마음과 삶을 변화시키기 위해 평범한 사람들을 사용하지 않으셨는가?

우리가 성숙하도록 돕기 위해 하나님이 우리에게 서로를 주셨다고 말하는 것도 바울이 사용한 몸의 비유를 충분히 설명하지 못한다. 몸은 오직 각 부분이 자신의 기능을 다할 때 자란다. 이러한 이미지가 함축하는 모든 상호 의존을 생각해보라. 오직 몸의 한 부분만 관여하면 당신 안에서 어떠한 변화도 일어날 수 없다.

나는 최근 왼쪽 어깨에 통증을 느끼기 시작했을 때 이러한 사실을 깨닫게 되었다. 그것이 점액낭염이든 관절염이든 조금 서글퍼지는 노환이든지 간에, 그로 인해서 그 관절을 얼마나 많이 사용하는지 깨닫게 되었다. 그 전에는 내 어깨에 대하여 많이 생각해본 적이 없었다. 그러나 나는 갑자기 몸이 어떻게 작용하는가를 새롭게 인식하게 된 것이다. 이것은 지체들의 밀접한 상호 의존

시스템이다.

몸의 비유는 또한 하나님의 치밀한 계획에 대해 말해준다. 손이 눈과 얼마나 다른지, 혹은 어깨 관절이 간과 얼마나 다른지 생각해보라! 인간의 몸은 지적이면서도 의도적인 기획이 반영된 그림이다. 각 부분은 그 기능을 하도록 주의 깊게 만들어졌고 적절한 곳에 놓여져 있다. 그리스도의 몸도 그렇다. 하나님의 백성들이 모두 똑같은 것은 아니다. 우리 각자는 하나님 나라 사역에서 각자의 기능을 다하기 위해 각각의 은사와 부름을 받았으며, 각각의 위치에 놓여 있다. 우리의 과거, 성격, 능력, 성숙의 수준은 다른데, 이것은 주님이 의도하신 것이다. 그분은 이 모든 것을 통치하신다.

우리는 대부분의 시간에 이것을 잊고 산다. 우리는 너무 쉽게 자아 중심적인 작은 세상들에 사로잡힌다. 그러나 에베소서 4장은 개인적인 행복과 성취를 좇는 소모적인 삶 이상으로 나아가게 한다. 당신의 삶은 좋은 직업, 배우자를 이해하는 것, 모범적인 아이들보다 훨씬 큰 것이다. 그것은 아름다운 정원이나 멋진 휴가, 유행하는 옷보다 큰 것이다. 실제로 당신은 거대한 어떤 계획의 한 부분이고, 당신이 태어나기 전부터 시작되었고 당신이 죽은 후에도 계속될 어떤 흐름의 한 부분이다. 하나님은 타락한 인류를 구원하시고 그분의 나라로 그들을 옮기시며 또한 그들을 차츰 그분의 형상으로 만들어가신다. 그분은 당신이 이 모든 것의 한 부분이 되기를 원하신다.

당신의 삶은 분명 전에 상상했던 것보다 훨씬 큰 것이다. 당신은 시대의 한 부분을 살고 있지만 에녹, 노아, 요셉, 모세, 아브라함, 이삭, 예레미야, 에스겔, 마태, 베드로, 바울, 어거스틴, 칼빈, 루터 그리고 하나님 나라에서 자기 위치를 이해하고 자신의 역할을 다했던 미지의 수많은 성도들과 손을 맞잡고 서 있다. 이러한 거대한 세상을 기억할 때에만, 하나님이 당신을 놓아두신 작은 세상에서 효과적으로 살고 섬길 수 있을 것이다.[1]

한 걸음 나아가 좀더 생각할 것들

이제 "하나님은 사람들이 그분의 말씀을 다른 사람에게 전할 때 사람들의 삶을 변화시키신다"라는 문장에서 '그분의 말씀을 다른 사람에게 전할 때' 라는 부분에 초점을 맞추어보자. 하나님이 그분의 백성들에게서 일으키시는 변화는 말씀 사역과 직접적으로 연관되어 있다. 다시 말해서, 이것은 우리의 문화(심지어 교회가 될 수도 있다)가 개인적인 성장과 변화에 대해서 생각하는 방식과는 근본적으로 다르다. 설교 강단과 사적인 대화 밑바탕에 깔린 목회 철학이 종종 매우 다른 모습으로 나타난다. 예를 들어, "말씀을 설교하다"라고 말하는 것은 적절하게 보이는 반면 "말씀으로 상담하다"라고 말하는 것은 왜 이상하게 보이는가? 성경적인 관점에서, 공적 사역이나 개인 상담 사역은 둘 다 하나님의 말씀을 따라 변화시키고자 하는 소망을 근거로 한다. 그것들은 단순히 다른 상황에 있는 사람들에게 말씀을 가져간다는 면에서만 다른 방법인 것이다.

나는 상담 사역을 할 때에 긍휼히 여기는 마음, 경청하고자 하는 의지, 무거운 짐을 지고 있는 사람을 도우려는 헌신 이상을 강조하기 원한다. 이것들이 그리스도인의 사랑으로부터 나오는 귀한 열매들임에도 불구하고 좀더 나아가기를 원한다. 나는 사람들의 상황과 관계 한복판에 마음을 변화시키는 성경의 진리를 가져가길 원한다. 개인 사역은 사람이 사람을 사랑하는 것에 관한 것이지만 어느 정도 사람들에게 하나님의 말씀을 전하는 것을 포함한다. 이것은 바울이 에베소서 4장에서 묘사한 '사랑 안의 진리' 모델이다. 자기를 희생하는 사랑 안에 싸여 있는 강력한 진리의 결합은 하나님이 사람들을 변화시키기 위하여 사용하시는 방법이다.

만약 한 주 동안 공적 사역보다 비공식적 사역이 좀더 많은 것이 사실이라면, 그러한 비공식적 순간들에서 일어나는 우리의 상담의 질을 반드시 평가해야 한다. 눈물을 글썽이며 아들 가방에서 포르노 잡지를 발견했다고 말하는 이웃을 생각해보라. 함께 골프 치는 친구가 자신의 부인을 떠나는 것을 고려 중이라고 말할 수도 있을 것이다. 혹은 청년 그룹에서 여자 성도들에게 부적절하게 행동하는 봉사자를 볼 수도 있을 것이다. 그리고 당신이 다음에 무엇을 하든지 간에, 당신의 반응은 개인 사역이나 상담으로 나타날 것이다. 대개 우리는 공적 사역이나 대중 사역에서 하는 것보다 훨씬 더 생각 없이 그러한 상황들에 접근한다.

만약 당신이 주일학교에서 가르쳐 달라는 부탁을 받거나, 설교를 해 달라는 부탁을 받거나, 성경 공부를 인도해 달라는 부탁을 받는다면, 즉시 '내가 준비할 시간이 있을까?' 라고 자기 자신에게 물어볼 것이다. 그러나 흔히 우리는 우리의 이웃이나 함께 운동을 하는 친구, 교회의 같은 봉사자들의 문제에 대해서는 준비하거나 심사숙고하지 않을 뿐 아니라 기도하지 않고 반응한다. 왜 우리는 가르치기 위해 준비하는 시간을 내는 반면, 다른 사람들의 문제에 대해서는 깊이 생각하지 않고 조언하는가? 우리는 하나님이 말씀으로 사람들을 변화시키기 위해 그러한 상호 작용을 하게 하신다는 사실을 잊어버린다. 우리는 하나님의 말씀이 변화를 일으키는 우리의 주요 도구라는 사실을 잊어버린다. 대신에 개인적인 지혜와 개인적인 경험을 토대로 조언해줄 뿐이다.

이것이 우리 모델의 두 번째 부분이 정말 중요한 이유다. 하나님은 효과적인 상호 의존 체제를 만드시기 위해 사람 옆에 사람을 두셨다. 그러나 또한 그러한 관계 안에서 우리가 서로에게 주어야 하는 것들을 정해놓으셨다.

하나님의 계절풍

나는 여러 차례 인도의 북쪽 지역을 방문했었다. 그쪽 지역은 그해 내내 매우 건조하고 뜨거웠다(한번은 뉴델리에서 섭씨 52도의 온도를 견뎌냈다). 건조기에, 북 인도는 바싹 마르고 황량해보였다. 그러나 인도 사람들은 변화가 진행 중이라는 것을 알고 있다. 계절풍(Monsoon)이라고 부르는 계절 호우가 대륙을 거슬러 올라옴으로써 희망이 남쪽으로부터 다가오는 것이다. 마침내 그것이 북 인도에 도착해 그 바싹 마른 땅에 비가 내리자 마치 누군가가 스위치를 누른 것처럼 땅은 꽃으로 만발하게 된다. 그러면 며칠 안에 북 인도는 이국적인 나뭇잎들과 꽃들로 활기를 띠게 된다.

마찬가지로 하나님 말씀의 변화시키는 능력도 극적이다. 개인 사역은 하나님의 말씀이라는 계절풍을 마음이라는 바싹 마른 땅에 몰고 간다. 완전한 변화가 하룻밤 사이에 일어나지는 않겠지만, 우리의 삶은 새로운 인격의 아름다움과 새로운 삶의 풍성한 열매로 넘치게 될 것이다. 이사야 55장 10-13절은 이러한 역동성에 대해 잘 묘사하고 있다.

"비와 눈이
하늘에서 내려서는
다시 그리로 가지 않고
토지를 적시어서
싹이 나게 하며 열매가 맺게 하여
파종하는 자에게 종자를 주며 먹는 자에게 양식을 줌과 같이
내 입에서 나가는 말도
헛되이 내게로 돌아오지 아니하고

나의 뜻을 이루며

나의 명하여 보낸 일에 형통하리라

너희는 기쁨으로 나아가며

평안히 인도함을 받을 것이요

산들과 작은 산들이

너희 앞에서 노래를 발하고

들의 모든 나무가

손바닥을 칠 것이며

잣나무는 가시나무를 대신하여 나며

화석류는 질려를 대신하여 날 것이라

이것이 여호와의 명예가 되며

영영한 표징이 되어

끊어지지 아니하리라 하시니라."

　하나님의 말씀은 사람들을 이렇게 극적으로 변화시킨다. 메마른 땅을 촉촉하게 적시는 비는 항상 효과를 발휘한다. 그것은 땅을 적시며 그로 인해 뿌리에 양분을 공급하고 식물을 성장시키며 꽃을 피운다. 하나님의 말씀도 이와 같다. 하나님의 말씀이 닿는 곳에 변화가 일어나며 사람들의 삶에서 아름다움과 풍성한 열매가 생산된다. 이러한 변화들은 두 가지 놀라운 사실을 보여준다. 첫째, 우리는 하나님의 약속의 자녀라는 것이다. 그분은 우리의 하나님이 되고 우리와 함께하며 우리를 축복하겠다고 약속하셨다. 둘째, 이러한 변화들은 우리에게 그분의 영광을 보게 한다. 비가 만들어내는 꽃들과 열매들은 비를 보내주신 하나님께 영광을 돌린다. 우리가 하나님의 말씀을 서로에게 전할 때 우리 모두는 궁극적으로 그분의 영광을 나타내는 표지가 된다.

여기에서 소망은 무엇인가? 그것은 왕국의 소망이다. 왕께서 오셨고, 삶을 변화시키는 말씀과 함께 그분의 자녀들을 서로에게 보내셨다. 길을 잃은 사람들이 길을 찾고, 절망으로 마비된 사람들이 소망을 품으며, 깨진 관계들이 회복되면서 소외되었던 사람들이 공동체에 소속된다. 혼란스러웠던 사람들은 진실하고 순전하며 옳은 길에 대해서 생각하고, 자신의 힘만을 의지하며 살았던 사람들은 이제 하나님의 능력에 의존한다. 하나님의 비는 마음의 뿌리를 적시고, 사람들의 삶에 새로운 충만함이 터져 나오게 된다. 이것이 주님의 방법이며 그분 나라의 소망과 사역이다.

해답, 백과사전, 개론서

이사야 55장은 우리 안에 많은 소망을 심어준다. 그러나 또 한 가지 질문을 제기한다. 다른 사람을 위해 성경적으로 사역할 수 있는 가장 좋은 방법은 무엇인가? 다른 사람의 삶에 말씀의 능력을 가장 잘 전할 방법은 무엇인가?

많은 그리스도인들은 성경이 무엇인지 제대로 이해하지 못한다. 많은 사람들은 성경을 영적인 백과사전으로 생각한다. 즉, 인간 문제에 대한 하나님의 완벽한 요람이자 종교적인 해답들의 완벽한 목록으로 이해한다. 만약 당신이 적절한 페이지를 펼친다면 모든 갈등에 대한 해답을 찾을 수 있다. 좀더 정교한 사고를 하는 사람들은 성경을 조직 신학 교과서로, 즉 하나님의 방법대로 생각하고 살기 위해 숙달해야 하는 필수적인 주제들의 개론서로 본다. 하지만 어떤 경우든지 간에 우리는 상대방에게 성경 말씀(명령, 원리, 약속)의 분리된 조각들만을 제공하게 된다. 그 순간의 필요에 적절하게 보일지라도 그것은 분리된 조각에 해당된다. 우리는 말씀 사역을 영적인 '잘라 붙이기' 기능 정도로 밖에 보지 않는다.

이러한 종류의 사역은 지속적인 변화로 이끌기가 힘들다. 왜냐하면 말씀의 능력이 정말로 변화가 필요한 곳에 미치지 않기 때문이다. 이러한 종류의 사역에서 여전히 중심에 자아가 있고, 여전히 개인적 필요에 초점이 맞춰지며, 여전히 개인적인 행복이 목표가 된다. 그러나 참으로 효과적인 말씀 사역은 자신에게 초점을 맞추고 몰두하는 우리 성향과 철저히 대치하며, 하나님이 규정하시고 하나님이 중심이 되는 세상의 광대함으로 나아가게 만든다. 이렇게 되지 않는다면 우리가 정말로 사랑하는 것, 즉 우리 자신을 섬기기 위해 말씀의 약속들과 원리들과 명령들을 사용하게 될 것이다. 그렇기 때문에 많은 사람들이 하나님의 말씀을 규칙적으로 읽고 듣지만 그들의 삶은 변하지 않는 것이다. 오직 말씀의 비가 문제의 뿌리를 관통할 때에만 지속적인 변화가 일어난다.

개인 사역을 할 때 종종 성경을 주제별로 다루어야 한다는 부담을 느끼게 된다. 일반적으로 당신은 개인적이고 관계적인 혹은 상황적인 어려움에 직면한 어떤 사람과 이야기할 것이다. 당신은 성경이 그 주제에 대해 무엇이라고 말하는지 찾아 그것을 그 사람의 삶에 적용하려고 한다. 따라서 당신은 성구 사전 혹은 주제별 성경을 꺼내서 그 주제에 관한 구절 모두를 자세히 살펴보고 가장 적절한 것처럼 보이는 구절을 선택해서 문제와 싸우고 있는 사람과 나눈다. 하지만 불행히도 당신은 그 말씀이 무엇인지 그리고 그것이 어떻게 사용되어야 하는지 잘못 이해하고 있는 것이다.

남편으로 인해 갈등하고 있는 한 아내와 대화하고 있다고 생각해보자. 그들 삶의 모든 것이 주도권을 잡기 위한 경쟁이 되었다. 그들이 서로에게 상처를 입혔던 일들을 말한다. 남편은 자신의 일에 파묻혔고 아내도 자녀들에게서 피난처를 찾았다. 그들은 의무가 요구될 때에만 함께 시간을 보냈다. 이 결혼은 무엇이 잘못된 것인가? 그들의 문제가 의사 소통이나 역할 규정, 일, 부모 역할, 시간 관리보다 더 깊은 차원의 것이라는 데 동의하는가? 이러한 이슈들은 더 깊고 뿌리 깊은 문제의 결과로 나타난 열매인 것이다. 겉으로 드러난 혼란은 말씀의 변화시키는 능력이 그 뿌리에 닿을 때만 변화될 것이다. 그 외의 다른 것으로는 반항적이고 어리석으며 무능력한 자아의 중심이 움직이지도 않고 변화되지도 않을 것이다.

그 아내가 원하는 것은 좀더 상냥하며 좀더 세심한 남편이다. 그리고 그 남편이 원하는 것은 좀더 친절하고 좀더 만족하는 아내이다. 서로에 대한 이러한 바람이 나쁜 것은 아니다. 그러나 하나님은 그들에게서 좋은 결혼이나 이상적인 배우자보다 더 많은 것을 원하신다. 자신의 욕구를 추구하고, 자신에게 초점을 맞추며, 해결책만을 찾는 사역은 성경을 사용할 것이다. 그러나 정말로 성경적인 것은 아니다. 그것은 성경의 본래 의도를 왜곡한다. 이렇게 되면 많은 진실한 성도들이 계속해서 미성숙한 삶을 살도록 만들게 되는 것이고, 그리스도의 몸에서 생명력과 생산성을 빼앗을 수 있다. 우리는 더 나은 어떤 것을 선택해야만 한다.

오래된 이야기를 들려 달라

성경을 백과사전이라고 가정한다면 담고 있는 내용이 빈약하다. 만약 하나님이 의도하셨던 성경의 모습이 백과사전이라면, 성경 말씀은 구별되어 배열되었을 것이고 더 많은 내용이 들어 있었을 것이다. 그러나 실제로 성경에는 제목별로 나열되지 않은 이슈들이 많다. 성경은 예를 들어 정신 분열증, 주의력 결핍 장애(A. D. D.), 십대들의 문제, 가정에서의 TV 시청 혹은 부부 생활 기법 같은 것에 대해 명백하게 밝히고 있지는 않다. 만약 당신이 성경 말씀을 하나님의 백과사전으로 사용하려고 한다면, 성경이 현대 생활의 중요한 이슈들에 대해 말하는 것이 거의 없다고 결론짓거나 혹은 당신의 목적에 맞추어 성경 구절을 왜곡하고 확대 해석할 것이다. 그러면 하나님이 말씀에서 의도하신 것을 얻지 못할 것이다. 많은 사람들이 성경에 대해 실망하는 것은 이러한 오해가 있기 때문이다. 우리는 하나님이 성경 말씀을 더 단순하게, 주제별로 배열하셨기를 은근히 바라고 있다.

사실 성경은 위에 열거된 모든 주제들에 대하여 강력하고도 중요한 내용을 말하고 있다. 그러나 이것은 형식 면에서 우리가 기대하는 것과는 매우 다르다. 예를 들어 성경은 '십대'라는 단어를 전혀 사용하지 않지만, 이 시기의 갈등을 해결하는 데 필요한 지혜와 실천 양식에 대해서 말하고 있다. 하나님은 내가 매일 직면하는 많은 사건들에 대해 명백하게 말씀하진 않지만, 말씀을 통해 내가 하나님이 원하시는 사람이 되는 데 필요한 것과 하나님이 원하는 일을 할 수 있도록 필요한 모든 것을 주신다.

그러나 만약 어떤 특별한 주제에 대한 하나님의 완전한 조망을 원한다면, 특별히 그것에 초점을 맞춘 성경 구절에만 당신 자신을 제한해서는 안 된다. 주도권 싸움에 열중하고 있는 부부는 결혼에 관한 표준이 되는 성경 구절들을 연구한다 해도 끝없는 싸움의 순환 고리에서 벗어나지 못한다. 성경의 나머지 부분을 조망하지 않고서는 결혼에 관한 그러한 구절로 변화될 수 없다. 사실, 그러한 구절들은 하나님이 원하시는 것을 이루기보다는 내가 원하는 것을 이루기 위해 사용될 가능성이 높다.

그것이 성경과 백과사전의 다른 점이다. 내가 백과사전을 사용할 때는 그 순간에 내가 읽고 있는 것을 이해하기 위해서 다른 항목을 읽을 필요가 없다. 한 항목은 다른 항목과 관련되지 않는다. 즉, 전체적인 것을 포괄하는 주제가 없는 것이다. 그러나 성경에서는 모든 구절이 전체에 종속되며 전체 성경은 큰 크리트를 강화하는 철근과 같이 모든 구절에 흐르고 있는 상호 의존적인 주제들로 결합되어 있다. 만약 성경을 주제별로 다룬다면, 하나님이 내게 말씀하기를 원하시는 모든 것의 핵심에 있는 포괄적인 주제들을 놓치게 될 것이다. 이러한 주제들은 내가 생각하고, 원하며, 말하고, 행동하는 방식을 근본적으로 변화시킬 정체성, 목적 의식, 방향 감각을 제공한다. 이것은 내 문제의 뿌리까지 영향을 미칠 것이며 지속적인 변화를 일으킬 것이다.

슬픈 사실은 우리 가운데 많은 사람들이 성경을 성경적으로 사용하지 않는다는 점이다! '성경적'이라는 말은 단지 성경책 페이지에 기록되어 있는 말들을 인용하는 것을 의미하지 않는다. 진정으로 성경적인 것은, 조언 속에 전체 성경 내용을 반영하는 것을 의미한다. 성경은 하나의 이야기, 즉 구속의 이야기이며 주인공은 예수 그리스도다. 그분은 그 이야기의 주요 주제이며 책의 모든 구절에 계시되어 있다. 이 이야기는 하나님이 그분의 아들을 보내 반역적이고 어리석으며 자기 중심적인 인간을 구원하시기 위해 어떻게 자연을 이용하고 역사를 통제하셨는가를 보여준다. 하나님은 인간 스스로에 대한 속박으로부터 자유롭게 하시고, 하나님의 영광을 위해 살도록 해주셨다. 또한 타락하고 거친 현실과는 거리가 먼 그분의 임재 안에서의 영생을 그들에게 선물로 주셨다.

이 광대한 이야기는 인간으로서의 우리의 문제가 우리가 매일 범하는 죄, 우리의 삶을 복잡하게 만드는 특수한 문제들을 일으키는 개인적인 죄보다는 훨씬 더 깊다는 사실을 반영한다. 우리의 가장 근원적인 문제는 우리의 정체성을 구속의 이야기 밖에서 찾으려고 한다는 것이다. 만약 우리 삶의 전체적인 목적과 방향이 잘못되었다면, 특별한 상황에서 제대로 처신하는 법에 대한 실제적인 조언보다 더 많은 것이 필요하다. 우리에게는 충분히 큰 메시지가 필요하다. 그래서 우리 자신의 영광을 위해 살려는 본능, 우리 자신의 행복을 추구하려는 본능, 우리의 인생이 지금 이 순간보다 훨씬 더 크다는 것을 잊어버리기 쉬운 타고난 인간 본능을 극복해야 한다. 우리는 매일 어떤 식으로든지 창조주보다 피조물을 경배하면서 자율성과 자기 충족성의 거짓말을 믿는다.

우리의 죄 문제가 너무나 광범위하면서도 깊게 스며들어 있기 때문에 성경으로부터 통찰이나 원리, 이해나 방침 이상의 것이 필요하다. 성경을 백과사전이나 문제 해결 도구로 접근하는 것은 우리 필요의 진정한 깊이 면에서 전적으로 불충분하다. 우리를 완전히 새롭게 변화시킬 수 있는 어떤 것이 필요하다. 우리에게는 그리스도가 필요하다! 오직 그분의 인격과 사역만이 우리를 스스로에 대한 예속으로부터 그리고 피조물을 신격화하는 성향으로부터 자유롭게 할 수 있다. 우리는 오직 우리의 이야기가 커다란 구속 이야기 안에 포함되어 있는 것을 볼 때 하나님께 영광 돌리는 삶을 살기 시작할 것이다. 우리의 정체성이나 목적, 방향 의식이 하나님의 이야기에 의해 규정될 때 지속적인 변화가 시작된다. 이러한 시각을 우리의 관계들에 적용하면 극적으로 다른 계획을 갖게 될 것이다. 성경의 원리와 계명을 취하게 될 것이고 그것들을 하나님이 의도하신 대로 사용하게 될 것이다. 우리는 그리스도 안에서 각 원리와 약속과 명령의 의미와 성취가 어떻게 나타나는지 볼 것이다. 그것들이 그리스도와 분리된다면, 하나님이 의도하신 의미를 잃게 되며 다른 계획들에 이끌려갈 것이다.

예를 들어, 당신은 출애굽과 홍해를 건너는 이야기로부터 무엇을 배웠는가? 모세의 모습을 보며 그와 같이 살아야겠다는 소명 의식을 느끼는가? 어려움을 다루는 원리들을 보는가? 반역하는 백성들을 인도하는 비결을 배우는가? 커다란 바다를 건너는 방법을 보는가? 매우 유능한 유목민의 일곱 가지 습관을 알게 되는가? 당신은 아마도 그러한 취지의 설교나 주일학교 수업을 들었을 것이다. 그러나 그런 식의 접근은 출애굽이 궁극적으로 무엇에 관한 것인지 잊고 있다. 출애굽은 커다란 구속 이야기에서 단지 한 장을 차지할 뿐이다. 그것은 노예 상태로부터 해방시키시고, 적을 무찌르시고, 가야 하는 길로 인도하신 그리스도가 우리 삶에 개입하셔서 인도하시는 것을 말한다. 만약 당신의 결혼 생활에 그러한 정체성을 적용하는 방법을 배운다면, 결혼에 대한 하나님의 계획을 직접적으로 이야기하는 구절을 이해하는 데 유익할 것이다.

출애굽 이야기는 서로 싸우고 있는 부부들에게 말할 내용이 많다. 그것은 그들이 누구인지, 왜 싸우는지 그리고 소망과 도움이 어디에서 발견될 수 있는지에 대해 말할 수 있다. 출애굽 이야기에 흐르고 있는 그 주제들은 결혼에 관한 모든 구절에도 흐르고 있다. 왜냐하면 결혼에 관한 구절들은 하나님의 구속 이야기를 삶의 가장 중요한 관계들 속에 적용하기 때문이다. 그러나 만약 그러한 결혼에 관한 구절들이 성경 말씀의 다른 주제들과 연결되지 않는다면, 그 말씀이 완전하게 이해되지 못할 것이다. 우리는 성경을 자립을 위한 신성한 책으로 사용해서는 안 된다! 그렇게 되면 우리는 늘 우리의 마음이 갈망하는 것들을 얻기 위해서 성경을 사용하려고 할 것이다. 그러한 행위는 우리의 관계들을 저해하는 멍에가 된다. 주님이 사셨고, 죽으셨고, 부활하셨기 때문에 우리는 더 이상 우리 자신이 아닌 그분과 그분의 영광을 위해 살아야 함을 기억해야 한다(고후 5:14-15).[2]

하나님의 철근

건축자들은 넓은 콘크리트 바닥을 시공할 때 금속 막대인 철근으로 바닥을 보강하는데, 내구력과 안정성을 위해 중앙에 수평과 수직으로 통과시킨다. 이와 비슷하게 하나님의 이야기의 웅장한 주제들이 나의 삶 어디에서도 찾을 수 없는 안정감을 주면서 성경의 모든 구절에 흐르고 있다. 오직 이러한 주제들의 맥락 안에서만 내 이야기의 조각들이 의미를 갖게 될 것이다.

구속사의 웅장한 주제 세 가지를 생각해보자. 지혜롭고 경건한 삶에 대한 분명한 부르심뿐 아니라 실제적인 위로가 각각에 내포되어 있다. 그 첫 번째 주제는 하나님의 주권이다. 하나님이 느부갓네살의 총명을 빼앗고 회복시켜주신 후에 그는 이 주제에 대한 최고의 지혜를 깨달았다.

"그 권세는 영원한 권세요

그 나라는 대대에 이르리로다

땅의 모든 거민을

없는 것같이 여기시며

하늘의 군사에게든지

땅의 거민에게든지

그는 자기 뜻대로 행하시나니

누가 그의 손을 금하든지

혹시 이르기를 네가 무엇을 하느냐 할 자가 없도다"(단 4:34-35)

크게는 국가들의 흥망성쇠에서부터 작게는 각 사람이 위치한 곳의 날씨까지 우주는 하나님의 통치 아래에 있다. 그분은 그분 자신이 선택하는 곳에서 자신을 기쁘게 하는 바로 그것을 하실 수 있는 권능과 권위를 가지고 계신다. 하나님의 주권은 권세와 지위에 관한 것뿐만 아니라, 계획에 관한 것이기도 하다. 성경은 분명히 하나님이 그분의 세상과 그 안에 있는 사람들에 대한 계획을 가지고 계시다고 가르친다. 하나님은 사람을 구원하시고, 그분의 형상을 닮게 하시며, 장차 그분과 함께하는 영원한 삶을 준비시키신다. 이것은 대대로 나타난 하나님의 지배적인 계획인데, 역사를 통해 계시되었고 현재의 사건들과 지금까지 살았던 모든 사람의 삶 가운데 나타났다. 그 시대의 어떤 순간이라도 "하나님이 무엇을 하시는가?"에 대한 적절한 대답은 "그분의 계획을 성취하는 것"이다.

이 주제는 우리에게 실제적으로 큰 위로가 된다. 주위를 둘러보면 종종 통제하기 어려운 것처럼 보이는 일들이 있지 않은가? 종종 악인이 승리하는 것처럼 보이지 않는가? "왜 하필 '나' 입니까?"라고 외치거나 혹은 다른 사람의 고통을 보고 눈물을 흘린 적이 있지 않은가? 때때로 당신은 시시하고 상대적으로 의미 없는 삶의 관리자로서 군중 속에서의 고독을 느껴본 적이 있지 않은가? 심지어 당신 자신조차 변화시킬 수 없는 당신의 무능함을 매일 직면하고 있지는 않는가?

인류의 가장 근원적인 질문, 하나님의 주권에 대한 질문에 대해 하나님은 이렇게 말씀하신다. "용기를 내라. 나는 완벽한 통치자다. 나는 거룩함과 사랑의 정의, 그 자체다. 나의 길은 모두 옳고 진실하며, 나의 결정은 모두 최선의 것이다. 나는 나의 계획이 성취될 때까지 쉬지 않을 것이다."

당신이 가장 이해하지 못하는 순간에 위로가 있다. 당신이 가장 큰 혼란을 겪는 시간에 격려가 있다. 그리고 당신이 가장 크게 낙심하는 순간에 희망이 있다. 당신은 비인격적인 힘에 지배되는 지속적인 혼돈의 세상에 속해 있지 않다. 당신의 운명은 당신의 손 안이나 다른 사람의 손 안에 있지 않다. 당신은 모든 것을 다스리시는 하늘에 계신 아버지의 손에 잡혀 있다! 당신은 왕의 왕 되신 분의 자녀이며, 그분의 날개 그림자 아래에서 살고 있다. 당신은 그분 계획의 일부분이다. 그것은 그분이 당신에게 복을 주기 위해 권능과 권위를 행사하시는 것을 의미한다.

당신과 나는 깊고 개인적인 신비 가운데 쉴 수 있다. 우리는 주변에서 일어나는 일들이 이해가 되지 않을 때에도 밀어붙일 수 있다. 신비에는 이유가 있고 혼돈에도 질서가 있다. 왜냐하면 그 모든 것의 뒤에는 완벽하게 통제하시는 절대자가 있기 때문이다.

   이것이 우리 각자에게 의미하는 바는 무엇인가? 그것은 내가 객관적으로 그 모든 것을 종합할 수 없을 때에도 평화를 누릴 수 있다는 것을 의미한다. 그리스도인의 내적 평화는 성경의 가르침을 취해서 그 모든 것을 적용하는 자기의 능력에 근거하는 것이 결코 아니다. 우리의 평화는 항상 주님의 현존, 권능, 인격에 의존한다. 왜냐하면 그분은 그분의 지혜로운 계획에 따라 하늘과 땅을 다스리시기 때문에, 우리가 불안과 두려움을 가지고 살 필요가 없다. 하나님의 절대적인 주권이 그분의 자녀, 각 사람에 대한 그분의 약속이 성취될 것을 보증하기 때문이다. 여기에는 당신도 포함된다!

   다윗 왕은 무척 어려웠던 순간에 이것을 이해했다. 그의 아들인 압살롬이 그의 왕위를 빼앗기 위해 음모를 꾸몄다. 자신의 아들을 두려워하여 왕궁에서 도망치는 모습을 상상해보라. 더군다나 그 시대는 아버지가 죽은 후에만 아들에게 왕위가 계승되던 군주제가 실시되던 상황이었다. 동굴 안에 숨었던 다윗은 왕의 근위병들에게 둘러싸여 있었다. 그들은 다윗에게로 다가와서 중요한 질문을 했다. "지금 무슨 일이 일어난 거죠?" 시편 3편과 4편에 따르면, 다윗은 우리 모두가 경험해야 하는 시각을 가지고 대답한다. "주님, 당신에 대해서 생각할 때 나의 마음은 기쁨으로 가득합니다. 이 기쁨은 곡식과 새 포도주가 풍성할 때(농경 사회의 가장 행복한 때)보다 더합니다. 그렇습니다. 나는 이 동굴에 있습니다. 그러나 나의 생명은 압살롬의 손 안에 있지 않습니다. 나의 생명은 언제나와 같이 주님의 전능하신 손 안에 있습니다. 그래서 나는 두려움에 굴복하지 않을 것입니다. 내가 대답할 수 없는 질문으로써 나의 마음을 공격하지 않을 것입니다. 오직 당신으로 인해 내가 평안히 잠을 잘 수 있습니다. 오 주님, 나를 안전히 거하게 하옵소서."

   당신이 당신의 적들을 사랑할 때마다, 하나님의 주권 안에서 안식하는 것이다. 당신이 누군가의 분노 앞에서 애정을 가지고 부드럽게 말할 때, 하나님의 주권 안에 안식하기로 선택한 것이다. 당신이 어떤 희생을 치르고라도 논쟁에서 이기려고 하는 유혹에 저항할 때, 하나님의 주권 안에 안식하는 것이다. 왜냐하면 그분이 다스리시기 때문에, 그분에게 순종하여 하는 일은 어떤 것도 무익하지 않다. 당신이 그 모든 것을 다스리시는 절대자의 계획 속에 포함되어 있을 뿐만 아니라 그분의 가족 안에 포함되어 있기 때문에, 당신의 삶은 의미와 목적을 갖는다!

이러한 안식이 우리가 생각해왔던 부부의 결혼 생활을 어떻게 변화시킬 수 있을지 상상해보라. 그들의 끊임없는 말싸움, 힘 겨루기 경쟁, 상호 비난은 누가 혹은 무엇이 그들의 삶을 다스릴 것인가와 관련된 더 심오한 싸움에 근거한다. 결혼 생활은 그들이 원하는 것을 스스로 얻으려는 욕구를 드러낸다. 나의 소망이 하루를 지배하는 나의 능력 안에 있을 때, 나의 배우자는 친밀한 반려자라기보다는 지속적인 위협이 된다. 이것은 좋은 결혼의 핵심인 자기 희생적인 사랑의 일치를 경험하려는 소망을 모두 없애버린다. 성경에 나오는 결혼에 관한 구절들은 모두 이러한 주제에 근거한다. 이 모든 구절들은 나의 소망이 나의 능력이 아닌 그분의 능력 안에 있다는 것을 알면서 나의 배우자와 나 자신을 주님께 맡기고, 그분이 옳고 최선의 것이라고 말씀하신 것을 기쁨으로 행하라고 명한다.

놀라운 은혜

두 번째 웅장한 주제는 하나님의 은혜다. 이 주제는 나의 관계에 영향을 미치는 문제들을 진단해주고, 내가 계속해서 나아갈 수 있는 유일하게 믿을 만한 근거를 제시한다. 그리고 나를 개인적으로 가장 깊은 수준에 직면시키고 격려한다.

구속사의 모든 드라마에서 한 가지 실제가 반복해서 나타난다. 우리는 은혜가 발견되는 세상에서 살고 있다. 하나님은 주권을 가지신 분일 뿐 아니라, 은혜도 충만하시다. 아담과 하와가 불순종한 직후에 하나님은 그들을 벌주시기보다 은혜를 베푸시고 약속을 주셨다. 그분은 대적을 무너뜨리기 위해 여인의 후손을 보내시고 그분의 백성들을 위해 대속의 사역을 예비하셨다(창 3:15). 피조물의 고의적인 반역에 대한 하나님의 반응은 은혜였다! 이러한 은혜는 하나님의 완전한 용서와 확고한 용납과 함께 칭의를 제공한다. 이러한 은혜는 우리를 진정한 아들과 딸의 권리와 특권을 모두 가진 그분의 가족으로 받아들인다. 이러한 은혜는 내 자신의 힘으로 할 수 없는 것들을 생각하고 말하고 행하는 능력을 준다. 이러한 은혜는 내 삶의 모든 부분을 근본적으로 변화시킨다.

은혜는 성경 이야기라는 콘크리트를 통과하는 두꺼운 철근 막대기와 같다. 타락의 첫 번째 순간부터 아브라함의 부르심, 출애굽의 해방, 광야에서의 공급하심, 약속의 땅에서의 승리, 다윗과 솔로몬과 이사야와 예레미야와 아모스, 세례 요한의 설교, 마리아의 불가사의한 임신, 메시아의 지상 사역, 십자가와 빈 무덤, 사도들의 성실한 사역, 박해를 경험한 교회의 회복, 하나님의 재림을 기다리는 기대에 찬 그분의 자녀들에 이르기까지, 이 이야기는 은혜의 이야기다. 은혜는 그 이야기를 규정하고 방향을 설정한다.

그 이야기는 하나님이 나의 가장 근원적인 문제인 죄를 다루시기 위해 한 가지 길을 내셨다는 것을 수천 가지 방식으로 말한다. 그것은 내 삶이 나 자신의 반역에 갇혀 있을 필요가 없고, 나 자신의 어리석음에 의해 무너질 필요가 없으며, 나 자신의 무능력함에 의해 무력해질 필요가 없다는 것을 상기시킨다. 하나님의 은혜는 내가 최고로 약한 순간에 가장 강력하고 효과적으로 나타난다.

이것이 어떻게 실제적 능력을 발휘하며 삶을 변화시키는가? 앞에 나온 부부를 다시 생각해보라. 그들의 관계에서 무척 의미심장한 문제는 은혜의 경륜이 없다는 것이다. 그들의 분명한 어려움들보다 더 충격적인 것은 결혼 생활에 은혜가 없다는 것이다. 자기 내면을 살펴보고 그 안에 깊이 뿌리 박힌 죄를 고백하려고 하지 않기 때문에 그들은 결코 달콤한 용서를 발견하지 못한다. 어둡고 절망적인 시기에 그들을 붙잡아줄 수 있는 수직적 소망이 없다. 서로를 은혜의 하나님께 맡기는 데서 오는 평안이 없다. 그리고 그분이 서로에게 경건한 방법으로 반응하는 데 필요한 것을 모두 주실 것이라는 믿음이 없다. 이러한 결과로 그들의 관계는 인간적인 요구, 인간적인 수행, 인간적인 실패, 인간적인 판단 그리고 인간적인 처벌로 축소된다. 변화를 위한 소망, 능력이 없는 것이다. 그리고 매일 하나님의 은혜의 샘에 잠겨 있지 않기 때문에 그것을 서로에게 줄 수 없다.

결혼에 관한 모든 서적들, 의사 소통 기술들, 개선을 위한 시도들은 실패할 것이다. 왜냐하면 그들의 진정한 소망은, 마음을 변화시키고 관계의 혁명을 일으키시는 하나님의 은혜에 있기 때문이다. 그들이 그 은혜에 의지하기 시작하고 서로에게 그것을 베풀기 시작한다면 현존하는 인간적 경륜의 기초는 무너질 것이며 대신 은혜 충만하며 하나님의 권능을 입은 사랑의 기초가 세워질 것이다. 건강한 부부 관계를 위한 성경적 원리들은 오직 은혜의 섭리 안에서만 지속적인 열매를 맺는다.

주인공은 우리가 아니다

1978년에 나는 나의 삶에서 가장 용기 있는 일들 가운데 하나를 했다. 즉,

유치원 교사가 되었다! 다른 몇 명의 용감한 사람들과 함께, 나는 기독교 학교를 세웠고 그 학교의 교장으로 일하기 시작했다. 예산이나 직원이 한정되어 있었기 때문에, 나는 임시로 유치원 교사 역할을 하기로 했다.

어느 월요일 아침에, 한 아이의 엄마가 다음 금요일에 교실에서 딸의 생일 파티를 해도 좋은지 물었다. 그날이 왔고, 그 엄마는 열성적으로 준비했다. 우리 모두가 교실로 들어섰을 때, 작은 교실이 생일 왕국으로 바뀌어져 있었다! 벽과 탁자는 휘황찬란하게 꾸며져 있었다. 다양한 색깔의 리본들이 천장에 드리워져 있고, 안에 풍선을 넣은 풍선들이 의자 뒤마다 묶여져 있었다. 자리마다 파티 선물을 담아 리본으로 묶은 비닐봉지가 있었다. 그리고 생일을 맞은 아이는 아름답게 포장된 거대한 선물 더미에 둘러싸여 있었다.

탁자 맨 끝에 쟈니(Johnny)가 앉아 있었다. 쟈니는 똑같은 행동을 반복하고 있었다. 그 아이는 파티 선물이 담긴 자신의 작은 봉지를 바라보고 그 다음에는 생일 맞은 여자 아이의 선물 더미를 바라보았다. 그러고는 팔짱을 낀 다음 아랫입술을 내밀어 "흥" 소리를 냈다! 그 아이의 얼굴 표정은 점점 일그러졌고 "흥" 소리도 점점 커졌다. 곧 그 아이는 주위의 관심을 끌었고, 파티를 망치는 일을 계속해나갔다. 그러자 한 엄마가 걸어가서 그 아이 옆에 무릎을 꿇고 앉았다. 쟈니가 자신의 얼굴을 똑바로 볼 수 있도록 그 아이의 의자를 돌리고 나서, 그 엄마는 다음과 같이 정중하게 말했다. "쟈니, 이건 너를 위한 파티가 아니야!"

쟈니는 관심의 대상이 아니었으며, 많은 선물을 받기로 예정되어 있지도 않았다. 그날은 수지(Susie)의 생일이었고, 모든 것이 수지에게로 초점이 맞춰져 있었다. 쟈니가 관심의 초점이 되기를 원하는 한, 그 아이는 결코 그 파티에 참여하는 즐거움을 얻을 수 없다.

웅장한 성경 이야기도 마찬가지다. 모든 장소와 사람들 그리고 자연과 역사의 모든 극적인 사건들에서 이야기의 중심은 주님이시다. 이것은 그분의 이야기다. 바울은 다음과 같이 그 이야기를 요약했다. "이는 만물이 주에게서 나오고 주로 말미암고 주에게로 돌아감이라 영광이 그에게 세세에 있으리로다 아멘"(롬 11:36).

우리는 그분의 영광을 위해 지음받았다. 그리고 우리가 하는 모든 일에서 그분의 영광을 나타내도록 부르심을 받았다. 이 영광의 주제는 우리의 세 가지 주요 주제 가운데 마지막 주제다. 죄는 우리로 하여금 영광을 가로채는 도둑이 되게 만든다. 당연히 주님께 속해야 하는 영광을 훔치기 위해 우리가 음모를 꾸미지 않는 날이 하루도 없게 만들 것이다. 우리가 영광을 차지하려고 서로 경쟁하면, 그분을 위해 살기 위해 서로 협력할 때에만 발견될 수 있는 화합을 경험하지 못한다.

깨진 결혼, 산산이 부서진 가정, 혹은 파괴된 인간관계의 원인을 살펴보면 항상 영광을 훔친 데 있다. 우리는 우리에게 속하지 않은 영광을 갈망한다. 그리고 그것을 갖기 위해 서로를 짓밟는다. 그분이 다른 사람들을 사랑하라고 우리에게 주신 것들을 사용하여 하나님께 영광 돌리기보다는, 오히려 우리가 사랑하는 영광을 취하기 위해 사람들을 이용한다. 죄는 우리로 하여금 그 이야기를 훔쳐서 우리 자신을 주인공으로, 우리의 삶을 무대의 중심에 놓고 이야기를 다시 쓰게 만든다.

그러나 오직 한 무대만 있을 뿐이며, 그것은 주님께 속해 있다. 그분의 자리에 우리 자신을 놓으려는 시도는 그분과 전쟁을 하는 자리에 우리를 놓는 셈이다. 그것은 매우 격렬한 수직적인 전쟁이며, 신성한 영광을 쟁취하려는 싸움이며, 하나님의 자리를 차지하려는 음모다. 그것은 세상의 모든 슬픈 드라마 뒤에 있는 드라마다. 죄는 우리가 영광의 도둑이 되게 만들었다. 우리는 고통을 잘 받아들이지 못하는데, 왜냐하면 고통은 우리의 영광을 훼손하기 때문이다. 우리는 관계를 쉽게 발견하지 못하는데, 영광을 차지하기 위해 다른 사람들과 경쟁하기 때문이다. 우리는 잘 섬기지 못하는데, 자신의 영광을 좇으면서 섬김을 받기 원하기 때문이다.

그러나 성경의 이야기는 주님의 영광의 이야기다. 그것은 내 자신의 계획보다 훨씬 더 큰 계획으로 나를 부른다. 그것은 나에게 인생을 걸 만한 진정한 가치가 있는 것을 제공한다. 구속의 주님이 오셨고 그래서 영광의 도둑들은 다른 이의 영광을 위해 즐겁게 살 것이다. 그분의 영광에 헌신되어 사는 것보다 개인적으로 더 깊은 즐거움과 만족은 없다. 이것이 우리에게 정말로 필요한 것이다. 하나님의 영광을 위해 사는 것은, 우리가 살펴보았던 부부의 결혼 생활 계획을 완전히 새롭게 정의함으로써 그 결혼을 혁명적으로 변화시킨다.3

가치 있는 삶

하나님 나라의 중심 사역은 변화다. 하나님은 사람들의 성령의 권능을 힘입어 그분의 말씀을 다른 사람에게 전달하도록 함으로써 이 사역을 이루신다. 우리는 해결 방안, 전략, 원리, 명령 이상의 것들을 가져간다. 우리는 이전에 들은 것보다 더 위대한 이야기, 구속주의 이야기를 가져간다. 우리의 목적은 '하나님의 이야기'라는 사고 방식을 가지고 살며 서로를 돕는 것이다. 우리의 사명은 우리 자신의 주권을 세우기보다는 그분의 주권을 신뢰하도록, 우리 자신의 힘으로 하기보다는 그분의 은혜를 의지하도록, 우리 자신의 영광을 추구하기보다는 그분의 영광을 따르도록 서로를 가르치고 권면하며 격려하는 것이다. 구속주의 손 안에 있는 사람들이 지속적인 변화를 위한 그분의 도구로 매일 기능하는 것, 이것이 하나님 나라의 사역이다.

3장 Instruments in the Redeemer's Hands

우리는 정말로
도움이 필요한가?

에밀리(Emily)는 영리하고 재능 많은 열두 살 소녀였다. 그러나 점점 더 많은 것들로 인해 그 소녀는 두려웠다. 그 소녀는 더 이상 운동하는 것을 원하지 않았다. 매일 아침 학교 가는 것 때문에 울었다. 그녀의 엄마인 사라(Sara)는 어떻게 해야 좋을지 몰랐다.

매주 정기적으로 함께하는 점심 식사를 끝내고, 진(Jean)은 크리스탈(Crystal)에게 남편과의 계속되는 갈등에 대해 이야기했다. 크리스탈은 그럭저럭 위로가 되는 진심 어린 말들을 해주었지만 더 이상 무슨 말을 해야 할지 몰라 난감했다.

프랭크(Frank)는 교회의 소그룹을 인도하는 것을 좋아했다. 하지만 기도 시간은 예외였다. 매주 사람들은 기도 제목을 나누었는데 프랭크는 자신이 그 일을 계속 주관해야 한다는 것을 알고 있었다. 그러나 자신에게 진정으로 도움을 청하지 않는 사람들에게 어떻게 대해야 할지 감을 잡지 못했다.

프레드(Fred)와 앨런(Ellen)은 스미스(Smith) 씨 부부와 좋은 관계를 맺고 있다. 그 자녀들이 부모 속을 썩이고 있었다. 그들은 스미스 씨 부부가 부모로서 갈등을 겪고 있다는 것을 알고 있었다. 그들은 함께 그것에 대해 이야기했다. 그들은 어떤 조치를 취해야 한다는 것을 안다. 그러나 무엇을 할 수 있을까?

남편이 죽은 이후로 메리(Mary)는 어떠한 일도 하려고 하지 않았다. 그녀는 텔레비전 앞에서 시간을 보냈는데, 프로그램 시청을 하지 않을 때도 그렇게 한다. 그녀는 일어나고 있는 일에 대해 친구에게 이야기하는 것을 좋아했지만, 자기에게 진짜 도움이 되는 사람이 하나도 없다고 생각한다.

앤디(Andy)의 욕망은 점점 자제력을 잃고 있었다. 그는 여자를 바라볼 때마다 불순한 생각을 하지 않을 수 없다. 그는 은밀한 삶을 살기 시작했고, 이성을 되찾은 순간에는 두려움을 느꼈다. 그는 누군가와 이야기하는 것을 좋아했다. 그러나 지금은 이야기할 수 있는 사람이 아무도 없었다. 그는 자신이 정죄당하고 삶이 파괴되는 것을 두려워하였다.

부모를 향한 드류(Drew)의 분노는 매일 커져갔다. 그는 학교나 직장에 있지 않을 때 자신의 방에만 있는다. 그는 친구들에게 집을 떠나는 것에 관하여 이야기했다. 그러나 그 친구들은 도움이 되지 못했다. 신뢰할 수 있는 성인을 찾는 것도 어려워보였다.

리처드(Richard)의 삶은 일에 지배당하고 있었는데 그의 친구인 조지(George)는 그의 일이 리처드의 영적인 삶과 그의 가족에게 부정적인 영향을 미치고 있는 것을 보았다. 조지가 그런 말을 꺼냈을 때 리처드는 과민하고 방어적이었다. 조지는 뒤로 물러서서는 안 된다는 것을 알고 있지만, 무엇을 해야 좋을지 몰랐다.

밥(Bob)은 목사 일을 좋아하였다. 그는 설교를 준비하고 설교하는 것을 좋아했다. 그는 사람들이 성장하도록 돕는 교회 프로그램들을 조직하는 것에 보람을 느꼈다. 그가 좋아하지 않는 것은 어떤 사람이 위기 상황을 자기 판단에 맡길 때였다. 밥은 자신이 기적의 이행자가 되어, 목사 지팡이를 흔들어 모든 것을 바로잡아야 한다는 압력을 강하게 느낀다. 그럴 때마다 스트레스로 시달리는 그는 다음 몇 주에 벌어질 상황을 걱정한다.

이렇듯 우리 각자의 삶에는 죄와 고통의 드라마가 진행되고 있다. 점점 더 어렵게 전개되는 은밀한 싸움이 있을 것이다. 점점 더 갈등이 커져가는 관계가 있을 것이다. 과거의 공포가 흉측한 모습을 드러낼 것이다.

좀더 정직해진다면, 우리가 같은 상황에 있는 사람들에게 둘러싸여 있고, 도움이 필요한 사람이라는 것을 인정하게 될 것이다. 당신은 이것을 친구들에게서, 가족에게서, 이웃들에게서, 직장에서, 교회에서 보게 된다. 솔직한 자기 성찰의 순간에 당신 자신에게서 그것을 보게 된다. 우리 안에는 단순히 사라지지 않는 것들이 있다. 우리는 잘못을 저지르고 후회하며, 그것을 고백하고 되풀이하지 않겠다고 결심한다. 그러나 분노가 치밀어 오르는 순간에는 하지 않기로 스스로에게 약속했던 바로 그 일들을 다시 하게 된다!

하나님이 우리를 어떻게 도우시며 어떻게 사용하셔서 다른 사람을 돕는 자가 되게 하시는가? 우리는 하나님이 우리를 부르셔서 그분 나라 사역의 일부분이 되도록 하셨다는 것을 안다. 그러나 그분은 우리에게 따라야 할 적절한 공식을 주지 않으셨다. '개인적이고 관계적인 면에서 완벽한 삶을 위한 일곱 가지 단계'를 가르쳐주지 않으셨다. 대신에 그분은 우리에게 구속주이신 예수님의 현존과 사역에 소망을 두라고 말씀하셨다. 돕는 자나 도움이 필요한 자나 변화를 위해 그분의 능력과 지혜에 의존한다.

이것은 어떠한 것인가? 우리가 실제로 어떻게 하나님이 사용하실 수 있는 도구들이 되는 것인가? 이러한 질문에 대답하기 위해 사람들과, 도움을 요구하는 사람들의 필요에 대한 성경적 이해가 필요하다. 그리고 변화가 어떻게 일어나는지에 대한 성경적인 조망도 필요하다.

성경은 인간을 세 가지 각도에서 본다. 즉 창조, 타락, 구속의 관점이다. 이러한 포괄적인 조망은 개인 사역을 하려는 우리가 필요로 하는 기초를 제공한다. 우리가 성경의 큰 그림으로 시작하고 성경적인 시각을 가지고 보게 될 때, 잘 구비되어 하나님의 지속적인 변화 사역의 일부분이 될 수 있을 것이다.

가장 좋은 시작점은 처음에 있다

우리가 보아온 대로, 개인 사역을 위한 성경적인 명령이 분명히 있다. 그 필요가 심지어 창세기 1장에 제시되었다는 사실을 알면 놀랄 것이다.

> "하나님이 가라사대 우리의 형상을 따라 우리의 모양대로 우리가 사람을 만들고 그로 바다의 고기와 공중의 새와 육축과 온 땅과 땅에 기는 모든 것을 다스리게 하자 하시고."

> "하나님이 자기 형상 곧 하나님의 형상대로 사람을 창조하시되 남자와 여자를 창조하시고."

> "하나님이 그들에게 복을 주시며 그들에게 이르시되 생육하고 번성하여 땅에 충만하라, 땅을 정복하라, 바다의 고기와 공중의 새와 땅에 움직이는 모든 생물을 다스리라 하시니라"(창 1:26-28).

이 구절이 너무나 익숙하기 때문에 사람에 대한 근본적인 관점을 놓치기가 쉽다. 이것을 적절하게 이해한다면 당신의 삶과 당신이 다른 사람에게 반응하는 방식이 바뀔 것이다.

창조에 대한 설명에는 운율, 즉 리듬이 있다. '하나님은 빛을 창조하셨고 하나님 보시기에 좋았더라고 선포하시며 저녁이 되며 아침이 되니 이는 첫째 날이다. 하나님은 하늘과 땅, 육지와 바다를 창조하셨고, 하나님 보시기에 좋았더라고 선포하시며, 저녁이 되며 아침이 되니, 이는 둘째 날이다. 하나님은 또 다른 것을 창조하시고, 하나님 보시기에 좋았더라고 선포하시며…' 그 리듬은 하나님이 사람을 창조하시기로 결심할 때까지 계속되었다. 그런데 갑자기 그 리듬은 중단되었다. 하나님은 다른 어떤 피조물에게도 하지 않으셨던 것을 아담과 하와에게 하신다. 그분의 행위는 개인 사역이 왜 우리 모두에게 필요한지를 보여준다. 아담과 하와를 창조하신 직후에, 하나님은 그들에게 말씀하신다. 그분은 자신이 창조했던 어떠한 것에게도 이렇게 하지 않으셨다. 그분은 단지 쉬셨고 다시 진행하셨던 것이다. 그런데 갑자기 리듬이 깨지고 하나님이 다른 일을 하실 때, 당신은 스스로에게 그 이유를 물어야만 한다. 왜 하나님이 그들에게 말씀하셨는가?

하나님은 아담과 하와가 비록 그분 자신과 완벽한 관계를 맺으며 살고 있는 완벽한 사람이라고 할지라도 스스로 삶을 해결할 수 없다는 것을 아셨다. 그들은 의존적인 존재로 창조되었다. 하나님은 그들이 누구인지 그리고 그들이 무엇을 해야 하는지 설명하셔야만 했다. 그들이 죄인이기 때문에 이러한 도움을 필요로 한 것이 아니다. 그들이 인간이기 때문에 도움이 필요했다.

이것이 인간 역사에서 개인 사역의 첫 번째 예다. 놀라운 상담자가 인간에게 오셔서 그들의 정체성과 목적을 정의하신다. 왜 아담과 하와가 이것 없이 살 수 없었는가? 왜 그들은 다른 피조물들과 다른가? 세 가지 이유가 있다.

첫째, 아담과 하와는 계시를 받는 존재로 창조되었다. 그들은 다른 어떠한 피조물도 받지 못한 의사 소통의 능력을 받았다. 그들은 하나님의 말씀을 듣고, 이해하고, 그들의 삶에 적용할 수 있는 능력을 가진 존재로 창조되었다. 이러한 능력들은 근본적으로 인간관계를 권장하기 위해 주어진 것이 아니다. 그 능력들은 우리가 하나님을 알고 그분을 이해할 수 있도록 하기 위해 주어진 것이다.

다른 피조물들은 하나님의 영광을 위해 살기 위해 이러한 능력들을 필요로 하지 않는다. 당신과 나는 본능적으로 이것을 알고 있으며, 그렇기 때문에 우리는 뒷마당에 있는 참나무와 종교적 토론을 하지 않는다! 참나무는 단지 하늘을 향해 큰 가지를 벌림으로써 하나님께 영광을 돌린다. 그것의 존재와 모습이 창조자께 영광을 돌리는 것이다. 그러나 인간이 온전히 하나님의 영광을 위해 살려면 하나님의 말씀이 필요하다.

우리의 문화는 우리가 저지른 행위나 우리가 당한 어떤 일, 예를 들면 생태계의 파괴 혹은 개인의 나쁜 화학 작용의 결과 같은 일 때문에 우리가 도움을 필요로 한다고 생각하는 경향이 있다. 그러나 창세기 1장은 도움을 필요로 하는 우리 본성이 죄에 선행한다는 사실을 직면시킨다. 우리는 의존적인 존재로 창조되었다.

하나님의 도움 없이 살려고 하는 것은 나 자신을 인간 이하의 존재로 만드는 것이다. 그것은 동물처럼 사는 것인데, 마치 내 자신이 아닌 다른 어떤 것이 되는 것과 같다. 수많은 사람들이 이러한 방식으로 살려고 노력하지만, 그것은 분별 없는 행동이다. 그들은 그들의 정체성을 부인하고, 그들 자신의 삶을 파괴하며, 그들 자신의 희망을 짓밟는다. 인간은 하나님의 계시의 정거장에서 살도록 창조되었다. 그래서 우리는 현재 소유하고 있는 유일한 의사 소통 능력을 받은 것이다.

개인 사역은 우리의 필요에 대한 불가피한 본성을 겸손하게 인정하는 데서 시작되어야 한다. 원죄가 없었더라도 그리고 우리가 전혀 죄를 짓지 않았더라도, 우리는 인간이기 때문에 여전히 도움을 필요로 할 것이다. 당신 자신을 명확하게 이해하고, 하나님이 당신에게 하라고 부르신 사역을 분명하게 이해하는 것이 여기에서 시작된다.

사람들은 생각한다

아담과 하와가 다른 피조물과 구별되는 두 번째 다른 점은 그들이 해석자로 창조되었다는 것이다. 사람들은 의미를 만드는 자들이다. 즉, 우리는 생각할 수 있는 놀라운 능력을 가진 자로 창조되었다. 우리는 항상 우리 안에서 일어나고 있는 것들과 우리 주변에서 일어나고 있는 것들을 조직하고, 해석하고, 설명한다. 어떤 사람은 다른 사람들보다 생각을 더 잘하기도 하지만 어쨌거나 우리 모두는 생각한다. 우리는 우리 존재에 대한 순수한 사실에 근거하여 삶을 살지 않는다. 우리는 그러한 사실에 대한 우리의 해석에 근거하여 살아간다. 하나님은 아담과 하와에게 생각할 수 있는 독특한 능력을 주셨다. 그러나 오직 그분의 말씀만이 그들의 세상을 정확하게 해석할 수 있다.

내가 펜실베이니아 주의 스크랜튼(Scranton)에서 젊은 목사로 사역할 때, 우리 가족은 길고 가파른 계단이 있는 오래된 빅토리아 양식의 집에서 살고 있었다. 어느 날 오후 거실에 앉아 있었는데, 누군가 계단에서 떨어지는 소리가 들렸다. 계단 아래로 달려가보니 세 살 된 아들 에단(Ethan)이 넘어진 것이었다. 그 아이는 서너 계단을 더 굴러 떨어진 후 멈췄다. 나는 놀라서 괜찮은지 물어봤고, 그 아이는 괜찮다고 나를 안심시켰다.

내가 신문을 읽기 위해 다시 자리로 돌아가려고 하자 에단이 말했다. "고마워요." 나는 말했다. "에단, 나에게 감사할 필요가 없다. 나는 아무것도 하지 않았단다." "아빠에게 한 말이 아니에요. 나는 천사들에게 감사하고 있어요." 에단은 내가 자신이 의미하는 바를 정확히 알아야 한다는 듯이 나를 쳐다보며 대답했다. 다시 돌아서서 걸으면서 나는 우리 아이의 말이 그저 귀엽다고만 생각했다. 그러나 한걸음을 내딛기도 전에 에단은 말했다. "나는 그들이 어떻게 하는지 알아요!" 나는 말했다. "누구 말이니?" "천사들이요, 아빠. 나는 천사들이 어떻게 하는지 알아요. 모든 사람에게는 아빠가 볼 수 없는 두 명의 천사들이 있어요. 한 천사는 이쪽(그 아이의 오른쪽)에 서 있고, 한 천사는 이쪽(그 아이의 왼쪽)에 서 있어요. 그 천사들은 아빠 머리 위에 아빠가 볼 수 없는 커다란 비치볼을 들고 있어요(우리는 바닷가에서 휴가를 보내고 돌아온 직후였다). 그래서 아빠가 떨어지기 시작하면, 천사들은 아빠 앞에 그 비치볼을 갖다놓아요. 그러면 아빠는 튀어 오르게 되고, 무사해요!" 그러고는 자신의 설명에 아주 만족해하며 가버렸다.

아마도 당신은 이 이야기를 듣고 나서 무척 귀엽다고 생각할 것이다. 그러나 여기에서 놀랄 만한 일도 일어나고 있다. 계단에서 굴러 떨어지는 것을 피한 직후에, 이 작은 아이는 자신에게 일어난 일에 대해 이해하려고 하였다. 세 살 된 그 아이가 이미 생각하고, 조직하며, 해석하고, 설명하는 것이다! 에단은 주일학교에서 배운 내용과 가족 휴가에서 경험한 사실들을 조합했고, 이것으로부터 자신의 경험에 대해 겉보기에 그럴듯한 설명을 만들어냈다.

그 작은 아이는 이제 스물세 살이다. 그 아이가 자신의 세상을 해석했던 수많은 시간들을 생각해보라. 그리고 그러한 해석들이 어떻게 그 아이의 삶의 방향을 결정했는지 상상해보라.

또 다른 아들의 상황은 우리의 해석이 우리 주변에서 일어나고 있는 일에 우리가 반응하는 방식을 어떻게 결정하는지 보여준다. 막내아들인 다네이(Darnay)는 세 살 때 형이 막대기로 돌을 치면서 야구를 하고 있다는 사실을 모른 채 뒷마당을 어슬렁거리고 있었다. 공교롭게도 조금 후에 에단이 친 돌이 다네이의 이마에 정통으로 꽂히고 말았다. 다네이는 피를 많이 흘리면서 땅에 쓰러졌다. 그 아이의 누나는 입으로 구급차 사이렌 소리를 내고 있었고 그의 형은 마음을 졸이며 자신은 절대 일부러 그러지 않았다며 결백을 주장했다. 나는 다네이의 상처가 어느 정도인지 보기 위해 피를 닦아주었다. 그 아이는 조용히 누워 있었는데 신기하게도 아주 평안해보였다. 나는 그 아이의 입술이 움직이고 있는 것을 보았다. 그래서 구부려 그 아이의 입 가까이에 내 귀를 갖다 대었다. 그러고는 그 아이가 되풀이하여 다음과 같이 중얼거리는 것을 들었다. "우리 아빠가 의사인 것이 너무 기뻐!"

다네이는 아빠 이름 앞에 닥터(Doctor)라는 칭호가 붙는 것을 알고 있었다. 그리고 때때로 사람들과 만날 약속을 하는 것도 알고 있었다. 그 아이에게 그것은 아빠가 의사라는 것을 의미했다. 그러나 그 아이가 그러한 말들을 속삭이는 것을 들었을 때, 내 생각은 이랬다. '너는 큰 오해를 하고 있단다. 왜냐하면 나는 네가 생각하는 그런 의사가 아니기 때문이란다' (저자는 목회학 박사, Doctor of Ministry다 - 역자 주).

이러한 사소한 사건도 우리가 내리는 해석의 중요성을 실감케 한다. 우리는 상황과 관계들을 해석할 뿐만 아니라, 우리 자신을 해석한다. 우리는 우리 자신에게 정체성을 부여하고, 그것을 드러내며 살아간다. 다네이는 누나의 외침이나 형의 두려움 혹은 흘린 피의 양에 근거하여 자신의 상황에 반응하지 않았다. 그 아이는 스스로 부여한 정체성에 따라서 반응했는데 그것은 불행히도 매우 잘못된 것이었다. 자신의 아빠가 의사라고 생각했기 때문에 오히려 평안했던 것이다. 그렇지 않았다면 매우 두려워했을 상황이었다. 그러나 이것은 잘못된 평안이었다. 그리고 그 아이는 아빠가 자신이 처음에 생각한 사람이 아니라는 것을 곧 알게 될 것이다.

다네이의 해석이 그 상황에 대한 반응을 어떻게 형성했는지 살펴보자. 첫째, 그의 감정을 결정했다. 그 아이의 두려움이 없어진 것은 자신이 얼마만큼의 위험에 처해 있었는가에 대해 잘 모르는 특별한 가정에 기초했다. 둘째, 삶에 대한 그 아이의 해석은 그 아이의 정체성을 규정했다. 그 아이가 생각하기에 자신은 유능한 전문 의사의 아들이었던 것이다. 셋째, 이러한 해석은 그 아이가 다른 사람에 관하여 어떻게 생각했는지를 규정했다. 그 아이는 나에 대해 무한한 신뢰를 가지고 있었고, 도움이 무척 가까이 있었기 때문에 에단의 행동으로 인해 당황할 필요가 없었다. 넷째, 그 아이의 사고는 해결책에 대한 관점을 형성했다. 매우 단순하게 말하자면 아빠가 자신을 보살필 것이라는 생각이었다! 다섯째, 실제에 대한 그 아이의 가정은 그 아이가 충고를 받아들이는 방식을 형성했다. 다네이는 내가 내리는 지시와 평가가 무엇이든 간에 무조건 따를 수 있는 믿음을 가지고 있었다.

하나님이 인간에게 생각하고 해석할 수 있는 자유를 주셨다는 말은 인간이 취하는 행동의 핵심을 정확히 보여주고 있다. 우리의 사고는 우리의 감정과 정체성, 타인에 대한 관점, 문제 해결 계획 그리고 다른 사람으로부터 충고를 받으려는 의지를 결정한다. 그렇기 때문에 타당한 해석을 내려서 삶에 적절하게 반응하도록 돕는 구조가 우리에게 필요하다. 오직 창조주의 말씀만이 우리에게 그러한 구조를 줄 수 있다.

당신은 누군가를 섬기게 된다

내가 좋아하는 신학자 밥 딜런(Bob Dylan)이 한 말들로부터 우리와 다른 피조물을 구별하는 세 번째 이유를 생각해보았다. 인간은 본성상 예배하는 자다. 예배는 단지 우리가 행하는 어떤 것이 아니다. 그것은 우리가 누구인가를 정의한다. 당신은 인간을 예배하는 자와 예배하지 않는 자로 구별할 수 없다. 모든 사람은 예배하기 때문이다. 그것은 단지 우리가 무엇을 혹은 누구를 섬기는가의 문제다.

하나님은 예배를 우리 삶에 동기를 부여하는 핵심이 되도록 의도하셨다. 아담과 하와를 창조하실 때 하나님의 인격, 하나님의 존재, 하나님의 목적으로부터 삶의 모든 의미와 목적을 이끌어내면서 살도록 만드셨다. 이것을 '하나님에 대한 의존성'이라고 부른다. 이러한 기획 의도 때문에 인간이 하는 모든 일은 예배를 표현한다. 당신이 하는 일과 당신이 그것을 하는 방식은 무언가를 섬기려는 당신의 욕구를 표현한다. 어떤 것에 대한 열정적인 사랑은 우리가 그것에 충성하도록 명령하고 우리의 행동을 지시한다.

우리는 매우 어렸을 때부터 예배하기 시작한다. 대형 마트의 장난감 코너에 어린 자녀를 데리고 간 적이 있는가? 당신은 통로 중앙으로 쇼핑 카트를 밀어서 자녀가 눈에 보이는 것을 못 만지게 할 수 있다. 계산대 줄에 도착하기까지 모든 것이 괜찮다. 거기서 쟈니가 최신 유행 장난감을 발견한다. "엄마, 이것 갖고 싶어요! 이것 사면 안 될까요, 엄마?" 쟈니가 애원한다. "안 돼. 오늘은 안 된다. 잊지 마라. 엄마가 오늘은 너에게 한 가지만 사준다고 말했잖아." 당신이 대답한다. "이거 갖고 싶어요! 이거 갖고 싶어요!" 쟈니는 울부짖는다. "빌리는 유행하는 장난감을 다 가지고 있단 말이에요. 그리고 컴퓨터와 게임기도 가지고 있어요! 이건 불공평해요. 나에겐 아무것도 없단 말이에요!" "그건 네가 잘못 알고 있는 거야." 인내심이 사라진 당신이 대답한다. "너에게 퍼즐을 사주었 잖니? 그리고 이것이 오늘 살 수 있는 전부야!"

쟈니는 당장 몸에 힘을 주면서 머리를 뒤로 젖히고 소리를 지르기 시작한다. 당신은 가게 안에 있는 모든 눈이 당신에게로 향하고 있다고 느낀다. 당신은 이 범죄에 가장 적절한 벌을 찾으면서 규율 목록을 떠올리기 시작한다.

이 사건은 단지 엄마와 아들 사이의 수평적인 문제가 아니다. 그들의 문제는 쟈니가 아이일지라도 예배자이며, 그의 반응이 무엇인가에 대한 예배를 나타낸다는 사실에서 생긴다. 쟈니에게 잘못된 것은 단지 장난감을 원하고 부모가 "안 돼"라고 말하자 발작했다는 것이 아니다. 좀더 깊은 수준에서, 쟈니는 하나님의 존재는 잊은 채 자신과 자신의 즐거움을 위해 살려는 자연스러운 인간 본성을 보인 것이다. 이렇듯 엄마와 자녀가 보여주는 상대적으로 사소한 갈등에서도 무언가를 섬기려는 우리의 뿌리 깊은 욕구와 그 '무언가' 가 자기 자신이라는 우리의 죄악된 가정을 반영한다! 쟈니는 그의 작은 세계에서 주권적인 통치자가 되기를 원했다. 그리고 엄마가 따라주기를 요구했다. 만약 당신이 그 아이의 길에 서 있다면, 대가를 치를 것이다. 작은 쟈니는 일종의 예배 도둑이다.

예배를 훔치는 것은 타락한 인간에게 존재하는 문제의 핵심이다. 슬프게도, 우리 모두는 범죄자다. 우리는 본성적으로 예배자이기 때문에 항상 (1) 하나님께 합당한 예배를 드리거나, (2) 다른 어떤 것을 섬기거나, (3) 우리 자신이 만든 우주의 중심이 되기를 요구하면서 우리 자신을 섬긴다. 이것이 바로 우리가 공상하는 내용이 아니겠는가? 현실 세계에 실망하면서 사람들은 다른 모든 사람들이 자신의 명령대로 하는 자신의 세상을 만든다. 다른 사람이 "아니요"라고 말하는 것을 꿈꾸는 자가 있겠는가? 그런 공상은 일종의 하나님이 되려고 하는 시도다.

아담과 하와는 예배자로 창조되었다. 그들에게는 하나님이 그들에게로 와서 다음과 같이 말씀해주시는 것이 필요했다. "나는 너희 창조자다. 그리고 너희는 내게 속해 있다. 너희는 나를 사랑하고, 섬기고, 예배하고, 순종하도록 창조되었다. 이런 것들은 너희가 하는 모든 것의 기초가 되어야 한다." 그들에게는 하나님을 향하는 삶이 필요했고 그것을 위해서 하나님의 계시가 필요했다.

함께 사역하기

당신은 창세기 1장 없이는 개인 사역의 영역을 제대로 이해할 수 없다. 그것은 우리가 도움이 필요한 존재로 지어졌다는 것이 하나님의 계획의 일부라는 것을 설명해준다. 그것은 타락의 결과가 아니다. 인간은 삶을 이해하기 위하여 그들 외부로부터 오는 진리를 필요로 한다. 우리는 우리 존재의 사실들을 해석하기 위해 하나님의 시각을 필요로 한다. 우리는 예배자가 되도록 창조되었다.

이러한 사실은 근본적인 관찰로 이끈다. 만약 모든 인간이 삶을 이해하려고 늘 애쓰는 것이 사실이라면, 그렇다면 삶의 모든 부분은 상담 혹은 개인 사역이 되어야 한다. 상담은 인간 삶의 요소다! 우리는 항상 해석하고, 우리의 해석을 서로 공유한다. 이러한 '공유'는 궁극적으로 삶에 어떻게 반응할 것인가에 대한 충고나 위로가 된다.

결론적으로 당신은 다른 사람과 관계를 맺을 때마다 그들에게 영향을 받을 수밖에 없다. 당신은 매일 상담 혹은 충고를 주고받는다. 이것은 돈을 받는 전문가들에게 제한된 일이 아니다. 이것은 인간관계의 조직으로 짜여져 있다. 문제는 우리가 그러한 매일의 만남의 강력한 영향을 종종 인식하지 못한다는 것이다.

잠언은 이러한 역동성을 잘 묘사하고 있다. 한 아버지의 지혜로운 말씀으로부터 그의 아들에 이르기까지 그리고 어리석은 자의 삶을 복잡하게 만드는 충고에 이르기까지, 잠언은 삶을 하나의 거대한 상담 토론장으로 묘사하고 있다. 그 안에는 두 영역, 즉 지혜로운 자의 상담과 어리석은 자의 상담이 있다. 당신과 나는 지혜로운 상담과 어리석은 상담을 매일 받는다. 이 두 목소리가 당신의 관심을 끌기 위해 경쟁한다. 그것들은 당신의 사고, 욕구, 선택, 행동에 영향을 미친다. 그것은 친구의 말로, TV 쇼의 내용으로, 주일 설교로 다가온다. 부모의 꾸지람이나 배우자의 견해에도 상담이 있다. 사람들은 다른 사람들을 상담한다. 그것은 불가피한 것이다.

우리는 하나님의 말씀에 기초하지 않는 수천 시간의 공식 상담을 고려해야 한다. 그러나 또한 자신이 무엇을 하는지 알지 못하며, 자신이 얼마나 많은 영향을 받고 있는지 알지 못하는 사람들끼리 매일 주고받는 훨씬 더 많은 양의 상담도 고려해야 한다. 만약 당신이 이 행성에서 살고 있다면, 당신은 상담자다! 당신은 삶을 해석하고, 그러한 해석을 다른 사람들과 나눈다. 당신은 영향을 주는 사람이고, 또한 영향을 받는 사람이다. 당신의 삶에는 당신의 주의를 끄는 사람들이 있다. 당신이 모르는 사이에, 그들은 당신의 사고를 형성하고, 당신의 욕구를 지시하며, 당신의 행동 계획에 영향을 미칠 것이다. 문제는 누가 상담하는가가 아니다. 우리 모두가 상담한다. 핵심 이슈는 상담이 창조주의 계시에 근거하는가, 아닌가다.

다른 상담자의 등장

우리는 창조의 관점에서 우리가 도움이 필요한 존재임을 살펴보았다. 뿐만 아니라 그것을 타락의 견해로 살펴볼 필요가 있다. 창세기 3장은 개인 사역의 세상과 관련하여 매우 강력한 암시를 내포하고 있다.

> "여호와 하나님의 지으신 들짐승 중에 뱀이 가장 간교하더라 뱀이 여자에게 물어 가로되 하나님이 참으로 너희더러 동산 모든 나무의 실과를 먹지 말라 하시더냐
> 여자가 뱀에게 말하되 동산 나무의 실과를 우리가 먹을 수 있으나 동산 중앙에 있는 나무의 실과는 하나님의 말씀에 너희는 먹지도 말고 만지지도 말라 너희가 죽을까 하노라 하셨느니라
> 뱀이 여자에게 이르되 너희가 결코 죽지 아니하리라 너희가 그것을 먹는 날에는 너희 눈이 밝아 하나님과 같이 되어 선악을 알 줄을 하나님이 아심이니라
> 여자가 그 나무를 본즉 먹음직도 하고 보암직도 하고 지혜롭게 할 만큼 탐스럽기도 한 나무인지라 여자가 그 실과를 따먹고 자기와 함께한 남편에게도 주매 그도 먹은지라 이에 그들의 눈이 밝아 자기들의 몸이 벗은 줄을 알고 무화과나무 잎을 엮어 치마를 하였더라"(창 3:1-7).

역사상 처음으로 우리는 다른 음성과 다른 상담자의 등장을 목격한다. 그가 하와에게 한 상담, 조언의 내용을 살펴보자. 그는 하나님이 아담과 하와에게 말씀하셨던 것과 똑같은 일련의 사실들을 취하며 거기에 대해 다른 해석을 내리고 있다. 뱀은 하나님의 말씀을 다른 각도로 해석하고 있다. 왜냐하면 그는 그 말씀의 주체가 아니라 제3자이기 때문이다.

이제 하와는 역사상 가장 중요한 순간들 가운데 하나에 서 있다. 당신은 그녀가 무엇을 할지 보려고 기다리면서 죽음과 같은 창조의 침묵을 상상할 수 있

을 것이다. 그녀가 창조주의 충고를 따를 것인가, 아니면 뱀의 충고를 따를 것인가? 그녀는 어디에서 의미와 목적을 찾을 것인가? 누구에게 자신을 맡길 것인가? 결국 그녀는 하나님, 그분의 성품, 그분의 계획에 관해 무엇을 믿을 것인가? 이것이 그 순간에 깔려 있는 질문들이다.

이 한 편의 도덕 드라마는 여기서 인간 존재의 핵심에까지 이른다. 하와가 그 실과를 '지혜롭게 할 만큼 탐스럽기도 한' 것으로서 보고 있다고 말한 구절을 살펴보자. 사탄은 하와에게 단지 동산 안의 가장 좋은 실과가 아닌 좀더 근본적으로 매력적인 것을 제시했다. 사탄은 하와에게 그 실과를 먹는다면, 독립적으로 지혜로워질 것이라고 말하고 있다. 그 약속은 하나님 혹은 그분의 계시를 전혀 필요로 하지 않는, 자율적이며 개인적인 지혜였다! 이것이 바로 타락으로 인도하는 유혹이었다.

사탄은 사람들이 스스로의 힘으로 삶을 분별할 수 있다는 약속을 하면서 지혜에 이르는 다른 경로를 제공하고 있다. 사탄의 말은 하나님의 계시가 아무리 아름답다 할지라도, 그것이 정말로 필요한 것은 아님을 암시한다. 사탄의 지혜는 사람들의 삶을 그들 자신의 손 안에 두게 해서, 그들이 생각하고 해석하고 이해하고 적용하는 데 자신의 능력을 의지하게 한다. 뱀은 하와에게 가장 매력적이고 지독한 거짓말, 즉 자율성과 자기 충족성의 거짓말을 하고 있는 것이다. 사탄은 하와에게 하나님을 경배할 필요가 없는 지혜를 제공하고 있다.

만약 아담과 하와가 뱀의 충고를 따르기로 선택했다면, 두 가지를 해야 할 것이다. 첫째, 그들은 하나님을 부인해야 하고, 그들의 정체성과 목적을 정의하신 절대자, 그들의 창조주와 상담자라는 그분의 자기 계시를 부인해야 할 것이다. 사도 바울은 그리스도에 대해서 "그 안에는 지혜와 지식의 모든 보화가 감춰어 있느니라"고 말한다. 그리고 세상의 '철학과 헛된 속임수' 가 잘못된 이유는 그리스도보다는 사람의 유전과 세상의 초등 학문을 의존하는 것이기 때문임을 밝힌다(골 2:3, 8). 성경은 지혜가 한 인격자이며, 그의 이름은 그리스도라고 선언한다! 이것은 태초부터 진리였다. 따라서 아담과 하와는 그리스도만이 제공할 수 있는 것을 다른 곳에서 찾을 수 있다고 믿으면서 단지 성부 하나님뿐만이 아니라 사실상 그리스도도 거절하는 것이다.

시편 14편은 이것이 모든 어리석음의 핵심이라고 말한다. 어리석음은 우둔한 것 이상인데, 즉 오만과 무지의 치명적 결합이다. 어리석은 자들의 핵심 전제는 하나님이 없다는 것이며, 살기 위하여 그분의 계시를 필요로 하지 않는다는 것이다. 창세기 3장은 상담의 장이며, 지혜의 장이다. 나는 누구의 목소리를 들을 것인가? 무엇이 나의 지혜의 근원이 될 것인가? 아담과 하와는 이 목소리 혹은 저 목소리를 들어야만 했으며, 우리와 같이 그들의 결정은 지속적인 영향력을 갖게 되었다.

이 새로운 상담자인 사탄의 말을 듣기 위해 그들은 하나님뿐만 아니라 그들 자신의 본성도 부인해야만 했다. 뱀이 신뢰할 수 있는 선택으로 제안한 것은 더 이상 선택이 아니었다. 아담과 하와는 어떤 종류의 존재로 창조되었다. 그들은 그들의 창조 계획을 벗어나서는 성공적으로 살 수 없다. 그러나 이것이 아담과 하와가 하려고 하는 것이며, 현재 수많은 사람들이 매일 시도하는 것이다.

왜 하나님께 순종해야 하는가

새로운 상담자를 갖는 이러한 대안적인 지혜의 체제는 중립적이 아니다. 이것은 분명한 도덕적 계획을 포함한다. 만약 아담과 하와가 이 새로운 해석을 믿기로 결정했다면 그들이 하나님께 계속 순종하는 것이 어리석은 짓이 될 것이다. 하나님은 거짓말쟁이며, 그들이 자신과 같이 될 것을 두려워하는 사기꾼, 교묘하며 불안정한 신으로 드러날 것이다.

이제 이것이 모든 조언과 상담과 개인 사역과 어떻게 관련되는지 알 수 있다. 우리가 다른 사람들과 공유하는 해석은 항상 옳고 그름, 선과 악, 진실과 거짓, 지혜와 어리석음을 규정한다. 그것들은 항상 우리에게 무엇을 바라고, 생각하고, 행해야 하는지를 말해준다. 나의 모든 해석은 하나님의 관점과 나 자신의 관점과 다른 사람의 관점에 의존한다. 그리고 그 해석들은 늘 나의 마음과 손으로 무엇을 해야 할지를 말해준다.

만약 아담과 하와가 하나님의 말씀을 거부하고 뱀을 따른다면, 그들은 매우 다른 방법으로 생각하고 행동할 것이다. 슬프게도 그들은 뱀을 따랐고 삶은 결코 전과 같지 않게 되었다. 지금 우리는 삶을 해석하고 우리 마음의 충성을 빼앗기 위해 경쟁하는 수천 가지 음성이 들리는 세상에서 살고 있다. 우리가 혼란스러워하는 것은 전혀 놀랄 만한 일이 아니다! 우리가 똑바로 생각할 수 없는 것은 전혀 놀랄 만한 일이 아니다! 이러한 음성들은 우리를 유혹하는데, 사람이 에덴 동산 안에서 처음 느꼈던 악하고 현혹된 욕구에 호소하기 때문이다. 즉, 이러한 음성들은 우리 스스로 독립하고, 우리 방식대로 살며, 우리 자신에게만 대답하고, 창조주의 발 아래가 아닌 다른 곳에서 삶을 찾도록 유혹한다.

이것이 죄가 우리에게 하는 것이다. 죄는 우리를 어리석은 자로 만들어 하나님과 우리 자신의 본성을 부인하는 방식으로 살게 한다. 우리는 무신론자라고 고백하지 않을지 모르나, 실제로는 수평적이고 불경건한 삶을 살 것이다. 이 세상 것들은 우리를 사로잡고 노예로 만든다. 우리는 교회에 가고 높은 수준의 성경적이고 신학적인 지식을 소유할 수 있으나, 이러한 지식 추구는 우리 삶의 가장자리에서만 존재할 수 있다. 그것들은 너무나 자기 몰입적이고 자기 중심적이며, 자기 충족적인 삶 위에 꾸며진 장식일 뿐이다. 또 다른 상담 체제는 우리 마음의 생각과 동기를 지배한다.

사람, 사탄, 개인 사역

개인 사역을 성경적으로 더 잘 이해하기 위해 창세기 3장으로부터 이끌어 낼 수 있는 원리들은 무엇인가?

1. 생각, 견해, 조언, 관계는 항상 계획(agenda)을 수립하고 있다. 우리가 인식하지 못한다 할지라도, 우리는 무엇을 바라고, 생각하고, 어떻게 행동해야 할지를 매일 서로에게 충고한다.
2. 충고는 항상 옳고 그름, 진실과 거짓, 선과 악, 지혜와 어리석음을 규정하는 도덕적인 행위다.
3. 우리는 창세기 1장의 단순한 의존을 열망해야 한다. 거기에서는 사람들이 생각하고, 말하고, 행하는 모든 것이 오로지 하나님의 말씀에만 근거하고 있다.
4. 세상의 음성들은 타락한 마음의 핵심적 망상, 즉 스스로 삶을 이해하고 살 수 있는 하나님이 되려고 하는 욕구에 호소한다. 우리 삶에는 우리를 사랑해서 우리를 하나님과 함께하는 삶으로 돌이킬 수 있는 사람들이 필요하다.
5. 우리는 삶을 이해하기 위하여 하나님의 말씀(성경)이 필요하다. 우리는 신뢰할 수 있는 창조주의 음성을 들을 필요가 있다. 그분의 말씀만이 우리를 혼란스러운 세상 철학과 우리 자신의 어리석음으로부터 빼내어 정말로 지혜롭게 만들 수 있다. 진정한 앎은 그분을 아는 것으로부터 시작

한다. 지혜는 예배의 열매이며, 애원하여 받는 것이다. 이것은 지혜의 절대자 그리스도께 순종하는 삶으로부터 나온다.

구원받았으나 여전히 궁핍한

그리스도인들은 여전히 도움이 필요한 사람들인가? 하나님의 은혜로 용서받고, 그분의 자녀가 되고, 성령 안에 사는 자들에게도 개인 사역이 필요한가? 공적 말씀 사역만으로 충분하지 않은가? 우리는 개인 사역을 강조함으로써 단순히 치료를 중시하는 우세한 문화적 풍토를 따르는 것이 아닌가?

이전에 한 여성이 이러한 주제와 관련된 세미나 기간에 나에게 다가와 물었던 적이 있다. "만약 내 손에 성경이 있고 내 마음에 성령님이 계시다면, 내가 다른 사람에게 상담받을 필요가 있나요?" 당신은 그녀에게 어떻게 대답할 것인가? 정말로, 성령님은 교회의 놀라운 상담자시다. 그분은 우리가 하나님의 말씀을 이해할 수 있게 하시며, 죄를 깨닫게 하시며, 순종할 의지를 우리 안에서 일으키시며, 하나님이 주신 소명을 우리가 할 수 있도록 하신다. 그러나 이것이 내가 더 이상 일대일 사역을 필요로 하지 않는다는 것을 의미하는가? 당신은 공적 예배와 말씀의 공적 사역이 당신에게 필요하지 않다고 같은 논리로 주장할 수 있을 것이다. 이 여성은 중요한 점을 놓치고 있는데, 히브리서에 나오는 짧은 몇 구절들이 이를 잘 묘사한다. "형제들아 너희가 삼가 혹 너희 중에 누가 믿지 아니하는 악심을 품고 살아 계신 하나님에게서 떨어질까 염려할 것이요 오직 오늘이라 일컫는 동안에 매일 피차 권면하여 너희 중에 누구든지 죄의 유혹으로 강퍅케 됨을 면하라"(히 3:12-13).

이 짧은 두 구절 속에는 많은 내용이 압축되어 있다. 먼저, 이 구절이 '형제들아', 즉 믿는 자들을 염두에 둔 것을 주목하라. 저자는 모든 그리스도인들의 일상적 삶의 이슈에 대해 말하고 있다. 저자는 신앙 바깥에 있는 사람들 혹은 특별한 계층의 신자들에게 말하는 것이 아니다. 저자는 우리 각자 안에 우리를 위험에 빠뜨리는 것이 있으며, 그것 때문에 다른 사람이 매일 베푸는 사역이 필요하다고 말하는 것이다.

다음으로 경고의 내용을 살펴보자. "너희가 삼가 혹 너희 중에 누가 믿지 아니하는 악심을 품고"(즉, 떨어지는 것, 궁극적으로 강퍅케 되는 것). 우리는 이러한 종류의 경고가 필요하다는 사실에 주목해야 한다. 여기서 묘사하고 있는 것은 내가 상담했던 사람들에게서 많이 보았던 과정이다.

이것은 모두 죄로 물든 마음의 욕망에 응한 사람들에게서 시작된다. 결혼한 남자가 직장 동료인 여성에게 관심을 갖기 시작한다. 그는 그녀를 더 잘 알아가는 것이 어떤 것일까에 대해 생각한다. 그녀의 옷 입는 방식, 얼굴 모습, 머리 모양, 몸매 등을 연구하는 데 많은 시간을 보내기 시작한다. 이렇게 하는 동안, 그의 욕망은 점점 커진다. 이 시점에는 육체적 관계를 생각하지 않고, 아내를 떠날 생각도 하지 않는다. 그는 그 여성과 이야기를 나누기로 결심한다. 그것이 무슨 해가 되겠는가? 어쨌든 그녀는 동료이고 따라서 그는 그녀와 좋은 관계를 가질 의무가 있었다.

오래지 않아 그들은 함께 긴 시간 동안 점심을 먹고, 자주 이야기했다. 어느 날 그는 그녀를 집까지 데려다주겠다고 제안했고, 소파에 함께 앉아 45분의 시간을 보낸다. 그는 그녀의 손을 만지면서 자신이 그들의 우정에 대해 얼마나 감사하고 있는지에 대해 말한다. 집에 오는 길에, 처음으로 자신이 결혼을 하지 않았더라면 하고 바란다. 집에 도착하자, 그는 하루를 어떻게 보냈는지를 조심스럽게 이야기한다. 그날 밤 직장의 그 여성을 생각하면서 아내 옆에 눕는다. 그는 점차 죄의 교활한 패턴에 굴복하지만, 그것이 무엇인지를 알지 못한다.

그러나 그의 안에서 성령님이 죄를 깨닫게 하시는 일이 일어난다. 마음이 편하지 않다. 약간의 죄책감을 느낀다. 이전에 긴 하루를 보내고 아내를 보며 느꼈던 즐거움을 경험하지 못한다. 그는 아침에 직장에 가면서 기분이 너무나 들떠 있다는 것을 안다. 그는 아내에 대해서 좀더 비판적으로 변했다는 것과 다른 여성과 특별한 일체감을 느낀다는 것을 안다. 그래서 자신의 양심을 누르면서 자신과 논쟁한다. 그는 그것을 보지 못하지만 불신앙의 미묘한 패턴과 함께 죄의 교활한 패턴에 반응하고 있다. 그는 자신이 잘못된 일을 전혀 하지 않았고, 성경은 남자와 여자의 친구 관계를 금하지 않으며, 자신은 충실한 남편이고, 간음과 관련된 어떠한 일도 하지 않았다고 스스로에게 말한다. 그는 이러한 관계란 좋은 것이고, 직장에서 이러한 종류의 관계가 자신에게 더욱 필요하며, 안락한 그리스도인만의 영역에서 너무 오랫동안 살아왔고, 실제로 하나님도 자신이 누군가와 사귀는 것을 기뻐하실 것이라고 스스로를 납득시킨다.

그는 마음의 타락한 욕구를 따를 뿐만 아니라, 성경의 해석하는 권위로부터도 교묘하게 빠져나오고 있다. 죄의 패턴에 굴복하는 것은 불신의 길로 가는 것이다. 그동안 그 남자와 그의 아내는 여전히 교회에 적극적으로 참여했다. 그러나 내면적으로 그는 영적인 안식처를 잃기 시작했다. 어린아이처럼 말씀을 신뢰하고 순종하는 것이 그의 도덕적 닻이었다. 그는 성령님의 사역에 민감했었다. 그러나 이제 닻의 사슬을 끊고 표류하고 있다. 심지어 그것조차 인식하지 못한다.

그는 자신의 영적인 안식처를 잃어버렸기 때문에, 더 멀리 떠내려갔다. 오래지 않아 그와 그의 동료는 교회를 떠나 돌아오지 않았다. 그는 그녀가 출장을 갈 때면 자원하여 출장을 가기 시작한다. 관계는 점점 육체적 성격을 띤다. 아내와의 관계는 깨졌지만, 그는 개의치 않는다. 사실 도대체 왜 아내와 결혼했는지 의아해하고 있다. 그는 밤과 주말에 직장에서 더 많은 시간을 보내고,

그래서 교회 활동에 점점 덜 참여하게 되었다. 그는 말씀을 읽고 기도하는 것을 그만두었다. 그는 '기독교와 관련된 것' 전부에 갇힌 느낌을 받는다. 그의 아내는 함께 상담을 받으러 가자고 간청하지만, 그는 관심이 없다.

이제 집으로 오지 않는 밤이 점점 많아진다. 아내와의 대화는 거짓말투성이다. 교회 목사님이 그를 설득하기도 하고 간청하기도 하지만, 그의 마음은 움직이지 않는다. 더 이상 말씀에 관심이 없으며 성령이 하시는 일에 민감하게 반응하지 못한다. 그의 마음은 강퍅해졌다. 그는 더 이상 그런 존재를 믿지 않으며, 곧 아내를 떠날 계획을 세운다.

죄악된 마음 → 믿지 아니함 → 떨어짐 → 강퍅해진 마음. 얼마나 끔찍한 과정인가! 아마도 당신은 어떻게 이런 일이 신자에게 일어날 수 있는지 의아할 것이다. 다음의 성경 구절은 일이 어떻게 잘못되었는지에 대한 자세한 설명과 함께 그 질문에 답한다. 히브리서 3장 13절의 말씀을 살펴보자. "너희 중에 누구든지 죄의 유혹으로 강퍅케 됨을 면하라." 이것은 우리에게 동료 신자들이 매일 베푸는 사역이 필요한 이유를 설명해준다.

히브리서의 기자는 내재적 죄의 교리로 우리의 주의를 돌린다. 십자가에서 그리고 부활을 통해서 그리스도는 우리를 지배하는 죄의 권세를 깨뜨리셨으나(롬 6:1-14), 죄의 존재는 남아 있다. 죄는 우리 안에서 근절되고 있는 중이고, 이 과정은 우리가 죄에서 자유로워질 때까지 계속될 것이다. 그러나 죄가 남아 있는 동안, 그것이 우리를 기만한다는 것을 기억해야 한다. 죄는 눈을 가린다. 제일 먼저 누구의 눈을 가리는지 아는가? 바로 나 자신이다! 나는 내 가족의 죄를 보는 데 어려움이 없다. 그러나 나의 죄가 지적당할 때 깜짝 놀랄 수 있다! 그리스도는 마태복음 7장에서 그림을 보는 듯한 문장으로 이러한 진리를 묘사하고 계신다. 그분은 우리가 이웃의 눈에 있는 티는 볼 수 있지만, 우리 자신의 눈에 있는 들보는 깨닫지 못한다고 말씀하신다!

우리 각자 안에 여전히 죄가 남아 있기 때문에, 우리는 영적인 시각 장애인이 될 여지가 있다. 이러한 문제는 개인 사역에 큰 영향을 미친다.[1] 우리의 가장 중요한 시각 기관은 육체적인 눈이 아니다. 우리는 육체적 눈이 멀어도 아주 잘 살 수 있다. 그러나 영적 눈이 멀면, 하나님이 의도하신 대로 살 수 없다. 그렇기 때문에 구약의 많은 예언들이 메시아가 우리의 먼 눈을 뜨게 하기 위해 오실 것이고 말했다. 그래서 그분은 빛으로 불린다. 육체적 눈이 먼 사람들은 항상 그들의 단점을 알고 있고, 삶의 많은 부분을 그러한 한계를 가지고 살아가는 법을 배우는 데 보낸다. 그러나 성경은 우리가 영적인 눈이 멀어도 여전히 잘 본다고 생각하는 경향이 있다고 말한다. 심지어 우리가 우리 자신을 보는 것보다 다른 이들이 우리를 더 잘 보는 것처럼 행동할 때 화가 난다!

영적인 어두움이라는 실재는 기독교 공동체에 중요한 의미가 있다. 히브리서의 구절은 개인적인 통찰이 공동체의 산물이라는 것을 분명히 가르친다. 각 개인은 정말로 자기 자신을 객관적으로 보고 알기 위해 주님 앞에서 조언해줄 사람이 필요하다. 그렇지 않으면 자신의 논리에 귀를 기울이고, 자신의 거짓말을 믿으며, 자신의 망상을 받아들일 것이다. 나의 자기 인식은 카니발 거울로 보는 것 같다. 만약 자기 자신을 정확하게 보려고 한다면, 하나님의 말씀이라는 거울을 통해 조언해줄 사람이 필요하다.

또한 이것이 보편적 필요라는 것을 주목하라. 여기에는 '가진 자'와 '못 가진 자'가 없다. 영적으로 완성에 이른 그룹은 없다. 그러므로 그룹에서 노력하는 사람들에게 모든 사역을 제공할 수 있다. 이것은 모든 사람이 사역할 수 있고, 동시에 모든 사람이 사역을 필요로 한다는 것을 말한다. 그것은 우리에게 우리가 도움이 필요한 존재임을 인정하고 하나님을 돕는 자가 되라고 경고한다. 아침에 일어나서 "하나님, 저는 절대적인 도움이 필요한 사람입니다. 나의 삶에 돕는 자를 보내주시고, 주님이 주신 그 도움을 받아들일 수 있는 겸손함을 허락해주십시오"라고 기도하는 것이 필요하다. 그리고 "주님, 제가 다른 이를 도와 주님이 보시는 방식대로 그가 자신을 바라볼 수 있게 해주세요"라고 더 기도하는 것이 필요하다.

여전히 영적 눈이 멀 여지가 있는 그리스도인으로서, 우리에게 두 가지 성품이 필요하다. 첫째, 정직을 추구하는 사랑의 용기가 필요하다. 우리는 우리 자신을 사랑하는 것보다 더 다른 사람을 사랑할 필요가 있다. 그래서 겸손하게 인내하는 사랑으로, 그들이 볼 필요가 있는 것을 보도록 도와야 한다. 둘째, 다가갈 수 있다는 사실에 감사하는 마음이 필요하다. 우리는 방어적인 자세를 버려야 한다. 하나님이 도움의 손길로 우리를 둘러싸고 계신 것에 감사하고, 매일 그것을 받아들일 준비가 되어 있어야 한다.

모든 내용의 종합

개인 사역 분야는 세 가지 원리에 기초한다. 첫째, 사람은 올바로 살기 위해 자신의 내부가 아닌 외부로부터 오는 진리가 필요한 존재로 창조되었다. 둘째, 삶을 해석하는 많은 음성들이 우리의 주의를 끌기 위해 하나님의 말씀과 경쟁한다. 셋째, 죄의 권세는 깨졌으나 현혹하는 죄의 실재는 남아 있다. 따라서 우리는 개인 사역이 일상의 한 부분인 공동체, 겸손하고 정직한 공동체 안에서 다른 사람들과 함께 살 필요가 있다.

사람들이 정말로 도움을 필요로 하는가? 창조, 타락, 구속의 관점으로부터 도출해낸 답은 확실히 "그렇다"다. 우리 각자는 도움이 필요하다. 그리고 우리 각자는 그것을 제공해야 하는 부르심을 받았다. 다음 장에서, 그것이 개개인의 삶과 교회의 삶 그리고 사역에서 무엇을 의미하는지 살펴볼 것이다.

4장 Instruments in the Redeemer's Hands

목표는 마음이다

나는 미국 오하이오 주의 톨레도(Toledo)에서 성장했다. 우리 가족은 휴가 기간에 동부로 놀러가곤 했다. 그런데 내가 열여섯 살 때, 우리 아버지는 가족과 함께 서부 여행을 가기로 결심하셨다. 그해에 아버지는 엄마와 형 마크, 나를 차에 태우고 떠나셨다. 많은 것들(옐로우스톤 강, 로키 산맥 등)을 보았지만, 아버지에게 그 여행의 절정은 그랜드 캐년을 볼 때 일어났다. 아버지가 생각하시기에 지금까지 이 여행에서 우리가 했던 모든 것들은 이 경험을 위한 서곡이었다.

그런데 이에 대한 배경 설명으로, 아버지가 휴가를 가족과 자신의 계약으로 생각했던 것에 대해 언급해야겠다. 그 계약에서 아버지가 할 일은 여행을 계획하고 재원을 마련하는 것이고, 우리가 할 일은 즐거운 시간을 갖는 것이었다.

따라서 아버지가 즐거운 시간을 보내고 있는지 물으실 때면 우리는 진심으로 "네, 그래요"라고 대답했다. 그렇지 않으면 아버지는 자신이 여행에 얼마나 많은 돈을 쓰고 있는지 그리고 이 여행을 계획하는 데 얼마나 많은 시간을 투자했는지에 대한 연설을 되풀이하셨다. 만약 우리가 별로 즐거워하지 않는다고 생각하시면 휴가를 가지 않고 그냥 집에 있었을 것이라고 말씀하시곤 하셨다.

마침내 '그랜드 캐년의 날'이 왔다. 아버지는 지금까지 그렇게 흥분하신 적이 없었다. 그렇다고 해서 어머니도 아버지와 똑같은 감정을 느낀 것은 아니었다. 아버지는 아침 일찍 우리를 깨우셨고, 우리는 곧 길을 나섰다. 우리가 그랜드 캐년에 도착했을 때, 아버지는 '난간이 있고 관광객들에게 바가지를 씌우는 상점들이 즐비한 장소'에서 그랜드 캐년을 보는 것을 원치 않으셨다. 아버지는 탐험을 시작하셨고, 우리는 비포장 도로를 따라 아래로 달려서 바닥에서 약 60미터 떨어진 널찍한 곳에 주차했다.

마크 형과 나는 즉시 낭떠러지 끝으로 달려갔다. 그리고 서로를 그 낭떠러지로 미는 장난을 치기도 하고 높이 솟은 바위 벽 위에 앉아 발을 흔들기도 했다. 우리는 아래에 도보 여행과 야영을 하고 있는 사람들이 있다는 것을 잊은 채 계속 돌을 던졌다. 돌이 어디에 부딪히는지 보이지 않고 아무 소리도 들리지 않은 채 조용히 사라지는 것은 매우 신기한 일이었다. 우리는 조금의 두려움도 없이 용감하게 놀았다.

그동안에 어머니는 차 밖으로 나오지도 않으셨다. 어머니는 한 발을 땅에 대고 땅이 단단한지 확인하기 위해 두드려보셨다. 어머니는 낭떠러지가 무너져서 우리 모두가 차와 함께 그랜드 캐년 바닥으로 떨어질지도 모른다고 생각하셨다.

아버지는 어머니가 긴장하고 있다는 것을 알았기 때문에 차 가까이에 계셨다. 그러나 조금 후에 어머니가 "여보, 애들이요. 우리 애들을 좀 보세요!"라고 소리 치셨고 아버지는 우리가 괜찮은지 확인하기 위해 달려오셨다. 그때 어머니는 구토를 하셨고 또다시 아버지를 부르셨다. 그 상황을 정리하자면 나는 아버지가 그날 그랜드 캐년을 제대로 보지 못하셨다고 생각한다. 아버지는 모든 가족이 계획에 따라 즐기고 있는지를 확인하기 위해 여기 저기로 뛰어다니느라 너무 바쁘셨다. 우리 모두는 똑같은 시간에 똑같은 장소에서 똑같은 자연 경관을 보고 있었지만 각자의 경험은 매우 달랐다.

　내가 이 이야기를 하는 이유는 개인 사역의 핵심을 잘 보여주기 때문이다. 효과적인 개인 상담 사역은 하나님 나라의 약속인 지속적인 변화를 일으키기 위해 먼저 그것이 필요한 곳인 마음에서부터 시작된다. 우리 가족의 휴가 이야기로 돌아가보면 우리 각자의 마음은 그날 우리 행동에서 드러났다. 왜 우리 가족은 똑같은 시간, 똑같은 장소에서 그렇게 다른 경험을 했는가? 왜 우리 가족은 그렇게 다르게 행동했는가? 우리의 마음을 되돌아보면 여기에 대답할 수 있다.

　우리 아버지의 마음은 가족에게 즐거운 시간을 갖게 해주려는 욕구로 가득 차 있었다. 그가 말하고 행동했던 것들은 모두 그 욕구에 지배되었다. 어머니의 마음은 고소 공포증과 아들들에 대한 걱정에 사로잡혀 있었고 이것은 어머니의 말과 행동에 반영되었다. 형과 나는 십대의 대담함과 무모함, 미숙함에 따라서 행동했다. 우리는 단지 즐기기를 원했던 것이다. 우리 각자는 그 상황에서 다른 마음을 가지고 있었다. 그래서 우리의 경험과 행동이 달라졌다. 우리의 마음이 우리의 행동을 결정한 것이다.

왜 사람들이 그렇게 하는가

만약 당신이 다른 사람의 삶에서 하나님이 하시는 일의 한 부분이 되기를 원한다면, 하나님이 인간의 기능을 어떻게 계획하셨는지를 이해할 필요가 있다. 왜 사람들은 그렇게 행하는가?

걸음마를 시작한 아기들은 왜 그렇게 고집을 부리는가? 당신의 친구들은 왜 그렇게 대화 중간에 흥분하는가? 십대 자녀들은 왜 그렇게 화를 내는가? 에이미는 왜 절망과 낙심에 빠져 있는가? 왜 어떤 남자는 일순간의 성적인 쾌락을 위해 자신의 가정을 파탄에 이르게 하는가? 왜 당신은 교통 체증으로 인해 화가 나는가? 한때는 서로를 너무나 사랑하던 연인들이 왜 지금은 서로 못 잡아먹어서 안달인가? 빌(Bill)은 자신의 일에 왜 그렇게 몰두하는가? 수(Sue)는 왜 그렇게 비판적이고 지배욕이 강한가? 조오지(George)는 왜 그렇게 퉁명스럽고 불친절하게 말하는가? 왜 당신의 딸은 친구들이 자신에 대해 어떻게 생각할지를 두려워하는가? 왜 피트는 말하기를 거부하는가? 왜 사람들은 그렇게 행하는가? 가장 간단하면서도 가장 성경적인 답은 그 마음 때문이다.

마음은 성경의 주된 주제임에도 불구하고 그 용어와 관련해 많은 혼란이 있다. 서구 문화에서 마음은 밸런타인데이와 같은 낭만의 영역이나 스포츠 경기와 관련해서 사용된다. 그러나 성경에서 마음은 본질적인 범주다. 마음을 이해하지 않고서는 인간을 이해할 수 없다. 그렇다면 이 용어는 무엇을 뜻하는가?

성경은 속사람을 묘사하기 위해 '마음'을 사용한다. 성경은 인간을 두 부분으로 나누는데, 속사람과 겉사람이 그것이다. 겉사람은 육체적인 자아이고, 속사람은 영적인 자아다(엡 3:16). 속사람의 동의어로 성경이 가장 많이 사용하는 용어가 마음이다. 이것은 속사람을 묘사하기 위해 사용된 다른 모든 용어와 기능(영, 혼, 정신, 감정, 의지 등)을 포함한다. 이 용어들은 마음과 다른 것을 묘사하는 것이 아니다. 오히려 이 용어들은 마음의 한 면, 즉 속사람의 한 부분 혹은 기능이기 때문이다.

마음이 당신의 '진정한 모습'이다. 이것은 당신이 누구인가의 본질적인 핵심이다. 우리가 비록 겉사람을 크게 중시한다 하더라도 우리 모두는 진정한 인격이 속사람이라는 것을 깨닫는다. 예를 들어 당신이 어떤 사람을 알아가고 있다고 말할 때 그 사람의 귀나 코에 대해 깊은 지식을 가지고 있다고 말하는 것은 아니다! 당신은 속사람, 마음에 대해서 말하는 것이다. 당신은 그 사람이 어떻게 생각하며, 무엇을 원하는지, 그를 행복하게 혹은 슬프게 만드는 것이 무엇인지를 아는 것이다. 당신은 주어진 순간에 그가 어떻게 느끼는지 예견할 수 있다. 성경은 당신의 마음이 본질적인 당신이라고 말하기 때문에, 변화를 추구하는 모든 사역은 마음에 목표를 두어야 한다. 이러한 관점이 성경의 여러 구절에 설명되어 있다.

열매, 뿌리 그리고 마음

신약에 묘사된 무척 중요한 그림 언어는 사람들이 어떻게 기능하는가에 관한 그리스도의 시각을 드러낸다. 그것은 고대로부터 내려온 질문, 즉 "왜 사람들이 그렇게 하는가?"에 대한 그리스도의 대답이다.

> "못된 열매 맺는 좋은 나무가 없고 또 좋은 열매 맺는 못된 나무가 없느니라 나무는 각각 그 열매로 아나니 가시나무에서 무화과를, 또는 찔레에서 포도를 따지 못하느니라 선한 사람은 마음의 쌓은 선에서 선을 내고 악한 자는 그 쌓은 악에서 악을 내나니 이는 마음의 가득한 것을 입으로 말함이니라"(눅 6:43-45).

그리스도는 생소한 진리를 설명하기 위해 일상적인 것들을 사용하셨다. 여기서 그분은 사람들이 기능하는 방식을 나무에 비유하신다. 만약 당신이 사과 씨를 심고 그것들이 뿌리를 내린다면, 복숭아나 오렌지가 자라는 것을 기대해서는 안 된다. 사과 씨가 사과를 생산하는 사과나무가 되기를 기대해야 하는 것이다. 식물의 뿌리와 그것이 생산하는 열매 사이에는 유기적인 관계가 있다. 그리스도는 그것이 사람에게도 똑같이 해당된다고 말씀하신다.

그리스도의 비유에서 열매는 행동과 같다. 이 구절에서 말하는 특별한 열매(행동)는 우리의 말이다. 그리스도는 우리의 말이 문자적으로 우리의 마음에서 넘쳐나는 것이라고 말한다. 사람들과 상황이 우리가 말하도록 하지 않지만, 그럼에도 불구하고 우리는 그것들에 책임을 전가하는 경향이 있다("그 사람 때문에 너무 화가 나!", "만약 네가 거기에 있었다면, 너도 똑같이 말했을 거야!", "이 아이들은 나를 미치게 만들어!"). 오히려 이 성경 구절은 우리의 말이 마음의 지배를 받는다고 말한다. 나무는 열매를 만들어내고 우리의 마음은 행동을 만들어낸다. 우리는 열매를 통해 그 나무를 알게 되는데 성경은 똑같은 방식으로 사람들을 그 열매로 알 수 있다고 말한다.

목회 초기 시절 나는 나란히 붙은 집에서 살았는데, 옆에는 중년이 지난 주인 여자가 살고 있었다. 월세를 덜 내는 대신에 나는 모든 마당 일을 하기로 했다. 목회와 가정 생활로 바쁜 가운데 잔디를 깎고, 낙엽을 쓸어 모으고, 삽질을 하는 것이 어려웠지만 나는 신속하고도 성실하게 일하려고 노력했다. 그러나 내가 아무리 열심히 해도 우리 여주인은 내가 제때 일을 하지 않는다고 생각하는 것 같았다. 그래서 내게 일을 시키기 위해 밖으로 나와 일부러 삽질을 하거나 낙엽을 쓸어 모으기 시작했는데 그것은 내가 집 안에서 뛰어나와 일을 끝내야 한다는 신호였다. 어느 날 오후 나는 밖에서 낙엽들이 바스락거리는 소리를 들었는데 그때 이미 그녀의 행태에 대해 무척 화가 나 있는 상태였다. 창문을 내다보니 아니나 다를까, 그녀는 실내복과 실내화를 신고 낙엽을 모으고 있었다. 나는 화가 나서 큰 소리로 말했다. "만약 내가 뛰어나가 자신을 위해 낙엽을 모을 것이라고 생각한다면 저 여자는 바보야! 나는 내가 원하는 때 낙엽을 모으거나 아니면 아예 하지 않을 거야!"

하지만 막내 아들이 내 옆에 서 있었던 것을 깨닫지 못했다. 눈 깜짝할 순간에(끔찍하게도!) 그 아이는 밖으로 나가 마당에 서서 여주인에게 소리쳤다. "우리 아빠가 그러는데요, 나와서 아줌마를 위해 낙엽을 치울 거라고 생각한다면, 아줌마는 바보래요!" 나는 그런 상황이 벌어진 것을 도저히 믿을 수 없었다. 또한 너무나 당황스러웠다. 내가 했던 말을 취소하고 뛰어나가 여주인에게 그런 뜻이 아니라고 말하고 싶었다. 아니면 최소한 내가 한 말을 내 아들이 잘못 이해했다고 말하고 싶었다. 그러나 그 말들이 나왔다는 사실과, 내가 의도했던 것을 말했다는 사실 그리고 그 말들이 꽤 오랫동안 품고 있던 분노의 열매라는 사실을 직면해야만 했다. 나의 말과 마음 사이에는 유기적인 관계가 있었다. 당신이 내 아들을 사라지게 한다 해도, 말을 좀더 지혜롭게 하는 법을 가르친다 해도 내 마음의 문제를 해결하지 못할 것이다(발생할 수 있는 많은 당황스러움에서 구해줄 수는 있어도). 내 말의 문제는 내 마음의 문제와 직접 연관된다. 그리고 이것은 광범위한 해결책이 적용되어야 하는 영역이다. 이것은 우리를 그리스도가 말씀하신 비유의 두 번째 부분으로 이끈다.

이 비유에서 나무의 뿌리는 마음을 뜻한다. 뿌리는 땅속에 있으므로 쉽게 보거나 이해할 수 없다. 그러나 예수님의 요점은 나무가 어떤 열매를 맺게 되는 것은 그것의 뿌리를 갖고 있기 때문이라는 것이다. 이렇듯 우리도 우리의 마음에 있는 것을 말하고 행한다.

사람들이 어떻게 기능하는가에 관해 말하는 것은 무척 중요한 일이다. 그러나 이것은 우리가 인정하고 받아들이기 어려워 보인다. 우리는 수많은 방법으로 이러한 관계를 부인하고, 우리의 행동과 말에 대해 사람들과 상황에 책임을 전가한다. 하지만 여기서 그리스도는 우리의 행동에 대한 책임을 겸손히 받아들이라고 요구하신다. 그분은 인간관계와 환경이 우리의 마음이 저절로 드러나는 상황일 뿐임을 겸손히 인정하라고 요구하신다.

만약 내 마음이 내 죄 문제의 근원에서 형성된 것이라면 지속적인 변화는 반드시 내 마음이라는 통로를 거쳐야만 한다. 내 행동을 바꾸거나 내 상황을 바꾸는 것만으로는 충분하지 않다. 그리스도는 사람들의 마음을 근본적으로 변화시킴으로써 그들을 변화시키신다. 만약 마음이 바뀌지 않는다면 사람들의 말과 행동은 외부의 압력이나 보상이 주어질 때만 일시적으로만 바뀔 것이다. 그러나 그 압력이나 보상이 없어지면 변화도 사라질 것이다. 이것이 마태복음 23장 25-26절에서 그리스도가 바리새인들을 비난하셨던 근거가 되는 영적 진리다. "화 있을진저 외식하는 서기관들과 바리새인들이여 잔과 대접의 겉은 깨끗이 하되 그 안에는 탐욕과 방탕으로 가득하게 하는도다 소경 된 바리새인아 너는 먼저 안을 깨끗이 하라 그리하면 겉도 깨끗하리라."

그리스도는 바리새인들의 외식함을 보시고 말씀하셨다. "너희는 전혀 깨닫지 못하고 있다. 너희는 너희의 행실이 옳다고 자랑스럽게 여기지만, 너희의 마음은 더럽다! 너희의 마음으로부터 시작하라. 그러면 옳은 행실이 뒤따를 것이다." 이러한 논점을 관철하기 위해 그리스도는 자신의 비유를 좀더 확장하신다. 그는 말씀하신다. "대접의 안을 깨끗이 하면, 겉도 깨끗하리라." 실제로 당신이 집에서 대접을 닦을 때 이렇게 할 수는 없다. 더러운 대접의 안을 닦는다고 해서 자동적으로 밖까지 깨끗해지지 않을 것이다. 그러나 이것은 그리스도가 충고하시는 내용이다. 즉, 마음의 문제를 해결해야 한다. 여기서 그리스도가 가르치고 있는 것을 정말로 믿을 수 있겠는가?

행동을 변화시키고자 하는 우리의 시도 대부분이 그 행동 뒤에 있는 마음을 무시한다. 우리는 행동을 변화시키기 위하여 위협하고("만약 네가 다시 그런 행동을 한다면, 내가 어떻게 할지 상상하기도 싫을 것이다!"), 조작하고("네 차를 갖고 싶니? 그렇다면 네가 해야 할 일은…"), 죄책감을 주입하고("나는 너를 위해 이렇게 했다. 그런데 고작 이것이 내가 받는 보답이니?"), 목소리를 높이고, 수많은 다른 일들을 한다. 그러나 변화는 결코 지속되지 않는다. 외부 압력이 약해지면 행동은 이전 상태로 되돌아간다. 몸은 마음이 가는 쪽으로 움직이게 되어 있다.

열매의 뿌리를 터치하라

그리스도가 그림을 보는 듯이 설명하신 내용은 우리가 개인 사역을 확장하고 적용할 때 지침을 정하는 데 도움이 된다. 우리 뒷마당에 사과나무가 한 그루 있다고 해보자.[1] 매년 사과나무에 열리는 사과들은 메마르고, 쭈글쭈글하고, 거무스름하고, 흐늘흐늘하다. 몇 년이 지난 후 아내가 "이 커다란 나무에서 먹을 수 없는 사과들이 열리는 것을 이해할 수 없어요. 당신이 어떻게 할 수 없어요?"라고 말한다. 어느 날 아내가 창문 너머 내가 마당에서 전정가위와 공업용 스테이플 총과 사다리와 사과 두 상자를 옮기고 있는 것을 본다.

나는 사다리를 타고 올라가 말라빠진 사과들을 모두 잘라내고, 윤기 나는 빨간 사과들을 각 가지에 붙여서 고정시킨다. 멀리서 보면 이 사과나무는 아름다운 열매로 가득하다. 그러나 만약 당신이 내 아내라면, 이 순간에 나에 대해 어떻게 생각하겠는가?

만약 사과나무가 매년 나쁜 열매들을 맺는다면, 뿌리에 이르기까지 나무 전체 시스템에 문제가 있는 것이다. 가지에 새로운 사과들을 붙이는 행위로는 문제가 해결되지 않는다. 새로 붙인 사과들 또한 뿌리의 생명을 공급하는 시스템에 접목된 것이 아니기 때문에 썩을 것이다. 내년 봄이면 똑같은 문제가 발생할 것이다. 그러한 해결책은 문제의 핵심을 다루지 못했기 때문에 사과나무가 싱싱한 열매를 맺게 할 수 없다. 나무의 뿌리가 계속 그 상태라면 결코 좋은 사과를 생산하지 못할 것이다.

개인 사역에 적용하면 요점은 다음과 같다. 우리 자신과 다른 사람에게서 성장과 변화를 일으키기 위해 하는 일은 대부분 '열매를 분류하는' 정도다. 이는 행동 뒤에 있는 뿌리, 즉 마음을 살펴보지 않고 사과를 다른 사과로 바꾸는 시도일 뿐이다. 이것이 예수님이 바리새인들을 비난하신 이유다. 마음을 무시하는 변화는 삶을 거의 바꾸지 못할 것이다. 잠시 동안, 그것은 진짜처럼 보인다. 그러나 곧 일시적이고 표면적인 변화라는 사실이 드러날 것이다.

이런 일이 종종 개인 사역에서 일어난다. 멀리서 보면 그 사람이 정말로 변한 것 같다. 그러나 막상 책임을 져야 할 때면 다른 행동을 하고 다른 것을 말한다. 부인에게 친절하고 세심한 것처럼 보이는 남편이 있다. 부모를 존경하는 것처럼 보이는 청소년이 있다. 우울증에 빠진 사람이 일어나서 집 밖으로 나온다. 깨어진 관계가 회복된 것처럼 보인다. 그러나 변화가 지속되지 않고 6주 혹은 여섯 달 안에 그 사람들은 자신이 시작했던 바로 그 자리에 돌아와 있다. 왜 그런가? 왜냐하면 변화가 마음을 통과하지 않았기 때문이다. 따라서 행동의 변화는 일시적일 수밖에 없다.

그리스도인 부모의 세심한 사랑과 훈계와 감독 아래에서 십대를 잘 보낸 한 청년이 있었다. 그는 대학에 가서 자신의 신앙을 완전히 버렸다. 그러나 사실은 그가 자신의 신앙을 버린 것이 아니라고 말하고 싶다. 원래 그의 신앙은 부모의 신앙이었다. 그는 단지 집에 있는 동안 신앙이라는 범주 안에서 살았다. 대학에 들어가서 신앙이라는 울타리가 사라졌을 때 진정한 마음이 드러났을 뿐이다. 그는 자신의 신앙을 내면화하지 못했다. 삶을 변화시키는 방법에서 자신을 그리스도께 맡기지 못했다. 그는 집에서 요구했던 '기독교적'인 것들을 했지만 그의 행위가 경배의 마음으로부터 흘러나오는 것이 아니었다. 대학 문화에서 그가 의지할 만한 것이 아무것도 없었으며 마음의 진정한 사고와 동기는 그 자신을 하나님으로부터 멀어지게 만들었다. 대학이 그의 문제의 근원이 아니었다. 대학은 진정한 마음이 드러난 장소일 뿐이었다. 진짜 문제는 신앙이 그의 마음에 뿌리내리지 못한 것이다. 결과적으로 그의 말과 선택과 행동은 하나님을 향한 마음을 드러내지 못했다. 좋은 행동이 잠시 지속되기도 했지만 마음에 뿌리내린 것이 아니기 때문에 일시적일 수밖에 없었다.

이 비유는 우리가 다른 사람의 삶에서 하나님의 변화의 도구로 사용되는 데 지침이 되는 세 가지 원리를 보여준다.

1. 우리의 마음과 우리의 행동은 부정할 수 없는, 뿌리와 열매의 관계에 있다. 사람들과 상황은 우리의 행동을 결정하지 않는다. 우리의 행동이 우리의 마음을 드러낼 수 있는 기회를 제공할 뿐이다.
2. 지속적인 변화는 항상 마음의 경로를 통해 일어난다. 열매의 변화는 뿌리가 변한 결과다. 이와 마찬가지로 마태복음 23장에서 그리스도는 "먼저 대접의 안을 깨끗이 하라 그리하면 겉도 깨끗하리라"고 말씀하신다. 변화를 위한 어떠한 계획도 마음의 사고와 욕구에 초점을 맞추어야 한다.
3. 따라서 마음은 개인적인 성장과 사역에서 우리의 목표가 된다. 우리의 기도 제목은 하나님이 우리의 마음이 변화되도록 역사하시고, 우리를 사용하셔서 다른 사람의 마음 또한 변화시키시며 그 결과로 새로운 말과 선택과 행동을 하게 되는 것이다.

문제의 핵심

성경이 마음에 관해 많은 것을 말하고 있지만 결혼과 가정, 의사 소통, 갈등 해결, 제자 훈련에 관한 기독교 서적은 대개 마음에 초점을 맞추지 않는다. 실제적인 책이라 하더라도 마음의 중요성에 대한 이해와 그것의 작용 방식을 보여주지 않는다. 또한 우리가 마음의 동기에 관해 이야기할 때 모든 사람들이 잘 이해한다고도 볼 수 없다. 우리는 이 개념을 더 발전시킬 필요가 있다. 이런 상황에서 구약의 흥미로운 구절이 우리에게 도움이 된다.

> "이스라엘 장로 두어 사람이 나아와 내 앞에 앉으니 여호와의 말씀이 내게 임하여 가라사대 인자야 이 사람들이 자기 우상을 마음에 들이며 죄악의 거치는 것을 자기 앞에 두었으니 그들이 내게 묻기를 내가 조금인들 용납하랴 그런즉 너는 그들에게 말하여 이르라 나 주 여호와가 말하노라 이스라엘 족속 중에 무릇 그 우상을 마음에 들이며 죄악의 거치는 것을 자기 앞에 두고 선지자에게 나아오는 자에게는 나 여호와가 그 우상의 많은 대로 응답하리니 이는 이스라엘 족속이 다 그 우상으로 인하여 나를 배반하였으므로 내가 그들의 마음에 먹은 대로 그들을 잡으려 함이니라"(겔 14:1-5).

이스라엘 장로들은 하나님께 묻기 원하는 질문을 가지고 선지자 에스겔에게 나아왔다. 이 영적 지도자들이 옳은 일을 하는 것처럼 보일 것이다. 그러나 하나님은 그들에게 잘못된 점이 있음을 지적하셨다. 그것이 무엇인가?

하나님은 그들의 우상 숭배를 지적하셨는데 그것은 특별한 종류의 우상 숭배였다. 그들은 마음에 우상을 가지고 있었다. 그것은 의식적인 종교 혹은 문화적인 우상 숭배보다 더 개인적이고 근본적인 형태의 우상 숭배였다. 마음의 우상은 하나님이 아닌 나를 지배하는 어떤 것이다. 예배하는 존재로서 인간은 항상 어떤 사람이나 어떤 것을 예배한다. 이것은 어떤 사람은 예배하고 어떤 사람은 예배하지 않는 상황이 아니다. 만약 하나님이 나의 마음을 지배하지 않으신다면 그 외의 어떤 사람 혹은 어떤 것이 나의 마음을 지배할 것이다. 그것이 우리가 만들어진 방식이다.

로마서 1장은 이것을 이해하는 데 도움이 된다. 이것은 성경에서 죄의 본성과 영향력을 가장 잘 분석해놓은 말씀일 것이다. 바울은 우리 싸움의 핵심을 '엄청난 바꿔치기'로 제시한다.

> "하나님을 알되 하나님으로 영화롭게도 아니하며 감사치도 아니하고 오히려 그 생각이 허망하여지며 미련한 마음이 어두워졌나니 스스로 지혜 있다 하나 우준하게 되어 썩어지지 아니하는 하나님의 영광을 썩어질 사람과 금수와 버러지 형상의 우상으로 바꾸었느니라 그러므로 하나님께서 저희를 마음의 정욕대로 더러움에 내어 버려두사 저희 몸을 서로 욕되게 하셨으니 이는 저희가 하나님의 진리를 거짓 것으로 바꾸어 피조물을 조물주보다 더 경배하고 섬김이라 주는 곧 영원히 찬송할 이시로다 아멘"(롬 1:21-25).

죄는 근본적으로 우상 숭배적이다. 나는 옳지 않은 일을 하는데 왜냐하면 나의 마음이 주님보다 더 많은 것을 바라기 때문이다. 죄는 모든 사람 안에 우상 숭배로 기우는 마음을 일으킨다. 우리 모두는 창조주를 예배하고 섬기는 데서 떠나 피조물을 예배하고 섬긴다. 이것이 모든 행동의 이면에 있는 영적 대전쟁, 즉 마음의 지배권을 쟁취하려는 전쟁이다. 이 싸움은 오래된 찬송가인 '모든 축복의 샘으로 오라'(Come Thou Fount of Every Blessing, 한글 찬송가 제목은 '복의 근원 강림하사' - 편집자 주)에 잘 묘사되어 있다. 특별히 3절을 주목해보자.

> 주의 귀한 은혜받고 일생 빚진 자 되네.
> 주의 은혜 사슬 되사 나를 주께 매소서.
> 우리 맘은 연약하여 범죄하기 쉬우니
> 하나님이 받으시고 천국 인을 치소서.

이 찬송가는 한 사람이 주일 아침, 잠에서 덜 깬 상태로 "내가 신을 믿는다는 것이 너무 피곤해. 이제부터 나는 무신론자가 되어야겠어"라고 말하는 현실을 반영한다. 아니, 그 찬송가는 일상의 순간에 우리 마음 안에서 일어나는 엄청난 바꿔치기를 묘사한다. 죄는 우리가 창조주를 떠나서 살 수 있다고 믿도록 우리를 이끈다. 그렇게 되면 우리는 교묘하고도 명료한 방식으로 창조주를 잊고, 오히려 피조물을 신격화하게 된다. 우리의 행동은 주님에 대한 경배와 섬김이 아니라 피조 세계에 있는 것을 탐하는 마음에 지배된다. 존 칼빈이 말했듯이 우리의 마음은 '우상을 만들어내는 공장'이며, 우리의 말과 행동은 우리의 마음이 갈망하는 것을 추구하는 것으로 형성된다.

설상가상으로 이러한 우상 숭배는 감춰져 있다. 그것은 기만적이며 마음속 깊이 존재한다. 심지어 자신의 고백적인 신앙을 버리지 않거나 신앙의 외적인 의무를 지키면서도 이러한 '바꿔치기'를 할 수 있다. 그래서 우리는 교회에 충실하게 출석하고 때로는 사역 활동에 참여하면서 신앙이나 십일조 생활을 지켜나간다. 그러나 정말로 무엇을 위해 사는가 하는 수준에서는 다른 것을 위해 하나님을 버린다. 이것은 교회를 약하게 하고, 개인에게서 영적인 생명력을 빼앗으며, 관계와 상황들에서 모든 종류의 어려움을 낳는, 조용히 진행되는 암과 같다.

그것의 핵심에 있는 죄는 명백히 도둑질에 해당된다. 그것은 하나님께 정당하게 속해 있는 예배를 훔쳐서 다른 사람 혹은 다른 어떤 것에 갖다놓는다. 피조물을 얻기 위해 삼위일체를 훔치는 것이다. 따라서 모든 죄인들은 어떤 면에서 '예배의 도둑'이다.

이 모든 것의 중심에 있는 죄는 또한 영적인 간음이다. 오직 하나님 한 분께 속한 사랑을 취하여서 다른 사람 혹은 다른 것에 주는 것이기 때문이다. 그것은 진심 어린 헌신과 충성에 의해서라기보다는 오히려 열망의 만족으로 형성된 삶이다. 그래서 모든 죄인들은 어떤 면에서 '영적인 간음자'다.

삶의 가장 근원적인 주제는 예배라는 주제다. 예배는 우리의 본질적인 본성에서 우리 경험의 고통이나 압력 혹은 즐거움보다 더 근본적인 것이다. 우리가 예배하는 것은 우리의 현실에서의 행동 반응을 결정한다. 죄는 옳지 않은 일을 하는 것 이상이다. 그것은 옳지 않은 일을 사랑하고 예배하고 섬기는 것으로 시작한다. 어떤 면에서 죄는 항상 '엄청난 바꿔치기'를 수반한다.

하나님의 반응

에스겔서의 말씀은 장로들에 대한 하나님의 반응을 말해준다. 이 사람들은 마음에 우상이 있다. 하나님은 그들에게 '그 우상의 많은 대로' 응답하실 것이라고 하신다. 이것은 무슨 뜻인가? 하나님은 "너의 마음에 우상이 있다. 내가 말하고 싶은 것은 오직 너의 우상이다"라고 말씀하신다. 왜 그런가? 이 사람들은 하나님께 중요한 것을 묻고 싶었을 것이다. 그들은 무언가를 결정해야 하는 압력을 받고 있었을 것이다. 왜 하나님은 우상 이외의 다른 것에 대해서는 그들에게 말씀하기를 거부하셨는가?

다음의 결정적인 구절이 하나님의 반응을 설명하고, 마음이 어떻게 기능하는가에 대해 많은 것을 보여준다. "이 사람들이 자기 우상을 마음에 들이며 죄악의 거치는 것을 자기 앞에 두었으니"(겔 14:3).

어떤 사람이 손으로 자기 얼굴을 가리고 손가락 사이로 본다고 상상해보자. 어떻게 보이겠는가? 당연히 잘 보이지 않을 것이며, 잘 보는 유일한 방법은 손을 치우는 것이다. 마찬가지로 마음의 우상은 제거되기 전까지 그 사람 앞에 죄악의 거치는 것을 두게 된다. 그것은 그 사람의 삶에 있는 모든 것을 왜곡하고 모호하게 만들 것이다. 이것은 불가피한 영향력의 원리다. 즉, 마음을 지배하는 것은 무엇이든지 그 사람의 삶과 행동에 불가피한 영향력을 행사할 것이다. 이러한 원리 안에는 개인적인 성장과 사역과 관련해 분명한 함축점이 있다.

나는 이전에 뉴욕 시의 성공한 행정가를 상담한 적이 있다. 그는 내가 만났던 사람들 가운데 지배욕이 가장 강한 사람이었다. 그는 30년 동안 결혼 생활을 해왔고, 가정의 재정이나 자녀 양육, 집 안을 꾸미는 일 등 모든 것을 주관해왔다. 그는 통제욕이 너무 강해서 자신이 규정한 계획(색깔의 단계적인 명도에 따라 블라우스, 스커트, 바지, 드레스 순으로 정리하는 것)에 따라 아내의 옷장을 재정리하곤 하였다! 이제 내가 이 모든 것을 모른 채 그의 부인과 이야기를 나눈다고 상상해보자. 자신과 남편은 대화가 없으며 많은 갈등들이 해결되지 않은 채 지낸다는 그녀의 불평을 들어도, 나는 그 남편의 통제적인 성향을 생각하지 못했을 것이다. 만약 내가 소매를 걷어붙이고 그 남편에게 의사소통과 갈등 해결에 대해 효과적인 성경의 지침을 소개한다면 어떤 일이 일어나겠는가? 이것이 그의 결혼 생활에 근본적인 변화를 일으키겠는가? 답은 아니다. 왜냐하면 그는 마음이 예배했던 것을 얻기 위해서 자신의 새로운 이해 방식과 기술들을 사용할 것이기 때문이다. 내 상담이 이 남자 마음의 우상을 다룬 것이 아니기 때문에, 그를 좀더 성공적인 통제자로 만들었을 뿐이다. 통제에 대한 욕구가 그의 마음을 지배하는 한, 그는 가족에 대한 통제권을 더욱 확립하기 위하여 자신이 배운 원리와 기술을 사용할 것이다.

만약 마음과 변화가 필요한 영역을 살펴보지 못한다면, 우리의 사역 노력은 좀더 헌신적이고 성공적인 우상 숭배자를 만들어내는 데 그치고 말 것이다. 그렇기 때문에 하나님은 이스라엘의 장로들에게 오직 그들 마음의 우상대로 응답하실 것이다. 만약 그들이 그 점에서 변화되지 않는다면, 하나님이 그들에게 말씀하시는 것이 무엇이든 간에 오직 그들의 마음을 지배하는 우상을 섬기는 데 사용될 것이다. 우리는 우리의 우상을 섬기기 위해 말씀의 원리마저도 사용할 것이다!

우상 숭배는 우리 마음의 사고와 동기의 그림자 아래에서 교묘하게 작용하기 때문에, 대부분의 헌신적인 우상 숭배자들은 이것이 그들의 문제라는 것을 알지 못한다. 그러나 그 영향력은 강력하다.

은밀하면서도 명백한 우상 숭배

나는 북 인도를 여러 번 여행했다. 이곳은 지구상에서 영적으로 가장 어두운 장소 가운데 하나다. 우상 숭배는 개인 생활과 문화 생활 전반에 걸쳐 퍼져 있다. 북 인도의 거의 모든 곳에서 힌두교의 신들을 섬기는 많은 제단을 볼 수 있다. 어느 날 나는 사원에서 젊은 사제가 한 우상을 먹이고, 씻기고, 옷 입히는 것을 보았다. 그리고 그의 동료가 나무와 금으로 만든 우상 앞에 엎드려 있는 것을 보았다. 나는 그들의 진지함과 헌신에 압도되었다. 비록 그 우상들이 예배자들에게 유익을 주는 방식으로 보고 말하고 행동하는 능력이 없음에도 불구하고, 이러한 생명력 없는 우상들이 사제들의 삶의 깨어 있는 순간 전부를 지배했다. 나는 초라한 모습의 순례자들이 길고 힘든 순례 후에 갠지스 강에서 목욕하고 있는 것을 보았다. 그렇게 함으로써 그들은 영혼이 깨끗해지고 기도가 응답될 것이라고 생각하고 있었다.

어느 날 한 사원으로 들어갔는데 사람들이 줄을 서서 검은 돌로 만들어진 약 4.5미터 높이의 신상에 절을 하고 있었다. 나는 '정말이지 이 사람들은 눈멀고 크게 속고 있는 것임에 틀림없어. 참되며 살아 계신 하나님께 얼마나 역겹게 보일까!'라고 생각했다. 나는 영적인 어둠을 이겨내기 위해 그 신전에서 뛰어나왔다. 그러면서 '내가 이 사람들과 같지 않다는 것이 기쁘다'라고 생각했다. 그러나 돌아서서 그 신전을 다시 바라보았을 때 내가 그들과 같지 않다는 생각이 들어 겸허해졌다. 나의 우상들은 힌두교의 다신 숭배와 같은 명백한 우상은 아니었다. 하지만 그것들은 내 마음의 은밀한 우상이었다. 어느 쪽이든 그것들은 하나님을 대체하는 것이다. 하나님의 관점으로 볼 때 나의 우상들은 내가 그날 사원에서 보았던 신상들과 동일하였던 것이다. 그것들은 매일 나의 헌신을 명령하고, 나의 일과를 결정하며, 내가 살아가며 인간관계를 맺는 방식을 지배한다. 나에게 어떠한 유익을 줄 수 있는 능력이 없는데도 나를 지배하는 것이다. 우상 숭배하는 젊은 사제들과 같이 나도 크게 속고 있었으며 눈이 먼 적이 있다. 겉으로 드러난 우상 숭배는 은밀한 우상 숭배가 우리의 삶을 어떻게 지배하는지를 깨닫게 해준다.

당신은 성경 외의 다른 곳에서는 인간의 동기에 관한 이러한 관점을 찾을 수 없을 것이다. 오직 성경만이 인간 존재가 본성상 예배하는 자이며, 예배가 우리가 말하고 행동하는 모든 것들을 형성한다고 선언한다. 오직 하나님의 말씀만이 우리가 항상 하나님을 섬기거나 다른 피조물을 섬긴다고 말한다. 그리고 우리의 마음을 지배하는 것은 무엇이든 우리의 삶과 행동에 불가피한 영향력을 행사할 것이라고 한다.

마음의 우상은 우리의 가장 경건한 순간들도 파괴할 수 있다. 예를 들어, 기도는 하나님께 가장 집중하는 행위이지만, 그것 역시 우상 숭배하는 마음으로 왜곡될 수 있다. 회중 기도를 하기 전에 기도를 연습해본 적이 있는가? 아마 이렇게 기도해본 경험이 있을 것이다. "우리의 사랑하는 하늘의 아버지여…", "우리의 주권자 되시며, 은혜를 주시는 하늘의 아버지여…", "하늘에 계신 아버지여…." 우리는 왜 이렇게 하는가? 정말로 주님을 위해 연습하는가? 주님이 연습하는 기도를 들으시기 때문은 아닐 것이다! 사실은 회중 기도를 잘해서 주변 사람들로부터 존경을 얻기 위함이 아닌가? 우리의 마음이 사람들에게 인정받으려는 욕구에 사로잡혀 있기 때문에 우리 자신의 영광을 얻기 위해 예배의 행위를 사용하는 것이다!

이것이 에스겔서가 지적하고 있는 원리이고, 하나님의 변화시키는 은혜의 초점이 마음의 변화인 이유다. 우리의 영적인 전쟁은 마음의 전쟁이다. 그 전쟁에서 승리하면 사람들은 그들의 창조주를 기쁘시게 하는 방식으로 행동한다. 하나님은 약간의 형식주의(외식)에도 만족하시지 않을 것이다. 그분은 이사야서에서 이것을 질책하셨다. "이 백성이 입으로는 나를 가까이하며 입술로는 나를 존경하나 그 마음은 내게서 멀리 떠났나니"(사 29:13).

원리 적용하기

내가 매일 하는 행동은 다양한 상황들과 관계들에서 내게 중요한 것을 얻기 위한 시도다. 나의 선택과 행동은 항상 내 마음을 지배하는 욕구를 드러낸다. 내 마음은 비어 있었던 적이 없다. 이것은 인간 경험의 가장 근원적인 이슈이며 "왜 사람들이 그렇게 하는가?"라는 질문에 대한 주요한 대답이다. 야고보가 말한 것과 같이, 우리는 자기 욕심에 끌려 미혹될 뿐이다(약 1:14).

이러한 원리는 개인적인 성장과 사역에 몇 가지로 적용된다.

1. 우리의 마음은 항상 다른 사람 혹은 다른 어떤 것에 지배된다.
2. 마음을 살펴볼 때 물어야 할 가장 중요한 질문은 "이 상황에서 이 사람의 마음을 기능적으로 지배하는 것은 무엇인가?"다.
3. 내 마음을 지배하는 것이 무엇이든 간에 그것은 사람들과 상황들에 대한 나의 반응을 지배할 것이다.
4. 하나님은 우리가 다른 것들을 시도하도록 가르침으로써가 아니라 오직 그분만을 섬기도록 우리의 마음을 다시 사로잡음으로써 우리를 변화시키신다.
5. 인간 갈등의 가장 근원적인 문제는 고통과 고난의 문제가 아니라 예배의 문제다. 왜냐하면 우리의 마음을 지배하는 것이 우리가 고난이나 축복에 반응하는 방식을 통제할 것이기 때문이다.

자신이 귀중하게 여기는 것이 무엇인가의 문제다

마태복음 6장 19-24절에서 보는 바와 같이, 그리스도는 또한 보물의 비유를 사용하여 마음을 지배하는 것에 관해 말씀하셨다.

> "너희를 위하여 보물을 땅에 쌓아두지 말라 거기는 좀과 동록이 해하며 도적이 구멍을 뚫고 도적질하느니라 오직 너희를 위하여 보물을 하늘에 쌓아 두라 거기는 좀이나 동록이 해하지 못하며 도적이 구멍을 뚫지도 못하고

도적질도 못하느니라 네 보물 있는 그곳에는 네 마음도 있느니라

눈은 몸의 등불이니 그러므로 네 눈이 성하면 온 몸이 밝을 것이요 눈이 나쁘면 온 몸이 어두울 것이니 그러므로 네게 있는 빛이 어두우면 그 어두움이 얼마나 하겠느뇨

한 사람이 두 주인을 섬기지 못할 것이니 혹 이를 미워하며 저를 사랑하거나 혹 이를 중히 여기며 저를 경히 여김이라 너희가 하나님과 재물을 겸하여 섬기지 못하느니라."

이 구절에 나타난 세 가지 원리는 우리가 고려해왔던 것이 무엇인지 말해준다.

1. 모든 사람은 어떤 종류의 보물을 추구한다(이것은 그리스도의 비유의 전제다).
2. 당신의 보물이 당신의 마음을 지배할 것이다("네 보물 있는 그곳에는 네 마음도 있느니라").
3. 당신의 마음을 지배하는 것이 당신의 행동을 지배할 것이다("한 사람이 두 주인을 섬기지 못할 것이니").

오직 두 가지 종류의 보물이 있는데, 땅의 보물과 하늘의 보물이 그것이다. 그리고 우리가 선택한 보물이 무엇이든 간에 그것이 우리를 지배할 것이다. 그 보물은 우리에게 지배력을 행사한다. 만약 어떤 것이 당신의 보물이라면 당신은 그것을 얻고 유지하며 즐기기 위해 살아갈 것이다. 안타깝게도 우리는 많은 경우 이런 사실을 다른 사람에게서 발견하고 판단하면서도 우리 자신에게서는 보지 못한다. 인간에게 일어날 수 있는 너무나 비극적인 일은 자신의 삶을 그

릇된 보물을 추구하는 데 투자하는 것이다.

내 아내 루엘라는 항상 우리 가정의 소방서장이다. 우리가 새로운 집으로 이사할 때면 그녀는 모든 가능한 출구를 찾고 그 집의 여러 곳에서 불이 났을 경우를 대비해 탈출 계획을 세웠다. 그리고 가족들을 불러 계획을 설명하고 우리 모두가 위급한 상황에서 어떻게 해야 하는지를 확실히 알 때까지 질문하곤 했다.

이 일은 대체로 잘 진행되었는데 최근에 내가 꿈에 그리던 기타를 구입했을 때는 그렇지 못했다. 얼마 전 기타 줄을 사기 위해 악기 상점에 들렀다가 9줄 수제 기타를 보았다. 그 기타의 소리만큼 아름다운 소리를 들어본 적이 없었다. 우연히 어머니에게 전화로 그것에 대해 이야기하게 되었는데 놀랍게도 부모님이 그것을 사주겠다고 하셨다. 나는 너무나 기뻤고, 결국 일주일 만에 그 사랑스러운 악기의 주인이 되었다. 나는 매일 밤 저녁 식사를 마친 후 거실에 틀어박혀서 이 기타가 내 것이라는 사실을 확인하고 또 확인하면서 연주를 하곤 했다.

얼마 후에 저녁 식사를 하면서 아내는 소방 안전 강연이라는 것을 했다. 그리고 나를 보며 질문했다. "폴, 만약 우리 집에 큰 불이 난다면 당신은 어떻게 할 거죠?" 나는 한순간의 망설임도 없이 대답했다. "거실로 달려가서 기타를 들고 집 밖으로 빠져나갈 거야!" 그때 내 말을 듣고 나서 우리 가족이 보인 얼굴과, 1년쯤 계속될 것 같은 침묵을 결코 잊을 수 없다. 마침내 아이 하나가 물었다. "우리는요, 아빠?" 그리고 동일하게 묻는 아내의 얼굴을 보자 나는 너무나 당황스러웠고 부끄러웠다.

내가 처음 보았던 그 기타는 나의 꿈이 되었고 그 꿈은 그것을 소유하는 것이었으며 그것의 소유는 근본적인 면에서 나의 우선순위를 뒤바꿀 수 있는 중요한 보물이 되었다. 종종 그런 일이 일어난다. 우리는 "이것에 마음을 두지 않을 것이고, 이것이 나의 삶을 완전히 지배하게 내버려두지도 않겠어"라고 주장하지만, 어느새 그것에 지배당하고 있다.

당신이 이전에 만났고 함께 즐거운 시간을 보냈던 사람은 이제 당신에게 커다란 영향력을 미쳐 그 사람의 인정 없이는 살 수 없는 필수적인 사람이 되었다. 지금까지 당신 가족을 부양하기 위해 해왔던 일은 포기할 수 없는 정체성과 성취감의 근원이 된다. 가족의 거주와 안전을 위해 지은 집은 소유물에 예배를 드리기 위해 지은 신전이 된다. 자신의 필요에 정당하게 관심을 갖다가 차츰 자기에게 몰두하는 존재로 변해간다. 사역은 하나님을 섬기는 삶이 되기보다는 권력과 사람들의 인정을 추구하려는 기회가 되어버렸다. 우리의 마음을 차지하는 것들은 결코 우리의 지배를 받지 않는다. 그것들은 우리를 사로잡고 지배하며 노예로 삼는다. 이것이 땅에 속한 보물의 위험성이다.

모든 인간은 자신의 마음을 다스리는 것들을 적극적으로 추구하는 예배자다. 이러한 예배는 우리가 말하고 행하는 것, 우리의 정체성, 우리가 살아가는 방식 모두를 형성한다. 이것은 개인 사역에서 마음이 항상 우리의 목표가 되어야 하는 이유다.

5장 Instruments in the Redeemer's Hands

마음의 갈등을 이해하라

　우리 아이들은 다시 격렬하게 말다툼을 시작했다. 올해만도 벌써 스물일곱 번째였다. 그것은 아무것도 아닌 일에서부터 시작되었고, 두고 보자고 생각한 것 외에는 이룬 것이 없었다. 옆에서 지켜보던 나는 이러다가는 심판관 노릇을 수천 번이나 할지 모른다고 생각하면서 끓어오르는 분노를 참고 기다렸다. 서로에게 불공평한 말들이 오고 갔다. 그들은 고통을 가하는 말을 사용하면서 나름대로 온갖 기술을 동원해서 열렬하게 싸웠다. 마침내 나의 인내가 한계에 다다랐다. 나는 책을 내려놓고 위층으로 쿵쾅거리며 올라갔다. 나는 이 시시하고 사소하고 자기 중심적인 전쟁을 어떻게 생각하고 있는지를 말했다. 그런데 그들은 도리어 내가 잘못 알고 있다고 말했다. 나는 그들이 아는 것 이상으로 참았다고 말했다. 하지만 그들은 다시 싸웠고 심지어 무언가를 더 빨리 하지 않앉다며 나까지 비난했다! 갑자기 내 자신이 말하는 내용이 들리기 시작했다. 나는 내가 의도했던 중재자(peacemaker)가 아니었다. 또 다른 총잡이가 되어 있었던 것이다. 그 싸움은 나의 등장으로 멈춘 것이 아니라 확장되었다. 나는 그들에게 말을 잠시 멈추게 한 후 용서를 구하고 함께 기도하자고 말했다. 그후 우리는 둘러앉아서 싸움꾼이 가득한 가정에서 사는 것에 대해 이야기했다.

당신의 삶에 이와 같은 싸움이 있는가? 누군가에 대하여 극심한 분노를 느꼈던 순간이 있는가? 당신의 화를 특히 더 돋우는 사람이 있는가? 날마다 당신을 미치게 만드는 일이 있는가? 작년에 수많은 갈등이 있었는가? 지난 달은 어떠했는가? 지난 주는 어땠는가? 오늘은 어떠한가? 만약 당신이 평범하게 보낸 한 주를 비디오로 볼 수 있다면, 당신 주변에서 일어나는 갈등의 빈도가 놀라울 만큼 많다는 사실을 깨닫게 될 것이다. 이러한 갈등은 타락의 주요 결과로서 쉽게 촉발된다.

일상적인 싸움은 아침에 욕실에서 일어날 수 있다. 당신은 직장에 나갈 준비를 하기 위해 욕실로 달려간다. 복도를 걸어가는데 욕실 문이 닫혀 있다. 당신이 '가족 중 누군가가 지각하지 않으려고 벌써 준비하고 있구나. 참 대단하구나'라고 생각하는 일은 없을 것이다. 아니, 당신은 문 앞에서 "목욕탕에 누가 있니?"라고 큰 소리를 칠 것이다. 그 다음에 일어나는 일이 재미있다. 아무도 이름을 대지 않는다! 단지 "여기 누가 있어요"라고 말한다. 당신은 "그래, 그러면 내가 지금 당장 들어가야 한다고 그 사람에게 말해라!"라고 대답한다.

싸움이 좀더 심각할 수 있다. 당신의 결혼 생활은 사소한 말다툼이 전쟁으로 확대되는 악순환에 빠져 있을 수 있다. 어쩌면 한때 가장 친했던 친구와 가능한 부딪치지 않고 지내기 위해 적당한 거리를 유지하면서 살고 있을지도 모르겠다. 혹은 집안에 심각한 불화가 있을 수도 있다. 다시는 보고 싶지 않거나 말하고 싶지 않은 친척이 있을 수도 있다. 그들을 생각할 때면 당신의 마음은 분노와 괴로움으로 가득 찬다.

그 사람은 직장 동료일 수도 있다. 그는 당신의 모든 제안을 비판하고, 당신이 하려고 하는 모든 일을 방해한다. 당신은 그를 피하기 위해 멀리 돌아다닌다. 예전에 즐겼던 회의가 이제는 끔찍해진다. 당신은 그가 당신을 쫓아내기 위해 애쓰고 있다고 확신하며 그가 그렇게 하도록 놔두지 않겠다고 결심한다.

갈등은 사소한 다툼에서부터 전면전까지 우리 주위 어디에나 있다. 이 싸움에서 예외가 될 수 있는 사람은 실제로 아무도 없다. 하지만 이 모든 갈등은 사실 우리 마음을 조명해주는 창문이다. 야고보서 4장 1-10절은 매일 마음에서 일어나는 갈등에 대해 중요한 통찰을 제공하고자 한다.

"너희 중에 싸움이 어디로, 다툼이 어디로 좇아 나느뇨 너희 지체 중에서 싸우는 정욕으로 좇아 난 것이 아니냐 너희가 욕심을 내어도 얻지 못하고 살인하며 시기하여도 능히 취하지 못하나니 너희가 다투고 싸우는도다 너희가 얻지 못함은 구하지 아니함이요 구하여도 받지 못함은 정욕으로 쓰려고 잘못 구함이니라

간음하는 여자들이여 세상과 벗 된 것이 하나님의 원수임을 알지 못하느뇨 그런즉 누구든지 세상과 벗이 되고자 하는 자는 스스로 하나님과 원수 되게 하는 것이니라 너희가 하나님이 우리 속에 거하게 하신 성령이 시기하기까지 사모한다 하신 말씀을 헛된 줄로 생각하느뇨 그러나 더욱 큰 은혜를 주시나니 그러므로 일렀으되

하나님이 교만한 자를 물리치시고
겸손한 자에게 은혜를 주신다 하였느니라

그런즉 너희는 하나님께 순복할지어다 마귀를 대적하라 그리하면 너희를 피하리라 하나님을 가까이하라 그리하면 너희를 가까이하시리라 죄인들아 손을 깨끗이 하라 두 마음을 품은 자들아 마음을 성결케 하라 슬퍼하며 애통하며 울지어다 너희 웃음을 애통으로, 너희 즐거움을 근심으로 바꿀지어다 주 앞에서 낮추라 그리하면 주께서 너희를 높이시리라."

모든 잘못된 장소에서 발견되는 갈등

야고보서는 우리 삶의 모든 부분과 연관된 이슈를 다룰 뿐 아니라 왜 그런 일이 일어나는가를 설명해준다. 왜 특정한 사람들에 대해 화가 더 나는지 이해하고 싶지 않은가? 왜 관계가 깨어지며 쉽게 분노하는가? 왜 상처 되는 말들이 계속 머릿속에 떠오를까? 우리는 죄인으로서, 화평하기보다 싸우기를 더 잘하는 이유를 생각해보아야 하지 않겠는가?

야고보는 갈등에 대한 우리의 일반적인 반응과 근본적으로 다른 것을 요구하는 질문들을 던지면서 첫 번째 질문에 답하고 있다. 대부분의 사람들은 화가 났을 때 그들 외부에 있는 사람이나 상황을 비난함으로써 자신의 분노를 설명한다("그 여자 때문에 너무 화나", "길이 막혀서 미칠 것 같아", "그는 나를 화나게 만드는 놀라운 능력이 있어", "우리 집의 소음을 들으면 누구라도 미칠 거야"). 야고보는 이런 식으로 접근해서는 결코 우리의 분노를 이해하지 못할 것이라고 말한다. 대신에 그는 정반대의 것, 즉 안을 들여다보라고 충고한다. 이것은 성경의 기본 원리다. 당신의 분노를 이해하는 유일한 방법은 당신 자신의 마음을 살펴보는 것이다. 예수님 말씀에 의하면 분노의 말이나 행동은 마음으로부터 나온다(눅 6:45). 분노하는 감정과 그에 따르는 말과 행동은 우리 마음에 대하여 매우 중요한 것을 드러낸다.

만약 당신이 정말로 주의를 기울여 분석해보면 다른 사람들이나 상황이 우리를 화나게 하지 않는다는 것을 깨닫게 될 것이다. 동일한 관계와 상황이 모든 사람을 화나게 하지는 않기 때문이다. 최근에 나는 교통 체증에 갇혀 중요한 일을 놓치게 될까 봐 속을 태우며 앉아 있었다. 그때 우연히 창문을 통해 옆 차를 흘깃 보게 되었다. 운전자는 여자였는데 아주 편안해보였다. 심지어 갇혀 있는 것에 대해 안도하는 것 같았다. 그녀는 예기치 않았던 여유 시간을 사용하여 화장까지 하고 있었다! 사람들도 우리에게 동일한 영향을 미치지 않는다. 당신을 미치게 만드는 수다스러운 사람이 당신 옆에 있는 사람에게는 아주 흥미로울지도 모른다. 우리 모두에게 두려워하는 상황과 인간관계가 있음에도 불구하고 우리가 표출하는 분노는 방법과 시간과 장소 면에서 엄청난 차이가 있다. 그리고 이것은 다른 일이 진행되고 있다는 사실을 보여준다. 그 다른 것이란 바로 마음이다. 우리는 사람들과 상황에 똑같은 방식으로 반응하지 않는다. 왜냐하면 똑같은 마음으로 대하지 않기 때문이다. 싸움의 원인을 살펴보려고 한다면 반드시 마음으로부터 시작해야 하는 이유가 여기 있다.

더 나아가 야고보의 초점이 단지 마음이 아니라 마음의 정욕이라는 데 주의를 기울일 필요가 있다. 야고보는 우리의 정욕과 우리의 싸움, 즉 우리가 원하는 것과 우리를 화나게 만드는 것 사이를 강력하게 연결한다. 이러한 관계를 이해하면 당신 삶에서 지속적인 변화가 촉진된다. 정욕과 싸움의 관계는 야고보가 이 구절의 실제적인 통찰 전체를 세우는 기초가 된다. 그렇다면 야고보의 두 번째 질문은 우리의 정욕에 대하여 무엇을 드러내는가?

전쟁터와 같은 이 세상에 주둔한 정욕의 군대

사람은 항상 욕구를 가지고 산다. 이러한 욕구는 당신이 하는 모든 일에 선행되고 그 일을 결정하며 그 일을 특징짓는다. 욕구는 아침에 당신을 일어나게 하며 밤에 잠들게 한다. 욕구는 당신으로 하여금 어떤 일을 이루기 위해 절도 있게 일하게 만들며, 다른 것을 피하기 위해 열심히 달려가게 만든다. 욕구는 당신 삶에 있는 모든 관계들을 조각한다. 욕구는 당신이 모든 상황을 살피는 도구가 되는 렌즈다. 무엇인가를 섬기는 예배의 기저에는 참되든 거짓되든 욕구로 가득한 마음이 있다.

야고보는 우리의 분노를 이해하는 유일한 방법이기에 우리의 욕구를 살펴볼 것을 권면한다. 욕구는 모든 분노의 감정과 말과 행동 밑바닥에 존재한다. 그러나 야고보의 충고를 적절하게 이해하기 위해 몇 가지 조건을 덧붙일 필요가 있다. 먼저 그는 욕구를 갖는 것이 잘못되었다고 말하지 않는다. 하나님은 목적과 욕구의 하나님이시며 욕구란 우리의 본성이 하나님을 반영하는 한 가지 방식이다. 욕구를 가질 때 우리는 다른 피조물보다 그분과 훨씬 더 가까운 존재가 된다. 나머지 피조물은 본능이나 생화학적 절차에 따라 기능한다. 욕구를 갖지 않는 것은 불가능하다. 당신에게 욕구가 없다면 당신은 죽은 것과 같다!

그리고 야고보가 '정욕'이란 단어 앞에 '악한'이란 수식어를 쓰지 않은 것을 주목하라. 잘못된 일을 도모하는 악한 정욕이 싸움의 원인이 될 수 있음에도 불구하고, 야고보는 좀더 근본적인 것을 말한다. 그는 "너희의 싸움이 너희 지체 중에서 싸우는(battle within you) 정욕으로 좇아 난 것이 아니냐?"라고 말한다. 사람들 사이에서 일어나는 전쟁 이면에는 절대 부각되지 않는 그러나 매일 일어나는 좀더 근본적인 전쟁이 있다. 그것은 '우리 속에 있는' 하나님의 왕국을 직접 공격하는 '우리 속에 있는' 전쟁이다.

우리는 서로 전쟁을 치르는 우리의 정욕에 관하여 세심하게 생각하지 않는다. 우리는 놀랍고 강력하며 그릇된 정욕들에 관해서만 생각한다. 그러나 우리는 야고보가 사용하는 전쟁의 비유를 이해해야만 한다. 만약 전쟁이 국가끼리 싸우는 것이라면 그것은 지리적, 정치적 지배권을 차지하기 위해서다. 지배권은 전쟁의 목적이다. 따라서 우리의 정욕도 마찬가지다. 그것은 우리 마음의 지배권을 차지하려고 싸운다. 우리의 마음을 지배하는 것은 우리의 삶과 행동에 불가피한 영향력을 행사할 것이다.

야고보는 '너희 지체 중에서 싸우는 정욕'이라는 짧은 구절로, 마음이 어떻게 작용하는가를 볼 수 있는 창문을 제공한다. 모든 사람의 마음은 경쟁하는 정욕의 샘이다. 우리는 한 가지 단순한 동기를 가지고 어떤 일을 하지 않는다. 대부분의 경우에 안에서 싸움이 일어난다. 예를 들어, 당신이 직장에서의 긴 하루를 마치고 집으로 운전하며 가고 있다고 해보자. 당신은 가족들이 보고 싶을 것이다. 쉬고 싶은 마음도 들 것이다. 당신은 좋은 부모가 되길 바라지만, 또한 짧은 여행을 하거나 교회 강좌를 듣고 싶기도 할 것이다. 그 가운데 승리하는 정욕이 그날 밤 당신이 집에 도착했을 때 당신의 행동을 좌우하게 된다.

그러나 그 아래 좀더 근원적인 싸움이 있다. 즉, 세상의 편안함을 바라는 우리의 정욕과 하나님을 향한 욕구 사이의 싸움이다. 피조물은 매일 우리 마음의 지배권을 차지하려고 창조주와 싸운다. 그것은 큰 싸움이다. 왜냐하면 우리의 마음을 지배하는 것이 무엇이든 간에 그것이 우리의 행동을 지배할 것이기 때문이다. 야고보는 우리의 수평적인 정욕(사람, 소유물, 인정, 통제, 승인, 관심, 복수 등)이 우리 마음을 지배하려고 주님과 경쟁한다고 말한다.

자신의 왕국을 세우려는 우리의 정욕은 우리를 다스리기 위해 우리 마음속에 오신 왕과 직접적인 충돌을 일으킨다. 이것은 다른 모든 것들 밑에 깔려 있는 전쟁이다. 누가 직장에서의 긴장된 상황을 지배할 것인가? 임금 인상에 대한 당신의 정욕인가 아니면 하나님의 영광인가? 가정에서 자녀와의 대화를 하나님이 지배할 것인가, 아니면 평온과 안식을 바라는 당신의 정욕이 지배할 것인가? 부모님과의 관계를 하나님이 지배할 것인가, 아니면 과거 수년 간의 원망스러웠던 경험에 대해 보복하고자 하는 당신의 정욕이 지배할 것인가? 당신의 마음에서 일어나는 이러한 작은 갈등들이 사실은 가장 중요한 전쟁터에서 벌어지는 전투다.

쟁투하는 왕국들과 혼란스러운 관계

이 모든 것들이 싸움과 무슨 관계가 있는가? 그것은 우리에게 원인을 알려 준다. 야고보는 우리의 수평적인 싸움을 세상 나라와 하나님 나라 사이의 내전에 연결한다. 이렇게 생각해보라. 만약 내 마음이 어떤 욕구에 지배받고 있다면 당신에게 반응할 수 있는 방식은 두 가지뿐이다. 당신이 내가 원하는 것을 얻도록 나를 돕는다면 당신과 있는 것이 행복할 것이다. 그러나 당신이 방해가 된다면 당신과 있을 때 분노하고 좌절하고 낙심할 것이다. 그리고 당신이 내 인생에 없었더라면 하고 바랄 때가 있을 것이다.

나의 문제는 당신이나 우리가 함께하는 상황이 아니다. 나의 문제는 정당한 욕구가 나의 마음에서 일어났는데 이제는 그것이 지배력을 행사하고 있다는 것이다. 이러한 욕구는 너무나 큰 힘을 갖게 되어서 더 이상 정당하지 않다. 그것은 터무니없고 과도한 욕구가 되었다. 왜냐하면 나의 마음에 권위를 행사하는 위치로 커져버렸기 때문이다. 이러한 권위는 오직 하나님께만 속한 것이다. 그 분은 그곳에 자신의 왕국을 세우기 위해 자신의 아들을 보내셨다. 야고보의 초점은 악한 정욕(나쁜 것을 바라는 욕구들)이 아니라 과도한 정욕(그 자체로는 옳을지 모르나 결코 내 마음을 지배해서는 안 되는 욕구들)이다. 힘들고 긴 하루를 보내고 난 후 휴식을 바라는 것은 잘못된 일이 아니다. 그러나 그것을 방해하는 사람에게 분노할 정도로 쉬고 싶다는 욕구에만 사로잡혀 지배당하는 것은 잘못된 일이다. 남편의 애정 어린 관심을 바라는 것은 잘못된 일이 아니다. 그러나 그것에 너무 집착하여서 낮에는 남편의 관심이 없는 행위를 묵상하며 계획을 세우고, 밤에는 그것을 얻기 위해 조작적인 행동을 한다면 잘못이다.

어느 수요일 밤에 이것과 관련된 사건이 내 삶에서 일어났다. 그날 나는 유난히 지쳐서 집으로 돌아가고 있었다. 나는 요리하는 것을 좋아하고 그것에서 만족을 얻곤 했다. 그래서 집으로 가는 도중에 잠깐 가게에 들러 정통 쿠바 요리 재료들을 샀다. 나는 프라이팬에서 고기가 지글거리는 소리를 상상하면서, 토마토와 마늘과 쿠민(cumin)과 레몬을 한데 섞었을 때 생기는 그윽한 향을 느낄 수 있었다. 비록 상점을 떠날 때쯤에는 기진맥진했지만 쿠바에서 태어나고 성장한 아내가 그 요리를 얼마나 좋아하며 고마워할지를 생각하니 흐뭇했다. 또 우리 아이들이 검은 콩과 쌀을 얼마나 좋아할지를 생각했으며 나에게 정말로 감사하는 모습을 상상했다. "우리는 너무 축복받았어요. 요리를 해주는 아빠가 있다니 말이에요"라는 말이 들리는 듯했다. 주차장에 차를 세우는 동안 행복해하는 가족과 편안해진 내 모습을 떠올리는 것만으로도 계속 흐뭇한 미소가 지어졌다.

그러나 집에 도착해서 막 차에서 나오려는데 딸이 우선 나를 반기고 나서는 지금 당장 차를 타고 (왕복으로 거의 한 시간 걸리는) 시내로 가봐야만 한다고 말했다. 믿을 수 없었다! 분노가 솟구쳐 오르는 것을 느낄 수 있었다. 소리를 지르지는 않았지만, 그 아이를 시내까지 데려다주며 침묵으로 분노를 표출했다. 집으로 돌아오는 길에 나는 속으로 중얼거렸다. '이런 것쯤은 늘 내게 일어나는 일이야.' 집에서 얼마 떨어지지 않은 곳까지 왔을 때 아내가 휴대폰으로 내게 전화를 해서 직장에서 돌아오는 길에 누군가를 만나야 한다고 했다. 그러고 나서는 자신을 기다리지 말고 먼저 저녁을 먹으라고 말했다. 또 가게에 들러줄 수 있는지를 물어보았다. 그 이유는 고등학교에 다니는 아들 다네이의 내일 점심 반찬으로 해줄 것이 없기 때문이었다. 아까 구입했던 훌륭한 쿠바 요리 재료가 차 트렁크에서 썩어가도록 내버려둔 채 나는 우리 집을 지나서 또 다른 상점으로 달려갔다. 이제 나는 행복한 사람이 아니었다. 나는 쇼핑 바구니 안에 점심거리를 내던지듯 집어넣고 계산대 앞에 섰다. 나는 아주 화가 나 있는 상태였는데, 내 앞에서 계산하는 한 중년 부인이 수표에 서명할 펜을 찾느라 계속 지체하고 있었다.

나는 약 한 시간 반 후에 집에 도착했고 문 앞에서 종이를 들고 서 있는 다네이를 발견하였다. 그 종이에는 다음 날 수학 수업에 사용하게 될 전자 계산기의 구체적인 사양이 쓰여 있었다. 그 아이의 입에서 다른 말이 나오기 전에 나는 폭발했다. "내가 온 가족의 심부름꾼이니? 오늘 내 하루가 어땠는지 넌 알기나 해? 수학 시간에 계산기 사용법을 안 배우면 무슨 일이 일어난다니? 그런 학교에 보내려고 내가 학비를 대야 한단 말이니?" 나는 다시 차로 걸어갔고 그 아이는 멀찍이서 뒤따랐다.

계산기를 사는 아이를 상점 밖에서 기다리면서 나는 누군가 나에게 작은 관심이라도 보여주길 바라며 그리고 내 계획을 방해한 사람들에게 분노하면서 산산조각 난 희망을 살펴보았다. 그리고 혼자 먹을 저녁 식사용으로 피자를 사가지고 말 없이 집으로 와서는 아까 구입했던 쿠바 요리 재료들을 냉장고에 넣어두고 내 방으로 들어가버렸다.

이 이야기의 요점을 놓치지 말라. 내가 분노한 것은 내가 만났던 사람들과 상황 때문이 아니었다. 나의 분노는 나를 잘못 지배하기 시작한, 완벽하게 정당한 욕구로 인한 것이다. 쿠바 요리 재료들을 구입했을 때 나는 편안한 저녁에 대한 욕구로 가득 차 있었다. 그러나 하나님은 다른 계획을 가지고 계셨다. 그분은 내가 가족들의 구체적인 필요를 공급함으로써 그들을 섬길 수 있는 저녁 시간을 주고자 계획하셨다. 그분은 주는 것의 축복, 다른 사람을 위해 내 삶을 내려놓는 즐거움의 기회를 주셨다. 그러나 나는 그것을 보지 못했다. 왜냐하면 내 자신의 욕구에 지배받고 있었기 때문이었다. 사람들과의 갈등 이면에 내 마음의 전쟁이 벌어지고 있었다.

영적인 간음과 사람들에 대한 분노

야고보는 "간음하는 여자들이여"(약 4:4)라고 말하면서 사람들의 주의를 환기한다. 그는 주제를 완전히 새로운 것으로 바꾸고 있는가? 아니다. 그가 말하려고 하는 것은 영적인 간음이다. 만약 간음이 내가 다른 사람에게 약속했던 사랑을 다른 누군가에게 주는 죄라면, 내 마음이 하나님이 아닌 다른 사람이나 다른 것들에 지배당할 때마다 나는 영적인 간음자가 된다. 더불어 4절은 우리에게 이 구절의 핵심적인 원리를 보여준다. 즉, 인간의 갈등은 영적인 간음에 기인한다. 나의 문제는 죄악에 물든 사람들과 어려운 상황들이 아니다. 나의 진정한 문제는 하나님께 속한 사랑을 다른 사람 혹은 다른 것에게 주는 것이다.

내가 다른 사람에게 화를 내는 이유는 바로 나 자신의 영적인 간음 때문이다. 그래서 내가 열망하는 일에 방해가 되면 자연스럽게 그를 비난하는 것이다. 이러한 전투가 매일 우리 안에서 일어난다. 우리 모두는 창조주보다는 오히려 피조물을 경배하고 섬기는 경향을 가지고 있다(롬 1:25). 나를 화나게 만드는 것이 무엇인지를 진정으로 이해하기 원한다면 먼저 자기 자신의 마음을 살펴보아야만 한다.

　야고보는 우리의 수평적인 관계들에 해당되는 것이 하나님과 우리의 관계에도 그대로 해당된다는 점을 지적한다. 만약 나의 마음이 어떤 것을 바라는 욕구에 지배되고 있다면, 마찬가지로 두 가지 주요한 면에서 하나님과 나의 관계에도 영향을 미칠 것이다. 첫 번째로 그것은 내가 기도할 때의 태도에 영향을 미칠 것이다. 기도가 하나님께 순종하는 경건한 행위가 되기보다는 오히려 자기 중심적이며 요구적인 성격을 띨 것이다. 그럴 때 기도를 오래 한다면 내가 원하는 것을 얻는 것에 너무나 열중해서 하나님을 잊게 될지도 모른다. 기도하는 태도가 바뀔 뿐만 아니라 하나님의 모습도 내가 원하는 대로 바뀔 것이다. 이 점을 다음과 같이 설명할 수 있다.

　만약 어떤 욕구가 나의 마음을 지배한다면, 나는 지혜롭고 사랑이 많으시며 주권자 되시는 아버지 하나님을 원하지 않을 것이다. 하나님은 나에게 그분이 주시는 것이 최고라는 것을 깨닫게 하고자 하신다. 하지만 나는 내가 원하는 것을 가져다주는 식당 종업원 같은 신을 원할 것이다. 자, 당신이 식당에 가서 구운 감자가 곁들여져 나오는 큼지막하고 잘 익힌 갈비를 주문했다고 해보자. 종업원은 당신의 주문을 받아 적은 후 주방으로 사라진다. 그리고 20분 후에 샐러드만 가지고 나타난다. 당신은 그에게 "이건 내가 주문한 것이 아닌데요"라고 말한다. 그러자 그는 "글쎄요, 저는 손님의 주문을 받아 적었죠. 그렇지만 손님의 나이와 건강을 생각해보고 손님이 주문한 것은 손님의 건강에 가장 좋지 않다는 판단을 내렸죠. 그래서 요리사에게 이 샐러드를 준비하게 했습니다"라고 대답한다. 당신은 그에게 신경 써줘서 고맙다고 하고 포크를 들고 준비된 샐러드를 먹을 수 있겠는가? 물론 그럴 수 없을 것이다. 왜냐하면 고기를 먹고자 하는 욕구가 이미 당신의 마음을 지배하고 있기 때문이다.

　어떤 욕구가 우리의 마음을 지배할 때 우리는 기도를 자신이 원하는 것을 주문하는 것으로 축소시킨다. 그리고 이보다 더 나쁜 것은 하나님을 지혜롭고 사랑이 가득하며 충만한 권세를 가지신 아버지의 위치로부터 우리가 요구하는 것을 다 갖다줄 것 같은 거룩한 식당 종업원의 위치로 끌어내린다. 그러나 하나님은 결코 이러한 크기로 축소되지 않을 것이다. 그분은 오직 '좋은 것으로 네 소원을 만족케 하사 네 청춘으로 독수리같이 새롭게 하시는'(시 103:5) 우리의 아버지시며 왕이 되실 것이다. 그분은 무엇이 최고인지 아신다. 그분은 그분만이 홀로 우리의 마음을 지배하기 전까지는 우리에게 평화가 없을 것을 아신다. 그분은 우리가 다른 왕들에게 사로잡혀 있을 때에도 쉬지 않으실 용사인 왕이다. 그분은 우리를 위해 싸우시며 우리 마음의 생각과 욕구를 사로잡기 위해 싸우신다.

질투하는 은혜

이러한 끊임없는 내적 싸움에 대해 생각하면 낙심되는가? 그렇다면 야고보가 이 구절에 포함시킨 격려의 말을 들을 필요가 있다. 우리는 혼자서 싸우는 것이 아니다. 하나님이 우리를 위해 싸우신다! 야고보는 말한다. "너희 안에 계신 성령께서 시기하기까지 너희를 사모하신다는 것을 알지 못하느냐? 전투 도중에 하나님이 질투하는 하나님이심을 잊어서는 안 된다. 그분은 너희를 너무나 사랑하셔서 다른 사람에게 양보하지 않으신다. 그분은 너희의 자만과 자기 도취적인 삶을 결코 용납하지 않으실 것이다. 그 이유는 그분이 너희를 거부하시기 때문이 아니라 너희를 사랑하시기 때문이다." 우리 마음에 최후의 승리를 주실 하나님을 찬양하라. 우리가 원래 창조된 대로 살아가려는 소망을 품는 이유는, 우리 마음을 차지하고자 하는 그분의 질투하심과 직접 연관된다.

그렇다면 우리는 하나님의 질투하심으로 격려받아야 한다. 아내들이여, 만약 당신의 남편이 소파에 털썩 앉은 후 당신을 안으며 "여보, 내가 사랑하는 모든 여인들 중에서 오늘은 당신을 가장 사랑하는 것 같소"라고 말한다면 당신은 어떻게 반응하겠는가? 당신은 고무되거나 기쁨이 넘치지 않을 것이다. 오히려 분노가 치밀어 오를 것이다! 진정한 사랑에는 항상 질투가 따른다.

야고보는 계속해서 말한다. 질투하시는 하나님은 은혜를 주시는 분, 마음의 전쟁에서 가장 강력한 무기가 되시는 분이다. 하나님의 은혜는 우리의 강력한 욕구에 대해 "아니요"라고 거절할 수 있는 힘을 준다. 그것은 이 세상에서 벗어나 창조주를 바라보게 만든다. 또한 그분의 왕국을 위해 우리의 왕국을 버리게 만든다. 하나님의 은혜는 용서하는 것이기도 하지만 구속하고 이끌어가며 승리를 획득하는 것이기도 하다. 그것은 질투의 성격을 띠는데, 하나님께 초점을 맞추는 은혜는 우리가 우리의 욕구를 따르려고 미혹되는 순간에 가장 유익하다. 이것이 바울이 디도에게 편지했을 때 말했던 은혜다.

> "모든 사람에게 구원을 주시는 하나님의 은혜가 나타나 우리를 양육하시되 경건치 않은 것과 이 세상 정욕을 다 버리고 근신함과 의로움과 경건함으로 이 세상에 살고 복스러운 소망과 우리의 크신 하나님 구주 예수 그리스도의 영광이 나타나심을 기다리게 하셨으니 그가 우리를 대신하여 자신을 주심은 모든 불법에서 우리를 구속하시고 우리를 깨끗하게 하사 선한 일에 열심하는 친 백성이 되게 하려 하심이니라 너는 이것을 말하고 권면하며 모든 권위로 책망하여 누구에게든지 업신여김을 받지 말라"(딛 2:11-15).

바울은 여기서 이렇게 말하고 있다. "디도야, 위대한 구속 이야기가 무엇에 관한 것인지 사람들에게 계속 상기시켜라. 그것은 단지 하나님이 연약한 인간이 좀더 나아지도록 돕는 것에 관한 것이 아니다. 단지 그리스도의 희생을 통해 죄 있는 인간들을 용서하시려는 그분의 의지에 관한 것도 아니다. 그분이 자신에게만 속한 사람을 불러내시고 깨끗하게 하시는 은혜의 목적은, 하나님 자신의 영광에 있다. 하나님이 어떤 것에도 도전받지 않고 독점적으로 그들의 마음을 소유하실 때, 그들은 하나님이 보시기에 선한 일을 하고자 할 것이다." 바울은 디도가 이러한 질투하는 은혜의 신학을 가르쳐서, 사람들이 그들의 개인적인 이야기를 하나님의 영광을 위해 하나님 나라의 더 큰 이야기 속에 포함시키기를 원한다.

질투하는 은혜가 단지 과거의 용서와 미래의 영원한 소망에만 초점을 맞추는 것은 아니다. 그것은 우리에게 하루의 끝에 생기는 갈등, 몇 년간 결혼 생활을 한 후에 생기는 갈등, 교회 생활에서 생기는 갈등 혹은 가족 여행에서 생기는 갈등에 즉각적인 소망을 준다. 그것은 이겨야 하는 마음의 전쟁에서 틀림없이 승리할 수 있다는 것을 상기시킨다. 우리의 마음을 얻고자 하는 그분의 질투는 위협이 아닌 우리가 가진 한 가지 진정한 소망이 된다. 하나님은 영원히 우리의 마음을 다른 것과 나눠 갖기를 원치 않으신다. 이 분명한 사실로 인해 그분께 감사하자!

마음이 사로잡힘

만약 당신이 여기까지의 내용을 다 이해했다면, 우리의 마음이 어떻게 우리의 욕구에 사로잡힐 수 있는지 궁금할 것이다. 어떻게 우리가 주님을 섬기다 다른 것들을 섬기게 될 수 있는가? 그 자체로는 당연해보이고 큰 문제가 없었던 욕구가 어떻게 우리를 지배하는 주인이 되었는가? 이러한 의문점들을 해결하기 위해 자연스럽게 마음의 전쟁이 일어나는 단계들을 살펴보도록 하자.

우리의 욕구는 대부분 악한 것을 의도하지 않는다. 문제는 욕구가 점점 더 커지는 경향과, 우리 마음에 행사하고자 하는 지배력이다. 욕구는 인간 존재의 한 부분이지만 더 넓은 관점에서 조망되어야 한다. 인간의 모든 욕구는 더 위대한 목적, 즉 하나님 나라를 위한 그분의 욕구에 순종해야 한다. 이것이 예수 그리스도가 겟세마네 동산에서 "내 원대로 마옵시고 아버지의 원대로 되기를 원하나이다"(눅 22:42)라고 외치실 때 뜻하신 바다.

내가 아내와 약혼할 무렵, 나는 매일 아침 손바닥을 펴서 주님을 향해 손을 뻗고 기도했다. 내 자세는 일종의 비유로, 아내를 손에 올려놓은 것과 같다. 사실 그녀를 내 아내로 원한다는 것을 부끄러워하지는 않았지만 그녀에 대한 욕구가 주님과 그분의 뜻에 대한 나의 욕구를 압도할까 봐 걱정되었다. 그래서 매일 아침 손을 모으거나 주먹을 쥐지 않고 활짝 편 채로 이렇게 기도했다. "주님, 저는 루엘라를 사랑합니다. 주님이 그녀를 제 삶으로 인도하셨다고 생각합니다. 저희들이 삶을 함께할 수 있도록 인도하여 주시기를 기도합니다. 그러나 '내 원대로 마옵시고 아버지의 원대로' 되기를 기도합니다."

욕구의 문제는, 죄인들의 경우 그것의 형태가 재빨리 요구로 바뀐다는 것이다. 요구는 욕구에 대하여 주먹을 꽉 쥔 상태다. 그렇게 되면 비록 내가 인식하지 못할지라도 하나님에 대해 순종하려는 본래의 자리에서 떠난 것이다. 그러면 나는 내 마음을 차지하고 있는 것을 해야 한다고 결심하게 되고, 어떠한 것도 그것을 방해할 수 없다. 나는 더 이상 나를 향한 하나님의 욕구에서 위로를 얻지 못하고 오히려 그것이 방해가 된다. 왜냐하면 하나님의 뜻은 잠재적으로 나의 요구를 위협할 것이기 때문이다. 나는 이것 없이는 더 이상 좋은 삶(어떤 순간, 어떤 날, 어떤 주말, 어떤 상황, 어떤 위치, 어떤 관계)을 상상할 수가 없다. 내 욕구의 형태 변화는 다른 사람과의 관계에도 영향을 미친다. 이제 나는 조용한 요구가 가득한 방으로 들어간다. "내가 원하는 것을 얻도록 도와줘야 해." 만약 당신이 도움이 되지 못하고 오히려 방해가 된다면 즉시 당신에 대해 분노하며 조급해할 것이다. 그러나 당신은 게임의 규칙을 알지 못한다. 나는 당신에게 나의 요구가 무엇인지를 알리지 않았다. 왜냐하면 나의 마음이 점점 더 그것에 의해 통제되고 있다는 것을 인식하지 못했기 때문이다.

욕구의 확장은 거기서 끝나지 않는다. 요구는 재빨리 필요(need)로 변한다 (나는 …할 것이다). 이제 내가 원하는 그것을 삶에 필수적인 것으로 간주한다. 이것은 궁극적으로 욕구의 노예가 되는 파괴적인 단계다. 한 가지 재미있는 예를 들자면, 케이크는 후식으로 좋으나 필수적인 것은 아니다. 다른 한편으로, 호흡은 인간의 기본적인 필요다. 산소를 들이마시지 못한다면 나는 죽을 것이다. 여기서 욕구를 필요로 명명하는 것은, 케이크를 호흡으로 간주하는 것과 같다. 케이크는 더 이상 '먹으면 좋은 것' 이라는 단순한 성격을 띠지 않는다. 이제 나는 모든 식사 후에 그것을 먹어야만 한다. 만약 먹지 않는다면 화가 날 것이다.

만약 당신이 부모라면, 욕구가 얼마나 빨리 그리고 자주 '필요'로 변하는지 알 것이다. 내게 와서 이렇게 말하는 자녀는 없다. "아빠, 새 신발을 갖고 싶어요. 그렇지만 하고 싶은 것을 참고 기다릴게요. 아빠는 나에게 가장 좋은 것이 무엇인지 그리고 무엇을 해주실 수 있는지 아시잖아요." 사실 우리 아이들은 나에게 와서 이렇게 말한다. "아빠, 새 신발이 너무너무 필요해요!" 그 아이들은 이미 좋은 가죽 신발을 신고 있고 해어지거나 떨어진 곳도 없다. 단지 멋진 신발을 본 것이 욕구를 부추겼고, 즉시 그 신발은 없으면 도저히 살 수 없는 중요한 것으로 간주되었다.

우리는 전혀 필요하지 않은 것들에 대하여 얼마나 자주 필요하다는 의식을 하게 되는가? 이것이 어떻게 우리 자신과 우리의 삶, 다른 사람 그리고 하나님을 바라보는 방식을 변화시키는가? 우리가 삶에서 필요하다고 생각하는 것들을 얻지 못하는 것으로 인해 얼마나 많은 질투와 낙심, 고통과 하나님에 대한 의심이 생기는가? 마음속에서 이러한 소리 없는 전쟁(그리고 종종 보이지 않는 전쟁)이 늘 일어나고 있다.

여기에서는 이 전쟁의 근원을 표현하는 데 필요라는 단어보다 더 적절한 단어가 없을 것이다. 야고보가 우리에게 상기시키는 것과 같이 그것은 현재에도 우리의 인간관계 표면에 떠오른다. 내 마음이 어떤 것에 대한 욕구로 지배당하면, 그것은 당신과의 관계에 영향을 줄 수밖에 없다. 필요는 필연적으로 기대를 만들어낸다. 만약 내가 무언가를 필요로 하고 있는데 당신이 나를 사랑한다고 말했다면, 내가 그것을 갖도록 당신이 도울 것이라고 기대하는 것은 당연하게 보인다. 그러나 옳지 못한 필요에 이끌리는 기대는, 인간관계에서 밝혀지지 않은 갈등의 근원이 된다.

결국에 나는 내 곤궁함의 논리를 수용하게 될 것이다. 나는 내가 바라는 것 없이 사는 것이 고통스럽다는 것을 발견하게 될 것이다. 그것을 얻기 위해 내 힘으로 할 수 있는 모든 것을 행하는 것이 타당하다고 생각할 것이다. 그것이 나의 권리가 된다. 이러한 강력한 기대는 사람들과의 관계뿐 아니라 하나님과의 관계에도 영향을 미친다. 이는 "내가 당신을 사랑하고 당신의 삶에 대해 놀라운 계획을 가지고 있다"는 관점으로 지속되는 관계다. 내가 이러한 관계에서 기대하는 계획이란 나의 필요를 충족시키는 것이다.

하지만 우리의 마음은 여기서 멈추지 않는다. 당신은 내가 이러한 욕구들을 필요로 명명한 것을 알지 못하며 나의 기대에 부응하지 못한다. 기대는 곧바로 실망으로 연결된다("네가 그렇게 안 했잖아"). 기대와 실망의 직접적인 관계는 가족 휴가를 위해 휴양지 안내 책자를 검토했던 모든 사람에게 분명하게 나타난다. 우리 아이들이 어렸을 때, 우리는 디즈니월드로 가기로 결심했다. 우리는 함께 모여 앉아서 디즈니월드만이 제공할 수 있는 다채로운 안내 책자를 열심히 들여다보았다. 우리는 놀이 공원이 주는 더할 나위 없는 기쁨만을 생각하며 그곳에 도착했다. 그런데 33초 동안 움직이는 놀이 기구를 타기 위해 섭씨 36도의 높은 기온과 100퍼센트의 끔찍한 습도를 견디면서 55분을 기다려야 한다는 것을 말해준 사람이 아무도 없었다. 기대와 실망은 직접적인 관계를 맺고 있다. 관계 면에서 우리가 실망하는 이유는 대개 사람들이 우리를 부당하게 대해서가 아니라 그들이 우리의 기대를 충족시키지 못했기 때문이다.

그리고 실망은 일종의 처벌(punishment) 형태로 변화된다. 우리는 우리를 사랑한다고 말하는 사람들이 우리의 필요에 무감각한 것처럼 보이면 상처받고 화가 난다. 그래서 우리에게 저지른 그들의 잘못을 처벌하기 위해 다양한 방법으로 반격하게 된다. 여기에는 침묵(겉으로 드러내지는 않지만 마치 당신이 존재하지 않는 것처럼 행동함으로써 보복하는 형태)에서부터 폭력이나 학대와 같은 끔찍한 행위에 이르기까지 모든 방법이 포함된다. 상대방이 자신의 왕국의 법칙을 깨뜨렸기 때문에 분노하는 것이다. 자신의 왕국이 하나님의 왕국을 대신해왔다. 그래서 더 이상 하나님과 사람에 대한 사랑으로 동기 부여되어서 그 사랑을 나타내기 위해 자신의 삶에 있는 것들을 이용하여 섬기려 하지 않는다. 대신에 사물을 사랑하고 그것들을 얻기 위해 사람들을 이용하고 심지어는 주님까지도 이용한다. 우리의 마음이 완전히 사로잡혀 있는 것이다. 나는 피조물을 적극적으로 섬기고 있고, 그 결과는 인간관계가 혼란과 갈등으로 가득한 것이다.

마음의 겸손한 정화

이에 대한 야고보의 해결책은 무엇인가? 이 구절을 다른 시각으로 보게 되면 매우 흥미롭다. 그의 첫 번째 충고가, 우리가 죄를 지었던 사람들에게 가서 잘못을 고백하라는 것이라고 생각할 수도 있다. 그러나 야고보의 시각은, 먼저 수직적으로 하나님과의 문제가 해결된 후에, 수평적으로 사람들과 관련된다. 야고보의 첫 번째 요구는 하나님 앞에서 우리 자신을 낮추는 것이다. 이것은 우리 마음의 우상(영적인 간음)을 다루라는 직접적인 탄원이다. 만약 인간의 다툼이 영적인 간음에서 기인된 것이라면, 변화는 하나님 대신 우리 마음을 차지하고 있는 우상에 대해 겸손하게 회개하며 그분 앞에 엎드림으로써 시작되어야 한다.

야고보는 또한 우리에게 "마음을 성결케 하라"(4:8)고 요청한다. 우리의 인간관계에서 화해와 회복은 마음의 정화로부터 시작된다. 우리가 경험했던 불의한 분노와 그로 인해 일어났던 다툼은 우리 마음의 우상이 직접 일으킨 결과다. 성경적인 논리는 명백하다. 당신이 첫 번째 명령을 지키지 못한다면 두 번째 계명도 지킬 수 없다. 오직 하나님 앞에 엎드리고 그분이 원하시는 바에 순종함으로써 우리는 정말로 다른 사람과 화평하며 다른 사람을 사랑할 수 있다. 이러한 수직적인 인과율을 무시하는 변화 계획은 모두 일시적이고 표면적인 것으로 입증될 것이다. 그러나 그분 앞에 자신을 낮추는 사람들에게는 은혜와 축복이 약속되어 있다. 이것이 변화를 위한 하나님의 방법이다. 우리의 모든 인간관계에는, 창조주 혹은 피조물에 대한 적극적인 경배와 섬김이 지배하는 예배의 요소가 포함되어 있다. 인간관계에서의 문제들은 예배 대상의 문제에 기인한다. 따라서 야고보의 권고는 명백하다. "하나님으로부터 시작하라."

야고보는 마음의 갈등을 보여주는 유익한 창문을 제공한다. 갈라디아서 5

장 13-26절은 문자적으로 우리를 갈등의 현장으로 데려가서 그 다툼이 어떻게 일어나는지 보여준다.

"형제들아 너희가 자유를 위하여 부르심을 입었으나 그러나 그 자유로 육체의 기회를 삼지 말고 오직 사랑으로 서로 종노릇 하라 온 율법은 네 이웃 사랑하기를 네 몸같이 하라 하신 한 말씀에 이루었나니 만일 서로 물고 먹으면 피차 멸망할까 조심하라

내가 이르노니 너희는 성령을 좇아 행하라 그리하면 육체의 욕심을 이루지 아니하리라 육체의 소욕은 성령을 거스리고 성령의 소욕은 육체를 거스리나니 이 둘이 서로 대적함으로 너희의 원하는 것을 하지 못하게 하려 함이니라 너희가 만일 성령의 인도하시는 바가 되면 율법 아래 있지 아니하리라 육체의 일은 현저하니 곧 음행과 더러운 것과 호색과 우상 숭배와 술수와 원수를 맺는 것과 분쟁과 시기와 분 냄과 당 짓는 것과 분리함과 이단과 투기와 술 취함과 방탕함과 또 그와 같은 것들이라 전에 너희에게 경계한 것 같이 경계하노니 이런 일을 하는 자들은 하나님의 나라를 유업으로 받지 못할 것이요

오직 성령의 열매는 사랑과 희락과 화평과 오래 참음과 자비와 양선과 충성과 온유와 절제니 이 같은 것을 금지할 법이 없느니라 그리스도 예수의 사람들은 육체와 함께 그 정과 욕심을 십자가에 못 박았느니라 만일 우리가 성령으로 살면 또한 성령으로 행할지니 헛된 영광을 구하여 서로 격동하고 서로 투기하지 말지니라."

강력한 정념(passions)과 완고한 욕망

이 구절은 마음의 갈등을 이해하는 데 유용한 한 가지 차원을 더 제공한다. 야고보와 같이 바울의 논리도 단순하다. 그는 우리의 삶을 두 가지 기본적인 생활 양식으로 단순화한다. 즉, 우리의 삶은 죄악된 본성에 탐닉하는 것으로 형성되거나 자기 희생적인 사랑으로 형성된다. 네 이웃을 네 몸과 같이 사랑하라는 말씀은 우리를 향한 하나님의 뜻을 요약해서 나타내준다. 이것이 진리다. 먼저 하나님을 사랑하는 자들만이 그들의 이웃을 자신의 몸과 같이 사랑할 수 있을 것이다. 15절에서 바울은 우리가 행하고 말하는 것들이 변화를 일으킬 수 있다는 단호한 경고를 하며 그분의 명령을 따른다. 당신의 말과 행동은 어떤 사람을 죄의 유혹에 빠지게 할 수 있다. 당신은 어떤 사람의 소망을 산산조각 낼 수도 있다. 당신은 어떤 사람의 신앙을 약하게 만드는 행동과 말을 할 수 있다. 만약 하나님이 우리가 변화의 도구가 되기를 의도하신다면 우리는 선하게든 악하게든 영향을 주는 사람들이다.

특히 '육체의 기회를 삼지 말고'(13절)라는 구절을 주목해보자. 이 짧은 구절은 안에서 격분하는 전쟁을 역동적으로 묘사하고 있다. 그 구절의 나머지 부분은 그것의 진정한 본성을 보여준다(16-18절). 바울은 야고보가 말한 것과 같은 전쟁, 즉 마음의 주도권을 차지하기 위한 육체와 성령 사이의 전쟁에 대해 말하고 있다.

그렇다면 "육체의 욕심을 이루지 아니하리라"는 구절은 무엇을 의미하는가? 당신은 무언가에 몰두했을 때 그것에 계속 탐닉한다. 그리고 그것을 얻을 수 있는 곳으로 간다. 매일의 삶에서 이것은 어떻게 나타나는가? 24절은 다음과 같이 말한다. "그리스도 예수의 사람들은 육체와 함께 그 정과 욕심을 십자가에 못 박았느니라." 이 절에 포함된 '정과 욕심'이라는 단어가 우리의 이해를 돕는다. 당신이 어떤 사람을 만날 때, 당신은 그 사람의 감정과 욕심을 자극할 것이다. 또한 당신과 나는 매일 감정과 욕심에 강력하게 이끌리는 경험을 한다.

이러한 현상에 대한 일반적인 예를 들어보겠다. 왜냐하면 우리는 별로 중요하지 않는 일로 대부분의 시간을 보내는데 그것들은 삶의 좀더 심각한 갈등에 관해 가르쳐주는 바가 있기 때문이다.

우리 가족들은 나를 무엇이든지 잘하는 사람으로 생각하지 않는다. 솔직히 나는 집안일과 관련해서 매우 무능하다. 신혼 때 주방 싱크대가 막혔다. 나는 우선 모든 싱크대 밑에 붙어 있는 U자 모양의 파이프를 제거하려고 했다. 그 파이프를 떼어내려고 하다가 그 안에 물이 가득 차 있는 것을 발견했다. 파이프를 잡고 싱크대 아래에 누워 있으면서 이런 생각이 떠올랐다. '내 위에 싱크대가 있지. 파이프를 위로 올려서 거기에 물을 쏟으면 되겠구나.' 그래서 파이프를 떼어내 얼른 싱크대 안으로 던져 넣었다. 그러자 싱크대 밑에 있던 내 얼굴 위로 물이 쏟아져 내렸다. 물을 담아놓아야 할 파이프가 내 손에 있었던 것이다! 머리가 흠뻑 젖은 채 누워 있는 나를 보고 아내는 큰 소리로 웃어댔다.

집안일이 이 정도 수준인 내가 집안 수리하는 것을 두려워하는 것은 당연하다. 그런데 한번은 우리 현관 문의 장치가 제대로 작동하지 않은 적이 있었다. 우리는 오래된 집에 살고 있었는데 그 집에서는 단순한 일들이 결코 단순하지 않은 것이 되곤 했다. 여전히 그 문은 말썽이었고 마침내 나는 아내에게 문을 고치겠다고 약속했다.

토요일 이른 아침, 손에 연장을 들고 전문가 흉내를 내면서 그 고장난 문을 살펴보았다. 몇 분이면 될 일이 하루 종일 걸렸지만 결국 그 문을 고쳤다. 나는 그 일을 해내었고 그 문은 완벽하게 작동되었다! 나는 그날 내내 자축하며 내 자신을 대견하게 생각하고 있었다. 그런데 다음 주 월요일에 아내는 그 문이

간신히 고쳐진 상태라는 것을 잊어버렸고 아이 하나는 그 문이 열려져 있도록 받침대를 끼어놓았다. 하지만 아내는 그 문이 열려져 있는 것을 보자 여러 달 동안 그랬던 것처럼 고장이 난 줄 알고 휙 잡아당겨서 닫아버렸다. 그 순간, 내가 토요일 내내 고쳤던 문이 다시 고장나버렸다.

그날 나는 집에 오면서 아내에게 "이제 바람에 문이 흔들리지 않으니 괜찮지?"라고 말하려고 했었다. 그러나 현관에 들어서서 전처럼 흔들리는 문을 보고 말았다. 순간 나의 자기 만족이 강렬한 분노로 변했다. '도저히 믿을 수가 없어! 내가 힘들여서 한 일이 어떻게 이렇게 될 수가 있지?' 나는 범인을 찾아서 내가 힘들게 사용했던 연장을 들고 서 있게 한 후, 이렇게 말해주고 싶었다. "너는 이 문이 완벽하게 작동될 때까지 이 현관 앞에 서 있어!"

갈라디아서 5장은 이처럼 우리의 기대가 무너진 다음에 행하는 일들에 관한 내용이다. 강력한 정과 욕심에 사로잡혔을 때 우리는 무엇을 하게 될 것인가? 왕의 아들과 딸로서 우리는 자진해서 우리의 감정에 붙들려 살 것인가? 우리의 죄악된 욕심에 지배될 것인가, 아니면 복음의 약속에 붙들려 완전히 다른 방향으로 나갈 것인가?

그날 현관 앞에서 내 마음속에서 격렬한 전쟁이 일어나고 있었다. 주님과, 그분이 요구하신 섬기는 사랑으로 지배될 것인가, 아니면 내 육신의 강력한 정과 욕심에 지배될 것인가? 그때 나는 이러한 내용을 학교에서 가르치고 오는 길이었다. 내가 집안을 전쟁터로 만들려는 유혹에 빠지는 것이 정확하게 느껴졌다. 나는 집에서나 밖에서 이러한 사실을 알고 대처할 수 있는 것에 대해서 감사했다! 그리고 현관에 서서 그 문을 바라보다 집안으로 들어갔을 때 내가 그리스도 안에 있는 자라는 것을 잊지 않게 해달라고 기도했다.

이 구절은 마음의 갈등의 본질을 나타낼 뿐만 아니라, 복음을 추상적인 신학의 영역이 아닌, 우리가 매일 살고 있는 곳에 적용하게 한다. 우리는 강력한 감정과 욕심을 경험함에도 불구하고 "아니요"라고 말할 수 있으며, 정반대의 올바른 방향으로 나아갈 수 있다. 왜냐하면 그리스도 안에서 내 것이 된 자원이 있기 때문이다. 내 안에는 나의 육체와 싸우는 성령님(16-18절)이 거하신다. 그분은 능력과 영광을 가지고 나의 마음 안에 사신다. 나는 육체의 정과 욕심이 인도하는 곳보다는 그분이 인도하시는 곳으로 가는 것을 선택할 수 있다. 또한 나는 그리스도와 함께 십자가에 못 박혔다(24절). 예수 그리스도가 죽으셨을 때 나도 죽었다. 그리스도가 부활하셨을 때 나도 새로운 생명으로 다시 살아났다. 그분의 죽음과 부활을 통해 그리스도와 연합되었기 때문에 나에 대한 죄의 지배력은 무너졌다. 나는 더 이상 내 육체의 정과 욕심에 지배되지 않는다. 어려움에 직면했을 때에도 옳은 것을 말하고 행동할 수 있다.

두 가지 현실

갈라디아서 5장은 두 가지 현실을 인식하라고 우리에게 말한다. 첫째는 매일 마음에서 일어나는 전쟁의 실재다. 그 전쟁은 '당신 안에 있는' 하나님 나라와 세상 나라 사이의 전쟁이다. 내주하는 죄의 실재와 하나님의 대체물을 좇고자 하는 자신의 성향에 직면해야 한다. 나는 나의 이중성과 우상 숭배에 직면하라는 요구를 받았다. 또 이러한 전쟁이 인간 경험 가운데 가장 중요한 내적 역동성이라는 사실에 직면해야 한다. 그것은 고통과 축복의 모든 순간에 일어난다. 내 마음을 지배하는 것이 내가 삶의 가장 슬프고 기쁜 순간들에 대처하는 방식을 결정할 것이다. 내가 나의 경험과 육체에 강력한 영향을 받는다고 할지라도 나의 마음을 지배하는 것이 내가 삶에 반응하는 방식을 결정하게 될 것이다.

두 번째 현실 또한 첫 번째와 똑같이 중요하게 인식되어야 한다. 그것은 내가 하나님의 자녀라는 정체성과, 그 자원들은 그리스도 안에서 나에게 속했다는 현실이다. 사도 바울은 이러한 자원들을 두 가지 기본적인 주제로 축소한다. 첫째는 내주하시는 성령님의 인격과 사역의 실재다. 우리의 상황은 너무나 절망적이기 때문에 하나님이 우리를 용서하시기가 쉽지 않다. 그래서 그분은 우리의 마음 문을 열고 우리 안으로 들어오셔야 했다. 그렇지 않으면 우리는 그분이 우리에게 하라고 하신 일들을 할 수 없을 것이다. 우리는 더 이상 육체의 지배 아래 살지 않고, 매일 우리 편에서 육체와 싸우시는 성령의 능력 가운데 살게 되었다.

둘째 주제는 우리와 그리스도의 연합이라는 실재다. 십자가에서 그리스도는 잠재적인 구원의 능력을 사지 않으셨다. 아니, 그분은 우리의 이름을 그대로 십자가에 가져가셨다! 그분의 죽음과 부활은 효력이 있다. 즉, 그분 자녀의 삶에서 그분의 목적을 성취할 수 있다. 그분의 죽음과 부활에서 우리가 그분과 연합된 것은 더 이상 악한 욕심에 순종하며 살아서는 안 된다는 것을 의미한다. 우리는 "아니요"라고 말할 수 있고 다른 방향으로도 갈 수 있다.

인간 내면에는 사소한 전쟁들이 매일의 삶 속에서 일어나고 있다. 한쪽에는 질투하는 은혜를 주시는 분, 질투하시는 하나님이 계시다. 그분은 우리의 마음이 완전히 그분의 것이 될 때까지 쉬지 않으실 것이다. 그분은 한번 약속하신 언약을 결코 부인하지 않으실 것이다. 다른 한쪽에는 피조물에 초점을 맞추도록 우리를 유혹하는 악한 대적이 있다. 그는 우리의 약점에 대해 너무나 잘 알고 있다. 그는 우리에게 헤매기 쉬운 성향이 있으며 하나님을 대체하려는 경향이 있다는 것을 알고 있다. 그는 우리의 귀에 대고 거짓말 중의 거짓말을 속삭인다. 하나님과 아무런 관계를 맺지 않고서도 삶을 발견할 수 있다고 속인다. 우리가 피조물이 생명을 준다고 믿기 시작하면, 그가 우리를 속인 것이다. 그렇게 되면 우리는 대체로 자신의 우상 숭배를 인식하지 못한 채 이 세상을 추구하며 섬길 것이다. 우상 숭배의 열매로서 생기는 혼란과 갈등의 결과에 대해 다른 사람들과 상황에 책임을 돌릴 것이다.

우리는 그리스도와의 연합이라는 소망을 간직하고 있는 동안에도 자신이 여전히 죄인이라는 것을 겸손하게 인정해야만 한다. 우리는 단순히 고통당하는 것이 아니다. 우리는 하나님을 대체하는 것을 향해 달려가고자 하는 성향을 가진 죄인으로서 고통당하는 것이다. 그리고 신자인 우리는 단지 죄인으로서 고통당하는 것이 아니다. 그리스도와 연합한 자로서 그래서 더 이상 죄의 지배 아래 살지 않는 자로서 고통당하는 것이다. 우리는 이러한 두 가지 실재를 축복의 계기로 만든다. 두 가지 진리를 잘 붙들고 있는 것이, 우리 자신의 마음과 싸우는 유일한 방법이며, 하나님이 우리의 삶과 다른 사람의 삶에서 하시는 일의 한 부분을 감당하게 되는 유일한 방법이다.

이것이 항상 하나님의 말씀을 믿는 자들만이 받아들이게 될 변화된 삶에 대한 관점이다. 그리고 이것이 성경적인 상담 사역의 핵심이다. 이는 문제 해결의 원리를 적어놓은 주제별 목록 이상이고, 어떻게 살아야 하는가에 대한 교훈집 이상이며, 공감하는 관계 혹은 역동적인 치료의 방법론 이상이다. 성경적인 상담 사역은 내면에서 일어나는 전쟁과 구세주의 이야기에 근거하고 있다. 우리의 이야기를 그리스도의 자비와 사랑이라는 이 위대한 이야기에 포함시킬 때, 우리가 누구인지를 이해할 것이며 하나님이 계획하신 대로 살게 될 것이다.

6장 Instruments in the Redeemer's Hands

놀라운 상담자이신
주님을 따르라

    그때 나는 젊은 목사였고 설교하기를 좋아했다. 그래서 열심히 설교했고 한 번에 일 년 치 설교 목록을 작성하기도 했다. 매번 설교할 때마다 몇 주 전에 준비했고, 요점을 명확하게 전달하기 위해 기발한 표현을 집어넣기도 했다. 나는 설교 원고를 늘 책상 위에 비치해 두었다가 영감이 떠오를 때마다 각종 예화들을 추가했고 적절치 않은 것은 빼버리기도 했다. 또 설교 원고가 거의 완전히 암기될 때까지 혼자 중얼거렸다. 그래서 설교 강단에 설 때는 간단한 요약문만 가지고 가도 문제가 없었다. 나는 내 설교의 내용에 필적할 만큼 열정적으로 설교하려고 노력했다. 확신하건대 우리 교인들은 내가 매주일 준비했던 영적 양식으로 인해 충분히 배불렀을 것이다.

    어느 날 피트(Pete)라는 이름을 가진 교인이 개인적으로 나를 만나고 싶다고 요청했다. 나는 몹시 흥분되었다! '내 설교를 통해 하나님이 그의 마음에 깨닫게 하신 것을 상의하려고 하는구나'라고 확신했다. 그렇지만 우리가 마주 앉자 피트는 이렇게 말했다. "목사님이 제가 여기 온 이유를 아실지도 모르겠지만요, 저는 목사님의 설교에 대해서 한 말씀 드리려고 왔습니다. 목사님 때문에 저희가 너무 힘이 듭니다. 처음에 그렇게 느끼는 것이 저 한 사람뿐인 줄 알았습니다. 그런데 다들 그렇게 생각하고 있더라고요. 목사님은 우리를 아주 미치게 만들고 있습니다. 그래서 이런 상황을 전해 드리려고 이렇게 오게 되었습니다." 나는 당황해서 물었다. "설교의 내용이나 방법이 그렇게 거슬리던가요?" 그러자 그는 이렇게 말했다. "한두 가지 문제가 아니라 거의 전부입니다. 그래서 대안을 가지고 왔습니다." 그는 그 당시 유명했던 설교자의 설교 테이프 한 세트를 내밀었다. "이걸 좀 들어보시고 괜찮은 설교는 어떻게 하는 것인지를 이해하실 때까지 이분이 하는 대로 한번 해보십시오." 나는 황망히 그 자리를 빠져나왔다.

나는 그 대화가 내게 영향을 미쳤다는 것을 알았다. 그리고 다음 주일에 설교하러 강단에 올랐을 때 그 영향이 얼마나 큰지 절감하게 되었다. 모든 사람이 아무 일 없다는 듯이 나를 바라보고 있었는데 단 한 사람, 피트만은 예외였다. 그의 존재가 갑자기 더욱 크게 느껴졌다! 내가 바라보는 곳마다 그의 불만족스러운 얼굴이 보이는 듯했다. 나는 설교 시간 내내 오락가락하며 더듬거리다가, 다 끝나고 나서야 안도의 숨을 내쉴 수 있었다.

다음 주일도 사정은 똑같았다. 이제 피트와 나만 그곳에 있는 것 같았다. 3주가 지났을 때 피트가 이번에는 내 설교를 인정해주리라고 기대했다. 나는 은연중에 그의 기호에 맞추어 설교하려고 노력하였다. 그렇지만 그 설교들은 내 것이 아니었고 별로 효과도 없었다.

이런 상태가 거의 두 달이나 지속되었다. 그것은 우리 교회의 나이 드신 여

성도님이 예배를 마치고 나를 찾아오면서 끝이 났다. 그분이 보자고 했을 때 나는 속으로 외쳤다. '오, 안 돼! 당신도 내 설교가 맘에 안 드신가요!' 하지만 그분은 내게 이렇게 말했다. "목사님, 저는 목사님에게 무슨 일이 있었는지, 누가 뭘 어떻게 했는지 잘 모르겠어요. 하지만 요즘 목사님은 설교하실 때 자유함을 잃어버리신 것 같아요. 두려움에 떨고 계시든지, 아니면 누굴 기쁘게 하려고 설교하시는 것 같은데, 여하튼 뭔가 잘못됐어요. 이제 힘을 내셔서 하나님이 설교하라고 주시는 것을 준비하세요. 그리고 그것을 용기를 내어 담대하게 설교해 주세요. 그렇지 않으면 우리는 정말 힘들 거예요!" 그러고선 나가버렸다.

나는 멍하니 그 자리에 그냥 서 있었다. 그분 말은 전적으로 옳았다. 나는 하나님을 섬기는 데서 벗어나서 오로지 피트만을 기쁘게 하려고 설교하고 있었던 것이다. 나는 매번 설교의 성패를 한 사람의 반응에 따라 판단하고 있었고 그래서 점차 올무에 빠져 더 강퍅해졌다.

당신은 변화의 도구가 되기를 원하는가

우리 모두에게는 피트와 같은 사람이 있다. 그들은 우리의 안락한 삶의 경계를 침범한다. 우리는 모두 사역하는 중에 그들로 인해 크고 작은 타격을 받아왔다. 하나님의 부르심과 사람에 대한 두려움 사이에서, 불쌍히 여김과 분노 사이에서, 사랑과 원한 사이에서 찢어지는 고통을 느껴왔다. 죄인이 죄인을 돕는 일이 원래 그렇게 복잡하다는 것을 전제로 받아들인다면, 우리에게는 모델이 필요하다. 그리고 하나님의 자녀들인 우리는 상황에 흔들리지 말아야 한다. 우리에겐 위대한 상담자의 모범이 있다. 이 장에서 그분의 모범을 살펴볼 것이다. 그리고 우리가 그분의 사역에 참여하고자 할 때 그 모범의 의미가 무엇인지를 살펴볼 것이다.

마음을 변화시키는 도구가 된다는 것은 그리스도의 모범을 따른다는 의미이고, 당신 자신으로부터 시작하여 초점을 마음에 맞춘다는 뜻이다. 피트의 공격과 비난은 내 속에 사람에 대한 두려움을 가득 채웠고, 내가 하나님께 최우선으로 충성한다는 사실을 잊게 만들었다. 이러한 마음의 문제는 내 지식과 기술을 뒤흔들어서 그것들을 무기력하게 만들어버렸다. 이것은 하나님이 주신 사역의 기회에 내가 어떻게 반응할지를 내 마음이 결정한다는 것을 분명하게 보여주었다. 바울은 이것을 디모데에게 다음과 같이 일러주었다. "네가 네 자신과 가르침을 삼가 이 일을 계속하라 이것을 행함으로 네 자신과 네게 듣는 자를 구원하리라"(딤전 4:16).

당신 자신의 마음에서 시작한다는 것은 하나님의 부르심에 대한 이해와 순종을 의미한다. 이 부르심은 당신의 삶과 인간관계를 좌우할 것이다. 하나님은 오직 그리스도를 다른 사람에게 나타내게 하는 일에 우리를 부르셨다. 나는 말씀 위에 뿌리를 굳게 박고 있으며, 주님을 잃어버린 자들, 영적으로 눈먼 자들 그리고 고통과 싸우고 있는 사람들에게 살아 계신 말씀이신 그리스도를 전하려는 열정으로 가득 차 있다. 당신과 나는 그리스도가 누구신지, 그분이 이 세상에 오셔서 무슨 일을 하셨는지를 실제로 느낄 수 있는 방식으로 나타내라는 부르심을 받았다.

부르심을 이해하기 위해서 성육신을 이해해야 한다

우리 대부분은 성육신이 하나의 사건이라고 생각한다. 바로 예수 그리스도가 육신을 입고 이 세상에 내려오셔서 인간으로 살아가신 사건이다. 그러나 성육신이 우리가 믿는 모든 것이라고 할 만큼 중요한 것임에도 불구하고 우리가 이를 온전히 이해하고 있지는 못한 것 같다. 우리는 성육신의 사건이 일련의 계획(agenda)이자 부르심 혹은 소명이기도 하다는 것을 깨닫지 못하고 있다. 목표와 부르심의 요소들을 이해하면, 개인 사역의 성격과 마음을 먼저 살피는 것의 중요성을 깨닫는 데 도움이 될 것이다.

사도 요한은 그리스도가 이 타락한 세상에 아기로 오신 놀라운 역사적 순간을 가장 잘 묘사하고 있다. 특히 그가 그 순간을 요약한 두 구절은 우리가 성육신을 이해하는 데 매우 유익하다. "말씀이 육신이 되어 우리 가운데 거하시매 우리가 그 영광을 보니 아버지의 독생자의 영광이요 은혜와 진리가 충만하더라… 본래 하나님을 본 사람이 없으되 아버지 품속에 있는 독생하신 하나님이 나타내셨느니라"(요 1:14, 18).

이러한 사도 요한의 요약문에는 놀라운 의미를 함축하는 관찰이 들어 있다. 성육신의 능력은 하나님의 임재와 영광을 볼 수 있는 것으로 만들었다. 그리스도는 살과 피를 취하심으로써 보이지 않는 하나님이 알려지게 만드셨다. 왜 이 세상에 영광의 빛이 비추어져야 했을까? 사람들이 어둠 가운데 헤매고 있었기 때문이다. 왜 하나님이 나타나셔야만 했을까? 사람들이 그분을 보지 못하기 때문이다. 세상에 오신 그리스도는 돌아가셨지만, 오랫동안 영적으로 눈먼 자들에게 광명의 눈을 뜨게 하셨다.

성육신은 너무나 광범위하고 심오하며, 인간 본질과 관련되어서 우리가 인식하는 것이 거의 불가능한 문제를 다루고 있다. 그 문제는 우리가 하나님을 보지 못한다는 것이다. 그 이유 가운데 하나는 하나님이 영이시기 때문에 우리가 육체적으로는 볼 수가 없다. 또 다른 이유는 우리가 지은 죄가 도덕적으로 하나님을 바라볼 수 없게 만들었다. 또한 인간은 죄인으로서 영적으로 눈이 먼 상태에 있기 때문에, 항상 우리의 안과 밖에서 그리고 우리를 통해서 역사하시는 하나님의 영광과 능력을 인식하지 못하여 하나님을 보지 못한다.

그러나 그 빛은 우리의 어두움을 뚫고 들어왔다. 하나님은 그분의 유일하신 독생자를 세상에 보내심으로써 우리의 어두움을 밝혀주신다. 그분을 볼 때 우리는 아버지 하나님을 보는 것이다. 만약 우리가 그분을 안다면 사실은 아버지를 아는 것이다. 구약은 하나님이 자기 자신을 인간의 눈에 보이도록 나타내시는 장면을 여러 번 기록하고 있다. 그러나 그리스도의 나타나심은 최고 절정의 사건이다.

본질은 바로 이것이다. 하나님이 여기에 계시지 않거나 그분이 역사하시지 않는 것이 아니라 우리가 그분을 바라보지 않는것이 문제다. 우리의 인생관은 종종 비극적일 정도로 하나님을 배제한다. 우리는 보아야 할 것, 즉 모든 곳에 거하시는 하나님의 영광을 놓쳐버린다. 이러한 일이 일어날 때 우리의 삶은 하나님의 영광의 기초 위에 세워지지 않는다. 사실 하나님의 영광이란 우리 삶의 출발점이자 목적지를 제시해주는 것으로서 무엇인가를 시작할 이유와 그것을 계속할 수 있는 힘을 공급해준다. 내 실존의 모든 양상은 하나님의 영광으로 가득 채워지도록 의도되었다. 내가 생각하는 것, 내가 결정하는 것, 내가 말하는 것은 모두 내 삶에 대한 주님의 뜻을 겸손히 깨닫고 나서 이루어져야 한다.

지금까지 살펴본 것처럼 모든 인간의 삶은 어떤 종류의 영광을 추구한다. 만약 그것이 하나님의 영광이 아니라면 그것은 다른 종류의 세속적인 가짜 영광일 것이다. 그것은 돈이나 인정이나 용납함이나 존경 같은 것이 될 수 있다. 또한 성취나 성공이나 지적인 능력이나 철학적인 통찰일 수 있다. 어쩌면 사람들을 다스리는 권세일 수 있고, 어떤 사람에 대한 애착일 수도 있고, 어떤 삶의 기준일 수도 있다. 모든 어려움과 재난의 뿌리에는 잘못된 영광을 추구하는 마음이 있다.

성육신은 이러한 갈등의 핵심을 직접 건드린다. 왜냐하면 그것은 사람들의 인생이 영원히 변화될 수 있도록 하나님의 영광 앞에 세우기 때문이다. 하나님이 그 경이로운 영광 가운데 나타나시면, 우리가 집착하였던 다른 모든 영광들의 전적 공허함이 유일하게 드러난다. 만약 당신이 이러한 의미로 성육신을 이해한다면 당신의 소명에 대해서 벌써 많은 것을 알게 된 셈이다. 개인 사역은 단지 사람들에게 원리 원칙이나 신학적 지식 혹은 해결책을 제시하는 것이 아니다. 그것은 은혜와 진리 가운데 능동적이시며 영광스러우신 하나님, 즉 우리 삶을 주장하기에 합당한 분을 대면하게 하는 것이다. 우리의 마음이 이러한 영광으로 변화될 때 성경의 원리들은 우리에게 의미 있는 것으로 다가올 것이다.

은혜와 진리

요한은 단순히 성육신의 목표를 설명한 것이 아니라, 그 성격까지도 설명하였다. 그는 이 세상에 나타난 영광은 '은혜와 진리'로 충만하였다고 말한다. 예수님은 은혜와 진리의 궁극적인 연합으로서 성육신하신 것이다. 그분의 삶과 죽음 그리고 부활을 통해 우리는 하나님의 은혜를 이해하게 된다. 하나님은 자신의 독생자를 두 번째 아담으로 보내셨고, 이 타락한 세상에서 모든 종류의 유혹을 경험하게 하셨다. 예수님은 우리를 대신해 율법을 지키셨고, 그리하여 인생에 대한 하나님의 요구를 온전히 만족시키셨다. 그분은 기쁨으로 자기 자신을 온전한 희생양으로 드리셨고, 그럼으로써 죄 값을 완전히 치르셨다. 그분은 무덤에서 살아나셔서 그분을 믿는 모든 사람을 위해 새로운 생명을 취득하셨다.

성경의 위대한 이야기에서 가장 중심이 되는 인물은 예수 그리스도이고, 중심 주제는 은혜다. 그것은 우리의 개인 사역과 성경적 상담과 제자 훈련에서도 중심 주제가 되어야만 한다. 우리는 사람들로 하여금 그들의 삶의 목표를 세워 줄 뿐만 아니라, 그들이 결코 행하지 못했던 것을 행하게 하시는 하나님을 바라보도록 도와야 한다. 그분의 은혜는 화해와 회복과 평화로 나타난다. 도저히 경건해질 수 없는 죄인이 그분의 은혜를 통해 경건해진다.

그분의 은혜로 인해 부모들은 인내와 꾸준한 사랑으로 반항적인 십대 자녀들을 잘 가르칠 수 있다. 그분의 은혜로 아내는 고통스러운 과거의 기억을 버리고 자신의 남편을 온전히 용서할 수 있다. 그분의 은혜로 사람들은 절망과 불안과 충동의 감옥에서 벗어나, 소망으로 가득 찬 자유 가운데 살아가게 된다. 그분의 은혜로 음욕과 탐심, 두려움이나 복수심에 사로잡힌 자들이 신앙의 정결함과 담대함 가운데 살아갈 수 있다.

성경적인 개인 사역은 삶의 기준이 되는 일련의 원리들로 축소되어서는 안 된다. 그것의 초점은 사람들을 죄의 권세에서 구원하시고 그들의 삶 속에서 점차 죄의 잔재를 뿌리 뽑으시는 구원자다. 우리는 단순히 그 은혜의 전달자다. 우리의 목표는 사람들이 그것을 이해하고, 구원자가 다시 오실 것을 기다리면서 은혜가 이끄는 대로 따라가도록 돕는 것이다.

또한 그리스도의 성육신에서 나타나는 영광은 진리로 가득했다. 이것은 성경의 두 번째 위대한 주제다. 죄는 우리를 무력한 반항자요, 우상 숭배자로 만들었을 뿐만 아니라 어리석은 자로 만들어버렸다. 우리는 거짓말하기를 좋아하고, 자기를 속이고, 자신의 공허한 주장에 대한 철저한 신봉자가 되는 경향이 있다. 우리는 대적의 속임수와 유혹에 매우 취약하다. 또 이미 쇠해져가는 것을 위하여 살며 영원토록 남을 것은 무시해버린다. 자신의 죄를 숨기고 무시하고 외면하면서 다른 사람들의 죄에 집착한다. 잠언 14장 12절을 풀어 쓰면 우리에게 옳게 보이는 방식이 죽음으로 나아가는 방식이다. 만약 은혜가 타락의 도덕적인 결과(우리의 반항과 무능력)를 다룬다면, 진리는 타락의 지적인 영향, 즉 우리가 삶에 대해서 생각하고 삶을 해석하는 방식에 죄가 미치는 영향력을 다룬다.

그리스도 안에서 하나님의 진리는 육신을 입는다. 예수님은 하나님이 사람들이 어떻게 생각하고 살아가기를 원하시는가에 대한 궁극적인 표현이 된다. 그분은 삶과 가르침을 통해 우리의 어리석음과 진정한 지혜를 깨우치신다. 그분은 죄악된 본성이 이끄는 대로 살아왔던 삶과 정반대되는 삶의 방식으로 우리를 부르신다. 누가 보이지 않는 것을 위해 살겠다고, 자신을 학대한 자에게 선을 베풀겠다고, 주는 것이 받는 것보다 더욱 복됨을 믿겠다고 저절로 선택할 수 있겠는가? 이러한 것들이 급진적이고 역설적인 것처럼 보인다는 사실이 우리가 진리에서 얼마나 멀리 떨어져 있는가를 단적으로 증명한다. 개인 사역에서는 사람들에게 그들 자신과 관계, 환경과 고통, 하나님에 대해서 생각하던 옛 방식을 깨뜨리는 진리를 제공해주어야만 한다. 사람들이 어리석은 일을 저지르는 것은 어리석음으로 뒤덮인 세계관에 근거하고 있다. 우리의 문제는 단순히 잘못된 행동과 그 결과가 아니라 그것을 유발하는 생각인 것이다.

우리는 사람들에게 삶의 의미를 발견하는 완전히 새로운 방식을 제공해줄 수 있다. 그것은 하나님이 중심에 계시고, 보이지 않는 것들이 최고 높은 가치를 지니며, 영원이 현재의 순간에 의미를 부여하는 세계관이다. 사람들을 진리 앞에 세우는 것은 그들을 그리스도와 대면하게 한다. 이것은 아주 급진적인 일이다. 왜냐하면 그것은 가장 기본적인 형태에서의 진리가 어떤 체계나 신학이나 철학이 아니라고 말하기 때문이다. 진리란 예수라는 이름을 가진 인격체(person)다. 경건한 삶을 산다는 것은 그분을 신뢰하고 따르고 그분처럼 살아간다는 것을 의미한다. 개인 사역은 한 인간의 생애의 모든 부분을 은혜와 진리라는 실로 엮는 것이다. 그런 의미에서 이것이 진정한 성육신이다. 왜냐하면 은혜와 진리가 항상 사람들을 하나님께로 인도하기 때문이다.

새로운 계획

성육신은 단지 하나의 사건이 아니다. 그것은 또한 계획(agenda), 즉 목표를 이루기 위한 일련의 계획을 수립한다. 하나님의 계획은 교회가 이 세상에서 성육신적인 공동체가 되게 하는 것이다. 그럴 때 우리의 존재는 하나님의 은혜와 진리로 충만한 영광을 나타낼 수 있게 된다.

예수 그리스도는 잡히시기 바로 전에 제자들과 그들의 사역의 결과로서 새로 믿게 될 사람들(바로 우리 모두)을 위해서 기도하셨다. 그 기도 중간에 주님은 이렇게 말씀하셨다.

> "내가 비옵는 것은 이 사람들만 위함이 아니요 또 저희 말을 인하여 나를 믿는 사람들도 위함이니 아버지께서 내 안에, 내가 아버지 안에 있는 것같이 저희도 다 하나가 되어 우리 안에 있게 하사 세상으로 아버지께서 나를 보내신 것을 믿게 하옵소서 내게 주신 영광을 내가 저희에게 주었사오니 이는 우리가 하나가 된 것같이 저희도 하나가 되게 하려 함이니이다 곧 내가 저희 안에, 아버지께서 내 안에 계셔 저희로 온전함을 이루어 하나가 되게 하려 함은 아버지께서 나를 보내신 것과 또 나를 사랑하심같이 저희도 사랑하신 것을 세상으로 알게 하려 함이로소이다"(요 17:20-23).

이것은 오직 삼위일체 하나님께 필적하는 연합을 간구하는 놀라운 기도다. 예수님은 자신을 따르는 자들이 깊은 사랑을 드러내어, 자신이 아버지와 하나이듯 믿음의 공동체가 서로 연합하기를 간구하신다. 그분의 기도는 또한 이러한 연합의 목표를 드러낸다. 믿음의 공동체 안에서의 관계는 그리스도의 인격과 사역을 이 세상 사람들에게 나타내는 것을 목적으로 한다. 이러한 연합은 서로를 즐거워하는 친구 관계보다도 더 큰 목표를 가지고 있다. 그 목표는 세상이 그리스도를 보고 알게 되는 것이다.

예수 그리스도가 원하시는 수준은 매우 높다! 우리는 예수님이 아버지 하나님과 맺고 계시는 관계에만 비견될 수 있는 수준의 연합을 맺으라고 부르심받았다. 하지만 절망하는 것은 아직 이르다. 그때의 그리스도와 그분의 제자들을 생각해보라. 그 방의 한쪽 편에는 로마를 위해 자기 백성으로부터 로마를 위해 세금을 거둬들이는 세리인 마태가 있었다. 세금 걷는 자들은 로마의 앞잡이 내지는 끄나풀 정도로 취급받았다.

맞은편에는 셀롯인 시몬이 앉아 있었다. 셀롯인들은 그 당시 극단적인 보수주의자들이었다. 이 시대의 급진 무장 세력이나 테러리스트와 같은 자들이었다. 셀롯인들은 로마 정부를 오직 폭력으로 물리칠 수밖에 없다고 굳게 믿고 있었고, 이를 위해 준비하고 있었다. 그러므로 세리를 가장 미워하였다.

마태와 시몬에 대한 예수 그리스도의 목적은, 그들의 관계에서 너무나 놀라운 연합과 사랑이 나타남으로써 주변의 사람들이 그 친밀함을 보게 되고 그럼으로써 그리스도를 보게 되는 것이었다. 이것은 실현 불가능한 일처럼 보이지 않는가? 시몬과 마태가 서로를 물어뜯지 않고 같은 방에 앉아 있는 것만으로 충분하지 않을까? 하지만 예수님은 그 정도로 충분하지 않았다. 예수님의 기도는 그분이 자신의 백성들이 진정으로 하나가 되기 위해 필요한 것을 직접 공급하고 계신다는 것을 보여준다. 기도 속에서 그분은 구속적인 사실에 대해서 말씀하고 계신다. "내게 주신 영광을 내가 저희에게 주었사오니 이는 우리가 하나가 된 것같이 저희도 하나가 되게 하려 함이니이다"(22절). 요한복음 1장이 이 구절에 메아리치는 것을 들을 수 있는가? 예수님은 지금 이렇게 말씀하고 계시는 것이다. "아버지여, 내가 살과 피를 입을 때 이 세상에 나타내었던 영광을 기억하십니까? 제가 당신의 자녀들에게 동일한 영광을 주었으니 그들도 세상에 그 영광을 계속 나타낼 수 있게 되었습니다."

하나님의 계획은 영광을 받으시는 것이고 또한 영광을 주심으로써 그 영광이 이 세상에 구체적으로 계속 나타나게 되는 것이다. 성육신에 대해서 묵상할 수 있는 가장 좋은 방법은 그것을 계속적인 사건으로 생각하는 것이다. 하나님은 더 이상 그리스도의 육체적 존재로 알려지시지 않고, 우리가 성육신적으로 살아갈 때 그분의 백성인 우리를 통해 그분의 사역이 드러내는 영광으로 알려지신다.

성육신은 우리가 개인 사역의 목적과 성격을 이해하는 데 도움을 준다. 사람들은 새로운 방식으로 그리스도를 볼 때 변화된다. 이는 자기 자신의 계획이 헛되고 자신이 취한 영광이 공허함을 드러내는 방식이다. 그들에게서 가장 중요한 만남은 상담자와의 만남이 아니라 그리스도와의 만남이다. 우리는 그곳에서 그분과의 만남을 준비해야 한다. 그들이 그분을 보고 자기 자신의 방식이 공허함을 깨달았으면 모든 것이 달라질 수 있다는 소망을 갖기 시작한다. 하나님은 그분의 영광을 우리에게 입히시고 그래서 우리의 삶과 사역은 그분을 세상에 드러낸다. 이러한 의미로 우리에게 성육신이란 새로운 삶의 계획이다.

초점 있는 부르심

성육신은 또한 부르심(소명)이다. 바울은 우리에게 주어지는 이러한 부르심을 고린도후서 5장 14절부터 6장 2절에서 설명하고 있다.

"그리스도의 사랑이 우리를 강권하시는도다 우리가 생각건대 한 사람이 모든 사람을 대신하여 죽었은즉 모든 사람이 죽은 것이라 저가 모든 사람을

대신하여 죽으심은 산 자들로 하여금 다시는 저희 자신을 위하여 살지 않
고 오직 저희를 대신하여 죽었다가 다시 사신 자를 위하여 살게 하려 함이
니라

그러므로 우리가 이제부터는 아무 사람도 육체대로 알지 아니하노라 비록
우리가 그리스도도 육체대로 알았으나 이제부터는 이같이 알지 아니하노
라 그런즉 누구든지 그리스도 안에 있으면 새로운 피조물이라 이전 것은
지나갔으니 보라 새 것이 되었도다 모든 것이 하나님께로 났나니 저가 그
리스도로 말미암아 우리를 자기와 화목하게 하시고 또 우리에게 화목하게
하는 직책을 주셨으니 이는 하나님께서 그리스도 안에 계시사 세상을 자기
와 화목하게 하시며 저희의 죄를 저희에게 돌리지 아니하시고 화목하게 하
는 말씀을 우리에게 부탁하셨느니라 이러므로 우리가 그리스도를 대신하
여 사신이 되어 하나님이 우리로 너희를 권면하시는 것같이 그리스도를 대
신하여 간구하노니 너희는 하나님과 화목하라 하나님이 죄를 알지도 못하
신 자로 우리를 대신하여 죄를 삼으신 것은 우리로 하여금 저의 안에서 하
나님의 의가 되게 하려 하심이니라

우리가 하나님과 함께 일하는 자로서 너희를 권하노니 하나님의 은혜를 헛
되이 받지 말라

가라사대 내가 은혜 베풀 때에 너를 듣고 구원의 날에 너를 도왔다

하셨으니 보라 지금은 은혜받을 만한 때요 보라 지금은 구원의 날이로다."

우리가 다른 사람들의 삶 속에서 하나님의 사역의 일부분으로 쓰임받으려
면 무엇을 해야만 할 것인가? 바울은 성육신적으로 살아가는 삶의 의미를 규정

하면서 '사신(대사)'이라는 단어를 사용하고 있다. 대사의 직분은 어떤 사람이나 어떤 일을 나타내는 것이다. 그가 행하고 말하는 모든 것들은 그 자리에 함께 있지는 않지만 왕을 나타내야만 한다. 그의 소명은 한 주 40시간에 국한되지 않으며 특별한 사안이나 국가적인 위기 상황에도 적용된다. 그는 항상 왕의 대표자다. 그는 어느 곳에 있든지 무슨 일을 하든지 왕(혹은 조국의 정부)의 자리에 선다. 그가 맺는 관계는 일차적으로 그 자신의 행복에 좌우되지 않는다. 그가 어느 장소에 가고 어떤 일을 행하기로 결정하는 이유는 그것이 왕을 잘 대변할 수 있는 일이 되기 때문이다. 그러므로 대사로서의 사명은 성육신적이다. 그의 행동, 성품, 말은 그 자리에 없는 왕을 대표한다.

바울은 하나님이 우리 모두에게 자신의 대사로 살라는 부르심을 주셨다고 말한다. 우리의 삶은 단지 우리 자신의 만족을 위해서 주어진 것이 아니다. 우선적인 관심사는 바로 이것이다. "어떻게 해야 내가 이 상황에서 이 사람에게 왕 되신 주님을 가장 잘 나타낼 수 있을까?" 이것은 잠깐 행하는 소명이 아니다. 삶의 양식 자체다. 대사가 자신의 책임을 분명히 인식한다면 그의 삶은 더 이상 자기 자신의 것이 아니다. 그가 말하고 행동하는 모든 것이 중요하다. 왜냐하면 그가 왕을 나타내고 있기 때문이다. 이를 망각하는 것은 왕에 대한 모욕이며 대사로서의 소명을 거부하는 것이다.

하나님이 당신에게 결혼 생활에서 행하라고 부르신 일이 무엇인가? 대사가 되라는 것이다. 하나님이 부모로서 당신에게 행하라고 부르신 일은 무엇인가? 대사가 되라는 것이다. 하나님이 당신의 친구들과 이웃들에게 대해서 부르신 일이 무엇인가? 대사가 되는 것이다. 하나님이 직장에서나 휴가 중에 당신에게 부르신 일이 무엇인가? 바로 대사가 되는 것이다. 우리는 우리의 삶 속에 그분이 만나게 해준 사람들에게 하나님의 목적을 나타내는 자들이다. 이것은 일정 시간을 할애해야 하는 공적인 사역에 헌신하는 것보다 훨씬 더 광범위하다. 그것은 우리의 삶이 왕에게 속해 있음을 인정하는 것이다.

그러나 우리는 여기에서 문제에 부딪히게 된다. 사실 우리는 대사로서 살아가는 것을 좋아하지 않는다. 오히려 작은 왕으로 살아가고자 한다. 우리는 각자 하고 싶은 일과 자신이 좋아하는 사람들이 있다. 갖고 싶은 집이 있고 몰아보고 싶은 차가 있다. 이렇게 각자가 선호하는 것이 있음을 굳이 언급하지 않더라도 우리는 말하고 싶은 대로 말하고, 마음의 소원이 이끄는 대로 행하는 '내 마음대로, 내 의지대로, 내 방식대로'의 삶에 쉽게 빠져든다. 만약 우리가 솔직하다면 우리 마음의 핵심 기도는 바로 '내 나라가 임하옵시며'인 것을 고백하게 될 것이다.

어떤 부부가 각자 작은 왕으로서 행동하며 동일한 공간에서 함께할 때 그들의 결혼 생활이 어떻게 될 것인가를 상상해보라. 결혼 서약은 온데간데없고, 이 두 사람은 자기 자신의 욕심과 기대에 이끌려서 살아간다. 그들이 진정으로 원하는 것은 배우자가 자신을 행복하게 해주는 것이고, 그렇게 행동할 때 결혼 생활에 충실할 것이다. 이제 이러한 태도로서 자녀 양육의 문제를 다루는 과정을 상상해보라. 그들이 진정으로 원하는 것은 무척 성숙하고 자기 앞가림을 잘하는 자녀들일 것이다. 반면 그들은 경건하게 양육하기 위한 매일의 섬김과 희생이 견디기 힘든 부담이라고 생각할 것이다. 이것이 예수님이 자신의 제자가 되기 위해서는 우리 자신에 대하여 죽어야 한다고 말씀하신 이유다. 아무도 두 주인을 섬길 수 없다. 대사는 유일한 진짜 왕을 온전히 나타내기 위해서 작은 왕으로서 행하고픈 자기 권리를 모두 희생해야 한다.

우리의 관심이 '내 뜻이 이루어지는' 나라로 흘러 들어가기란 너무나 쉬운 일이다. 나는 1년에 40주에서 45주 정도 여행을 한다. 나는 대개 금요일 아침에 비행기를 타고 날아가서 다음 날 토요일 초저녁에 돌아온다. 이러한 이유로 내 침대에서 곤하게 자고 눈을 뜨게 되는 주말을 간절히 기다려왔다. 매우 드물게 찾아오는 그런 토요일 오후에 한가하게 쉴 수 있는 시간이 찾아왔다. 내 마음은 이전에 거의 할 수 없었던 일을 해보고 싶은 욕구로 가득 찼다. 그것은 내가 좋아하는 미식축구를 보는 일이었다. 나는 차가운 콜라 한 병과 내가 좋아하는 과자를 잔뜩 들고 아래층 거실로 내려갔다. 리모컨을 찾아서 소파에 막 앉으려는 순간에, 열여섯 살 난 아들이 욕실에서 나왔는데 머리가 밝은 녹색 천지였다!

그 애가 스스로 자기 머리를 녹색으로 염색한 것이다. 머리에 녹색 비닐봉지가 흩어져 있는 것 같았다. 한편으론 값싼 플라스틱 탁상용 크리스마스 트리 같기도 했다. 그 애는 욕실에서 나오다 그곳에 서 있던 나를 보고는 이렇게 말했다. "어때요?" '뭐, 어떠냐고? 어떠냐고!' 내 생각은 이랬다. '전구만 달면 되겠네. 크리스마스 트리 소년!' 잠시 후 내 감정의 온도가 급상승하기 시작했다. 그 애가 자기 머리를 이상하게 만들어서 내 앞에 서 있는 동안 내 마음은 점차 끓어오르기 시작했다. "할 말씀이 있으세요?" 그 애가 다시 물었다. 나는 그 머리에서 시선을 뗄 수가 없었고 보면 볼수록 흥분되었다.

그 주말에 나는 집 근처의 한 교회에서 설교하기로 되어 있어서 집에 머문 것이다. 그들은 가족이란 주제로 성경 공부를 해왔고 이번이 마지막 시간이었다. 지난번에 그들은 내게 "다음번에는 온 가족을 데리고 오세요"라고 간곡하게 부탁했다. 나는 다음 장면을 상상해보았다. 그들은 우리를 단상으로 인도할 것이다. 우리 가족이 차례로 나타난다. 아내와 나와 세 명의 아이들과 그리고 이 크리스마스 트리 소년! 나는 속으로 외쳤다. '도대체 누가 내가 말하는 것에 귀를 기울이겠느냐고!' 그리고 그 애에게 이렇게 말하고 싶었다. "너, 지금 네가 무슨 일을 했는지 전혀 모르겠니? 왜 아빠가 이번 주말에 집에 있는지 정말 아무것도 모르니? 너는 어떻게 하면 아빠를 미치게 만들까만을 궁리하고 있는 거니?" 거대한 전쟁이 내 마음속에서 시작되었다. 내가 행하는 것과 말하는 모든 것은 내가 따르기로 선택한 왕이 누구인가에 따라 결정될 것이다.

처음 그 일이 일어났을 때 내 아들이 한 일은 나와는 별로 상관이 없었다. 그 애는 이렇게 생각하지 않았다. '이번 주말에는 아빠가 집에 있을 거야. 난 내가 해야 할 일이 무엇인지 알고 있어. 내 머리를 눈에 확 띄는 초록색으로 염색한 다음 욕실에 숨어 있다가 아빠가 앉아서 쉬려고 할 때 재빨리 뛰어나가야지. 그럼 정말 굉장할 거야!' 그것은 단지 내 생각일 뿐이었다. 왜냐하면 그의 출현이 내 계획만을 망가뜨렸기 때문이다. 그렇지만 우리가 거실에 함께 있었던 것은 우연한 일이 아니었다. 우리가 마주치게 된 것은 왕 되신 하나님이 계획하신 일이었다. 그분은 내가 그날 오후에 내 아들에게 하나님을 나타내기를 원하셨다. 내 속에서 갈등이 일어났으나 나는 아들에게 잠시 앉으라고 했고 우리는 이야기를 했다. 나는 그 녹색 머리털 속에 숨겨져 있는 동기를 이해하려고 노력하다가 곧 그것이 아버지인 나를 겨냥한 것이 아니며, 십대 소년들의 반항심에서 나온 행동도 아니라는 것을 깨달았다. 그것은 단지 십대 소년들이 느끼는 객기 어린 행동일 뿐이었다! 그 당시에는 그렇게 하는 것이 좋아 보일 것이다. 하지만 그는 다음 날 아침에 일어나서 거울을 본 다음에 말했다. "오, 이런. 도대체 내가 무슨 짓을 한 거지?" 그는 즉시 자기 머리를 깎았다. 그러나 그의 두피도 녹색으로 변해 있었다!

왜 우리는 사역의 순간을 분노의 순간으로 잘 바꾸는가? 왜 우리는 개인적이지 않은 일을 쉽게 개인적인 것으로 만들어버릴까? 왜 다른 사람이나 사물, 상황이 우리의 삶에 방해가 되는 것처럼 보일까? 왜 우리는 이런 식의 갈등을 경험하지 않고는 하루도 조용히 지나갈 수가 없을까? 이 모든 의문에 대한 답은, 우리의 삶을 우리가 소유하고 있는 것처럼 생각한다는 것이다. 그리고 하나님 나라의 목표를 이루는 것보다 내 나라의 목표를 이루는 데 더욱 열심을 낸다는 것이다. 우리는 방해가 되는 사람들이 사실은 지혜롭고 모든 것을 다스리시는 왕이 우리에게 보내신 자임을 깨달아야만 한다. 그분은 결코 잘못된 주소로 보내신 것이 아니다. 그분은 항상 우리의 마음을 드러내시고 그것들이 그분 마음에 일치하도록 하기 위해 최적의 순간을 선택하신다.

대사가 해야 할 일

대사로서 사는 삶이란 세 가지에 초점을 맞추는 것으로 요약된다. 이를 살펴보면 다음과 같다.

1. 왕의 메시지. 대사는 항상 이렇게 묻는다. "내 주님은 이러한 상황에서 이 사람과 어떻게 대화를 나누기를 원하시는가? 나의 반응으로 어떠한 진리를 나타내야 하는가? 나는 어떠한 목표로 움직여야 하는가?"
2. 왕의 방법. 여기서 나는 이렇게 묻는다. "주님은 내 속에서 그리고 다른 사람의 마음속에서 어떻게 변화를 일으키시는가? 주님은 이 세상에 계실 때 사람들을 어떻게 대하셨는가? 복음의 목표와 근원에 합당한 반응은 무엇인가?"
3. 왕의 성품. 여기에서는 이렇게 묻는다. "주님은 왜 현재 하고 계시는 일을 하시는가? 나는 그분의 구속적인 사역을 일으키는 성품을 어떻게 하면 신실하게 나타낼 수 있는가? 내 마음속에서, 주님이 이 상황에서 행하기를 원하시는 일을 방해하는 동기는 무엇인가?"

이와 같은 세 가지 초점이 당신이 친구들과 가족들 혹은 직장 동료들에게 반응하는 방식을 어떻게 바꿀 수 있겠는가? 우리는 왕께 보냄받았다. 우리는 자기 자신의 작은 왕국에 틀어박혀 있지 말고, 하나님의 왕국의 위엄과 그분을 나타내는 영광에 대해서 눈을 떠야 한다.

왕의 메시지, 왕의 방법, 왕의 성품은 성경의 각 장에 스며들어 있다. 성경을 읽을 때 반복해서 그분의 메시지를 듣게 된다(마 5-7장, 눅 15-18장). 또한 우리는 반복해서 그분의 방법에 직면하게 된다(요 3:1-21, 4:1-26; 눅 9:18-27, 10:25-37). 그리고 성경은 그분의 아름다운 성품을 묘사하는 구절로 가득 차 있다(빌 2:1-12; 엡 4:29-5:2; 벧전 2:23). 대사가 된다는 것은 어느 때든지 누구와 있든지 간에 우리의 말과 반응에서 놀라운 상담자이신 주님의 모범을 따르는 것을 의미한다.

마음에 대한 간구

고린도후서 5장은 대사로서의 부르심에 좀더 세밀한 초점을 맞추고 있다. 20절에서 바울은 말한다. "이러므로 우리가 그리스도를 대신하여 사신(대사)이 되어 하나님이 우리로 너희를 권면하시는 것같이 그리스도를 대신하여 간구하노니 너희는 하나님과 화목하라." 간구란 어떤 변론이나 탄원을 의미한다. 하나님은 당신을 사용하셔서 다른 사람의 삶 속에 어떠한 것을 권면하신다. 분명 이것은 복음 전도에 적용될 수 있다. 하지만 바울은 고린도 교인들에게 편지를 쓰면서 결론적으로 이렇게 이야기하고 있다. "하나님과 화목하라." 복음 전도 이상의 내용이 여기에 담겨 있다.

다시 15절을 살펴보자. "저가 모든 사람을 대신하여 죽으심은 산 자들로 하여금 다시는 저희 자신을 위하여 살지 않고 오직 저희를 대신하여 죽었다가 다시 사신 자를 위하여 살게 하려 함이니라." 십자가의 목적은 무엇인가? 바울은 이렇게 말할 것이다. 그것은 단지 하늘에서 영원히 거하는 것이 아니라 사람들의 마음을 다시 붙들어 하나님만을 섬기도록 하는 것이다. 우리의 죄는 우리로 하여금 자신에게 믿을 수 없을 정도로 몰입하게 만들고, 자기 자신이라는 우상을 섬기도록 만들어버린다. 그리스도는 우리 자신에게 몰입하는 우상 숭배를 깨뜨리기 위해서 죽으셨다.

예수 그리스도는 사역하실 때 우리를 자아의 올무에서 풀어 자유롭게 하는 것에 초점을 두셨다! 이것이 우리의 가장 미묘하지만 가장 근본적인 우상 숭배 형태다. 바울은 하나님과 화목하라고 말하면서 야고보가 말한 "하나님께 가까이 나아오라"는 부르심을 되풀이하고 있는 셈이다. 왜 믿는 자들은 하나님과의 관계를 회복시켜야만 하는가? 그 이유는 여전히 죄를 안고 있는 한 우리는 주님을 섬기기보다는 우리 자신을 섬기는 경향이 있기 때문이다.

여기서 한 번 더 강조하는 것은, 하나님은 우리의 마음을 홀로 소유하기를 원하신다는 점이다. 그분은 우리가 신학적인 지식이나 교회 프로그램에 참여하기만 하는 삶에 만족하시지 않는다. 그분은 당신 존재의 핵심, 진정한 당신만을 받아들이실 것이다. 그분의 목표는, 우리가 다른 어떤 것이 아니라 주님을 경배하는 삶을 사는 것이다. 그분은 사람들의 마음에 그분의 권면을 전해주시고자 그분의 대사로서 우리를 보내셨다.

사랑하라, 알라, 말하라, 행하라

대사로서 살아가는 방법은 이 책의 나머지 부분에서 중점적으로 다루겠다. 우리는 다른 사람의 삶 속에서 하나님의 변화의 도구 역할을 감당하는 네 가지 방식을 살펴볼 것이다.

하나님이 당신의 눈을 열어 한 친구의 삶 속에 나쁜 열매가 맺힌 것을 보게 하신다고 생각해보라. 그것은 결혼 생활의 문제거나, 깨어진 인간관계거나, 그의 삶을 지배하고 있는 두려움이거나, 무기력하게 만드는 절망일 수 있다. 이러한 문제로 인해 갈등하고 있는 사람은 그 문제들에 대해서 털어놓고 당신의 도움을 요청한다. 처한 환경이 어떠하든지 당신의 목표는, 하나님이 당신을 사용하셔서 그 친구의 삶에 좋은 열매가 맺히도록 돕는 것이어야 한다. 물론 그의 주변 사람들과 그가 처한 환경이 조금도 달라지지 않을 수 있다.

그러나 당신이 재빨리 알아차릴 수 있는 것은, 대부분의 사람들이 변화를 추구할 때 마음을 거의 들여다보지 않는다는 점이다. 그들은 자신의 환경과 다른 사람들 혹은 자기 감정을 바꾸기 원한다. 그들은 '어떤 것'이 바뀐다면 자신의 처지가 더 좋아질 것이라고 생각한다. 하지만 초점을 외부 환경에만 맞추면 그 해결책이란 일시적이거나 피상적인 것이 된다. 분명한 것은 상황의 요소들은 종종 변화를 필요로 하지만 거기에 멈춰서는 안 된다. 당신의 목표는 변화에 대해 더 심오하고 풍성한 시각을 갖도록 이끄는 것이어야만 한다. 당신의 목표는 그가 자신의 마음을 검토하고 그 수준에서 변화의 중요성을 깨닫도록 돕는 것이어야 한다.

그러므로 당신이 다른 사람을 돕고자 할 때 명심해야 할 두 가지 사항이 있다. 첫 번째, 당신이 행하는 모든 것의 목표는 마음의 변화여야 한다. 두 번째, 당신이 행하는 모든 것이 놀라운 상담자이신 주님의 모범을 따르는 것이 되어야 한다. 나는 이 두 가지를 충분히 고려한 개인 사역 모델을 제시하고자 한다. 그 형태는 예수 그리스도가 우리의 삶에 변화를 일으키는 방식으로부터 나왔으며, 그 방향은 마음을 바꾸라는 성경의 요구에서 나왔다. 다음의 단어가 개인 사역 관계의 네 가지 측면을 보여준다. 이는 다른 사람의 삶에서 하나님의 대사로서 섬기기 위한 방법이다. 그 단어는 '사랑하라, 알라, 말하라, 행하라'다(표 6-1 참고).

이 단어들은 네 단계의 과정을 나타내는 것이 아니다. 그것들은 마치 당신이 '사랑하라'에서 시작하여 '행하라'에 이르기까지 사람들을 압박해나가는 것처럼, 개인 사역 관계의 각 국면을 표현하는 것이 아니다. 그것들은 단지 성경적인 사역의 네 가지 주요 요소일 뿐이다. 이 순서에는 약간의 논리가 포함되어 있지만, 당신이 주님의 대사가 되기 위해서 노력하는 동안 이 모든 것들을 동시에 행하게 될 것이다. 각각의 요소를 구분해서 살펴보도록 하자.

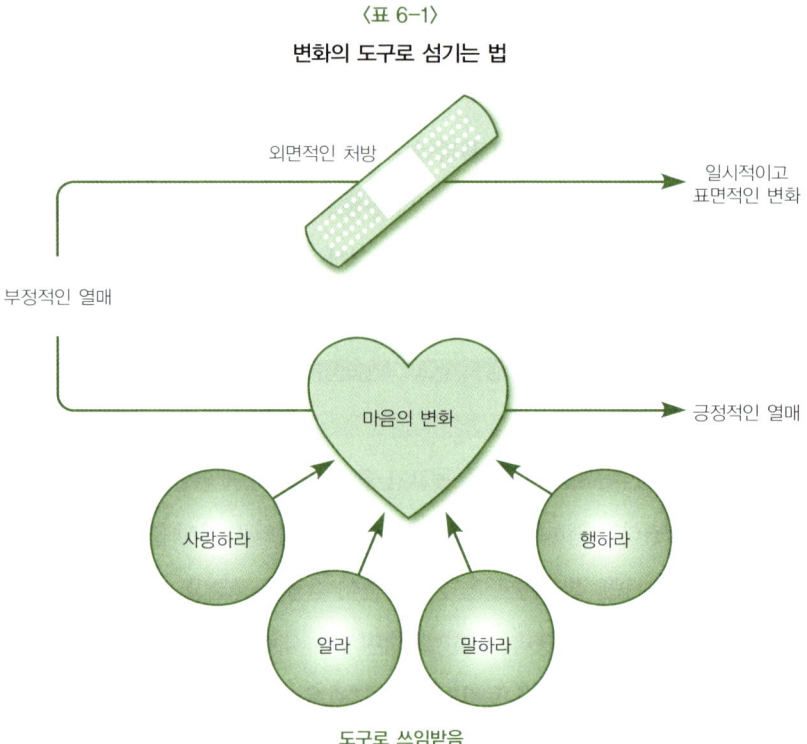

〈표 6-1〉
변화의 도구로 섬기는 법

사랑하라

'사랑하라'는 변화의 과정에서 특히 관계의 중요성이 강조된다. 신학자들은 이를 변화의 언약적 모형이라고 부른다. 하나님이 내려오셔서 우리와 하나의 언약을 맺으신다. 그분은 우리의 하나님이 되어주기로 작정하시고 우리를 그분의 백성으로 삼으신다. 이러한 관계의 맥락 속에서 그분은 우리를 자신과 같게 만드는 사역을 하신다. 하나님이 우리 자신의 삶에 역사하시는 방식을 이해할 때, 우리는 하나님과의 관계가 기호의 문제가 아니라 필수 사항임을 깨닫는다. 이것이 바로 변화가 평생 지속될 수 있는 유일한 배경이다. 동일한 원리로 우리는 다른 사람들과 강력한 관계를 맺으라는 부르심을 받았다. 하나님의 목표는, 이러한 관계들이 그분의 변화 사역이 풍성해질 수 있는 작업실이 되는 것이다.

알라

안다는 것의 의미는 하나님이 우리의 삶에 보내시는 사람들과 진정으로 잘 사귀어야 한다는 것이다. 당신이 누군가를 안다고 생각한다면, 그 사람 마음속을 살피는 데 필요한 본질적인 질문들을 하지 않을 것이다. 우리는 사람들에 대한 사실을 알기 때문에 그들을 알고 있다고 생각하기 쉽다(그 사람의 배우자는 누구인지, 어디서 일하는지, 무엇을 좋아하고 무엇을 싫어하는지, 그들의 아이들에 대해서 등). 하지만 사실 그들을 아는 것이 아니다.

한 사람을 안다는 것은 그 사람의 마음을 안다는 것을 의미한다. 당신이 누군가를 더 잘 알게 되었다고 말하는 것은 그의 사생활을 속속들이 알게 되었다는 뜻이 아니다! 그것은 그의 신념과 목표, 소망과 꿈, 가치관과 욕구에 대해서 더 잘 알게 되었다는 뜻이다. 만약 당신이 당신의 친구를 '안다'고 한다면, 현재의 상황에서 그가 어떻게 생각할 것이며 어떤 감정을 가질지를 예상할 수 있을 것이다. 결국, 친구 관계는 마음의 나눔이다.

히브리서 4장 14-16절은 우리에게 그리스도가 우리의 세계로 들어오셔서 33년 동안 이곳에 거하셨음을 가르치고 있다. 그분은 우리가 경험하는 것을 모두 경험하셨다. 그래서 우리는 그분이 우리의 고통을 이해하신다는 것을 알 수 있다. 그러므로 친구 관계에서 좋은 질문을 하는 것이든, 좀더 공적인 상담 환경에서 더 많은 정보를 얻는 것이든 간에 '안다'는 기능은 매우 중요하다. 목표는 겉으로 드러난 것 이면의 것을 얻는 것이다. 이렇게 하면서 당신은 다른 사람이 자기 자신을 더 정확하게 알고, 하나님의 목표인 마음의 더 깊은 변화를 갈망하도록 도울 수 있다.

말하라

말한다는 것은 하나님의 진리를 적용하여 이 상황에서 이 사람에게 효과가 있도록 하는 것을 포함한다. 이 일을 하기 위해서 당신은 자신에게 이렇게 물어야 한다. "하나님은 이 사람이 무엇을 보기를 원하시는가? 어떻게 내가 그것을 보도록 도울 수 있는가?" 복음 안에는 사람들이 진리를 볼 수 있도록 예수님이 도와준 방식에 대한 뛰어난 모범들로 가득 차 있다. 그분은 이야기와 질문을 통해서 사람들의 영적 무지를 뚫고 들어가셔서, 자기가 누구이며 그분이 그들을 위해 하실 수 있는 일의 영광이 어떤 것인지를 알도록 도우신다.

사랑 안에서 진리를 말하는 것은 거창한 말을 늘어놓는다는 뜻이 아니다. 그것은 상대방이 삶을 분명하게 볼 수 있도록 돕는 것을 의미한다. 누구든 지속적으로 변화받기 위해서는 하나님의 거울로 자기 자신을 바라볼 수 있어야 한다. 또한 하나님과, 그분이 변화를 위해 그리스도 안에서 공급하신 자원들을 바라보아야 한다.

행하라

끝으로 당신은 상대방이 배운 것을 가지고 어떤 일을 행할 수 있도록 도와야만 한다. 이것은 매일의 삶과 관계들에 대해 하나님이 내려주신 깨달음들을 적용하는 것이다. 깨달음 그 자체는 변화가 아니다. 그것은 단지 시작일 뿐이다. 우리가 누구인가, 하나님은 어떤 분이신가, 그분은 그리스도 안에서 무엇을 우리에게 주셨는가에 대한 깨달음은 실제적이고 구체적인 삶의 현장에 적용되어야 한다. 하나님은 성도들이 단지 그분의 말씀을 듣는 자가 아니라 그것을 능동적으로 따르는 자가 되기를 원하신다. 그리스도의 대사로서 당신은 성도가 이러한 부르심에 개인적으로 반응하도록 도우라는 부르심을 받았다.

'사랑하라 – 알라 – 말하라 – 행하라'는 개인 사역의 모델에 대해서 한 가지 더 덧붙일 것이 있다. 이것은 단지 지역 교회의 공적인 사역이라는 측면이 아니라, 하나님이 우리 각자에게 요구하신 삶의 양식이다. 이러한 삶의 양식은 공적인 상담실에서뿐만 아니라 고민하고 있는 그리스도인 친구와의 사적인 대화에서도 효과를 발휘할 것이다. 이 사역 모델은 하나님이 변화의 대사 역할을 감당하도록 당신에게 주신 모든 기회에 쉽게 적용될 수 있다.

2부
진정한 변화를 이끄는
상담의 이론과 실제

7장. 그들의 세계에 들어감으로써 관계를 형성하라 8장. 고통에 동참함으로써 관계를 형성하라 9장. 사람들을 깊이 알아가라 10장. 변화가 필요한 곳을 발견하라 11장. 사랑 안에서 진리를 말해야 하는 이유 12장. 사랑 안에서 진리를 말하는 과정 13장. 새로운 계획을 세우고 책임 소재를 분명히 하라 14장. 그리스도 안에서의 정체성을 심어주고 책임 감독을 제공하라

7장 Instruments in the Redeemer's Hands

그들의 세계에 들어감으로써
관계를 형성하라

그것은 결코 돈 주고 살 수 없는 값진 순간이었다. 나는 목회학 과정에 있는 3년차 대학원생들에게 필수 과목인 상담학을 가르치고 있었다. 만약 자신이 신학적으로 올바른 설교를 한다면, 성도들에게 개인 사역이 별로 필요하지 않을 것이라고 생각했던 학생들이 그 가운데 많이 있었다. 그들은 내 수업을 가뜩이나 많은 수업 시간에 무의미하게 하나 더 얹혀진 것 정도로만 생각하고 있었다. 이로 인해 생동감 있는 수업 분위기가 형성되지 못했다.

내가 그 과목을 가르치던 첫해에는 개인 사역의 중요성을 설명하지 않고, 곧바로 주된 수업 내용으로 들어갔다. 그러자 길고도 고된 학기를 보내게 되었다. 다음 해에는 수업 시간마다 학생들이 앓는 소리를 낼 때까지 목회 현장에서 일어나는 끔찍한 이야기를 들려주는 것으로 시작하기로 결심했다. 내가 목회를 하는 동안 한밤중에 일어났던 긴급한 상황이나 인간관계가 철저히 파괴되는 끔찍한 일들을 계속 이야기해주었다. 나는 내가 가르치게 될 내용이 학생 자신에게도 필요하다고 확신하게 될 때까지 계속 그렇게 하였다.

어느 날 보통 때와 마찬가지로 동기 부여용 일화들을 열심히 이야기하고 있는 도중에 결코 잊을 수 없는 일이 일어났다. 한 신학생이 분개한 표정으로 손을 들더니 이렇게 쏘아붙였다. "좋습니다. 교수님. 이제 우리 교회에서 이러한 과제들(projects)을 수행하게 되리라는 것을 잘 알겠습니다. 그러니 우리가 사역지로 돌아가 무엇을 해야 할지 알려주시죠!" 강의실 안에는 침묵이 흘렀다. 불만에 차 있던 그 학생은 성경적 상담과 제자 훈련 그리고 개인 사역의 영역에 대해서 많은 목회자들이 가지고 있는 태도를 표현하고 있었다. 나는 이 순간이 매우 귀중한 가르침의 기회라는 것을 알았다. 그리고 이를 위한 좋은 안내인이 되기를 원했다. 나는 조금 전에 그가 어려움에 빠진 사람들을 지칭하는 말로 사용했던 단어를 다시 한 번 말해보라고 부탁했다. 그 학생은 당황해서 우물거렸다. "과제요…." 다른 학생들이 킬킬거리면서 웃었다.

목회 사역에 대한 이 학생의 시각에는 잘못된 점이 많았지만 가장 심각한 것은 사랑이 빠져 있다는 것이다. 그 속에는 그리스도의 자기 희생적 사랑을 구현하고자 하는 열심이 없다. 그는 방황하고 괴로워하는 사람들을 자신의 소명을 행할 때 방해가 되는 자로 생각하였고, 그들을 위로하고 이끄는 사역을 큰 걸림돌처럼 여겼다. 그의 목회관(觀)은, 잘 준비된 설교와 잘 짜여진 프로그램으로 교회를 부흥시키고 성장시키는 것만 주목할 뿐이다. 그는 교회를 그저 잘 조직되고 체계적으로 인도되는 성공적인 기관으로 생각하였다. 그렇지만 내 관점으로 교회는, 갖가지 단계에서 죄라는 병과 싸우는 사람들로 가득 찬 병원이다.

한 의사가 진료실에서 나와서 접수원에게 다가가 이렇게 말한다고 상상해보라. "병든 사람들, 병든 사람들, 병든 사람들! 내가 만나는 사람들은 모두 병든 사람들뿐이야! 왜 건강한 사람들은 찾아오지 않느냔 말이야!" 교회는 죄의 결과와 씨름하는 사람들로 가득 차 있다. 그들은 예수 그리스도의 형상으로 완전히 변화되지 못한 자들이다. 교회는 길을 잃었을 뿐만 아니라 그 사실조차 알지 못하는 사람들로 가득 차 있다. 그들은 자신이 매일 직면하는 문제와 변화시키시는 그리스도의 은혜 사이의 연관성을 전혀 깨닫지 못하고 있다. 당신은 당신이 거하는 모든 곳에서 사랑 때문에 힘들어하는 청춘 남녀들과 자녀 양육 때문에 괴로워하는 부모들과 여러 가지 유혹에 시달리는 아이들과 온전치 못한 인간관계에 대한 실망으로 인해 고군분투하는 친구들을 만나게 될 것이다. 이들이 바로 교회를 이루고 있는 모든 구성원들이다!

교회는 신학 수업을 받는 교실이 아니다. 교회는 회심과 고백과 회개와 관계 회복과 용서와 성결함이 있는 곳이다. 흠 있는 사람들이 그리스도를 더욱 의지하게 되고, 함께 모여서 그분을 더 알아가며, 깊이 사랑하게 되고, 그분이 말씀하신 대로 다른 사람을 사랑하는 법을 배워나가는 곳이 교회다. 교회가 뒤죽박죽인 것처럼 보이고, 비효율적으로 보일지라도 그것은 하나님의 경이로운 혼란스러움이다. 그곳에서 그분은 마음과 삶을 획기적으로 바꾸어나가신다.

그날 오후 수업 시간에 나는 이 학생이 어떻게 해서 그렇게 잘못된 생각을 하게 되었는지 궁금했다. 그렇지만 그날 밤 집으로 돌아오면서 생각하니 모든 것이 분명해졌다. '우리 집이 내가 풀어야 할 문제들로 산적해 있지 않다면 집에 돌아오는 길이 기쁘지 않겠는가?' 내가 그러한 좌절감을 혼자 표현했을 때 갑자기 한 가지 생각이 머리를 스치고 지나갔다. 나는 그 학생과 같았던 것이다! 나는 타락의 영향을 절대 받지 않는 자녀들을 원했고, 늘 올바른 결정만을 내리는 천부적인 능력을 가진 아이들을 원했다. 나는 우리 가족이 헌신적이고,

아이들이 잔소리를 별로 안 해도 자기 할 일을 스스로 알아서 잘하기를 원했던 것이다. 나도 죄인으로 가득 찬 가정에 필수적인 자기 희생적 사랑이 결핍된 사람이었다. 그 학생과 마찬가지로 나도 은연중에 내 자녀들을 내가 관심을 가지고 돌보아야 할 대상이라기보다는 내 계획에 방해가 되는 존재로 생각하고 있었다.

기초를 이루는 사랑

나는 사람들을 변화시키는 사역의 토대가 건전한 신학이 아닌, 다른 것이라고 믿는다. 그것은 사랑이다. 사랑이 없다면 우리의 신학은 노 없는 배와 같다. 사랑으로 인하여 하나님이 그분의 아들을 보내시고 죽음에 내어주셨던 것이다. 사랑 때문에 그리스도는 죄로 물든 세상에 친히 임하시고 십자가의 끔찍한 고통을 마다하지 않으셨다. 사랑 때문에 그분은 잃어버린 자들을 찾으시고 구원하시며, 하나님의 자녀들이 그분의 형상으로 변화될 때까지 보전하신다. 그분의 사랑은 그분의 모든 자녀들이 영광 중에 하나님 품에 안길 때까지 결코 중단되지 않는다. 모든 죄인들의 소망은 신학적인 대답에서 안식하는 것이 아니라 그리스도께 소유된 자들로서 그분의 사랑 안에서 안식하는 것이다. 이것이 없다면 우리는 개인적인 삶에서도, 다른 사람과의 관계에서도, 영원에 있어서도 아무런 소망이 없다.

이 사랑은 암울한 세상에 대처하기 위한 미봉책의 의미를 갖는 것이 아니다. 이것은 효과적이면서도 보전하는 사랑이다. 아무런 경쟁 없이 우리를 소유하고자 하는 질투하는 사랑이다. 그것은 우리가 누구이며 어떻게 변화되어야 하는가에 대한 사실을 받아들이며, 실제로 그 일에 착수한다. 우리 자신의 마음과 이 어둡고 타락한 세상을 전제로 할 때, 당면한 문제에 대한 소망은 우리를 위하시는 주 예수 그리스도의 사랑 안에서 찾을 수 있다. 여기 바울의 말을 들어보라.

"그런즉 이 일에 대하여 우리가 무슨 말 하리요 만일 하나님이 우리를 위하시면 누가 우리를 대적하리요 자기 아들을 아끼지 아니하시고 우리 모든 사람을 위하여 내어주신 이가 어찌 그 아들과 함께 모든 것을 우리에게 은사로 주지 아니하시겠느뇨 누가 능히 하나님의 택하신 자들을 송사하리요 의롭다 하신 이는 하나님이시니 누가 정죄하리요 죽으실 뿐 아니라 다시 살아나신 이는 그리스도 예수시니 그는 하나님 우편에 계신 자요 우리를 위하여 간구하시는 자시니라 누가 우리를 그리스도의 사랑에서 끊으리요 환난이나 곤고나 핍박이나 기근이나 적신이나 위협이나 칼이랴 기록된 바

우리가 종일 주를 위하여 죽임을 당케 되며 도살할 양같이 여김을 받았나이다

함과 같으니라 그러나 이 모든 일에 우리를 사랑하시는 이로 말미암아 우리가 넉넉히 이기느니라 내가 확신하노니 사망이나 생명이나 천사들이나 권세자들이나 현재 일이나 장래 일이나 능력이나 높음이나 깊음이나 다른 아무 피조물이라도 우리를 우리 주 그리스도 예수 안에 있는 하나님의 사랑에서 끊을 수 없으리라"(롬 8:31-39).

바울은 말한다. "당신들은 그리스도의 사랑을 받는 자들이고 아무것도 당신들을 그 사랑에서 끊을 수가 없습니다." 이 사랑이 기꺼이 죄를 고백하고 변

화를 갈망하는 자들에게 소망을 준다.

그러나 우리는 종종 이 부분에서 가로막힌다. 우리는 사랑을 바라지 않는 사역, 달리 말하면 너무 많이는 요구하지 않는 사역을 원한다. 우리는 개인적인 희생을 너무나 많이 해야 하면서까지 다른 사람들을 섬기게 되기를 원하지 않는다. 다른 사람들을 위해 우리의 생명을 내던지기보다는 진리라는 수류탄의 핀을 뽑아서 다른 사람들의 삶에 던지기를 더 좋아한다. 그러나 전자는 정확히 예수 그리스도가 우리를 위해서 행하신 일이다. 우리가 그보다는 좀 덜한 일을 행하라는 부르심을 받았겠는가? 고린도전서 13장에서 나오는 바울의 이야기를 다시 들어보자.

"내가 사람의 방언과 천사의 말을 할지라도 사랑이 없으면 소리 나는 구리와 울리는 꽹과리가 되고 내가 예언하는 능이 있어 모든 비밀과 모든 지식을 알고 또 산을 옮길 만한 모든 믿음이 있을지라도 사랑이 없으면 내가 아무것도 아니요 내가 내게 있는 모든 것으로 구제하고 또 내 몸을 불사르게 내어줄지라도 사랑이 없으면 내게 아무 유익이 없느니라 사랑은 오래 참고 사랑은 온유하며 투기하는 자가 되지 아니하며 사랑은 자랑하지 아니하며 교만하지 아니하며 무례히 행치 아니하며 자기의 유익을 구치 아니하며 성내지 아니하며 악한 것을 생각지 아니하며 불의를 기뻐하지 아니하며 진리와 함께 기뻐하고 모든 것을 참으며 모든 것을 믿으며 모든 것을 바라며 모든 것을 견디느니라 사랑은 언제까지든지 떨어지지 아니하나 예언도 폐하고 방언도 그치고 지식도 폐하리라 우리가 부분적으로 알고 부분적으로 예언하니 온전한 것이 올 때에는 부분적으로 하던 것이 폐하리라 내가 어렸을 때에는 말하는 것이 어린아이와 같고 깨닫는 것이 어린아이와 같고 생각하는 것이 어린아이와 같다가 장성한 사람이 되어서는 어린아이의 일을 버렸노라 우리가 이제는 거울로 보는 것같이 희미하나 그때에는 얼굴과 얼굴을 대하여 볼 것이요 이제는 내가 부분적으로 아나 그때에는 주께서 나를 아신 것같이 내가 온전히 알리라

그런즉 믿음, 소망, 사랑 이 세 가지는 항상 있을 것인데 그중에 제일은 사랑이라."

그리스도의 사랑은 우리의 개인적인 소망의 토대이며, 그 사랑을 구현하는 것은 우리가 그리스도를 위하여 다른 사람들에게 긍정적 영향을 미치기 위해 가질 수 있는 유일한 소망이다. 슬프게도 우리 가운데 많은 사람들이 이를 잊어버렸다. 그리고 우리는 서로 꽹과리를 울리는 관계를 맺고 있다. 엄청나게 시끄러울 뿐 진정한 변화는 별로 없는 것이다! 그날 수업을 마치고 집으로 돌아오면서 나는 내 자신 이상으로 내 가족을 사랑하라는 부르심을 받았다는 것을 깨달았다. 나는 그리스도의 사랑을 성육신하라는 부르심을 받았다는 것을 깨달았다. 그렇지만 내가 원했던 것은 맛있는 식사를 하고, 안락한 공간에서 느긋하게 신문을 보며, 아내와 유쾌한 대화를 나누고, 잠들 때까지 침대에서 조용히 책을 볼 수 있는 것이었다. 또한 나는 집안에 있는 사람들이 분명 내 계획을 망쳐버릴 것이라는 것을 알고 있었다!

우리가 기쁜 마음으로 우리 자신의 것을 내려놓지 않는다면 삶을 희생하는 그리스도의 사역에 결코 동참할 수 없다. 그것은 예수님이 이렇게 말씀하셨기 때문이다. "무릇 내게 오는 자가 자기 부모와 처자와 형제와 자매와 및 자기 목숨까지 미워하지 아니하면 능히 나의 제자가 되지 못하고 누구든지 자기 십자가를 지고 나를 좇지 않는 자도 능히 나의 제자가 되지 못하리라"(눅 14:26-27). 그리스도는 서로 증오하는 관계를 맺으라고 우리를 부르신 것이 아니다. 27절에서 명확하게 나타나는 것처럼 그 부르심은 날마다 우리 자신의 이기적

인 계획을 버리라는 것이다. 그럴 때에 우리는 그분의 사역의 일부가 될 수 있다. 그렇지 않다면 주님을 따르기는커녕 오히려 하고자 하시는 일에 방해만 될 것이다.

당신은 삶 속에서 만나는 사람들 때문에 얼마나 많이 절망하는가? 당신은 얼마나 자주 절망에 빠지며, 그리스도를 영광스럽게 하거나 그분의 성품을 나타내는 것이 아닌 일을 행하고 있는가? 또 당신은 얼마나 자주 사람들을 사역의 목표로 생각하기보다는 방해자로 생각하는가? 당신이 완전히 포기해버린 사람이 있는가? 우리는 그리스도의 사랑을 받았고 그분이 우리에게 허락하신 상황에서 자기 희생적인 사랑을 나타내라는 부르심을 받았다. 사람들이 당신 속에 있는 그 사랑을 알아차리고 있는가?

구속적인 관계

우리가 그리스도의 사랑을 자신의 삶 속에서 성육신하라는 부르심을 잊어버릴 때 우리의 인간관계를 우리 자신의 것으로 취하게 된다. 곧바로 그들은 우리의 즐거움과 평안과 편의에 의해 지배된다. 우리는 이러한 유익에 방해가 되는 사람들 때문에 기분이 상한다. 사실 이러한 분노는 대부분 우리가 인간관계를 도둑질했기 때문에 일어난다. 사람들은 우리에게 속해 있는 것이 아니다. 그들은 하나님께 속해 있다! 관계는 일차적으로 우리의 만족을 위해서 존재하는 것이 아니다. 그런데 죄인들 사이의 인간관계는 복잡하게 얽혀 있고 어려우며 많은 노력을 필요로 하고 서로에게 무엇인가를 요구한다. 하지만 그럴지라도 하나님이 경배를 받으시고 우리의 마음이 변화되어가면서 인간관계는 하나님의 영광과 우리의 유익에 기여하도록 계획되어 있다. 효과적인 개인 사역은 우리가 하나님께 속해 있는 관계를 취했고 그것을 우리 자신의 이기적인 목적으로 쓰려고 했다는 것을 고백할 때 시작된다.

우리가 고백하고 회개해야만 예수 그리스도가 행하기 원하시는 일에서 우리의 관계가 어떤 역할을 발휘할 수 있는지 물을 자세를 갖추게 된다. 만약 하나님이 우리에게 주신 관계가 단순히 우리 자신의 행복을 위한 장식품이 아니라면, 그들을 향한 하나님의 계획은 무엇인가? 이것은 개인 사역에서 사랑의 기능이 무엇인지를 주목하게 해준다. 우리에 대한 하나님의 관계는 사랑 넘치며 구속적인 것이다. 그분은 우리의 관계가 그러한 성격들을 그대로 드러내기를 원하신다. 그러므로 이것은 적어도 세 가지를 의미한다.

1. 그분은 우리의 관계에 대해서 개인적인 행복보다 더 높은 목표를 가지고 계신다.
2. 그분은 우리의 관계가, 하나님이 우리 속에서 그리고 우리를 통해서 일으키시는 변화의 바탕이 되기를 원하신다.
3. 우리가 이와 같은 변화 사역을 촉진하는 관계를 이루어나가는 것이 필요하다.

우리는 예수 그리스도가 우리의 삶에서 역사하시는 방식을 살펴보면서 이것을 이해할 수 있다. 성경은 세 가지 단어를 사용하여 그분의 사역을 설명한다. 그것은 의롭다 하심(justification), 양자로 삼으심(adoption) 그리고 거룩하게 하심(sanctification)이다(표 7-1 참고).

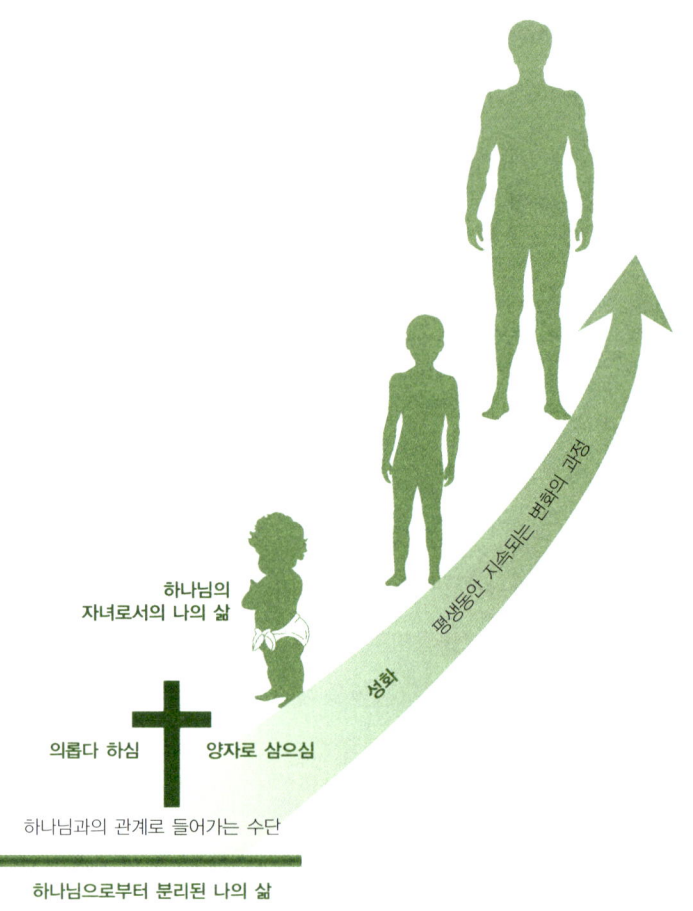

〈표 7-1〉
사역 관계를 세우기 위한 기초: 우리의 모델로서의 구원

하나님으로부터 분리된 나의 삶

의롭다 하심(칭의)과 양자로 삼으심(양자 됨)은 우리가 어떻게 하나님과의 관계로 들어가게 되는가를 설명한다. 믿음으로 의롭다 함을 입음에 대해서 하

나님은 우리에게 그리스도의 완전한 삶과 죽으심, 부활하심에 기초해 의롭게 살라고 명하신다. 의롭다 하심에서 그리스도의 의로우심이 법적으로 나의 계정에 쌓인다. 의롭다 하심은 나를 하나님과 분리하는 죄를 제거하며, 그리스도의 의로우심을 전가하며, 내가 하나님께 받아들여지며 그분과 관계를 맺을 수 있도록 한다.

또한 양자로 삼으심도 하나님과의 관계를 포함한다. 하나님은 나를 의롭다고 하실 뿐만 아니라, 나를 양자로 삼으신다. 그분은 나를 자녀의 권리와 특권을 모두 가진 가족으로 맞아주신다. 의롭다 하심과 양자로 삼으심으로 인해 나는 하나님과 충만하고도 완전한 관계를 맺을 수 있다.

그렇다면 이러한 의롭다 하심과 양자로 삼으심의 결과로 나는 온전해졌는가? 그것은 속임수가 있는 질문이다. 만약 하나님 앞에서의 나의 신분이나 그분과의 관계에 대해서 말한 것이라면 그 대답은 "그렇다"다. 예수님의 사역에는 어떤 것도 추가되어야 할 필요가 없다. 우리는 하나님의 용납하심을 확보하는 것 외에는 아무 일도 할 필요가 없다. 그것은 그분의 은혜의 선물이다.

그렇지만 만약 인격체로서의 내 상태에 대해서 말한 것이라면 그 대답은 "아니요"다. 나는 여전히 죄와 싸우고 있으며, 여전히 획기적인 변화가 일어나야 할 필요가 있다. 그럴 때에 나는 비로소 하나님이 계획하신 사람이 될 수 있고 그분이 계획하신 일을 행할 수 있다. 일회적인 사건인 칭의와 양자 됨과는 달리 이 변화 사역은 하나의 과정이다. 그 과정은 '성화'로 불린다. 성화는 하나님이 의롭다 하시면서 내게 선언하셨던 상태, 즉 거룩의 상태로 만드는 과정이다.

이러한 단계적인 구조는 하나님이 우리 각 사람에게 행하시는 사역의 본질을 밝혀준다. 하나님은 내가 올바르기 때문에 의롭다 하시고 양자로 삼으신 것이 아니다. 엄밀히 말해 내가 올바르지 않기 때문에 그렇게 하신 것이다. 우리는 하나님과 인격적인 관계를 맺으며 살아갈 때에만 지속적인 변화를 맛볼 수 있다. 하나님은 감당할 수 없는 사랑으로 그러한 관계를 현실로 만들어가신다. 오직 칭의와 양자 됨을 통해 하나님과 관계를 맺고 있는 자들만이 성화가 진전되는 급격한 변화 과정을 경험하게 될 것이다. 그러한 관계 없이는 개인적인 변화란 존재하지 않는다. 하나님과 우리의 관계는 우리 구원의 시작이지 완성이 아니다. 또한 필수품이지 장식품이 아니다.

그리스도의 대사로서 우리 역시 다른 사람들과 사랑, 은혜, 신뢰의 관계를 세우는 것에서부터 시작해야 한다. 이것은 우리가 이전에 살펴보았던 변화의 언약적 관점이다. 하나님이 그리스도를 통해 우리와 관계를 세우셨듯이, 우리가 세워가는 관계는 하나님의 지속적인 변화 사역을 위한 배경이 된다.

주님을 위하는 우리의 사역 모델로서 그분이 우리 안에서 행하시는 것을 살펴보면 다음과 같은 세 가지 실제적인 원리를 찾을 수 있다.

1. 하나님의 구속적인 활동은 항상 관계 안에서 일어난다.
2. 하나님이 우리를 변화시키실 때 첫 번째 단계는 우리를 그분과의 관계로 인도하시는 것이다.
3. 우리가 맺는 관계들은 하나님이 우리 안과 다른 사람들 안에서 이루시는 사역에 아주 필수적이다.

그렇기 때문에 우리의 인간관계가 우리 자신에게 속해 있지 않은 것이다. 그것은 주님께 속해 있고 그런 면에서 거룩하다. 하나님은 백성들을 준비시키는 일에 그 관계들을 사용하신다. 이와 같은 매일의 인간관계는, 이 세상이 시작되기 전부터 작정된 개개인의 변화 계획에 필수적이다. 하나님은 문제에 싸이고, 분노하며, 절망하고, 낙심하며, 혼란스러워하고, 영석으로 눈먼 사람들을 섬기는 기회들을 날마다 우리에게 제공하신다. 이것이 그분이 일하시는 방식이며 그분은 자녀 한 사람 한 사람을 이 일에 동참하라고 부르고 계신다.

우리의 인간관계에 대한 이러한 시각은 우리가 서로에게 반응하는 방식으로 새롭게 변화되어야 한다. 남편과 아내가 결혼 생활에서 겪게 되는 실망을 둘러싸고 팽팽하게 대립하고 논쟁하는 것은 서로에게 무덤덤한 상태보다 더 낫다. 하나님은 양쪽의 마음을 드러내면서 역사하시기 때문이다. 그분은 그들 모두를 변화시키기 위해서 관계를 사용하신다. 만약 부부가 이 점을 기억하고 있다면 평상시와는 완전히 다른 방식으로 서로를 대할 것이다. 그렇지만 만약 그들의 유일한 목표가 자신의 개인적인 행복이라면 각각 이렇게 말할 것이다. "난 내 남편이(아내가) 내가 얼마나 불행한지 알고 나를 행복하게 해주기 위해서 노력했으면 좋겠어요." 만약 그들이 서로에게 이런 목표를 가지고 있다면 대화는 개인적인 행복을 쟁취하려는 자기 중심적인 전쟁에 불과할 것이다. 그들은 상대방을 사랑한다고 주장할 수도 있다. 그러나 마음의 본질적인 욕구 수준에서는 배우자에게서 자신이 얻고 싶은 것을 얻는 데 혈안이 되어 있을 뿐이다.

그렇지만 두 사람이 하나님의 변화 사역(성화)의 일부가 되기를 바라며 대화한다면, 상황은 획기적으로 바뀔 것이다. 먼저 그들의 태도에 변화가 일어날 것이다. 상대방을 수평적인 관점에서만 생각하면 낙심하게 되고, 무기력하며, 비판적일 것이다. 결국, 그들은 상대를 원하는 모습으로 바꾸기 위해 모든 일들을 해왔다. 그렇지만 변화는 일어나지 않았다. 그러나 구속적인 목적을 가진 하나님이 함께하신다는 것을 의식하면 소망을 가질 충분한 근거를 얻게 된다. 그렇다. 그들은 자신의 한계에 다다랐지만, 구속자이신 하나님은 모든 능력과 영광 가운데 놀랍게 역사하고 계신다. 주님은 그들을 변화시키고 계시며, 앞으로도 계속 역사하실 것이다. 하나님이 이와 같은 결혼 생활 문제에 개입하셔서 뭔가 좋은 일을 계획하신다는 사실을 충분히 신뢰할 수 있다.

뿐만 아니라 이러한 갈등의 순간을 구속적인 관점에서 바라보면, 그들의 자세가 바뀔 것이다. 인간관계의 수평적 모델에 입각해서 그들은 서로를 상충하는 목표를 지닌 적으로 간주하면서 대치하고 있다. 그들은 자신들의 뜻을 관철하기 위해 싸운다. 하지만 구속적인 입장에서 본다면 남편과 아내는 같은 편에 서 있다. 그들은 궁극적으로 하나님의 뜻이 자신의 결혼 생활에서 이루어지기를 원한다. 그들은 대적(상대방)의 존재에 위협받지 않는다. 오히려 서로가 동일한 가정의 일원임을 알고 있다. 그들의 아버지는 그들에게 최고의 선인 것을 염두에 두신다. 그분이 한쪽 편을 사랑으로 변화시킨다고 해서 다른 편을 저버리시는 것은 아니다. 그래서 그들은 서로 경쟁할 필요가 없고 이길 필요도 없다. 그들은 자신들의 관계에 대해서 부드럽고 평화롭고 정직해질 수 있다. 그 이유는 그들이 주님의 목표를 바라보면서 자신들의 이기적인 목표를 버렸기 때문이다.

이것이 비현실적인 이야기로 들리는가? 우리는 관계에 대한 하나님의 목적에서 많이 벗어나 있어서 자신이 이 일을 행하리라고 생각할 수도 없는가? 이것은 당신이 인간관계에 대해서 신약 성경이 말하는 내용을 공부할 때 만나게 될 모델이다. 예를 들면 당신의 자녀 양육에 대한 하나님의 목표는 무엇인가? 그것은 깨끗한 방, 예의 바른 태도, 단정한 옷차림, 좋은 학교, 좋은 직업, 성공적인 결혼보다 더 높은 것이다. 이러한 모든 것에 대해서 하나님은 부모들에게 더 심오하고 더 지속적인 어떤 것을 위해서 노력하라고 요구하고 계신다. 바울은 에베소서 6장에서 이를 다루고 있다. 그곳에서 그는 부모들에게 자기 자녀들을 "주의 말씀과 교훈으로 훈계하라"고 말한다. 이것은 부모의 계획을 획기적으로 바꾸어놓는다. 수평적인 초점은 사라져버린다. 그 부르심은 마음을 변화시키는 하나님의 사역의 일부가 되라는 것이다. 자녀들이 자기 몰입적인 죄인에서 모든 것보다도 하나님을 사랑하는 아이로 바뀌도록 도우라는 것이다. 바울의 자녀 양육 모델은 분명히 구속적 성격을 띤다. 하지만 부모가 어떤 어려운 순간이 구속의 순간임을 잊어버리면 주님이 행하시는 일에 방해자가 된다.

그러면 이러한 모델을 좀더 공적인 상담 환경에 적용해보자. 한 사람이 자신의 복잡한 상황에 대해서 이야기를 나누자고 요청한다. 당신은 그가 매우 절망적이고 거의 자포자기한 것을 알 수 있다. 이제 당신의 목표는 무엇이어야만 하는가? 그 혼란스러움을 정리하고 상황을 좀더 인내할 수 있게 만드는 지혜를 제공해준다면 아주 굉장할 것이다. 그를 이해하고 위로와 소망을 제공한다면 역시 은혜로울 것이다. 적절한 상황에서 그의 진정한 지지자가 되어주는 것도 좋은 일이다. 그러나 상담 시간에 대화의 초점이 그보다 더 깊은 것에 맞춰져야 한다.

하나님은 이 사람의 마음과 삶에서 변화의 사역을 행하고 계시는 중이다. 그분은 그로 하여금 자신의 한계를 깨닫게 하고 자신의 선택과 행동의 열매를 보게 하신다. 그분은 지금 그의 마음을 드러내고 있는 중인 것이다. 그분의 목표는 그가 하나님의 아들의 형상으로 변화되는 것이고, 그를 얽매는 피조물의 굴레에서 벗어나 창조주를 경배하는 자유를 향해서 한걸음 더 나아가는 것이다. 그분의 목표는 주님이 계속해서 그의 생각과 동기를 다스리게 되는 것이고, 그의 정체성이 개인적인 성취나 다른 사람의 인정이라는 척박한 토양보다는 주님께 뿌리내리게 되는 것이다. 소심함이나 냉소주의는 그분의 임재와 능력과 사랑과 은혜에 근거한 용기와 소망에 방해가 될 것이다. 하나님의 목표는 감정적, 상황적인 변화보다 더 심오하다. 그것은 바로 한 인격의 온전한 변화다.

구속적인 관계는 어떠한 모습인가

서로 다투는 남편과 아내가 구속적 역할을 감당하도록 도울 수 있는 실제적인 일은 무엇인가? 어떻게 하면 상담자는 낙심하여 고민하는 여성 안에서 하나님의 사역을 촉진하는 관계를 세울 수 있는가? 어떻게 하면 부모는 자녀와 그런 구속적인 관계를 만들 수 있겠는가? 목회자는 자신의 사역에서 어떻게 그러한 관계를 만들 수 있겠는가? 개인적인 변화를 촉진하는 관계란 어떤 모습일까? 성경은 마음의 변화를 일으키는 하나님의 사역을 촉진하는 방식으로 다른 사람을 사랑하라고 요구하면서 특별히 네 가지를 강조하고 있다. 다음과 같은 사랑의 성격이 하나님의 목표가 중심이 되는 관계를 만들어나간다(표 7-2 참고).

1. 그 사람의 세계로 들어가라.
2. 그리스도의 사랑을 성육신하라.
3. 고통받는 자에게 공감하라(identify).
4. 새로운 계획을 받아들이라.

〈표 7-2〉
사랑의 사역 관계의 네 가지 요소

사랑의 사역 관계	
1. 들어간다.	그 사람의 세계로.
2. 성육신한다.	그리스도의 사랑을.
3. 공감한다.	고통받는 사람에게.
4. 받아들인다.	새로운 계획을.

이 장과 이어지는 다음 장에서, 구속적인 관계에서 나타나는 이러한 사랑의 요소들을 살펴볼 것이다.

> **사랑의 요소 1**

그 사람의 세계로 들어가라.

우리에게는 늘 무엇인가 필요한 것이 있다. 하지만 우리의 문제는 하나님이 우리의 삶의 길에 놓아두신 기회들을 놓친다는 것이다. 우리가 어떻게 그것들을 효과적으로 이용할 수 있을까? 우리는 하나님이 우리에게 주신 진입구(entry gate)를 깨닫는 것부터 시작해야 한다. 이 진입구는 단순한 관계에서 삶을 바꾸어놓는 관계로 들어가는 수단이다. 당신은 어떻게 그것을 깨달을 수 있겠는가?

이해를 돕기 위해 우선 진입구가 아닌 것을 살펴보도록 하겠다. 첫째, 진입구란 그 사람이 말하고 싶어하는 문제 그 자체가 아니다. 우리는 문제에 초점을 맞추다가 그 속에서 그 사람을 잃어버릴 수 있다. 성경적인 개인 사역은 분명히 문제 해결을 포함하고 있지만 사람에게 초점을 맞추어야 한다. 하나님의 변화 사역은 분명히 상황과 관계의 변화들을 포함한다. 하지만 핵심적인 목표로 개인의 획기적인 변화를 추구한다.

둘째, 진입구는 그 사람의 삶에 있는 특별한 상황이나 환경이 아니다. 이런 것들 이면에 더욱 깊은 수준의 마음의 고민이 있고, 그것이 하나님의 초점이다. 다른 사람이나 인간관계의 문제도 진입구가 아니다. 우리는 사역에서 전적으로 문제에 초점을 맞추는 경향을 극복해야만 한다. 우리가 사람들의 이야기에 귀를 기울일 때 문제에 초점을 맞추게 되면, 사격 연습장에 나와 있는 사람처럼 될 것이다. 우리는 그들이 물에 둥둥 떠다니는 플라스틱 오리인 것처럼 문제를 사냥하려고 할 것이다. 그래서 그들의 이야기를 들을 때에 우리의 목표는 그 문제를 쏘아 떨어뜨리는 것이다. 우리는 문제와 연관된 단어를 들을 것이고(간음, 의심, 두려움, 음욕, 도둑질, 탐욕, 질투, 갈등) 그러고 나서는 우리가 그 주제에 관한 성경의 관점에 대해서 알고 있는 것을 다 이야기할 때까지 정신없이 사격을 해댈 것이다. 이렇게 하는 것은 하나님이 그분의 말씀이 사용되기를 원하는 방식과 정면으로 충돌하며, 문제를 겪고 있는 사람의 마음의 갈등을 완전히 놓쳐버리는 것이다.

이것이 하나님이 주시는 진입구의 기회를 깨닫는 것이 그토록 중요한 이유다. 진입구는 상황, 문제, 관계에 대한 한 사람의 경험이다. 진입구를 이해하려고 한다고 해서 이렇게 물으면 안 된다. "이 사람의 삶에서 문제는 무엇인가?" 그 대신에 이렇게 물어야 한다. "그 상황 속에서 이 사람이 힘들어하고 있는 것은 무엇인가?" 아니면, "이 사람이 지금 현재 씨름하고 있는 것은 무엇인가?" 진입구란 당신이 생각하기에 그 사람이 힘들어하고 있는 것이 아니다. 그것은 그 사람이 고백하는 어려움이다. 사람들은 그들이 얼마나 괴로워하고 있는가를 말할 것이고, 그들의 괴로움은 당신에게 그들을 이해할 수 있는 공동 토대를 제공할 것이며, 더 깊은 수준의 사역으로 들어갈 기회의 문을 열어준다.

진입구 전략이 여전히 애매모호한가? 여기 하나의 예가 있다. 당신의 교회에 출석하는 한 여성이 전화를 했다고 상상해보자. 결혼한 지 15년이 되었고 세 명의 자녀들이 있다. 그녀는 어느 날 아침 눈을 떴을 때 남편이 옆에 없다는 것을 알게 되었다. 몸을 돌려 침대 등을 켜고 나서야 쪽지 한 장이 놓여 있는 것을 발견했다. 그 안에는 남편이 이혼을 하자고 써놓은 글이 있었다. 그는 다른 여자와 사랑에 빠졌기 때문에 짐을 챙겨 나갔고, 은행의 돈을 모조리 찾았으며, 이혼 소송을 위해 변호사를 고용하였다. 그녀는 이 메모를 읽자마자 당신에게 전화를 한 것이다. 이제 스스로에게 물어보라. 그 순간 이 여자의 마음을 붙드는 것은 무엇인가? 그녀는 지금 무엇 때문에 괴로워하고 있는가? 그녀는 마음속에서 무엇을 경험하고 있는가? 무엇이 그녀를 그토록 참담하게 만들고 소망을 완전히 빼앗아갔는가?

분명한 대답은 두려움이다. 그녀는 지금 끔찍한 두려움의 문제에 휩싸여 있다. '이제 우리 집에는 무슨 일이 일어날까? 어떻게 내가 우리 가족을 먹여 살릴 수 있을까? 그는 아이들을 원할까? 가족들은 뭐라고 생각할까? 아이들에게는 이 사실을 어떻게 말해야 할까? 은행 구좌에는 돈이 얼마나 남아 있을까? 남편은 누구에게 이 사실을 말했으며 또 뭐라고 했을까? 어떻게 사람들을 대하지? 그 여자는 내게 없는 무엇이 있는 것일까?' 그러나 이 모든 의문들 가운데 가장 몸서리치는 것은 '하나님은 어떻게 내게 이런 일이 일어나게 하실 수 있을까?' 라는 의문일 것이다. 두려움이 이 순간 가장 중요한 마음의 문제다. 그것은 전쟁이 시작되는 곳일 뿐 아니라 당신의 사역이 시작되는 곳이기도 하다. 이 여자에게는 성경이 결혼과 이혼에 관하여 말하고 있는 대목을 모두 인용하는 것이 별로 도움이 되지 않을 것이다. 만약 그것이 당신이 해줄 수 있는 전부라면, 그녀를 도울 수 있는 미래의 기회를 놓쳐버리게 될 것이다.

반대로 그녀가 자신의 두려움을 대면할 수 있도록 돕는다면, 당신이 사랑을 나타내고 사역 관계를 세울 수 있는 놀라운 기회가 열린다. 우리가 다른 사람들의 진정한 괴로움에 대해서 이야기하면, 그들은 '이 사람이 나의 이야기를 알아듣는구나', '이 사람이 나를 이해하는구나', '이런 도움을 좀더 받고 싶어' 라고 반응하게 된다. 이것이 사랑으로 세워지는 관계의 능력이다. 그래서 진입구는 그 사람이 경험하는 객관적인 문제가 아니라, 그 문제에 대한 그 사람의 특별한 경험(두려움, 분노, 죄의식, 초조함, 절망, 외로움, 질투, 낙심, 복수심 등)인 것이다.

진입구 발견하기

당신은 하나님이 허락하신 진입구를 어떻게 발견할 수 있겠는가? 그 방법은 목적을 가지고 듣는 것이다. 문제 한가운데 서 있는 그 사람에게 초점을 맞추라. 그 사람이 자신의 이야기를 늘어놓을 때에 그 내용은 현재와 과거와 감정과 나름대로의 해석이 뒤범벅된 모습으로 드러날 것이다. 다음 네 가지를 주의 깊게 들을 수 있도록 훈련하라. 그것은 그 사람이 괴로워하고 있는 부분이 어디인지를 보여줄 것이다.

1. 감정적인 말에 귀를 기울이라("화가 나요", "두려워요", "울음을 참을 수가 없어요").
2. 해석하는 말에 귀를 기울이라("이런 일은 일어나서는 안 돼요", "내가 받아야 할 벌을 받는 것 같아요", "아침에 일어날 가치가 있는지 모르겠어요").
3. 자기 자신에게 하는 말에 귀를 기울이라("내 인생은 완전히 실패했어요", "항상 내게는 이런 일만 일어나요", "난 이런 상황을 견딜 힘이 없어요").
4. 하나님에 대한 말에 귀를 기울이라("나는 하나님이 원하시는 일을 하고 있다고 생각했어요", "주님은 제 기도를 듣고 계시지 않아요", "어떻게 하나님이 저한테 이런 일이 일어나게 하실 수 있지요?").

기억하라. 당신의 초점은 그 사람과 그가 그 순간에 괴로워하고 있는 내용에 맞춰져야 한다. 당신은 위에서 말한 네 가지에 귀를 기울이면서 드러나는 주제들(분노, 두려움, 죄의식, 절망)을 찾아보아야 한다. 그러고 나서 그 주제를 붙들라. 고통 가운데 있는 그 사람을 만나라. 그리고 그가 보지 못하고 있는 사랑의 주님을 성육신하라. 우리는 하나님이 그 사람을 버리지 않으셨고, 외면하지도 않으시며, 바빠서 도와주지 않으시는 것도 아님을 잘 알고 있다. 그렇지만 상황의 어두운 먹구름은 그곳에 계시며 능동적으로 역사하시는 하나님을 보지 못하게 만들 수 있다. 하나님은 그가 어찌할 수 없는 상황을 만났을 때 희망을 가질 수 있는 유일한 근원이 되신다. 그가 여러 가지 문제들로 짓눌려 있을 때에(그런 문제들 대다수에 대해서 아무도 대답할 수 없을 때에), 그에게 정말로 필요한 것은 오직 '환난 날에 만날 큰 도움'이신 주님 안에서만 발견되는 안식처다. 하나님은 결코 그를 버리시지도 않고 잊어버리시지도 않는다. 이러한 개인 사역의 초기 과정에서 나는 하나님을 바라보는 데 어려움을 갖고 있는 자들에게 하나님을 나타낼 수 있는 놀라운 기회를 얻게 된다! 그분은 바로 거기 계시다! 그분은 모든 것을 이해하신다! 그분은 도와주실 수 있다! 그분은 어떻게든 유익을 가져다주신다!

당신은 좌절스러운 경험을 해서 그것을 다른 사람에게 털어놓고 싶었던 적이 있는가? 아마 지독한 교통 체증에 막혀 중요한 약속을 지키지 못했던 경험이 있을 것이다. 만약 당신이 친구에게 그 이야기를 했는데, 그가 당신이 길을 잘못 들어선 것에 대해 일장 연설을 하고, 그보다 훨씬 더 빠른 길이 있다는 것을 자신이 오래전에 터득했다고 말한다면 어떤 느낌이 들겠는가? 만약 그가 자신의 이야기를 들려준다고 하면서 당신을 고통스럽게 만든 문제와 전혀 상관없는 이야기를 장황하게 늘어놓으면서 정작 당신의 이야기를 가로막고 있다면 어떤 느낌이 들겠는가?

당신의 친구는 지금 당신의 이야기 속에서 당신의 말을 듣는 것이 아니다. 그의 반응은 당신이 말한 사실과 논리적인 연관성을 가지겠지만 별로 도움이 되지 않는다. 왜냐하면 당신의 마음과 삶에서 일어난 상황의 영향과 연관되지 않기 때문이다. 그의 마음의 눈은 당신이 경험한 교통 체증을 보기는 하지만 당신을 보지는 못했다. 그는 당신이 초조하게 시계를 들여다보는 것을 알지 못했다. 당신이 절박하게 전화를 하려고 했다는 것을 알지 못했다. 당신이 운전대를 잡고 발을 동동 구르는 것을 알지 못했다. 그는 오직 교통 체증만 보았다. 그래서 말할 때 교통 상태에 대해서 언급하고 당신에 대해서는 이야기하지 않았다. 종종 이와 비슷한 경험을 할 때 우리는 좌절을 느끼게 된다. 하지만 정말

힘겹게 씨름하는 괴로움에 대해서 생각해보라. 아무도 진정으로 당신에게 귀를 기울이지 않으며, 아무도 당신이 그 위기 속에서 힘들어하고 있는 내용에 대해 말을 걸지 않는다.

이것은 하나님의 방법이 아니다. 우리는 개별적이고 구체적이면서, 막연하지 않고 진부하지 않은 사랑을 전해줄 수 있다. 우리는 놀라운 상담자이시며, 자신의 길 잃은 양이 있는 곳이라면 어디든 달려가서서 팔로 안으시고 안전한 곳으로 이끌어 오시는 선한 목자이신 주님의 모범을 따를 수 있다. 주님의 모습을 따르는 것은 우리가 힘들어하고 있는 사람과 함께 다음과 같은 사실들을 나눈다는 것을 의미한다.

그 사람으로 하여금 당신이 그의 고통을 듣고 있다는 것을 알게 하라. 드러나는 문제의 주제를 알게 된다면, 그를 위해 다시 한 번 정리해서 가능한 그가 한 표현을 써서 말해주는 것이 필요하다. 그렇게 함으로써 당신은 이렇게 말하고 있는 셈이다. "하나님은 당신의 이야기를 들어주는 누군가를 보냈습니다. 그 사람은 당신이 이제껏 경험한 것을 이해하기 시작했습니다." 그에게 당신의 초점이 한 인격체인 그에게 맞추어져 있으며 단지 그가 당면한 문제를 주목하는 것이 아님을 알게 하라.

그 사람으로 하여금 하나님이 그곳에 계시며 그의 고통을 이해하신다는 것을 알게 하라. 그 사람에게 신학적인 지식을 언급하면서 이 말을 하지 말라. 그가 사로잡혀 있는 바로 그 문제에 대해서 말하고 있는 성경 구절을 근거로 삼으라. 그렇게 함으로써 당신은 두 가지를 이룰 수 있다. (1) 당신은 성경이 인간 경험의 가장 깊은 문제에 대해서 말하고 있다는 것을 알게 함으로써 그를 돕는다. (2) 하나님이 함께하시지 않는다고 여겨지는 경험 속에서 그분이 자신의 백성을 가장 강력하게 찾아오신다는 것을 알게 함으로써 그를 돕는다.

시편은 이러한 의미에서 매우 도움이 된다. 나는 시편이 우리를 정직하게 만들어주는 책이라고 생각한다. 그 말씀은 우리에게 믿음으로 사는 것이 쉬운 일이 아님을 일깨워준다. 신자의 삶은 날마다 자신의 마음속에서 싸우는 삶이며 그 싸움은 시편에 극적으로 묘사되어 있다. 시편은 믿음의 선진들의 투쟁에 대해서 계속 반복하여 말하고 있다. 하지만 시편에는 그 이상의 의미가 있다. 그것은 인간의 투쟁만으로 점철된 것이 아니라 주님의 함께하심도 같이 나타난다. 그 구절들은 우리에게 소망이 있는데, 그것은 우리가 능력이 있고 지혜로워서가 아니라, 또 상황이 괜찮아서가 아니라 오직 하나님이 우리의 아버지이시기 때문임을 반복하고 반복해서 깨우쳐주고 있다.

내담자로 하여금 당신이 그의 옆에 있음을 알게 하라. 교통 체증으로 당신에게 상담해준 친구의 예로 다시 돌아가보자. 그 상담자의 말은 내담자가 해야 하는 일이 자신의 실수를 인정하고 그 실수에 대해서 값비싼 대가를 치렀다는 것을 깨닫는 것이라는 인상을 준다. 그는 자신이 적절하게 상담해주었고 고비를 잘 넘겼다고 믿었다. 하지만 정작 문제는 내담자를 상담해준 것이 아니라 특정 문제를 상담했다는 점이다. 그는 내담자가 교통 체증의 결과 때문에 괴로워하고 있었다는 것을 알지 못했다. 그가 마음의 생각과 소원을 전혀 다루지 않는 **빠른 해결책만**을 던져주고는 상담을 끝낼 수 있었다는 것은 전혀 놀라운 일이 아니다. 그는 자기가 도움이 되었으리라고 생각했지만 사실 전혀 그렇지 못했다. 내담자가 잘못했다는 그의 생각은 옳았다. 하지만 그는 그렇게 함으로써 내담자가 약속을 지키지 못했다는 것을 잊어버렸다! 그래서 그 일로 생긴 결과가 여전히 내담자를 괴롭히고 있는 것이다. 이와 같이 나는 우리 가운데 많은 사람들이 별로 도움이 되지 않는 상담을 해주고 있다는 것이 안타깝다. 그 이유는 처음부터 우리의 눈이 문제 자체에만 집중되어 있어서 사람과 그가 괴로워하고 있는 내용을 놓쳐버리기 때문이다.

위기 상황에서 무척 흔한 고통은 홀로 남겨졌다는 두려움이다. 이것 때문에 사람들이 내담자에게 쉽게 대답을 하고 떠나면 매우 낙심하게 된다. 마치 그들이 자신의 삶을 재빨리 정리해버리고 그들의 삶으로 되돌아가버린 느낌이다. 이것이 바로 시작부터 "내가 너와 함께하리라"는 하나님의 약속을 성육신하는 것이 그토록 중요한 이유다. 그렇게 함으로써 어려울 때는 하나님이 계시지 않는다는 신학적인 거짓말을 극복해낼 수 있다. 우리는 주님의 임재 위에 진정한 살과 피를 입히는, 생동적이고도 사랑 가득한 임재를 사람들에게 제공한다. 또한 우리는 신자들의 귀에 "너의 하나님이 지금 어디 있느냐?"고 속삭이는 대적과 싸운다. 그 사람에게 당신이 그가 맞닥뜨리고 있는 문제를 해결할 수 있도록 도울 것이라는 것과, 그를 진정으로 걱정하고 있으며 그와 함께하리라는 것을 알게 하라.

변화의 시작

상담자인 당신이 이런 방식으로 사람들에게 사역하려고 할 때 그들의 마음은 앞으로 더 많은 사역과 더 많은 변화의 장(場)을 세우는 세 가지 방향으로 반응하게 된다.

1. 수평적인 신뢰. 어려움에 빠진 사람들은 대개 자신의 마음을 쉽게 열지 않는다. 그들은 더 큰 상처를 받을까 봐 두려워하며 자신을 다른 사람들에게 오픈하기가 힘들다고 생각한다. 그렇지만 상담자인 당신이 시련의 한복판에서 그 사람의 진정한 경험에 연결될 수 있다면, 신뢰를 쌓아갈 수 있는 기회를 얻게 된다. 그러면 그 사람은 '이 사람은 정말 나의 이야기를 들어주는구나. 내가 무슨 일을 겪고 있는지 알고 있어. 그는 내가 신뢰할 수 있는 사람인 것 같아'라고 생각한다. 이러한 자발적인 신뢰는 하나님의 사역이 성취될 수 있는 관계를 형성하는 데 중요하다. 당신은 그 사람을 도와주려고 하면서 삶을 공개하라

고 요청할 것이다. 당신은 그의 삶에서 가장 중요하고 민감한 문제들에 대해서 이야기해 달라고 요청할 것이다. 그는 오직 당신을 신뢰할 때에만 그렇게 할 것이다. 우리의 대화는 대부분 비인격적이고 자기 방어적이다. 우리는 많은 말을 하지만 실제 내용은 빈약하다. 우리는 신뢰하는 사람들을 만날 때까지 자기를 노출하는 일을 보류한다. 신뢰는 마음을 변화시키는 관계의 핵심이다.

2. 수직적인 소망. 하나님은 고통당하는 사람들을 그분의 은혜로 놀랍게 도와주실 뿐만 아니라, 그들의 본능에 모순되며 전혀 예상치 못한 어려운 일을 행하라고 요구하신다. 하나님은 이렇게 말씀하신다. "나의 말을 들으라. 나를 믿으라. 나를 따르라." 만약 그 사람이 주님을 따르고자 한다면 그분의 얼굴을 들여다보면서 소망을 발견하는 것이 필요하다. 그렇지만 커다란 시험에 빠져 있는 사람은 주님을 바라보면서도 소망을 발견하지 못할 수 있다. 그러므로 우리는 그러한 초기 과정에, 주님이 그의 은밀한 고통을 알고 계시고, 그와 함께하시며, 진정한 유익이 되는 도움을 주신다는 것을 그가 깨닫고 주님을 바라보도록 도와야 한다. 우리는 그 사람이 주님에게서 멀어지기보다 그분을 향해 나아가도록 돕기 원한다. 우리는 숨거나 피하고 거부하며 비난하고 의심하며 도피하고 포기해버리는 사람들이 도움을 구하는 자들이 되도록 돕기 원한다. 단순히 도움만을 찾는 자들이 아니라, 하나님을 찾는 자들이 되길 원한다. 그가 도움을 찾아나서는 자가 되기 전에는 진정한 내담자가 아니기 때문에 이것이 매우 중요하다.

3. 과정에 대한 결심. 당신에게 나아와서 이렇게 말하는 사람은 없다. "저는 하나님이 제 마음속에 놀라운 변화를 일으키기 원하신다는 것을 알고 있습니다. 저는 당신이 도와주실 수 있는지 알고 싶습니다." 그 사람은 전혀 도움을

구하지 않을 수도 있고, 그저 앉아서 자신의 이야기만 하려고 할 수도 있다. 그는 같은 편이나 자신의 행동과 해석을 정당화해줄 누군가를 찾고 있을 수도 있다. 심지어 사람들이 당신과 이야기하겠다면서 공식적인 약속을 했다 하더라도 그들 모두가 도움을 구하거나 변화할 의지가 있는 것은 아니다.

그렇지만 당신이 그 사람의 고통을 분명히 공감하면서 그 가운데 나타나는 하나님의 소망을 전해준다면 그는 더 많은 것을 원할 것이다. 나는 상담학을 가르칠 때, 항상 학생들에게 가장 먼저 목표를 낮게 잡으라고 말한다. 몇 분 내에 어려움의 세계를 다 해결해버리려고 해서는 안 된다. 상담자와의 초기 대화에서 이루고자 노력해야 하는 중요한 사항은, 내담자가 다시 자유롭게 이야기할 수 있도록 도와주는 것이다. 첫 번째 대화는 내담자가 감정을 발산하도록 해주고, 두 번째 대화는 하나님의 변화 사역에 헌신하고자 한다는 당신의 결심을 알린다. 주님께 자신을 맡기도록 격려하는 것이 바로 상담의 목표다.

진입구 질문들

진입구로 들어가는 기회를 깨달으려면 올바른 질문을 던지는 법을 배워야 한다. 여기에 앞에서 보았던, 남편에게 버림받은 여자에게 물을 수 있는 몇 가지 질문들이 있다. (그러나 이 모든 질문들을 한 번에, 특히 그녀가 처음 전화를 걸어왔을 때에 다 해야 한다고는 생각하지 말라.)

- "그 쪽지를 읽었을 때 머리에 떠오른 것은 무엇이었나요?"
- "지금 가장 힘든 것이 무엇인가요?"
- "지금 경험하고 있는 것 중에서 전혀 예상하지 못했던 것은 무엇인가요?"
- "어떤 감정이 드나요?"
- "지금 무엇을 두려워하고 있나요?"

- "지금 분노하고 있나요? 정말로 힘든 것은 무엇인가요?"
- "지금 하나님을 어떻게 바라보고 있는지 말해보세요. 주님이 지금 무슨 일을 하고 계신다고 생각하세요?"
- "소망이 사라졌다고 생각하나요? 하나님이 당신에게 불가능한 일을 요구하신다고 생각하나요?"
- "남편에게 묻는다면 무엇을 물어보고 싶나요?"
- "하나님께 묻는다면 무엇을 물어보고 싶나요?"
- "잠을 잘 수 없을 때에는 어떤 생각 때문에 괴로운가요?"
- "그 상황에서 어떤 부분이 가장 힘든가요?"
- "당신은 무엇을 후회하며 괴로워하나요?"

이와 같은 질문들을 할 때에 내담자의 마음속 어디에서 전쟁이 벌어지고 있는가를 보여주는 주제들에 귀를 기울이라. 목표는 수평적인 신뢰와 수직적인 소망과 앞으로의 상담 과정에 헌신하는 마음이 생겨서, 하나님의 변화 사역을 위해 출발점을 제공하게 되는 것이다. 하지만 이것은 내가 그 사람을 사랑하고자 노력하는 첫 번째 방법일 뿐이다. 이제 두 번째 방법을 살펴보자.

사랑의 요소 2

그리스도의 사랑을 성육신하라.

만약 어떤 사람이 당신에게 하나님이 사람을 변화시키는 데 우리를 어떻게 사용하시느냐고 묻는다면 뭐라고 대답하겠는가? 그 일이 단지 우리의 말을 통해서 이루어질까? 우리는 사람들을 단순히 진리 앞에 세우고 그것에 순종하라고 요구하기만 하면 되는가? 개인 사역은 그저 대화 치료의 성경적인 형식일 뿐인가? 아니면 하나님은 사람들을 변화시키기 위해 우리를 다른 방법으로 사용하시는가?

하나님이 당신의 삶에서 사용하시는 사람들을 생각해보라. 그들은 단지 그들이 한 말을 통해서 쓰임을 받았는가? 당연히 하나님은 중요한 순간에 그들의 말을 강력하게 사용하신다. 틀림없이 당신은 그들의 조언과 통찰과 정직과 죄를 깨닫게 함을 통해 유익을 얻었다. 그러나 하나님이 당신 속에서 변화를 장려하기 위해 어떤 다른 방식으로 인간관계를 사용하셨는가? 그들이 당신을 기꺼이 용서하는 모습이 용서의 진정한 본질에 대해 그 어떤 대화보다도 더 많은 것을 가르쳤을 것이다. 큰 어려움을 인내하고 있는 그들을 보면서 당신은 그리스도의 능력에 대해서 알게 되었을 것이다. 그들이 전혀 사랑할 만하지 않은 사람을 사랑하는 것을 보면서 성경적인 사랑의 능력을 깨닫기 시작했을 수도 있다. 또 그들의 삶 속에 이루어진 하나님의 약속을 보고 그것이 하나님의 약속이 신실함을 증거한다고 여겼을 것이다. 당신이 오래 견딜 수 있는 것은 그들이 기꺼이 당신 옆에 지속적으로 있어주고자 하기 때문일 것이다. 만약 이러한 사람들에 대하여 곰곰이 생각해본다면 그들의 사역은 말 이상이었음을 곧 깨닫게 될 것이다.

우리가 그리스도의 대사일 때, 하나님이 사람들 가운데 변화를 장려하기 위해서 사용하시는 것은 우리가 하는 말뿐만이 아니다. 그것은 또한 우리의 인격이며 우리의 행동이다. 예수님은 이 세상 사역 기간 동안에 이렇게 말씀하셨다. "만약 너희가 나의 말을 믿는 데 어려움이 있거든, 내가 하는 일을 보아라. 그 일들은 너희에게 필요한 모든 증거가 될 것이다"(요 14:11 참조). 그리스도의 대사로서 우리는 진리를 말하라는 부르심뿐 아니라 참되고 생동적이고 살과 피가 있는 존재로 그 진리를 나타내라는 부르심을 받았다. 우리는 단순히 하나님의 말을 옮기는 자들이 아니다. 우리는 그분의 증거물이다. 우리의 삶은 그분의 은혜의 능력이 마음을 변화시킨다는 것을 증명한다. 그것은 우리에게 보이신 하나님의 사랑을 우리가 나타냄으로써 우리의 방식을 통해서 드러난다.

주의 일을 행하기 위해 입어야 할 옷

골로새서 3장 12-17절에는 사역에서 그리스도의 사랑을 성육신하는 것이 의미하는 바가 잘 나타나 있다.

> "그러므로 너희는 하나님의 택하신 거룩하고 사랑하신 자처럼 긍휼과 자비와 겸손과 온유와 오래 참음을 옷 입고 누가 뉘게 혐의가 있거든 서로 용납하여 피차 용서하되 주께서 너희를 용서하신 것과 같이 너희도 그리하고 이 모든 것 위에 사랑을 더하라 이는 온전하게 매는 띠니라
> 그리스도의 평강이 너희 마음을 주장하게 하라 평강을 위하여 너희가 한 몸으로 부르심을 받았나니 또한 너희는 감사하는 자가 되라 그리스도의 말씀이 너희 속에 풍성히 거하여 모든 지혜로 피차 가르치며 권면하고 시와 찬미와 신령한 노래를 부르며 마음에 감사함으로 하나님을 찬양하고 또 무엇을 하든지 말에나 일에나 다 주 예수의 이름으로 하고 그를 힘입어 하나님 아버지께 감사하라."

15절부터 17절은 신약에서 사적인 사역을 하라는 가장 분명한 부르심 가운데 하나를 보여준다. 바울은 이 놀라운 구절에서 우리에게 대개 공적인 사역에만 국한된다고 여겨지는 사역을 행하라고 요구한다. 우리는 성경이 우리의 삶 속에 깊게 뿌리내리게 하라는 부르심을 받았다. 그로 인해서 우리는 지혜로워지고 감사하여서, 항상 서로 가르치고 훈계할 준비를 갖추게 된다. 바울은 하나님이 다른 사람의 사역을 통해서 우리를 변화시키실 때, 그분이 주실 사역의

기회들을 잘 이용하기 위해서 성경적으로 준비된 상태에 거하라고 말한다. 그 구절은 이 책이 말하고자 하는 바를 잘 요약한다. 그렇지만 이것을 제대로 이해하기 위해서는 12절부터 찬찬히 살펴보아야 한다.

여기에서 바울은 옷 입는 비유를 사용하였다. 그것은 우리의 수치를 가리며, 우리의 신분을 나타내며, 우리가 맡은 역할을 표현한다. 바울은 우리가 사역의 순간에 입은 것(즉, 우리가 입은 인격의 자질)은 우리가 말하는 것만큼이나 중요하다는 것을 깨닫게 만든다. 바울이 묘사하는 그 인격적 특질은 그리스도의 인격의 축약이다. 바울은 이렇게 말하는 것이다. "만약 너희가 하나님이 다른 사람 안에서 행하고 계시는 일에 동참하려 한다면 그 사명에 맞게 옷을 입으라!"

변화에 대한 바울의 관점은 내용과 함께 과정을, 메시지와 함께 태도를 포함하고 있다. 나의 말로써 가르칠 뿐만 아니라 나의 삶으로도 가르쳐야 하는 것이다. 나는 주님의 인격을 구현하면서 사람들에게 신뢰하고 순종하라고 요구하고 있는 것이다. 실제로 바울은 이렇게 말하고 있다. "만약 너희가 서로 가르치고 훈계하고자 한다면 먼저 그리스도를 입어야 한다." 하나님은 단순히 당신이 다른 사람들에게 진리를 전하기만 하는 것이 아니라 동정과 친절, 겸손과 온화함, 인내와 사랑으로 말할 때 사람들을 변화시키신다. 이 일을 할 때 우리는 우리 자신이 제시하는 진리의 실제적인 증거가 된다. 우리는 단순히 진리를 구현할 뿐 아니라, 예수 그리스도를 나타낸다.

겉으로 보기에 그들은 사랑스러운 젊은 부부였다. 그런데 부인이 내게 전화를 해서 상담해 달라고 요청했다. 우리가 자리에 앉자 방 분위기는 완전히 바뀌었다. 부인은 내가 기도하기도 전에, 첫 질문을 던지기도 전에 울기 시작했다. 그녀가 울면 울수록 옆에 앉아 있던 남편은 당황스러움과 분노로 괴로워했다. 그녀가 간신히 이야기를 시작했을 때 그는 분노로 얼굴이 붉어져서 벌떡 일어나더니 이렇게 말했다. "정말 도저히 못하겠어! 난 나를 전혀 알지도 못하고 짐작도 못하는 사람한테 내 사생활을 말하고 싶지 않단 말이야!" 자기 아내를 노려보며 그는 계속 말했다. "만약 당신이 정말 어리석어서 여기에 매달리고 싶다면 잘해봐. 하지만 난 가겠어!" 그러고서 휭 하고 나가버렸다. 나는 재빨리 그들 모두 위해 큰 소리로 기도했다. 그리고 부인에게 내가 남편에게 이야기를 걸어보겠다고 말했다. 주차장에서 그가 막 자기 차에 타려고 했다. 그는 나를 노려보면서 말했다. "제발 절 그냥 내버려두시겠어요?" 나는 그에게 화난 것과 두려워하는 것을 다 이해한다고 말했다. 그리고 자신의 은밀한 일에 대해서 다른 사람들과 이야기하는 것은 정말 어렵다고 했다. 그렇지만 끈기 있게 기다릴 것이며, 그가 이러한 초반의 어려움을 잘 극복할 수 있도록 무엇이든지 하겠다고 말했다. 몇 가지 더 이야기를 한 다음에 이제 그의 아내를 달래러 돌아가겠다고 했다.

내가 복도로 들어가는데 그가 내 뒤에 따라오고 있다는 것을 알았다. 그는 말했다. "전 갈 수 없어요. 그냥 가버릴 수가 없어요…." 그러고 나서 우리는 진실한 이야기를 나누기 시작했다. 수개월이 지난 다음에 우리는 처음 만났던 날을 회상했다. 그는 내가 주차장에서 자신에게 무슨 이야기를 했는지는 하나도 기억이 안 난다고 했다. 하지만 내가 그를 따라 나왔던 것은 분명 하나님이 그를 달래기 위해 사용하신 일이라고 생각한다고 말했다. 하나님이 자신의 인생을 파멸 직전까지 몰아가고 있던 한 남자를 구원하기 위해 사용하신 것은 나의 말이 아니라 나의 행동이었다.

여기에 하나님이 우리에게 주신 관계 속에서 그리스도를 성육신하여 나타내시는 네 가지 주된 이유가 있다.

1. 그것은 당신 자신을 위한 보호다. 개인 사역에서 당신이 돕고 있는 사람

의 죄는 결국 당신과의 관계에서 드러나게 될 것이다. 만약 당신이 분노한 사람을 다루고 있다면 어떤 순간에 그 분노가 당신을 향하게 될 것이다. 만약 당신이 신뢰 문제로 괴로워하는 사람을 돕고 있다면 어느 순간에 그 사람은 당신을 불신하게 될 것이다. 타인을 조종하는 사람은 당신 역시 조종하려 들 것이다. 우울증에 빠진 사람은 당신이 하라는 일을 다 해보았고 그것들이 하나도 소용없다고 말할 것이다. 그러면 당신은 그 우울함의 영향을 받지 않을 수 없을 것이다!

갈라디아서 6장 1절은 이렇게 말한다. "형제들아 사람이 만일 무슨 범죄한 일이 드러나거든 신령한 너희는 온유한 심령으로 그러한 자를 바로잡고 네 자신을 돌아보아 너도 시험을 받을까 두려워하라." 개인 사역의 관계에서는 내가 돕는 사람의 마음만 드러나는 것이 아니라, 내 자신의 마음도 드러나게 된다. 나는 분노하고 거만해지고 자기 의(義)에 빠지고 논쟁적이 되고 강퍅해지고 인내하지 못하고 용서하지 못할 수 있다. 그러면 나는 주님이 행하고자 하시는 일에 방해가 된다. 내가 다른 사람들에게 소개하는 바로 그 예수님이 내게도 필요하다. 우리에게 위로가 되는 사실은, 그 사람에게나 나에게나 예수님이 역사하고 계신다는 것이다!

우리는 우리가 섬기는 사람들을 대할 때 조심스럽게 반응해야 한다. 그들은 다른 사람에게 죄지었던 것처럼 우리에게 죄를 지을 것이다. 그럴 때 우리가 행할 수 있는 가장 사랑 넘치는 일 가운데 하나는 겸손하게 스스로를 점검하는 것이다. 우리는 다른 사람이 내게 죄를 지을 때 어떻게 반응하는가? 한 사람의 죄가 우리 경험의 일부가 되더라도 우리가 그리스도의 은혜의 능력을 나타내는가? 우리가 죄를 다룰 때 그리스도를 드러내는가? 우리는 그리스도의 대사로서의 부르심에 맞게 살 때도 있지만, 실패할 수도 있다. 그럴 때에라도 자신의 죄를 고백함으로써 복음을 자신의 삶에 적용하고, 하나님으로부터 (그리고 적절할 때 다른 사람으로부터) 사죄의 은총을 간구하고, 계속해서 신실하게 그 사람을 섬길 수 있는 주님의 능력을 요청한다면 우리는 사역을 효과적으로 수행할 수 있다.

2. 그것은 생생한 유형을 보여준다. 우리는 하나님이 그분의 자녀들이 나타내기를 원하시는 인격적 자질을 어떻게 창의적으로 잘 설명할 것인가에 대해서 고민할 필요가 없다. 그 대신 우리에겐 그 모습들을 보여줄 기회가 있다. 만약 우리가 그리스도의 모범을 따른다면, 우리가 돕고자 하는 그 사람은 진정한 사랑, 연민, 온유, 용서, 인내, 친절, 겸손이 어떠한 것인지 우리에게서 보고 경험할 수 있어야 한다. 비록 우리가 타락한 본성을 가진 인간일지라도 말이다. 이러한 방식으로 개인 사역의 순간들은 단순히 교실에서 이루어지는 강의와 같은 것이 아니라 실험실에서 경험해보는 것과 같다! 인생은 그저 논의되기만 하지 않는다. 그것은 그대로 살아가게 되는 것이다! 하나님이 우리에게 행하라고 부르신 일들과 되라고 하신 모습은, 현재 사역에 임하고 있는 사람 가운데 분명하게 나타나야 한다. 그가 그리스도를 의지하는 동안 말이다.

3. 그것은 주님이 행하실 수 있는 일들에 대한 증거가 된다. 우리가 사람들에 대해 갖는 목표는 비현실적으로 보일 수 있다. 그들이 어떻게 현재 삶의 환경에서 그러한 일들을 행할 수 있을까를 상상하는 것도 벅차다. 그들은 자신의 실패를 너무나 뼈저리게 느끼고 있기 때문에 하나님의 새로운 방법조차도 도저히 불가능하다고 생각할 것이다. 개인 사역은 이러한 불신과 두려움에 다가갈 수 있는 좋은 기회를 제공한다. 그것은 말이 아니라 당신의 삶으로 되는 것이다.

만약 내가 그리스도의 모범을 따르며 그분의 대사 역할을 감당한다면, 주님이 말씀하신 것이 옳다는 것을 증거하는 자로 살아가게 될 것이다. 그분은 우리에게 필요한 모든 것을 주신 후에 무엇을 행하라고 명령하신다. 그분은 어려움 속에서도 우리와 함께계신다. 그분은 우리에게 필요한 것을 모두 공급해주신다. 그분의 은혜는 우리가 연약할 때 오히려 더욱 충만하다. 그분은 필요할 때마다 지혜를 주신다. 내가 전혀 사랑스럽지 않은 사람을 사랑할 때, 내가 불붙는 논쟁 가운데서 평정심을 잃지 않을 때, 실패 속에서도 인내할 때, 불친절한 사람에게 친절하게 말할 때 그리고 죄를 짓고 용서를 구할 때, 하나님의 부르심을 이룰 수 있음을 보이고 있는 것이다. 이것이 가능한 이유는 우리가 지혜롭거나 강하거나 혹은 우리의 환경이 견딜 만해서가 아니라 오직 주님이 그 모든 영광과 경건과 은혜의 능력 가운데 우리와 함께하시기 때문이다.

4. 그것은 그리스도를 중심으로 삼게 한다. 우리가 사람들에게 제공하는 소망은 다양한 전략 이상의 것이다. 우리의 소망은 바로 그리스도시다! 그분 안에서만 버림받고 혼란스럽고 분노하며 상처 입고 낙심한 사람들이 자신의 바람직한 모습을 찾고 하나님이 원하시는 일을 행한다. 우리는 도사가 아니다. 우리는 권세 있는 구속주의 손 안에 잡혀 있는 도구에 불과하다. 우리가 제공할 수 있는 소망과 도움은 항상 그분에게 맞추어져 있다. 사역에서 가장 중요한 만남은 그 사람과 우리의 만남이 아니라, 그 사람과 그리스도의 만남이다. 우리가 할 일은 단순히 그 만남을 주선하는 것이고, 그럴 때에 하나님은 사람들이 그분의 용서와 위로와 회복과 능력과 지혜를 간구할 수 있게 도우신다.

희생을 각오하지 않고서 개인 사역에 뛰어든다는 것은 어리석은 일이다. 대사는 왕의 메시지를 전달할 뿐만 아니라 그것을 성육신하듯이 드러내 보인다. 그는 왕의 위치에 서 있다. 예수 그리스도가 죄인들에 대하여 행하신 사역은 희생과 고통을 의미했다. 그것은 우리에게도 적용된다(정도는 분명 다르겠지만). 고통이 불가피하기 때문에 우리는 그러한 시험을 대하는 우리의 반응에 주의해야 한다. 우리는 왕을 잘 나타내 보이고 있는가? 우리는 우리 자신에 대해 기꺼이 죽어서 다른 사람 안에서 삶을 발견하는가? 우리는 피하고만 싶은 일들에 스스로 개입하여서, 예수 그리스도가 우리를 통해 누군가를 변화시키도록 돕는가? 우리는 그리스도를 섬기는 일이 기뻐서 그 일로 인해 피해를 입는다 하더라도 기꺼이 희생을 감수하고자 하는가?

예수 그리스도가 우리를 사랑하심같이 우리가 다른 사람을 사랑할 수 있도록 힘 주시며, 우리가 사람들의 삶 속에 변화를 일으키는 그분 사역의 일부분이 되기를 기원한다. 이 사랑이 우리의 말뿐만 아니라 우리의 삶을 지도하게 되기를 기원한다. 우리가 우리의 위대한 구속주이신 주님의 표현과 증거로서 그리고 그분을 구현하는 자들로서 설 수 있게 되기를 기원한다!

8장 Instruments in the Redeemer's Hands

고통에 동참함으로써
관계를 형성하라

    그녀는 자신의 하얀 지팡이를 접어서 넣었다. 나는 그녀를 사무실로 안내했다. 그녀는 앞이 보이지 않았을 뿐만 아니라 한쪽 발까지 절었다. 나는 신학교에 있는 동안 학교에서 시각 장애인들을 위해 일했다. 그래서 이번에 하나님이 그녀를 상담할 수 있게 해주신 것은 참 놀라운 일이라고 생각했다. 나는 시각 장애인들의 삶의 방식과 그들이 겪는 어려움들에 대해서 잘 알고 있었다. 그렇지만 그녀의 이야기는 전혀 예상하지 못했던 것이다.

    그녀는 외동딸이었다. 그녀의 어머니는 임신을 하려고 15년 동안 무척 노력하였지만 번번이 유산할 뿐이었다. 마침내 40세에 다시 임신하였고 이번엔 유산도 되지 않았다. 그녀의 어머니는 자신이 축복받았다고 생각했고 자기 삶이 이제 새롭게 꽃피리라고 여겼다. 태어날 아이를 위해서 그레이스라는 아름다운 이름을 준비했고 간절한 마음으로 아기가 태어나기를 기다렸다. 20시간의 큰 산고 끝에 아침 일찍 그레이스가 태어났다. 하지만 어머니의 꿈은 실현되지 않았다. 그레이스는 병약하고 위태로웠다. 제대로 울지도 않았고, 호흡이나 소화 기능에 뭔가 문제가 있는 것 같았다. 병이란 병은 다 가지고 있는 것처럼 보였다. 밤에는 거의 잠을 자지 못했다. 어머니는 아이를 도저히 집 밖으로 데리고 나갈 수가 없었다.

그레이스의 어머니는 자신이 잔인한 운명의 희생자라고 생각했다. 수십 년을 기다려 얻은 아기였지만, 고작 간신히 살아갈 수 있는 아이로 태어난 것이다. 점차 아기로 인해 더 많은 일을 해야 하고 더 많이 울고 더 많은 고생이 따르자 어머니는 화가 나기 시작했다. 그녀는 이제 자기가 왜 그토록 아이를 원했는가를 후회하기 시작했다. 그녀는 이전의 삶이 얼마나 편했는가를 생각했다. 처음에는 아주 미묘한 방식으로 어머니의 분노가 그레이스에게 나타나기 시작했다. 홱 잡아채거나 때리는 일들이 이런 저런 상황에서 일어났다. 그러다가 마침내 짜증이 커다란 분노로 폭발했다. 그녀는 자기 딸을 바라보면서 누군가 자기 인생을 송두리째 빼앗아갔다고 생각했다. 그레이스는 자기 어머니의 발소리를 듣고 침대 밑이라든지 옷장 속에 숨었다. 어머니는 그레이스를 찾기 위해서 온 집을 뒤져야만 했고 그것으로 인해 더욱 화가 났다. 어머니가 그런 저런 분노를 폭발하는 중에 그레이스의 다리는 영원히 못쓰게 되어버렸다.

설상가상으로 그녀가 여덟 살이 되었을 때 반복해서 머리를 맞은 결과로 시력을 잃어버리기 시작했다. 그녀는 더 이상 무엇인가를 읽을 수 없었지만 눈이 심하게 나쁘다는 것을 다른 사람이 알게 되는 것을 두려워하였다. 그녀는 자기가 모든 사람들을 잘 속이고 있다고 생각했지만 사실은 전혀 그렇지 않았다. 아홉 살 생일이 지난 어느 날, 평범한 날이라고 생각하며 학교에 갔는데 그것은 그녀의 생각일 뿐이었다. 교실에서 불려나와서 교무실로 갔는데 그곳에는 전혀 알지 못하는 한 부인이 그레이스의 옷이 가득 담긴 가방을 가지고 서 있었다. 엄마에게 작별 인사도 못하고, 친구들에게도 잘 있으라는 말 한마디 하지 못한 채 그녀는 그대로 시각 장애인들을 위한 기숙사 학교로 이끌려가서 고등학교를 졸업할 때까지 그곳에 머물러야만 했다. 그레이스는 다시는 집에서 살지 못했다.

이제 그녀가 내 앞에 앉아 있었다. 분노의 눈물을 흘리면서 자기 이야기를 털어놓았다. 그녀는 지금도 여전히 혼자였다. 두려움과 다른 사람에 대한 비난이 섞인 분노로 그녀는 자신이 겪었던 인간관계를 모두 쓰레기 취급하였다. 그녀는 자기 어머니가 자신에게 했던 것처럼 사람들이 자신을 학대했다고 굳게 믿었다. 그녀가 스스럼없이 이렇게 이야기하는 것은 분노에 찬 절망의 표출이었다. 시각 장애인 학교에 있으면서 그레이스는 기독교 수업을 받았는데 그 시간에 좋은 선생님을 만나서 복음에 대해서 들을 수 있었다. 그녀가 내게 나아온 이유는 예수님 앞에 자신의 마음을 털어놓고 싶었기 때문이었다. 그리고 그것이 진리를 들을 수 있는 유일한 길이라고 확신하였다. 그와 동시에 그녀는 성경의 진부한 내용들을 듣게 되지 않기를 바라고 있었다.

나는 눈물을 흘리며 이야기하는 그녀를 보면서 속으로 기도했다. 그리고 내가 지금 이 고통받는 여인의 삶 속에 주님을 성육신하라는 부르심을 받고 있다는 사실을 절감하였다. 이제 당신은 그레이스에게 뭐라고 말하겠는가? 그녀가 지금 들어야 하는 말은 무엇이라고 생각하는가? 성경은 그레이스의 인생에 대해서 무엇이라고 말하고 있는가? 그레이스가 자신의 과거, 현재, 미래를 어떻게 바라보도록 하겠는가? 당신은 하나님 나라의 사역이 확장되도록 하기 위해서 그녀와의 관계를 어떻게 세워나가겠는가?

고통이 일상이 되어버린 세상 속에서

우리는 고통에 대해서 생각하기를 좋아하지 않는다. 하지만 우리는 고통이 일상이 되어버린 세상에서 살아가고 있다. 죄인이 우글거리는 세상 속에서 우리는 놀랄 필요가 없다. 단지 더 많이 고통스럽지 않다는 것에 대해 놀라야만 한다. 우리의 고통은 어떤 사람의 무례함으로 인해 일어난 일시적인 고통에서부터 학대와 혹사로 인한 끔찍한 경험에 이르기까지 다양하다. 우리 모두는 고통받고 있는 죄인이다. 우리가 만나는 사람들과 나누는 이야기의 주제도 당면한 고통에 관한 것이다. 그래서 개인 사역에서 고통이란 일반적인 주제다.

그럼에도 불구하고 우리는 종종 그렇게 바라보지 않는다. 우리는 그레이스의 경우와 같은 이야기를 들을 때 충격을 받게 된다. 그리고 그렇게 나쁜 일이 나에게는 일어나지 않기를 바라면서 살아간다. 그러나 더 중요한 것은 우리가 그렇게 고통받은 사람들과 어떻게 관계를 맺어야 하는가를 고민하는 것이다. 우리는 너무나 자주 우리의 사역을 성경의 진부한 내용이나 기도를 하겠다는 약속으로 축소시켜버린다. 그러면서 심각한 고통에 빠져 있는 사람들 주변에 넓은 완충 지대를 만들어버린다. 분명 우리는 편지를 보내고, 방문하고, 기도하고, 성경을 읽어주기도 할 것이다. 하지만 그리 내키는 것은 아니다. 또한 그로 인해 계속 신경을 쓰게 되는 것은 참을 수가 없을 것이다. 하지만 머지않아 우리 자신도 그렇게 고통스러워할 때가 온다. 우리가 경험하는 고통의 정도가 다를 뿐이다. 성경이 개인이 겪는 고통의 현실에 대해서 무수히 많은 언급을 하고 있는 것은 그리 놀랄 일이 아니다.

1. 성경은 하나님이 모든 것을 다스리시고 심지어는 고통까지도 다스리신다고 분명하게 선언하고 있다. 우리 대부분은 하나님이 우리 삶에 일어나

는 나쁜 일들과는 별로 관계가 없다고 잘못 생각하고 있다. 그러나 성경은 우리를 분명히 그와 다른 방향으로 인도하고 있다. 성경은 하나님이 고통을 일으킨 장본인이 아니라 우리가 고통당하는 중에 함께하시는 분이라는 사실에 소망을 뿌리내리게 한다(출 4:11; 삼상 2:2-7; 단 4:34-35; 잠 16:9; 시 60:3; 사 45:7; 애 3:28; 암 3:6; 행 4:27-28; 엡 1:11).

2. 성경은 하나님이 좋으신 분이라고 분명하게 말하고 있다. 정말로 좋은 하나님이라면 인간에게 고통을 허락하시지 않을 것이라는 생각이나, 만약 하나님이 당신을 정말 사랑하신다면 결코 그런 일이 일어나게 하지 않으실 것이라는 생각은 잘못되었다. 성경은 무한히 선하신 하나님이 우리의 가장 고통스러운 경험 가운데 함께하신다고 선언하고 있다(시 25:7-8, 34:8-10, 33:5, 100:5, 136편, 145:4-9).

3. 성경은 하나님이 우리의 고통에 대해서 목표를 가지고 계신다고 분명히 말하고 있다. 성경은 고통이 우리 구원의 장애물이라고 하지 않는다. 반대로 하나님이 우리 속에서 그분의 구속적인 목표를 이루기 위해 사용하시는 도구라고 말한다(롬 8:17; 고후 1:3-6; 빌 2:5-9; 약 1:2-8, 5:10-11; 벧전).

4. 성경은 우리가 고통당하는 이유에 대해서 다음과 같은 궁극적인 이유들을 설명하고 있다.
   - 우리는 병과 자연재해와 위험스러운 짐승들과 완전하지 못한 장치 등이 가득한 타락한 세상에서 살고 있기 때문에 고통을 받는다.
   - 우리는 우리 자신으로 인해서 고통받는다. 고통의 대부분은 우리 자신의 실수 탓이다. 우리는 삶을 고통스럽고 힘들게 만드는 선택을 한다.
   - 우리는 다른 사람이 우리에게 지은 죄 때문에 고통받는다. 알아차리기 힘든 편견에서 직접적인 공격에 이르기까지 우리 모두는 다른 사람 때문에 고통받는다.

- 우리는 사탄 때문에 고통받는다. 이 세계에는 정말로 악한 대적이 있다. 그는 속이는 자요 거짓말하는 자로서 분리하고 파괴하며 집어삼킨다. 그는 생명을 준다고 약속하지만 실제로는 그 생명을 파괴하는 것으로 우리를 유혹한다.
- 우리는 하나님의 선하신 목적 때문에 고통받는다. 하나님은 자녀들이 주님의 영광과 그들이 누릴 구속적인 유익을 위해서 고통당하는 것을 허락하신다.

5. 성경은 하나님이 고통에 대해 주권을 행사한다는 사실이 결코 다음과 같은 것이 아님을 분명히 하고 있다.
   - 고통이 실재하지 않음을 의미한다(고후 1:3-9, 4:1-16).
   - 악한 자를 그냥 내버려둔다(합; 행 2:22-24, 3:14-23).

우리는 다른 사람의 고통의 경험으로 들어갈 때, 우리의 반응이 그들을 긍휼히 여기는 성경적인 사고에 의해 형성되기를 원한다.[1]

고통과 개인 사역

이 단락에서는 한 사람의 삶 속에서 하나님이 일하시는 것을 촉진하는 사랑의 세 번째 속성에 대해서 알아볼 것이다. 여기에서도 그리스도가 우리의 모범이시다.

사랑의 요소 3

고통에 동화되라.

당신은 힘든 시간을 보내면서 완전히 혼자가 된 듯한 느낌을 받은 적이 있는가? 마치 당신이 전혀 다른 두 사람, 즉 특수한 고통을 당하는 사람의 모습과 주변 사람들에게 '알려진' 사람의 모습으로 나누어진 것처럼 느낀 적이 있는가? 당신은 자신의 이야기를 누군가에게 말하고 싶지만 동시에 다른 사람들이 어떻게 생각할지 두려웠던 적이 있는가? 다른 사람의 삶이 당신 자신의 삶이었으면 좋겠다고 생각해본 적이 있는가? 당신의 고통으로 인해 하나님께 예배드리고 말씀을 가르치며 성도들과 교제하는 일을 하고 싶지 않다고 생각한 적이 있는가? 당신이 대면해야만 하는 어려움 때문에 아침에 눈을 뜨지 않았으면 좋겠다고 생각한 적이 있는가? 누군가에게 당신의 고통에 대해서 말하려고 했지만 용기가 없어서 하지 못했던 적이 있는가? 사람들의 즉각적인 조언과 잘못된 제안과 성경의 진부한 내용 때문에 더 절망한 적이 있는가? 인생에 닥친 힘든 현실 속에서 도와 달라고 (조용히 혹은 큰 소리로) 외친 적이 있는가?

만약 당신이 지금 현재 살아 있는 사람이라면, 이러한 질문들을 받았을 때 최소한 몇 문항에 대해서는 그렇다고 대답할 수 있을 것이다. 당신은 하나님으로부터 고통에 빠져 있는 다른 사람들을 섬기라는 부르심을 받은 자로서 똑같이 고통받았던 사람이다. 고통은 인간관계의 기본적인 공통 배경일 뿐만 아니라 하나님이 가장 유용하게 사용하시는 사역 현장이기도 하다. 하나님의 대사로서 우리는 어떻게 하면 고통받는 사람들과 일체감을 가질 수 있는가를 배워야 한다. 우리는 히브리서 2장 10-12절 내용에서 나타나는 놀라운 상담자이신 주님의 모범을 배움으로써 그렇게 할 수 있다.

"만물이 인하고 만물이 말미암은 자에게는 많은 아들을 이끌어 영광에 들어가게 하시는 일에 저희 구원의 주를 고난으로 말미암아 온전케 하심이 합당하도다

거룩하게 하시는 자와 거룩하게 함을 입은 자들이 다 하나에서 난지라 그러므로 형제라 부르시기를 부끄러워 아니하시고 이르시되

'내가 주의 이름을 내 형제들에게 선포하고 내가 주를 교회 중에서 찬송하리라' 하셨으며."

이 구절은 '우리 구원의 주' 이신 그리스도가 어떻게 우리에게 동화되시는가를 보여준다. 그것은 우리에게 우리가 그리스도와 같은 가족임을 말하고 있다. 이 가족은 인간의 가족 이상이다. 히브리서의 기자는 매우 구체적으로 공유하는 신분을 지적하고 있다. 우리는 고통받는 가족의 일원으로서 그리스도와 함께 있다. 우리가 고통받으신 구원자를 섬기고 있음을 잊어서는 안 된다. 우리는 우리의 경험을 이해하지 못하는 분에게서 도움이 올 것을 기대하고 있는 것이 아니다. 예수님은 긍휼과 이해심이 풍성하신 분이다. 그분은 우리와 같기 때문에 우리를 도우실 수 있다. 그분은 우리가 지금 겪고 있는 상황을 이미 경험하셨다. 그분은 우리 자신과 우리의 경험을 알고 계신다. 우리가 동일한 가족, 다시 말해서 고통받는 자들의 가족에 속해 있기 때문이다.

그렇지만 여기에는 이보다 더 큰 의미가 있다. 이 구절은 그리스도가 우리를 '형제'라고 부르기를 부끄러워하지 않으신다고 말한다. 이 '형제'라는 말은 가족 중에서도 특별한 위치, 즉 동등한 관계를 갖는 형제자매를 일컫는다. 그리스도는 우리와 동화되면서 이보다 더 강력한 단어를 사용할 수 없으셨을 것이다. 이러한 신분은 다음과 같은 세 가지 양상으로 드러난다.

1. 우리는 같은 가족이다.
2. 우리는 가족 안에서 동일한 위치에 있다.
3. 우리는 그 위치 때문에 동일한 삶의 경험을 공유하고 있다.

이것은 상담 사역의 겸손한 성격을 보여준다. 우리의 섬김의 모습은 "나는 이미 어떤 수준에 이른 사람으로서 당신보다는 월등하다"는 식이어서는 안 된다. 겸손한 모습은 우리가 섬기고 있는 사람과 동일한 신분이라는 것을 겸손하게 깨닫는 데서 나온다. 하나님은 내 속에서도 사역을 온전히 완성하지 않으셨다. 우리는 하나님이 진행하시는 일생의 변화 과정 가운데 있는 형제요 자매다. 나는 어떤 경지에 이른 성인군자가 아닌 것이다. 단순히 누군가가 내게 지혜를 전수받고 경험담을 들었다고 해서 그에게 변화가 일어나는 것은 아니다. 우리는 신분과 경험을 공유한다. 그로 인해서 동일한 가족에 속한다.

이러한 자세는 하나님께 영광을 돌리는 개인 사역의 본질적 요소다. 첫 번째로 그것은 하나님이 사람들을 나의 삶에 보내주셨다는 것을 깨닫게 한다. 그로 인해서 단지 그들만 바뀌는 것이 아니라 나도 바뀐다. 놀라운 상담자이신 주님은 상담실 안에 있는 모든 사람들에게 역사하신다. 하나님은 우리의 신앙에 도전하고 깊이와 능력을 더하기 위해서 반복해서 사역 관계의 어려움을 사용하시며 그분의 구속적인 영광이 드러나게 하신다. 마음을 변화시키는 하나님의 사역에서 나는 제1선에 있기 때문에 더 큰 소망과 기대와 용기를 가지고 다른 사람을 섬긴다. 이보다 더 놀라운 것은, 그로 인해서 나 자신도 더 큰 용기와 소망을 가지고 살아가게 된다는 것이다. 나의 섬김의 사역을 통해서 가장 큰 은혜를 받는 사람은 다른 사람이 아니라 바로 나 자신인 것이다!

또한 이렇게 정체성을 공유하는 태도는 공적인 상담과 제자 훈련 그리고 개인 사역에서 일어날 수 있는 바람직하지 않은 의존 관계로부터 우리를 보호해준다. 사람들이 필요로 하는 것은 우리가 아니다. 우리의 목표는 그들을 살아 계시고 역사하시며 구원하시는 그리스도께 인도하는 것이다. 그분은 그들에게 필요한 것을 주신다. 그래서 그들은 어려운 삶 가운데서도 부르심받는 일을 행할 수 있다. 나는 형제일 뿐이다. 나는 당신 옆에 나란히 서서 아버지 하나님을 가리킬 뿐이다. 나는 당신에게 바짝 붙어서 주님의 놀라우신 사랑과 도우심에 대해서 말해준다. 나는 그분의 무릎 위에서 그리고 그분의 발 밑에서 배웠던 것들을 나눈다. 나는 당신의 손을 잡고 그분에게로 함께 걸어간다. 형제요 자매로서 우리는 초점을 맞추어야 할 곳에 시선을 둔다. 그곳은 우리의 모든 지혜의 근원이시요 전능하시며 항상 존재하시는 하나님 아버지시다. 우리는 변화를 이루기 위해서 용납과 실제적인 기술보다 더 많은 것을 필요로 한다. 우리에게는 하나님의 은혜만이 줄 수 있는 용서와 구원과 권능이 필요하다.

스스로를 변화 과정에 있는 형제로 겸손히 이해하는 것은 우리의 삶이 하나의 모범이 될 수 있도록 도와준다. 때때로 사람들은 우리 이야기를 들으면서 우리가 특별한 권능을 가졌다고 생각한다. 그들은 우리의 말을 들으면서 우리가 그들과 같은 죄인이라는 것을 잊어버린다. 그들은 우리가 동일한 인간관계의 압박과 일의 부담감 속에서 살고 있다는 사실을 잊어버린다. 사실 우리도 자신의 생각을 통제해야 하고 욕구를 절제해야 하는 사람들이다. 그 결과 그들은 자신들을 격려하는 말을 들으면서 생각한다. '당신에게는 쉽겠지요. 당신의 삶은 나의 형편없는 삶과는 완전히 다르잖아요. 당신의 말은 옳지만 내겐 맞지 않아요.' 우리가 우리 자신에 대해서 정직하면 할수록, 그들과 보조를 더 잘 맞출 수 있게 되고, 그들 위에 군림하지 않으며, 우리의 삶이 더 많은 소망을 전해줄 수 있게 된다.

목적이 있는 고통

히브리서 2장으로 돌아가보자. 그리스도와 우리 그리고 다른 사람들과의 형제 관계에서 핵심은 고통이다. 그러나 우리 모두가 겪는 고통의 목적은 무엇인가?

10절은 그리스도에 대해서 매우 흥미로운(다소 혼란스럽기도 한) 것을 말하고 있다. 성경은 우리처럼 그분도 고통을 통해서 온전해지셨다고 말한다. 히브리서 기자는 그리스도의 삶과 우리의 삶 사이의 관계를 설명하고 있다. 만약 이것을 이해한다면 우리는 그분이 어떻게 해서 다른 사람들을 섬기라고 부르셨는지 더 잘 이해하게 될 것이다.

고통은 어떻게 그리스도를 온전케 만들었는가? 그분은 이미 완전하신 분이 아니었는가? 이 세상에서 받으신 그분의 고통이(우리가 날마다 겪는 것과 동일한 과정으로서) 그분의 완전함에 무엇을 더하여 주었는가?

성경은 그리스도가 완전한 하나님의 아들로서 영원 속에서 사셨지만 그분이 사람의 아들(인자)로서 온전한 희생 제물인 어린 양이 되어 십자가로 나아가시기 전에 무언가 필요한 것이 있었다고 말하고 있다. 그분은 이 세상에서 두 번째 아담으로 사셔야 했고 이 타락한 세상에서 삶을 구성하는 모든 종류의 경험과 시험과 유혹을 감당하셔야 했다. 첫 번째 아담은 그 시험에서 실패하였고 그래서 그리스도가 온 생애를 통해서 죄를 짓지는 않으시면서 죄와 고통을 직면하셔야만 했다. 그렇다면 그리스도는 어떻게 온전케 되셨는가? 그것은 그분이 하나님의 온전한 아들일 뿐 아니라 온전한 사람의 아들임을 증명하심으로써 이루어졌다. 그분의 완전하심은 고통의 시험을 성공적으로 견디어내셨던 것이다.

히브리서 기자는 그리스도의 삶과 우리의 삶 사이에 직접적인 유사성이 있다고 말한다. 그리스도가 영원 속에서 온전케 되신 것처럼 우리는 그리스도 안에서(칭의) 온전케 되는 것이다. 그리고 그리스도의 고난이 이 세상에서 그분의 의로우심을 나타내는 것처럼 우리 역시 고난의 과정을 통해서 거룩하게 된다(성화). 우리는 그리스도가 경험하셨던 것과 동일한 과정을 통해서 온전케 되는 것이다(표 8-1 참고).

이것이 우리가 사랑함으로 돕고자 하는 사람들과 나누어야 하는 정체성이다. 그들이 비록 불신자라 할지라도 이렇게 함께 나누는 형제애(혹은 자매애)가 우리의 목표다. 우리는 나란히 서 있는 자들이다. 우리는 동등하다. 우리는 동일한 고통의 경험을 나눈다. 그리고 우리의 경험은 거룩이라는 동일한 목표를 갖는다. 개인 사역에서 이러한 정체성이 가져다주는 효과에 대해서 알아보자.

그것은 우리가 사람들에게 진리를 구체적으로 나타낼 수 있는 기회를 제공해준다. 우리가 말하는 진리들이 힘을 발휘하지 못할 때가 많다. 왜냐하면 사람들은 그 진리가 실제적 행동으로 나타나는 것을 볼 수 없기 때문이다. 그렇지만 우리가 섬기는 사람들과 동일한 정체성을 나눌 때에는 이러한 진리들이 삶 속에서 구체적인 현실로 나타날 수 있다. 우리는 말하고 있는 진리를 구현해야 한다. 그러면서 그것들을 추상적인 것이 아닌 일상의 친숙한 위치에 전달해야 한다.

그것은 사람들이 우리 자신을 의지하는 것이 아니라 그리스도를 의지하도록 격려한다. 우리는 우리 자신을 날마다 매 순간 그리스도를 필요로 하는 사람으로 신실하게 드러내야 한다. 우리는 결코 그분의 대사요 변화의 도구 그 이상이 아니다.

그것은 겸손과 정직을 권면한다. 세속적인 치료 기법과 성경적인 사역의 아주 큰 차이점은 우리 자신이 씨름하는 이야기를 나누는 일을 얼마나 중요하게 여기는가에 있다. 그리스도는 그분이 하실 수 있는 일을 내가 증거하기 원하신다. 내가 겸손히 정직하게 행할 때에 구속의 주님은 나의 이야기를 사용하셔서 다른 사람이 소망을 갖게 하실 것이다.

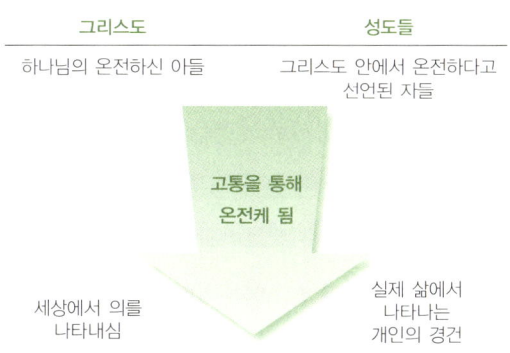

〈표 8-1〉
그리스도와 함께 고통받는 자들 (히 2:10-11)

   그것은 내 삶의 이야기를 구원한다. 하나님은 죄와 고통을 통해서 나를 이끄셨는데 그것은 나를 변화시킬 뿐만 아니라 나로 하여금 다른 사람을 섬길 수 있도록 하시기 위함이었다. 내 삶의 이야기는 거대한 구속 이야기 속에서 작은 단락일 뿐이다. 그리고 그리스도는 그 모든 이야기의 중심에 계신다. 내 삶의 이야기는 나에 대한 것이라기보다는 그분에 대해 더 많은 내용을 담고 있다. 이런 의미에서 나의 실패조차도 그분의 영광이 된다. 연약함과 어리석음과 무능력 속에서 나는 그분의 약속의 신실함과 그분의 임재의 실체를 배운다. 그리하여 나의 이야기가 다른 사람들의 삶에서 변화의 도구가 된다.

   그것은 내 삶을 그리스도의 영광이 비치는 창으로 만든다. 흔히 사람들은 우리를 바라보면서 우리와 같게 되기를 원한다. 우리는 더 성숙하고 더 지혜로울지 모른다. 그러나 본질적으로는 우리가 돕고자 하는 사람들과 다르지 않다. 그렇지만 우리가 한 형제요 자매임을 강조하면 우리는 더 이상 이상적인 모델로 여겨지지 않을 수 있다. 우리는 사람들이 그리스도의 살아 계심과 능력과 사랑과 은혜를 쳐다볼 수 있는 창문의 역할을 해야 한다. 우리의 삶은 그분이 만드시는 아름다움의 틀이 된다.

그것은 그리스도를 경배하게 한다. 당신이 모네의 그림을 15분간 바라보며 서 있을 때 그가 붓을 사용한 기법에 대해서 대단하게 생각하긴 하겠지만 그 기법을 경외하는 것은 아닐 것이다. 당신은 모네를 경외하며 화가로서 그의 능력을 높이 평가한다. 스스로를 형제로 낮추는 자세로 인해 그리스도는 위대한 구원의 예술가로 보인다. 우리는 단순히 그분의 손에 들린 붓에 불과하다. 그분이 사람들의 마음에 놀라운 변화를 그리신 이유는 훌륭한 붓을 사용했기 때문이 아니라, 화가의 기술이 뛰어났기 때문이다.

우리가 사람들을 그리스도께 인도할 때에 그분은 우리가 주목하는 초점이 되시고 우리의 찬양을 받는 분이 되신다. 진정으로 성경적인 개인 사역은 언제나 더욱 성숙한 예배를 드리게 한다.

위로, 긍휼 그리고 당신의 이야기

고통받는 사람을 위로한다는 것은 무슨 의미인가? 어떻게 우리는 긍휼한 마음으로 그들 옆에 있을 수 있는가? 우리는 무슨 말을 해야 할지 모를 때가 많다. 우리는 사랑하는 사람을 잃어버린 자들이나 결코 되돌릴 수 없는 과거의 경험으로 괴로워하는 자들을 어떻게 위로해야 할지 몰라 고민한다. 우리는 값싼 말이나 진부한 방식으로 진리를 전해주는 것은 원하지 않는다. 우리는 그가 자신의 고통을 대면할 때에 진리가 되는 것에 굳게 서기를 원한다. 그렇지만 그것이 전부가 아니라 우리가 고통의 심각함을 잘 이해하고 있다는 것을 보여주고자 한다. 우리는 우리가 말하는 진리가 그를 지켜낼 만큼 든든하다는 것을 보여주고자 한다. 그렇지만 이 모든 것들 중에서 우리가 정말 그에게 알리고자 하는 것은 그가 혼자가 아니라는 것이다. 왜냐하면 그리스도는 어려움 가운데 있는 그를 도우시는 자로서 함께 계시기 때문이다. 의문은 이것이다. "어떻게 우리가 이러한 실족함에서 벗어나 주님의 목표들을 이룰 수 있을까?"

이에 대한 유익한 대답은 바울이 고린도 교회에 보낸 두 번째 편지에서 찾을 수 있다.

> "찬송하리로다 그는 우리 주 예수 그리스도의 하나님이시요 자비의 아버지시요 모든 위로의 하나님이시며 우리의 모든 환난 중에서 우리를 위로하사 우리로 하여금 하나님께 받는 위로로써 모든 환난 중에 있는 자들을 능히 위로하게 하시는 이시로다 그리스도의 고난이 우리에게 넘친 것같이 우리의 위로도 그리스도로 말미암아 넘치는도다 우리가 환난받는 것도 너희의 위로와 구원을 위함이요 혹 위로받는 것도 너희의 위로를 위함이니 이 위로가 너희 속에 역사하여 우리가 받는 것 같은 고난을 너희도 견디게 하느니라 너희를 위한 우리의 소망이 견고함은 너희가 고난에 참예하는 자가 된 것같이 위로에도 그러할 줄을 앎이라
>
> 형제들아 우리가 아시아에서 당한 환난을 너희가 알지 못하기를 원치 아니하노니 힘에 지나도록 심한 고생을 받아 살 소망까지 끊어지고 우리 마음에 사형 선고를 받은 줄 알았으니 이는 우리로 자기를 의뢰하지 말고 오직 죽은 자를 다시 살리시는 하나님만 의뢰하게 하심이라 그가 이같이 큰 사망에서 우리를 건지셨고 또 건지시리라 또한 이후에라도 건지시기를 그를 의지하여 바라노라 너희도 우리를 위하여 간구함으로 도우라 이는 우리가 많은 사람의 기도로 얻은 은사를 인하여 많은 사람도 우리를 위하여 감사하게 하려 함이라"(고후 1:3-11).

이 구절은 그리스도의 긍휼의 성격과 그것이 다른 사람들에게 전해지는 과정을 요약하고 있다. 이것은 크게 두 부분으로 분리될 수 있다. 하나는 모범이나 인식의 틀(3-7절)이고, 다른 하나는 과정 혹은 방법론이다(8-11절).

고통과 위로를 구속적 관점에서 바라보는 틀

만약 당신이 고통과 위로에 대해서 알고 있는 것을 전부 나열한다면 당신의 목록 가운데 어떠한 주제가 드러나게 될까? 당신은 하나님의 사랑을 우리가 고통당하도록 하신 하나님의 부르심 옆에 놓을지 말지 고민하지 않겠는가? 그 두 가지는 서로 상충된다고 생각하지 않는가? '위로'는 찬양하고 '고통'은 끔찍한 훼방으로 보는 문화 속에 살고 있지만, 우리는 고통과 위로를 모두 성경적으로 인식하는 틀이 필요하다. 바울은 여기서 그것을 제공하고 있다.

하나님은 진정한 긍휼의 근원이시다. 진정한 위로는 어려울 때에 올바른 것을 생각하는 것 이상이다. 그것은 우리의 정체성이 나의 관계와 소유물과 업적과 부와 건강과 모든 일을 분별하는 능력보다 더 심오한 것에 근거하고 있음을 의미한다. 진정한 위로는 내가 창조주이시며 모든 것을 다스리시는 유일하신 분의 손에 잡혀 있음을 이해할 때에 발견된다. 내 생애 가장 귀한 것은 하나님의 사랑이다. 그 사랑은 아무도 빼앗을 수 없다. 나의 정체성이 그분 안에 있을 때 괴로움의 폭풍은 결코 나를 망가뜨리지 못한다.

이것은 우리가 사람들에게 전해주는 위로다. 우리는 일이 잘될 것이라고 말하는 것으로 그들을 위로하지 않는다. 일은 잘 안 될 수도 있다. 그들 주변의 사람들은 변할 수도 있지만 또 변하지 않을 수도 있다. 성경은 우리에게 반복해서 말하기를, 우리 주변의 모든 것들이 점차 사라지는 과정에 있다고 한다. 각 문화와 나라가 일어나고 지더라도, 하나님과 그분의 사랑은 남아 있을 것이다. 우리의 토대를 영원히 변치 않는 하나님의 사랑이라는 보이지 않는 실체에 둘 때 위로를 얻을 수 있다.

그렇지만 바울은 여기서 그보다 더 중요한 것을 말하고 있다. 그는 하나님이 아니라면 이 세상에는 긍휼 같은 것은 없을 것이라고 말한다. 그분은 모든 긍휼의 근원이시다. 이 점은 매우 중요하다. 왜냐하면 만약 하나님이 긍휼의 근원이시라면 그분의 자녀들을 돌보시지 않을 리가 없기 때문이다. 만약 우리가 주님의 가족의 일원이고 신적인 성품에 참여하며 점차 그분의 형상으로 변해가고 있는 자들이라면, 우리의 긍휼이 두드러지게 나타나야 한다. 우리는 신학적인 대답을 기계적으로 제시하는 자 이상이 되어야 한다. 우리가 아버지 하나님과 연결되어 있기 때문에 고통이 일상적인 현실이 되어버린 세상에서 위로를 전해줄 수 있다. 우리는 우는 자들과 함께 울고 애곡하는 자들과 함께 애곡하여서 긍휼하신 그분을 나타내야 한다.

우리가 주님으로부터 받는 위로는 사역 가운데 나타난다. 하나님은 나를 택하사 단지 그분의 은혜를 받는 자만 되게 하지 않으시고 그 은혜를 다른 사람에게 전해주는 사람이 되게 하셨다. 나는 영적인 유산처럼 내가 받은 위로를 혼자서만 간직하고 있어서는 안 된다. 나는 내가 받은 것을 나누라는 부르심을 받았다. 우리가 나누는 위로는 추상적인 신학에 기초하고 있는 것이 아니라, 고통의 순간에 주님으로부터 받은 위로의 경험에 뿌리내리고 있다. 우리는 주변의 고통받는 자들이 우리가 하나님으로부터 받은 위로를 경험하게 되기를 원한다.

하나님은 우리가 그리스도의 고통을 함께 나누기를 원하신다. 고린도후서의 논리는 간단하다. 당신은 고통을 경험하도록 부르심받았고 그래서 하나님의 위로를 경험하게 된다는 것이다. 당신은 하나님의 위로를 경험하였고 그래서 다른 사람들을 위로할 수 있다. 그들이 우리를 통해서 하나님의 위로를 받을 때에 그들은 그 위로를 또 다른 사람들에게 전할 수 있다. 하나님이 다른 곳을 쳐다보실 때 사탄이 기어들어오는 것처럼, 우리의 고통은 하나님의 사랑을 막는 간격이 아니다.

베드로는 이것을 다음과 같이 말한다. "사랑하는 자들아 너희를 시련하려고 오는 불 시험을 이상한 일 당하는 것같이 이상히 여기지 말고 오직 너희가 그리스도의 고난에 참예하는 것으로 즐거워하라 이는 그의 영광을 나타내실 때에 너희로 즐거워하고 기뻐하게 하려 함이라"(벧전 4:12-13).

고통은 하나님의 계획이 실패했다는 것을 의미하지 않는다. 그것도 하나의 계획이다. 고통은 우리가 그리스도의 가족이며 하나님 나라의 군대라는 표지다. 우리는 그분의 이름을 전하기 때문에 고통당한다. 우리는 고통당하기 때문에 그분을 더욱 깊이 알게 되고 그분의 은혜를 더욱 충만하게 느끼고 감사한다. 우리는 고통당함으로써 주님이 다른 사람들의 삶 속에 행하시는 좋은 일들의 일부분이 된다.

우리의 고통조차도 우리 자신에게 속한 것이 아니라 주님께 속해 있다. 그분이 우리의 고통을 주관하고 계심을 이해하는 일보다 우리의 축복이 주님께 속해 있음을 이해하는 것이 더 쉬울 것이다. 만약 당신이 누군가 괴로워하는 모습을 본다면, 우리가 고통을 우리에게 속해 있는 어떤 것으로, 우리가 원하는 대로 반응할 수 있는 것으로 간주하는 경향이 있음을 깨닫게 될 것이다. 우리는 우리 자신에게 몰두하는 경향이 있다. 우리의 세계는 우리 고통의 크기로 축소된다. 우리는 편안한 느낌 이상을 원하며, 짜증을 내거나 요구 사항을 늘어놓는다.

시간이 얼마 지나지 않아, 고통이 당신에게 어떤 힘을 준다는 것을 배우게 될 것이다. 당신이 고통으로 울부짖을 때에 사람들은 당신을 돕기 위해 달려든다. 그들은 신체적인 위로를 주기도 하고, 감동적인 말을 해주기도 하고, 당신을 모든 의무에서 자유롭게 만들어주기도 한다. 나는 전에 자기 집에서 좀 떨어진 곳에 있던 어린 소년이 자전거에서 떨어진 모습을 본 적이 있다. 그 아이는 울기 시작했다. 그러나 곧 울음을 그쳤다. 그리고 자전거를 일으켜 세우더니 아무 소리 없이 자기 집으로 걸어갔다. 자기 집 현관에 이르렀을 때 그는 다시 엉엉 울기 시작했다. 분명 그 아이는 집에서 떨어진 곳에서 우는 것은 헛수고라고 생각했던 모양이다. 어머니가 현관에 나오자 그는 울면서 내가 보았던 것보다는 훨씬 더 과장해서 자신이 어떻게 하다 넘어지게 되었는가를 말하였다. 그는 작은 상처를 가리키면서 마치 큰 부상을 당한 사람처럼 소리를 지르기도 했다. 나는 생각했다. '저 꼬마는 이 순간을 즐기고 있구나!'

우리가 고통을 자신에게 속해 있는 것으로 간주하면 자기에게 몰입하려는 유혹이 몰려온다. 그러나 말씀은 은 우리의 고통이 주님께 속해 있다는 것을 깨닫게 해준다. 고통은 우리 안에서 그리고 다른 사람들에게서 주님의 목적을 이루시기 위한 도구다. 우리가 고통에 대응하는 방식은 그리스도를 중심에 놓는 것이 되어야만 한다. 우리의 실망과 두려움도 다 구원자이신 주님께 속해 있다. 그분은 우리의 육체적, 영적 고통을 다스리고 계신다. 그분은 도저히 헤어나올 길 없는 과거의 악한 경험도 소유하신다. 그분은 거부되는 느낌과 외로움도 다 소유하고 계신다. 무너진 기대와 깨진 꿈도 다 주님의 것이다. 그 모든 것이 그분의 목적을 위해서 그분께 속해 있다. 우리가 죽을 것 같은 생각이 들 때에 그분은 우리를 더 위대한 죽음으로 부르신다. 그분은 고통에 대해서는 죽고 그분을 위해서는 살라고 우리를 부르신다.

이것은 기독교 금욕주의의 섬뜩한 형태로 부르시는 것이 아니다. 그것은 모든 형태의 고통을 그분께 맡기라는 부르심이다. 우리는 진정한 위로는 오직 그분의 발 앞에서만 얻을 수 있다는 것을 깨달으면서 그분 앞에서 큰 소리로 울거나 비통한 마음으로 통곡할 수 있다. 우리는 우리의 애통함을 그분의 손에 내려놓아야 한다. 그래서 우리가 자신의 삶과 다른 사람들의 삶 속에서 주님의 목적을 위해 사용되도록 해야 한다. 그것은 그 모든 것들의 근원이 되신 하나님으로부터 받는 위로의 약속이다.

이 모든 것 가운데 나타나는 구속적인 목적은, 타락한 세상에 소망이 제공되는 것이다. 하나님은 소망이 마음에 가득한 사람들을 세우기를 원하신다. 진정한 소망은 우리의 성취나 재산에 근거하는 것이 아니라 내가 하나님의 자녀라는 지식에 근거한다. 그분은 그 어떤 것도 빼앗을 수 없는 사랑으로 나를 사랑하신다. 그분은 내게 죄 용서와 권능의 은혜를 내려주셨다. 그분은 날마다 나를 변화시키시며 성숙시키신다. 그분은 내가 삶 속에서 생기는 일들을 대면할 때에 필요한 것은 무엇이든지 주기로 약속하셨다. 그리고 내가 고통도 없고 슬픔도 없으며 죄도 없는 곳에서 그분과 함께 영원히 살게 되리라고 약속하셨다. 이것은 내 삶의 가장 어려운 순간에도, 진실로 영속적인 것이나 가치 있는 것이 위험에 처하는 일은 없다는 것을 의미한다. 내가 정말 삶의 목적으로 삼는 것은 안전하다. 내일 어떤 일이 일어날지는 모르지만 내가 하나님의 가족으로서 그분으로부터 영원히 사랑받고 보호받으리라는 것은 확실히 안다. 이것이 진정한 소망인 것이다.

그러므로 지금까지 살펴본 구속적 위로의 전형은 목적이 있는 고통, 하나님의 위로를 경험하는 것, 다른 사람을 위로하는 능력 양성, 소망의 공동체 형성이다. 하나님이 우리가 고통당할 때 함께하신다는 사실을 받아들일 때, 바울이 말한 고통에서 위로로, 위로에서 소망으로 나아가는 틀을 기억하는 것이 필요하다.

또한 우리는 스스로에게 이렇게 물어야 한다. "하나님이 어떤 영역에서 고통을 이겨내라고 나를 부르고 계시는가? 하나님은 그분의 위로를 내게 알게 하시고자 어떻게 사람들을 사용하시는가? 그들은 무엇을 말하였으며 어떻게 행동하였는가? 다른 사람들을 위로하기 위해서 나의 경험을 어떻게 사용할 수 있는가? 어떻게 하면 내 이야기를 그리스도의 임재와 사랑에 근거하여 소망을 주는 방식으로 말할 수 있는가?" 감사하게도 바울은 변화의 틀뿐만 아니라 그 방법까지도 우리에게 제공해주었다.

그리스도 중심으로 이야기하기

고린도후서 1장에서 바울은 고린도 교인들이 아시아에서 당한 환난에 대해서 모르기를 원치 않는다고 하였다. 그는 자신의 이야기가 그들 가운데 더 큰 소망과 강한 믿음과 새로워진 경배를 형성하게 되기를 원했다. 바울의 경험은 하나님의 약속에 살과 피를 입히는 역할을 하였다. 그 이야기에서 당신은 역사하시는 하나님, 자녀들에게 행하기로 약속하신 것을 반드시 이루시는 하나님을 보게 된다. 사람들이 바울의 이야기에서 하나님을 바라볼 때 그들은 자신들의 경험 속에도 계신 하나님을 바라볼 수 있는 눈을 갖게 된다. 그리고 그로 인해서 위로받는다. 이것은 위로를 전하는 가장 개인적이며 강력한 방법 가운데 하나다. 그것은 이 타락한 세상에 사는 모든 이에게 친숙한 환경의 맥락에서 상당히 신학적인 실재를 나타낸다. 우리의 이야기는 하나님의 진리를 삶의 고통에 적용하며, 결코 포기하지 않는 강력한 이유를 드러낸다. 만약 하나님이 다른 사람들을 격려하시기 위해 당신의 고통을 담아 그분의 위로를 보여주시기 원한다면, 이 목적을 이루기 위해서 당신의 삶의 이야기를 어떻게 말해줄 수 있겠는가? 고린도후서 1장 8절부터 11절에 나오는 바울의 예가 적절한 지침을 제공한다.

당신이 돕고 있는 그 사람과 당신이 본질적으로 다르다는 잘못된 인식을 깨뜨리며 당신의 이야기를 전하라. 교회 주일학교에서 어떤 학생이 손을 들고 이렇게 질문하는 것을 들어본 적이 있는가? "좀 유치한 질문 같지만요, 저는 이런 점이 궁금한데요…." 당신은 그 질문을 듣고 오히려 기특하다고 생각할 것이다. 왜냐하면 그것은 당신 자신도 가졌던 의문이었지만 묻기가 두려워서 그냥 묻어두었던 것이기 때문이다. 관계에서도 마찬가지 일이 일어난다. 사람들은 자신만이 그 특별한 문제를 가지고 있다고 단정지어버린다. 그들은 아무도 이해할 수도, 도울 수도 없다고 확신한다. 그러나 하나님은 우리가 다른 사람들과 동일한 사람임을 기억하기를 원하신다. 다 같이 비슷한 어려움에 부딪히는 단점 많은 인간인 것이다. 구속적인 진리는 자신이 직면한 실제 삶의 방식을 기꺼이 드러내고자 하는 사람들이 그것을 나눌 때 살아 있게 된다.

항상 완결된 이야기를 들려주라. 당신의 이야기에는 다음과 같은 것들이 있어야 한다. ⑴ 어려운 상황 ⑵ 그 속에서의 당신의 투쟁 ⑶ 하나님이 어떻게 당신을 도우셨는가에 대한 것. 이것은 고통을 찬미하는 부류의 이야기가 아니다. 이것은 고난을 헤치고 일어나는 눈부신 인간 승리의 이야기도 아니다. 주님이 그 가운데서 어떻게 위로하셨고, 그분이 그 일을 위해 사람들을 어떻게 사용하셨는가에 대해서 충분히 묵상한 다음에 이야기를 하라.

당신의 이야기를 할 때에 당신이 겪은 괴로움과 실패들을 정직하게 설명하라. 당신의 이야기는 당신의 영웅적인 신앙심이 아니라 당신이 연약한 상태에서 나타난 하나님의 은혜를 강조해야만 한다. 당신의 죄를 드러내는 데 주저하지 말라. 그로 인해서 구속적인 주님의 영광이 듣는 사람의 마음속에 살아 있게 될 것이다. 큰 믿음의 소유자였던 바울이 자신에 대해서 뭐라고 말했는지를 기억하라. "우리가 힘에 지나도록 심한 고생을 받아 살 소망까지 끊어지고 우리 마음에 사형 선고를 받은 줄 알았으니…." 바울 사도가 힘에 지나도록 고생을 받았다고 말하고 있다. 심지어 살 소망까지 끊어졌었다고 고백한다. 바울은 기꺼이 대중적인 명성의 휘장을 걷어 올리고서 괴로움의 은밀한 부분까지 나타내 보였다.

당신 자신의 이야기를 할 때 분별력과 목적 의식을 갖추라. 끔찍한 고통을 설명할 때 수준과 한계를 정하라. 당신의 초점은 상황이 아니라 그 가운데에서 당신을 만나주신 하나님이시다. 바울이 이 부분에서 별다른 말을 하지 않았지만 그래도 우리는 그의 상황의 심각함과 극한 상태를 짐작할 수 있음을 기억하라.

항상 하나님이 모든 이야기의 중심 인물이 되는 방식으로 이야기하라. 그리스도인으로서 경험한 고통에 대한 우리의 이야기는 지독히 인간 중심적일 때가 허다하다. 심지어는 성경의 위대한 이야기를 할 때에도 그렇다. 모세, 다윗 그리고 다니엘의 영웅적인 모습은 강조되고 그 대신 그들을 이끄신 주님은 무시되는 것이다. 이것은 성경의 놀라운 이야기들을 "그들처럼 되라"는 적용점을 가진 도덕적 우화로 전락시켜버린다. 하지만 이러한 이야기들은 성경의 위대한 이야기의 한 단락에 불과할 뿐이다. 하나님이 주인공이시다. 그것은 주님의 이야기이다. 우리의 이야기 역시 위대한 구속 이야기의 한 부분이다. 우리의 이야기는 그분께 속해 있고 그분을 가리킨다.

당신에게도 하나님의 은혜가 지속적으로 필요하다는 것을 인정하면서 겸손하게 당신의 이야기를 하라. 우리는 착한 학생이 궁극적인 교훈을 배운 것처럼 우리 이야기를 말하는 경향이 있다. 그래서 계속적인 필요성보다는 영적으로 어떤 경지에 도달한 것을 전달한다. 그러나 우리도 그리스도 안에서만 발견할 수 있는 근원으로부터 떠나 있게 되면 무력해질 수밖에 없음을 인정하면서 우리의 이야기를 전해주어야 한다. 우리가 섬기는 사람에게 우리를 위해 기도를 요청하는 것도 적절한 방법이 될 것이다. 실제로 내가 사람들에게 그들을 위해 어떻게 기도해주기를 원하느냐고 물으면 종종 그들도 내게 똑같은 질문을 한다.

항상 그 사람이 필요로 하는 것은 당신이 아니라 하나님이심을 분명히 하라. 아무리 당신이 훌륭하다고 해도 하나님의 도구일 뿐이고 그분이 날마다 주시는 긍휼과 은혜에 대한 필요를 나누는 대사일 뿐이다. 개인적인 이야기를 들려주는 것은 그 사람이 당신에게 불건전하게 의존하지 않도록 막는 자연스러운 방법이다. 만약 올바르게 전해졌다면 당신의 이야기는 사람들로 하여금 그들 자신을 더욱 그리스도께 맡기도록 격려하게 될 것이다.

당신의 이야기의 목표는 항상 하나님에 대한 경배가 되어야 한다. 진정한 소망과 위로는 모두 하나님과 그분의 성품과 도우심에 대한 감사에 근거하고 있다. 소망을 준다는 것은 그 사람이 주님을 바라볼 수 있게 돕는 일이다. 고통은 우리의 관심을 지배하고 우리의 영적 시각을 흐리게 하여 신앙을 굳건히 유지하는 것을 쉽게 잊어버리게 한다. 고난은 우리의 인식을 어둡게 하고 혼란스럽게 하는 위력이 있기 때문에 누군가 우리에게 다가와, 반석과 산성과 피할 곳, 숨을 곳, 방패가 되시는 그분을 바라보게 하는 것은 큰 은혜가 된다. 우리는 모두 인생이 우리 자신의 고통으로 규정되는 것이 아니라 그리스도와의 연합으로 규정된다는 것을 깨닫게 해줄 누군가를 필요로 한다.

소망을 준다는 것은 상황이 호전될 것이라는 확신을 주거나 무엇을 해야 할지 결정하도록 돕는 것 이상의 의미를 갖는다. 소망을 준다는 것은 그들에게 어떤 분을 소개해주는 것이다. 그것은 상상할 수 없는 고통과 씨름하는 사람으로 하여금 그분의 영광과 은혜의 관점 그리고 그분 자녀라는 신분의 관점으로 삶을 바라볼 수 있도록 돕는다. 당신은 사람들에게 당신 자신의 이야기를 들려주면서, 그들의 신앙 체계를 어둡게 만드는 것처럼 보였던 고통이 실제로는 그것을 분명하게 설명하고 있음을 깨닫도록 도와주게 된다. 구원자이신 주님의 사랑과 은혜의 영광이 가장 밝게 비취는 때는 가장 어두운 밤인 것이다. 소망은 사람들이 그 빛으로 가도록 인도한다.

이 모든 것들은 소망이 생기게 할 뿐만 아니라 감사를 더욱 깊어지게 한다. 우리로 하여금 진실한 경배를 하게 만드는 데 고통보다 큰 잠재력을 지닌 것은 없을 것이다. 시련은 우리에 관한 가장 본질적인 것과 하나님에 대한 가장 놀라운 것을 드러낸다. 사람들은 연약할 때에 강함이 나타난다는 것과 거부될 때에 사랑이 나타난다는 것 그리고 어리석음에 직면하여 지혜로움이 나타난다는 것을 발견한다. 그리고 극한 외로움으로 괴로워할 때에 누군가 자신과 함께 있다는 것을 알게 된다. 그 결과는, 하나님의 좋으심을 경험하는 데서 흘러나오는 경배다. 이것이 우리가 개인적인 삶의 이야기를 나누는 궁극적인 이유다.

고통이 일반적인 인간의 경험이기 때문에 고통에 동참한다는 것은 개인 사역에서 무척 중요하다. 우리는 이러한 순간을 두려움으로 대해서는 안 된다. 그것은 특별한 기회의 순간이기 때문이다. 우리가 고통받는 동료로서 고통받는 사람들에게 다가가 그들을 고통받으신 주님께로 인도할 때에, 그들은 더 강한 믿음과 주님께 더욱 감사하는 마음으로 살아갈 수 있다. 고통은 자신이 누리던 편안한 삶으로부터 튕겨져 나온 사람들에게 잠시 멈추어 주님을 바라보고 그 말씀을 들어야 할 이유를 제공해준다. 그것은 그들이 자기에게 몰입하는 세계에서 빠져나와, 하나님이 중심이 되시고 소망이 보이지 않는 것에 굳게 뿌리박힌 영광스러운 세계로 들어가도록 도울 수 있다.[2]

하나님의 사역이 활발해지는 관계를 세운다는 것은, 하나님이 당신에게 인도하신 사람들의 삶 속으로 들어갈 수 있는 진입구를 찾는 것을 뜻한다. 이것은 그리스도의 사랑을 성육신화하는 것이며 당신 자신의 이야기를 기꺼이 드러내는 것이다. 또한 우리가 지금까지 살펴본 개인 사역의 모델에서 사랑의 기능에는 한 가지 요소가 더 들어 있다.

사랑의 요소 4

새로운 계획을 받아들이라.

우리는 여기에서 다시 우리를 위한 그리스도의 사랑의 모범을 따른다. 나를 그리스도의 가족으로 받아들이신 은혜는 내가 괜찮다고 말씀하시는 은혜가 아니다. 사실 성경이 분명히 말하기를, 하나님이 은혜를 우리에게 부어주시는데 그 이유는 우리가 전혀 의롭지 않기 때문이다. 우리는 하나님의 가족의 일원이 될 때 개인적으로 크게 변화될 필요가 있다. 바울은 디도서 2장 11-12절에서 "모든 사람에게 구원을 주시는 하나님의 은혜가 나타나 우리를 양육하시되 경건치 않은 것과 이 세상 정욕을 다 버리고 근신함과 의로움과 경건함으로 이 세상에 살고"라고 말한다. 하나님이 우리에게 베푸신 은혜는 항상 변화로 인도하는 은혜다. 그분의 용납하심은 그분 사역의 완성이 아니라, 시작이다! 우리를 의롭다 하심은 우리를 거룩하게 하심과 결코 구별되어서는 안 된다. 그것들은 구원이라는 연속된 사역의 두 부분이다.

그러므로 괴로워하고 있는 형제나 자매에게 정죄하는 영, 자기 의로움의 영을 가지고 나아가는 것은 옳지 않다. 이런 일은 그들의 삶 속에서 역사하시는 하나님의 일을 방해한다. 당신은 주님으로부터 받았던 것과 동일한 은혜와 사랑을 그들에게 베풀어야 한다. 이와 함께 은혜를 베푸는 것이 오해받게 해서는 안 된다. 하나님의 은혜는 항상 변화로 인도하는 은혜다. 하나님의 목적은 우리가 '그분의 신적 성품에 참예하게 되는 것'(벧후 1:4)이기 때문에 변화는 그분의 행동 목표다. 우리가 사람들에게 겸손하고 인내하며 부드럽고 기다리며 용서하는 사랑을 전해주고자 할 때 결코 그들이 현재 상태에 머물러도 괜찮다고 말해서는 안 된다. 여전히 삶에 뿌리박힌 죄의 흔적이 남아 있는 한 변화는 하나님이 주신 소명이다. 그분이 우리에게 주신 관계에서 변화를 가볍게 다루어서는 안 된다. 그렇게 타협하면 더 이상 대사가 아니라, 그 사람의 삶에서 주님이 일하시는 것을 방해하는 사람이 된다.

그래서 우리는 정죄하는 것을 강하게 거부한다. 그렇다고 해서 묵과하는 것을 허용하는 것도 아니다. 우리는 마음의 변화를 이루시는 하나님의 사역을 위해 우리를 강하게 하시는 은혜를 힘입어 사람들을 대한다. 그 어떤 것도 그분의 은혜를 값싼 것으로 만들거나 우리에게 그 은혜가 필요함을 부정하지 못한다.

사람들의 고통스러운 마음 안으로 들어가는 사역을 행하고자 할 때, 그리스도의 임재와 성품을 성육신하는 방법을 찾는다. 우리는 그들과 동일한 과정을 거친, 같은 가족인 형제와 자매로서 그들 옆에 나란히 선다. 이전에 고통을 겪은 자로서 자신의 이야기를 기꺼이 말해주고자 하는 우리는 하나님의 소망과 영광을 들여다보는 창문이 된다. 그 결과 우리가 주님께 용납받은 것처럼 다른 사람들도 주님께 용납되도록 돕는다. 그것은 우리 힘으로 획득할 수 없는 은혜이지만 우리가 항상 애쓰도록 부르심받은 것이다. 이 사역은 우리가 하나님의 아들의 형상으로 온전히 변화되기까지 이 땅에서 계속될 우리의 소명이다. 이러한 방식으로 세워지는 관계는 하나님의 사역이 확장될 수 있는 환경이 된다. 그 관계는 사람들이 새로워지고 회복되며 다시 세워지고 정결케 되는 장소다. 바로 그곳에서 하나님은 모든 것의 중심이 되시고 마땅히 받으실 영광을 받으신다.

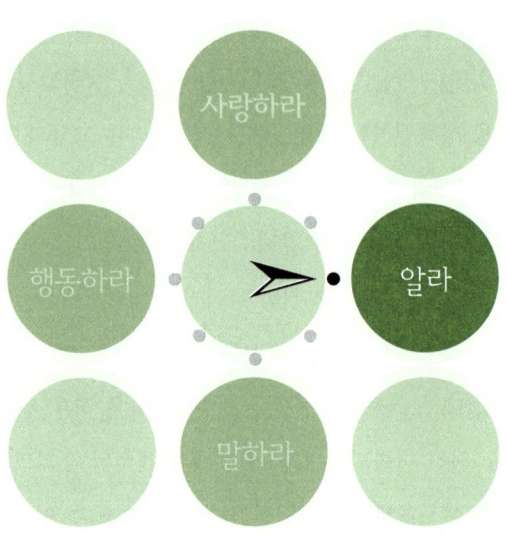

9장 Instruments in the Redeemer's Hands

사람들을 깊이 알아가라

모든 사람들은 베티(Betty)와 브래드(Brad)를 오래전부터 알고 있었던 것처럼 친숙하게 생각했다. 그들은 우리 교회에서 너무나 중심적인 자리를 차지하고 있어서 그들 없이는 공식적인 모임이 존재하지 않는 것 같았다. 나는 브래드와 만나 많은 시간을 보냈다. 그럴 때마다 조용히 자신의 할 일을 하는 모습에 깊은 감명을 받았다. 우리는 가족끼리 함께 소풍을 가기도 했고 저녁 식사도 함께했으며 내가 참여한 기독교 학교의 일도 함께했다. 우리는 그들의 자녀들과 친척들도 잘 알고 있었다.

어느 늦은 가을 저녁에 브래드는 나에게 전화를 걸어 차 한 잔 하러 나가자고 하였고, 바로 그 시간에 꼭 그렇게 해주기를 바란다는 뜻을 분명히 밝혔다. 나는 그의 목소리에서 절박함을 느꼈다. 그래서 옷을 갈아입고 그를 만나러 식당으로 갔다. 내가 먼저 도착했는데 브래드가 식당 안으로 들어오는 모습을 보고 뭔가 심각하게 잘못되었다는 것을 알았다.

브래드는 자리에 앉더니 다음과 같이 말했다. "어디서부터 시작해야 할지 모르겠어요. 오래전에 이렇게 털어놓았어야 했는데…. 그렇지만 그때 나는 우리가 이 문제를 해결할 수 있을 것이라고 생각했어요. 지금은 막다른 골목에 몰린 것 같고 앞으로 어떻게 해야 할지 모르겠어요." 그는 낙심하고 화가 난 것처럼 보였다. "나는 수년 동안 아내의 잔소리를 참았어요. 매일 계속되는 일이었죠. 요구 사항이 끝이 없었어요. 아내가 원하는 대로 하지 않았을 때는 엄청난 대가를 치러야 했어요. 하루도 그냥 지나가는 날이 없어요. 그녀는 아이들 앞에서 내게 끔찍한 일을 요구했어요. 그리고 한 달에 한 번은 집을 떠나겠다고 협박했지요. 지난 주에는 내내 무척 우울해하면서 과자를 먹거나 화장실 가는 것을 제외하고는 침대에서 나오지 않았어요. 아이들은 엄마에게 무슨 문제가 있느냐고 계속 물어보고, 나는 친구들 앞에서 그녀 일을 감추느라 수천 가지 이야기를 지어냈어요."

그러나 그것은 최악의 경우가 아니었다. 브래드가 계속 말했다. "몇 년 전에 베티는 저녁을 준비하고 있었어요. 그날 밤 내가 도울 수가 없자 그녀는 매우 화가 났죠. 말다툼을 하는 도중에 베티는 냄비 뚜껑을 나에게 던졌어요. 나는 몸을 숙여 피했고, 그 뚜껑은 나를 지나쳐서 부엌 창문을 깼어요. 창문이 깨지는 소리를 듣고 제가 자제력을 잃었던 것 같아요. 그대로 달려가 베티 얼굴을 때렸어요. 그러자 그녀는 나를 발로 찼고 우리는 처음으로 치고받고 싸웠죠. 그 다음부터 우리는 계속 신체적으로 공격하며 싸웠어요. 거의 모든 화분과 전등을 깼고, 집의 모든 벽에 구멍이 났어요. 심지어는 내가 베티를 심하게 때려서 그녀가 상처가 치료될 때까지 일주일 동안 집에 있어야 했던 적도 있었어요. 이전에 제가 집을 수리하면서 생겼다고 말했던 상처들 대부분이 다 베티 때문에 생겼어요."

그는 계속 지난날의 일을 털어놓았다. "이 모든 상황이 우리 아이들에게 심각한 영향을 미쳤어요. 아이들은 분위기가 심상치 않다고 느낄 때마다 숨어버리곤 했지요. 내가 밖에 나가지 않고 집에 있을 것 같으면 거의 항상 사라져버려요. 최근에 아내와 다투고 있을 때였는데 일곱 살 된 우리 아이가 아내와 나를 때리고 발로 차며 "엄마, 아빠 미워. 엄마, 아빠 미워"라고 소리치며 울어댔어요. 그럴 때마다 베티는 내가 아이들을 망치고 있다고 말하죠. 그리고 아이들에게 내가 잘못하고 있는 것들을 계속해서 늘어놓아요. 내가 오늘 밤에 여기 온 것은 베티가 지금 어디 있는지 모르기 때문이에요. 방금 우리는 이전까지 했던 싸움보다도 더 끔찍한 싸움을 했어요. 집은 지금 전쟁터 같아요. 이 방에서 저 방으로 다니며 막 싸웠어요. 우리 둘 다 최악의 사태라고 말했어요. 우리 손으로 잡을 수 있는 것은 모두 다 집어던졌어요. 아내는 지금 미칠 정도로 화가 나서 현금 카드와 신용 카드 그리고 커다란 와인 병을 가지고 밖으로 나가버렸어요."

사실 브래드가 너무 횡설수설했기 때문에 처음에는 집중하기가 힘들었다. 나는 수년간 이 남자를 알고 있었다. 그러나 그가 지금 나에게 무엇을 말하는지 전혀 알 수 없었다. 나의 마음은 이 가족과 함께 보냈던 많은 시간들에 가 있었다. 나는 그들을 알고 있다고 생각했다. 그래서 그들에게 개인적인 삶의 진정한 상태에 대한 것을 전혀 묻지 않았다. 이런 일이 아무도 모르게 그렇게 오랫동안 일어날 수 있었다는 사실이 놀라웠다. 그 순간에 나는 우리 삶의 가장 개인적이고 중요한 부분이, 그리스도의 몸 안에서 이루어지는 우리의 전형적인 관계로는 포착되지 않는다는 것을 깨달았다. 우리는 단지 짧은 대화를 주고받는, 활동에 기초한 우정을 나누며 정신없이 바쁘게 살아간다. 사실 나는 내가 잘 알지 못한 친구와 마주하며 앉아 있었던 것이다.

일상적인 관계를 뚫고 깊이 들어가기

　당신은 이전에 잘 알고 있다고 생각했던 사람에게서 전혀 알지 못했던 중요한 부분을 발견한 적이 있는가? 당신 삶의 이야기를 막 꺼내려고 하는데, "나는 네가 말하려는 것이 무엇인지 잘 알고 있어"라고 딱 잘라버리는 사람 때문에 상심해본 적이 있는가? 그 사람이 모든 것을 잘 알고 있을 수는 없지 않은가? 당신이 잘 알고 있다고 믿는 사람을 생각해보라. 당신이 그 사람 이야기를 이해하는 데 어떤 공백이 있음을 깨달으라. 당신 친구의 집안 혈통에 대해 얼마나 많이 알고 있는가? 하나님과의 관계에서나 성경을 이해하면서 그가 씨름하는 부분이 어디인지 알고 있는가? 결혼 생활이나 남편과의 관계에 대하여 무엇을 알고 있는가? 만약 그가 미혼이라면, 혼자서 시간을 어떻게 보내는지 알고 있는가? 만약 그녀가 엄마라면, 자신이 실패자라고 생각하지는 않는가? 당신의 친구가 직장에서의 깨진 관계나 친척들과의 오랜 문제로 갈등하고 있는가? 그의 마음이 욕망에 사로잡혀 있거나 쓰라린 감정으로 괴로워할 수도 있다. 그는 과거의 결정을 깊이 후회하거나 친구의 성공을 질투하고 있지 않은가? 재정적인 어려움이나 신체적인 문제가 있지 않은가?

　우리에게는 결코 진정한 친밀함으로 발전되지 않는 단순하고 일시적인 관계를 맺으려는 경향이 있다. 우리가 서로에 대하여 알고 있는 것이 있긴 하다. 그러나 그러한 기본적인 정보 때문에 우리는 그 사람이 우리가 알고 있는 울타리 안에서만 사는 존재라고 생각하기 쉽다. 그래서 그들에게 적절한 질문을 하지 못한다. 이것이 모든 종류의 오해를 낳는다. 그렇게 되면 하나님의 대사로서 제 역할을 못하게 된다. 왜냐하면 어디에서 변화가 필요한지 어디에서 하나님이 적극적으로 일하시는지를 깨달을 만큼 다른 사람을 충분히 알지 못하기 때문이다.

이 점을 좀더 생각해보라. 오늘 당신이 나누었던 대화의 대부분은 세속적이거나 다소 자기 방어적이다. 우리는 대부분의 시간을 사소한 개인적인 내용들, 날씨, 정치, 스포츠, 연예 등에 대해 이야기하며 보낸다. 이러한 것들은 우리가 정말로 누구인지를 숨길 수 있도록 해준다는 것을 제외하고는 잘못된 것이 없다. 어떤 사람은 매우 힘든 결혼 생활을 하고 있어도 사람들이 안부를 물을 때면 즉각 "좋아요, 당신은 어때요?"라고 대답할 것이다. 안부를 물은 사람은 정말로 어떤 상황인지 알고 싶어하지 않으며, 대답하는 사람도 솔직히 말하기를 원치 않는다. 그들은 가벼운 관계 수준에서만 만나는 것이다. 그 일이 교회 예배당에서 일어나든지 학교 행사 때 스쳐 지나가면서 이루어지든지 아니면 전화로 하든지 간에 우리 모두는 좋은 대화거리가 되기는 하지만 자기를 방어하는 대화에 능숙하다.

우리의 관계가 피상적인 성격을 띠는 이유는 많다. 그 가운데 하나는, 분주한 삶 가운데 진지한 대화가 가벼운 대화로 축소되는 것에 실망하기 때문이다. 우리의 이야기를 전하고 싶을 때가 있지만 그렇게 할 기회가 있는 것 같지는 않다. 우리 모두는 우리의 공적인 명성과 우리의 사적인 문제들 사이의 불일치를 경험한다. 우리는 사람들이 정말로 우리를 안다면 무슨 생각을 하게 될지 궁금해한다.

우리가 여러 가지 사항을 피상적인 상태로 유지하는 또 다른 이유는, 자신은 남과 다르다고 하는 환상과 자신은 다른 사람들과 같지 않은 방식으로 고군분투하고 있다는 어리석은 우월감이다. 우리는 사람들의 공적인 면모에 속고 있으며 그들이 사실상 우리처럼 살고 있다는 사실을 잊어버린다. 우리는 누구에게나 삶은 낙심과 어려움, 고통과 갈등, 시련과 유혹으로 가득 찬 것이라는 사실을 잊어버린다. 완벽한 가정에서 자란 사람은 아무도 없으며, 완벽한 직업을 가진 사람도 없다. 아무도 완벽한 인간관계를 맺고 있지 못하며, 항상 옳은 일만 하는 사람도 없다. 그러나 우리는 다른 사람의 연약함은 말할 것도 없고 우리 자신의 연약함을 인정하기를 꺼린다. 우리는 우리가 씨름하는 문제가 우리 내면의 진정한 상태를 드러내는 것에 직면하기를 원치 않는다.

성경은 사람들이 빛보다는 어두움을 사랑한다고 가르친다. 왜냐하면 그들의 행동이 악하기 때문이다. 그래서 우리 모두는 진정한 우정에서 나오는 관심마저도 두려워한다. 진정한 우정은 당신을 사생활의 어두움에서 불러내어 상호 관심에서 나오는 솔직한 사랑으로 나아가게 한다. 그것은 당신을 감추어진 은밀한 삶에서 열려진 삶으로 옮겨놓는다. 최상의 관계들은 이렇게 서로 신뢰를 주고 진실을 말하는 기초 위에 세워진다.

우리가 대개 피상적인 수준 이상으로 말하지 않는 또 다른 이유는, 영적으로 바로 보지 않기 때문이다. 성경은 우리가 영적으로 얼마나 눈이 멀었는지에 대해 많은 것을 이야기하고 있다. 죄는 우리를 기만한다. 그래서 우리로 하여금 우리 자신을 보는 것보다 훨씬 더 집중해서 다른 사람을 보게 만든다. 왜냐하면 우리는 자신의 논리를 믿고 자신의 변명을 채택하는 경향이 있기 때문에 종종 자신이 얼마나 도움이 필요한 존재인지를 제대로 의식하지 못하는 것이다. 우리는 보지 못하는 것을 드러낼 수 없다. 우리는 자신을 괜찮다고 생각하면서, 우리 옆에 있는 사람이 그의 죄를 어떻게 그렇게 모를 수 있는지 의아해한다. 이처럼 죄는 우리 자신에 대한 시각을 왜곡할 뿐 아니라 다른 사람에게 우리의 이야기를 말하는 방식도 형성한다. 심지어 우리 자신의 이야기를 다른 사람에게 말할 필요가 있는가 하고 의문을 품게 만든다.

이 외에 우리에게 자신을 드러내는 솔직함이 부족한 가장 간단한 이유는, 아무도 묻지 않기 때문이다. 우리 삶의 전형적인 리듬은 깊은 곳으로 나아가는 것을 방해한다. 분주한 삶에서 사생활을 드러내야만 대답할 수 있는 질문을 던지는 것은 상당히 주제넘는 일로 보인다. 그러나 이와 관련해서 우리 모두가 갈망하는 관계가 있다. 그것은 구속주가 그분의 사역에서 사용하시는 관계다.

우리는 그러한 피상적인 관계에 편안함을 느껴서는 안 된다. 그러한 관계에서 사역은 모든 사람의 이야기에 들어맞는 일반적인 원리들을 제공하는 것으로 제한된다. 하지만 사적 사역의 정수는, 그것이 개인적 성격을 띤다는 것이다. 위대한 성경 이야기의 장엄한 주제를 선택할 수 있고, 그것을 특수하게 개인의 구체적 삶에 적용할 수도 있다. 사적 사역은 매우 작은 규모의 회중에게 설교하는 것이 아니다. 그것은 헌신된 성도의 좋은 질문으로 드러나게 되는 마음의 갈등에 그리스도와 그분의 말씀을 주의 깊게 적용하는 사역이다. 이것이 의미하는 바는, 하나님께 영광 돌리며 마음을 변화시키는 사적 사역의 효과는 개인에 대한 풍부한 정보에 달려 있다는 것이다. 당신이 잘 알지 못하는 사람에 대해서는 효과적으로 사역할 수가 없다.

자료 수집자이신 그리스도

그리스도를 자료 수집자의 모델로서 생각하는 것은 좀 지나치게 보일지도 모른다. 그러나 그것은 그분이 우리 가운데 계셨을 때 분명히 하셨던 일이다. 이것은 히브리서 4장 14-16절에서 우리를 위해 강력하게 묘사되어 있다.

> "그러므로 우리에게 큰 대제사장이 있으니 승천하신 자 곧 하나님 아들 예수시라 우리가 믿는 도리를 굳게 잡을지어다 우리에게 있는 대제사장은 우리 연약함을 체휼하지 아니하는 자가 아니요 모든 일에 우리와 한결같이 시험을 받은 자로되 죄는 없으시니라 그러므로 우리가 긍휼하심을 받고 때를 따라 돕는 은혜를 얻기 위하여 은혜의 보좌 앞에 담대히 나아갈 것이니라."

이 말씀은 우리에게 우리의 경험과 그것으로 드러나는 연약함을 다 체휼하신 위대한 상담자에게 나오라고 권면한다. 그러면 우리는 매 순간 긍휼히 여김 받고 필요한 은혜를 받을 수 있다. 이것은 개인적인 도움의 약속이다. 그리스도는 우리 각자의 연약함을 '체휼하실(공감하실)' 수 있다. 여기에서 '체휼하다'로 번역된 헬라어 단어는 순간적인 동정이나 연민보다 훨씬 더 많은 것을 의미한다. 우리가 경험하는 체휼은 일반적으로 어떤 사람을 가엾게 여기고, 우리 자신은 그러한 어려움에 빠지지 않아서 감사하는 것 정도로 국한된다. 그러나 이 구절에서 체휼은 어떤 사람에게 영향을 미친 것에 자신이 영향받는 것을 의미한다. 그리스도의 체휼은 너무나 강해서 우리의 문제를 그분의 문제로 여기신다. 이것은 곤란한 상황에 있는 사람에 대해 가엾게 느끼는 것 이상이다. 즉, 다른 사람의 상황 가운데에서 사는 것이 어떠한 것인지를 이해하는 것이며, 더불어 당신 능력의 한계 안에서 그를 돕기 위해 무엇이든 하고 싶다는 욕구를 갖는 것이다.

이 구절에서 '… 아니하는 자가 아니요'라는 이중 부정은 우리가 인생의 갈등을 겪고 있을 때 이것이 위대한 상담자이신 주님이 우리에게 반응하시는 방식이라는 확신이다. 우리가 그런 분께 달려가서 도움받을 수 있다는 것을 깨달으면 놀라운 위로가 주어진다. 그분은 우리가 무엇을 경험하는지 충분히 이해하고 계시며 적절한 도움으로 응답하실 준비가 되어 있다. 이것이 모든 사람들이 어려움에 처할 때 원하는 것이 아닌가? 당신은 연민이나 등을 두드려주는 것 혹은 희망적인 말 이상을 원한다. 당신은 당신이 말하는 것을 이해할 수 있고, 그것에 관해 당신을 도울 만큼 충분히 관심을 가져주는 사람을 원한다. 우리가 원하는 이러한 도움을 그리스도 안에서 받을 수 있다는 것을 깨닫는 것은 행복한 은혜다. 그분은 우리의 궁극적인 조력자이실 뿐만 아니라, 우리의 모델이시다. 오직 그분 안에서만 도움이 필요한 사람들과 상호 작용하는 법을 배울 수 있다.

이 구절에서 '연약함'으로 번역된 헬라어 또한 매우 강력한 의미를 갖는다. 그것을 '인간의 상황'으로 이해하는 것이 가장 적합하다. 히브리서 기자는 예수님이 이 타락한 세상에서 사는 것이 무엇을 의미하는지를 정말로 이해하신다고 말하고 있다. 그분은 우리가 직면하는 모든 유혹을 이해하신다. 그분은 우리의 관계들이 얼마나 어렵고 복잡한지를 이해하고 계신다. 그분은 배반이나 거부, 육체적 고통과 외로움도 이해하신다. 예수님은 인간이 된다는 것이 무엇을 의미하는지 알고 계신다. 그분은 우리를 아신다!

당신은 '그러나 예수님은 완벽하셨어!'라고 생각할 것이다. 분명히 그분은 완벽하셨다. 그러나 그렇다고 해서 우리가 직면하는 모든 종류의 압력을 다 경험하지 않으셨다는 것을 의미하지는 않는다. 이것이 일반적인 오해다. 그러나 이러한 예를 생각해보라. 어느 힘센 사람이 박람회에서 쇠막대를 구부리는 묘기를 보여준다고 상상해보자. 그가 집은 첫 번째 막대는 지름이 1.5센티미터다. 그는 그 막대를 90도 각도로 구부렸고, 그 막대는 부러졌다. 그리고 나서 그는 3센티미터 두께의 막대를 집었고, 그 막대의 양쪽 끝이 닿을 때까지 구부렸다. 그러나 그 막대는 부러지지 않았다. 어느 막대가 압력을 가장 잘 견디었는가? 분명히 답은 두 번째 막대. 그 막대는 그 사람의 모든 힘을 흡수했고, 부러지지 않았다. 이 세상에서 그리스도는 그 두 번째 막대와 같다. 왜냐하면 그분은 결코 굴복하지 않으셨기 때문이다. 또 도망치지도 않으셨고 유혹받는 대로 움직이지도 않으셨다. 그분은 유혹의 순간이 끝날 때까지 굳건히 서 계셨으며, 유혹의 힘을 다 견뎌내셨다. 그리스도는 우리가 절대 직면하지 않을 강렬한 스트레스와 고통, 괴로움과 희생을 견디셨는데 그 이유는 부러지지 않으셨기 때문이다. 그분은 우리를 위해 죄에 대항하여 굳건히 서 계셨다. 세상이 그분에게 던지는 것을 모두 견뎌내셨다.

이 모든 것이 자료 수집과 무슨 관계가 있는가? 히브리서 4장 15절 말씀을 다시 살펴보자. "우리에게 있는 대제사장은 우리 연약함을 체휼하지 아니하는 자가 아니요 모든 일에 우리와 한결같이 시험을 받은 자로되 죄는 없으시니라." 예수님은 우리의 세상을 견디셨기 때문에 우리를 이해하신다. 그분은 33년 동안 우리 경험의 본질에 관한 자료를 수집하시며 우리 가운데서 사셨다. 그러한 세월들의 한순간도 낭비하지 않으셨다. 그분은 아담이 실패한 시험을 통과하셨을 뿐만 아니라, 우리가 삶의 고난을 견디고 그분의 재림을 기다리면서 직면하게 될 모든 것에 대해 철저히 알고 계셨다. 그분은 베들레헴에 있는 마구간과 골고다라는 언덕 사이에서 경험한 세월로 인해 우리의 연약함을 충분히 체휼하실 수 있는 대제사장이 되셨다. 그분은 우리의 세상으로 들어오셨고 그분의 이해는 직접적이고 완벽하였다.

예수 그리스도가 개인 사역에 대한 우리의 모델이 되신 이후로, 우리 역시 다른 사람들을 깊이 이해하기 원하기 때문에 그들의 삶 가운데서 그분을 섬길 수 있다. 우리도 그들의 세상으로 들어가는 데 헌신할 것이다. 우리도 좋은 질문을 하고 잘 들어주는 시간을 가짐으로써 도움을 주기 시작할 수 있다. 우리의 희망은 다른 사람들이 우리와 만나 그들의 진정한 문제를 더 많이 나눔으로써 결국에는 우리를 통해 주님을 찾게 되는 것이다. 우리가 한 사람의 세상으로 들어가면, 복음의 진리를 각 상황과 개인에 맞게 구체적인 방식으로 적용할 수 있다.

추측의 문제

왜 우리는 더 좋은 질문을 하지 못하고, 잘 들어줄 시간을 갖지 못하는가? 왜 우리는 그들이 했던 말이 무엇을 의미하는지, 혹은 그들이 왜 그런 행동을 했는지를 그들에게 좀더 자주 묻지 않는가? 왜 우리는 사람들에게 그들의 용어를 정의하거나 그들의 논리를 설명하라고 요청하지 않는가? 왜 우리는 사람들이 생각하고 느끼는 것에 대해 좀더 묻지 않는가? 왜 우리는 그들이 어떤 결정을 내리게 된 목적이나 밑바탕에 깔린 바람에 관하여 좀더 말하도록 하지 않는가? 이러한 질문들에 대한 답은 많지만 다음과 같은 한 가지 대답이 주님의 대사로서 기능하는 우리의 소명에 특별한 걸림돌이 되는 것 같다. 그것은 바로 추측의 문제다.

당신이 무엇인가를 추측하면 묻지 않게 된다. 만약 당신이 묻지 않는다면 타당하지 않은 결론과 오해의 세계에 자기 자신을 던지는 셈이다. 당신은 하나님의 도구가 되려고 노력하겠지만 둘에 둘을 더하여 다섯을 만들려고 하기 때문에 실패할 수도 있다. 심지어 그 사실조차 인식하지 못할 수 있다. 그래서 당신의 추측 덕분에, 당신이 돕고 있다고 생각하는 그 사람은 당신의 머릿속에만 존재할 것이다.

우리가 너무나 많이 추측하는 두 가지 주요한 이유가 있다. 하나는 신학적인 것이고 다른 하나는 경험적인 것이다. 먼저 신학적인 이유부터 살펴보자.

개인 사역을 할 때 우리는 빈손이 아닌 성경의 신학을 근거로 삼는다. 말씀의 신학은 하나님의 구속 계획을 묘사할 뿐만 아니라 인간에 대해서도 설명해 준다. 성경은 우리를 알고 있으며 심지어 우리 마음의 깊은 생각과 동기도 알고 있다. 성경은 인간관계의 복잡함을 해결하면서 우리의 고통이나 즐거움을 극적으로 묘사하고 있다. 인간의 감정, 지식, 의사 소통에 대해서 묘사하고 있는 것이다. 당신은 성경을 읽으면서 사람들을 알고 이해하게 될 것이다.

이러한 성경적인 통찰력은 큰 선물이다. 그러나 여기서 어려움에 빠지기도 한다. 일반적으로 사람들에 대하여 근본적인 것을 아는 것을 하나님이 당신에게 보내주신 특별한 개인들을 아는 것과 혼동해서는 안 된다. 우리에게 풍부한 신학적 기초가 있으면 무기력한 자료 수집가가 되지 않을 것이다. 그러나 우리는 사람들을 잘 안다고 추정하기 때문에, 좋은 질문을 함으로써 알 수 있는 사실들을 쉽게 놓칠 수 있다.

우리는 하나님이 모든 사람의 창조주시며, 성경을 통해 그들이 누구인지를 알려주는 계시자시고, 그들 삶의 모든 세세한 것들에 대한 주권자심을 기억해야 한다. 하나님의 주권 때문에 우리 모두가 다른 이야기를 갖는다. 사람들은 서로 비슷하지만 동시에 극적으로 서로 다르다. 인간의 코를 예로 들면, 모든 사람은 하나씩 가지고 있지만 어떠한 코도 똑같지 않다. 하나님의 창조적인 예술품은 정말로 다양하다. 모든 사람은 비슷비슷하다. 그러나 자세히 보면 볼수록 당신은 우리가 서로 얼마나 다른지 깨닫고 놀라게 된다.

우리 육체의 무한한 다양성은 우리 내면의 광대한 다양성의 은유가 된다. 성격의 무한한 다양성 혹은 각자의 정신이 작용하는 다양하고 예기치 못한 방식들을 생각해보라. 어떤 사람은 기계 전문가인 반면 어떤 사람들은 어떻게 고쳐야 하는가를 헤아릴 지혜도 없고 그것을 고칠 만한 손재주도 없다. 어떤 사람은 냉정할 정도로 이성적인 반면에 어떤 사람은 인생을 오직 느낌으로 살아간다. 키 큰 사람과 작은 사람, 뚱뚱한 사람과 마른 사람의 삶의 경험 차이를 상상해보라. 남자나 여자 혹은 사상가나 행동가의 삶의 경험 차이를 생각해보라. 하나님의 창조의 범위는 너무나 광대하다.

하나님은 우리 각자를 독특하게 창조하셨을 뿐 아니라, 우리 각자의 이야기를 주권적으로 다스리시고, 연출하신다. 그것들 모두에는 비슷한 요소들이 있다. 그러나 각 사람의 이야기는 무척 세부적인 내용에서 다른 사람의 이야기와 극적으로 다르다. 당신은 이 사실 때문에 성경이 나에 관하여 말하는 바를 아는 것만으로는 나를 알 수 없다. 당신은 성경을 통해 인간 존재인 나에 대하여 놀랍도록 도움이 되는 것들을 알게 될 것이다. 그러나 이러한 진리들이 나의 삶에 어떻게 독특하게 나타나는지는 물어보지 않고서는 알 수 없을 것이다. 우리는 하나님을 우리의 창조주(보편적인 인간 진리)와 주권적인 주님(독특하고 개인적인 세부 내용)으로 인식하는 것처럼 서로를 그렇게 알게 되기를 구해야 한다. 그렇게 되면 우리가 성경의 진리로 무장한 것에 감사할 것이며, 또한 하나님이 우리에게 보내신 특별한 사람들을 잘 알게 될 것이다.

우리가 너무 많이 추측하는 두 번째 이유는 우리의 경험 때문이다. 우리는 똑같은 언어를 말하고, 똑같은 경험들을 공유하며, 같은 지역에서 살고 종종 같은 교회에 출석한다. 따라서 실제보다 서로에 대하여 더 많이 알고 있다고 쉽게 가정한다. 이보다 더 위험스러운 것은, 비슷한 경험과 동일한 경험을 혼동하는 경향이 있다는 것이다. 예를 들어 당신에게 어떤 종류의 가족이 있다고 내가 결론 내리는 것은 별 문제가 없다. 그러나 당신이 '가족'이라고 말하는 것을 듣고, 내가 당신의 경험이 아닌 나의 경험에 입각해 그 말이 의미하는 바의 세부 내용을 채워 넣는 것은 전혀 타당하지 않다. 우리가 생각, 바람, 경험의 구체적인 내용을 미리 단정해버리면, 하나님의 사역에 유용하게 사용되기 위해 물을 필요가 있는 사항들을 묻지 않게 될 것이다. 우리는 사람들에 관한 부적절한 추측을 계속 믿고 있을 것이고, 그들의 필요에 꼭 들어맞지 않은 도움을 제공하려 할 것이다.

효과적인 개인 사역의 원리는 간단하다. 추측하지 말고 구체적인 질문을 던지라. 이것은 좋은 상담자가 해야 할 일일 뿐 아니라 지혜로운 선생님, 장로, 배우자, 부모 혹은 친구에게도 해당된다. 당신이 알 필요가 있는 것을 이미 알고 있다고 가정하면, 거의 항상 오해로 말미암아 개인 사역에서 둔감해지고 탈선하고 말 것이다. 만약 당신이 어떤 것을 당연히 안다고 생각한다면, 그래도 다시 질문하라. 그럴 때에만 이 사람의 상황과 관계에 적합한 도움을 줄 수 있을 것이다.

당신의 결론이 옳은지 확인하기

　당신이 다른 사람의 실제 경험을 바로 알고자 하는 노력과 성급한 추측을 하려는 유혹 사이에서 싸우고 있다면 습관적으로 다음과 같은 세 가지 일을 하는 것이 매우 중요하다. 그것들은 처음에는 성가시게 보인다. 그러나 얼마 지나지 않아서 자연스럽게 그것들을 하게 될 것이다. 그리고 이런 일을 통해 잘못된 추측을 피할 수 있다는 것에 감사하게 될 것이다.

　첫째, 항상 사람들에게 그들의 용어를 정의하도록 요청하라(무엇이). 인간의 언어는 복잡하다. 단어가 많이 사용되면 의미상 더 많은 뉘앙스를 갖게 된다. 우리는 매우 친근한 단어를 기능적으로 매우 다른 정의로 사용하는 사람들과 말할 때가 있다. 예를 들면 한 자매가 자신과 남편이 지난밤에 크게 싸웠다고 말했을 때 당신은 그녀가 의미하는 것을 이해한다고 추측해서는 안 된다. 만약 당신이 '크게 싸운 것'이 무엇인지 설명해 달라고 요청하지 않는다면 그것을 당신 자신의 경험을 통해 해석할 것이다. 그렇게 함으로써 당신은 그녀와의 상담에 영향을 미칠 수 있는, 사소해 보이지만 중요한 오해의 영역을 만들게 된다. 이 싸움은 일반적인 부부 간의 가벼운 말다툼일 수도 있다. 혹은 완전히 전쟁처럼 보일 수도 있다. 그래서 나는 사람들에게 늘 이렇게 말한다. "나는 당신의 말을 내가 마음대로 정의 내려서 사실 존재하지도 않는 사람을 상담하는 결과를 낳고 싶지 않습니다. 그래서 나는 계속해서 당신의 말이 무엇을 의미하는지를 정의해 달라고 요청할 것입니다."

　둘째, 항상 사람들에게 그들 말이 무엇을 의미하는지 구체적이고 실제적인 삶의 예를 들어 설명해 달라고 요청하라(어떻게). 첫 번째 요지가 그들이 한 말의 개인적인 정의를 요구하는 것이었다면, 두 번째 요지는 우리에게 생생한 예를 들어 달라고 요청하는 것이다. 사람들이 사용하는 용어는 의미심장한 상황에 대한 간단한 축약 언어다. 나는 그녀가 지난 밤에 남편과 '큰 싸움'을 하면서 무슨 일이 있었는지를 말해줌으로써 나에게 한걸음씩 다가오기를 원한다. 그 설명을 들으면 구체적이고 개인적으로 그녀를 이해하게 될 것이고, 그 순간의 장면과 감정이 생생하게 느껴질 것이다.

셋째, 항상 사람들에게 그들이 말했던 사례에서 왜 그렇게 반응했는지 설명해 달라고 요청하라(왜). 이제 당신은 사람들이 한 말의 정의와 구체적인 상황을 이해했을 뿐만 아니라, 그 사람의 행동 뒤에 있는 마음까지도 읽을 수 있다. 자신의 동기와 가치관, 목적과 욕구 등을 알려 달라고 요청하라. 이때 당신은 그녀에게 그녀가 말했던 단어들, 그녀가 내렸던 선택들 그리고 그녀가 했던 배후에 과연 무엇이 있었는지를 잠시 뒤로 물러나서 스스로 평가해보라고 요청하고 있는 셈이다. 그렇게 함으로써 당신은 대화의 초점을 주위 배경으로부터 옮겨 그 사람 자신에게로 비추게 된다.

당신은 사람들에게 그들이 한 말을 정의하고, 분명히 하고, 설명해 달라고 조심스럽게 요청하면서, 오해와 잘못된 추측을 피하고, 효과적인 개인 사역을 할 수 있다. 기억하라. 당신은 일반적인 방식으로 말씀의 원리들을 공표하고 있는 것이 아니다. 이 사람과 이 순간의 사적인 부분에 초점을 맞추고 말씀을 특수하게 사용하라. 그녀의 세상으로 들어가라. 그녀가 직면하고 있는 것이 무엇인지 알라. 그리고 그녀의 특별한 상황에 직면하기 위해, 그리스도 안에서 사용할 수 있는 자원들을 이해하도록 도우라. 당신은 이 사람을 위해 복음을 상황에 맞게 적용하려고 애쓰기 때문에, 그녀에게 정의나 명료화 혹은 설명을 요청하는 것을 한 번으로 그쳐서는 안 된다. 당신은 미묘한 오해를 피하고 진리를 구체적이고 실질적으로 다루기 위해 이것을 되풀이해야 한다.

좋은 질문을 하는 것의 중요성

통찰력 있는 사람들은 올바른 답을 다 알고 있다고 생각하기 쉽다. 그것이 어느 정도는 사실이다. 그러나 먼저 적절한 질문을 하지 않으면 옳은 대답을 기대할 수 없다. 어떤 기술의 한 측면을 변화시키는 기술자는 정확한 진단을 할 수 있다. 왜냐하면 먼저 한발 뒤로 물러서서 다른 사람들이 묻지 않는 질문을 했기 때문이다. 우리의 생각은 항상 우리 마음에 떠오르는 질문의 궤적을 따라간다. 훌륭한 사상가는 한 주제를 다각적으로 검토하고 그것을 다른 각도로 보기를 좋아한다. 그들은 새로운 질문을 하는 것을 좋아하고 오래된 질문이라도 새로운 방법으로 묻기를 좋아한다. 그들은 불확실한 추측을 하지 않으며, 자신이 실제로 알고 있는 것보다 더 많이 알고 있다고 교만하게 생각하지 않는다.

만약 당신이 사람들을 도와 그들이 새로운 진리를 발견하고 옛 진리를 새로운 방법으로 살펴보기 원한다면 훌륭한 사상가들의 습관을 본받을 필요가 있다. 좋은 질문을 하는 것은 너무나 중요한 습관이다. 나는 사람들이 그들 자신의 질문에 대한 개념적인 한계에 이르는 것을 종종 보았다. 예를 들어, "왜 하나님이 나의 삶에서 아무것도 하시지 않지?"라는 소리가 종종 들린다. 이것은 잘못된 추측에 근거한 나쁜 질문으로, 신학적인 혼란과 뒤따르는 감정적인 절망만 불러일으킬 뿐이다.

잘못된 질문에 대한 전형적인 대답은 무엇인가? 많은 사람들이 하나님이 그들을 사랑하지 않는다고 결론 내릴 것이다. 혹은 하나님이 약속을 지키시지 않았다든가, 편애하신다거나, 고난의 시간에 함께하시지 않았다거나, 하나님의 말씀이 진리가 아니라거나, 진리라고 해도 실제로는 쓸모없는 것이라고 단정 지을 것이다. 하나님께 지음받은 사람들은 해석자라는 것을 기억하라. 우리가 우리 자신에게 묻는 질문들, 때때로 거의 무의식적으로 하는 질문들은 사실 삶의 의미를 발견하려고 사용하는 것들이다. 우리가 도달하는 답들은 우리 삶의 방향에 지대한 영향을 미칠 것이다. 그래서 당신이 잘 구성되고 창의적이고 성경적인 질문들을 어떤 사람의 삶에 대해 던질 때, 그들을 알아가고 어느 부분에서 변화가 필요한지를 밝히는 일 이상을 하고 있다는 것을 이해해야 한다. 당신은 사실 그 사람에게 사역하고 있는 것이다.

내가 당신에게 스스로는 절대 던지지 않을 질문을 던진다면, 이는 성경적인 렌즈를 통해서 당신 자신을 보도록 가르치고 있는 것이다. 나는 하나님이 근본적인 방식으로 당신을 변화시키기 위해 사용하실 수 있는 그 무언가를 하는 것이다. 아마도 나의 질문은 당신 자신을 좀더 정확히 보도록 도와줄 것이다. 나의 질문이 이러할 때, 나는 눈먼 자들의 눈을 밝혀주기 위해 오셨던 메시아를 성육신하는 것이다. 나의 질문은 성경이 당신의 삶을 어떻게 설명하고 있는가를 보기 시작하도록 도와줄 것이다. 나는 사람들이 전에는 결코 배우지 못했던 것을 가르치기 위해 오셨던 메시아를 구체화하는 것이다. 아마도 나의 질문들은 마음의 죄를 깨닫게 할 것이고, 당신을 새로운 수준의 회개로 이끌어줄 것이다. 내가 이렇게 질문할 때 나는 우리의 죄를 확신시키시고 깨닫게 하시는 성령님을 보내주신 메시아를 구체화하는 것이다. 아마도 나의 질문들은 성경 말씀을 새로운 방식으로 보고 싶다는 열망을 일으키면서, 성경이 사실은 당신 경험의 가장 은밀한 주제들을 말하고 있는 것을 알도록 도와줄 것이다. 그렇게 함으로써 나는 그분의 백성들을 먹이는 하늘로부터 오신 떡인 메시아를 구체화하는 것이다. 이러한 방식으로 우리는 질문하는 동안에도 다른 사람 앞에서 그분을 구체화하며 메시아 역할을 할 수 있다.

좋은 질문을 하는 것은 변화의 사역을 하는 것이다. 그것들을 통해서 우리는 눈먼 자에게 시력을, 정신이 흐릿한 사람에게 깨달음을 준다. 굳은 마음을 부드럽게 하고, 낙심한 마음을 격려하며, 오직 진리로만 채워질 수 있는 배고픔을 해결한다. 이것은 우리를 통해서 메시아가 하시는 사역의 발판을 만드는 것에 그치는 것이 아니다. 이것은 메시아가 하시는 사역 자체다!

항상 나의 멘토였던 테드 형은 결혼과 가정 상담에 관한 회의를 마치고 나와 함께 집으로 돌아오고 있었다. 어느 정도 가고 있을 때 문득 형이 이렇게 말했다. "폴, 너도 알다시피 이번 주에 배웠던 원리들을 우리 가정에 적용해야 해. 한번 해보지 않겠니?" 그리고 나서 형은 나와 아내의 관계에 대하여 계속 질문했다. 구체적인 질문은 생각나지 않는다. 그러나 나에게 깊은 영향을 주었다는 것은 기억이 난다. 마치 하나님이 내 자신과 나의 결혼 생활에 대한 정확한 이해 사이에 드리운 두꺼운 커튼을 찢어버리신 것 같았다. 나는 내 자신을 명확히 보았고, 내가 본 것은 별로 좋지 않은 모습이었다! 그러한 질문들을 통해서 나는 마침내 아내의 경험과 그녀의 좌절을 이해하게 되었다. 나는 나의 방어적인 면과 자기 의를 보았고, 주님을 위해 그리고 나의 결혼 생활을 위해 내가 변화되어야 한다는 것을 깨달았다. 그러한 질문들은 진실로 내 삶을 변화시키는 것이었다.

테드 형이 질문했을 때 내가 전에 어떤 논쟁 중에 아내에게 했던 말이 생각났다. "우리 교회 자매 95퍼센트가 나 같은 남자와 결혼하기를 바라고 있어" (그녀는 웃으면서 자신은 나머지 5퍼센트에 속할 것이라고 말했다). 테드 형의 질문을 통해서 나는 그녀의 말을 계속 분석하고, 초점을 나로부터 그녀에게로 옮김으로써 반복해서 나 자신을 방어하고 있었던 면을 깨달았다. 나는 전에 깨달았던 것보다 더 많은 자기 의와 분노가 내 속에 있다는 것을 보았다. 그리고 내가 남편으로서 하나님의 기준에 얼마나 못 미치는지도 명확히 보았다.

그날 밤 나는 집에 늦게 도착했다. 그리고 아내에게 이야기할 수 있는지 물어보았다. 그녀는 내 목소리의 어조로 무언가 중요한 일이 진행되고 있다는 것을 알아차렸다. 나는 자리에 앉아 아내에게 하나님이 그녀를 통하여 나 자신에 관한 것들을 보여주기 위해 애쓰신다는 것을 오랫동안 알고 있었다고 말했다. 그렇지만 듣지 않으려고 했었다는 것도 털어놓았다. 나는 그녀에게 아마도 처음으로, 정말로 들을 준비가 되어 있다고 말한 것 같다. 그녀는 울음을 터뜨렸고 나를 사랑한다고 말했다. 그리고 나서 거의 두 시간 동안 계속 이야기했다. 그 이야기로 인해 테드 형의 질문이 촉발한 변화가 계속 진행되었다. 때때로 나는 만약 테드 형이 내가 내 자신에게는 절대로 묻지 않을 질문들을 던지지 않았다면 오늘 나의 결혼 생활이 어떠했을까 궁금하다.

좋은 질문을 하기 위해

우리가 사람을 알아가는 가장 기초적인 방법은 질의 응답 과정을 거치는 것이기 때문에, 무엇이 좋은 질문이고 무엇이 나쁜 질문인지를 아는 것이 중요하다. 여기에 기억해야 할 네 가지 원리가 있다.

1. 항상 "예" 혹은 "아니요"로 대답할 수 있는 질문 대신, 개방된 질문을 하라. 예, 아니요로 대답할 수 있는 질문은 많은 정보를 주지 못한다. 그런 폐쇄된 질문은 오해를 낳을 수 있다. 그렇게 했을 때 왜 그 사람이 그렇게 대답했는가에 대해서는 당신 자신의 추측으로 돌아가게 되기 때문이다. 예를 들어, 만약 당신이 어떤 사람에게 결혼 생활이 괜찮은지 묻고 그녀가 "예"라고 했다면, 당신은 그 대답 속에서 무엇인가 정보를 얻게 되었는가? 그렇지 않다. 별로 알게 된 것이 없다. 당신은 좋은 결혼 생활에 대한 그녀의 정의를 알지 못하고 있다. 반면 개방된 질문을 하면 대답 속에 자신이 생각하고 원하는 것, 자신이 하

고 있는 것을 반드시 드러내게 되어 있다. 여기에 결혼 생활에 대한 몇 가지 개방된 질문의 예가 있다.

- 이 사람과 결혼하고 싶게 만든 매력은 무엇이었나요?
- 결혼 약속을 했을 때 결혼을 통해 얻고자 하는 목표는 무엇이었나요?
- 결혼 생활에서 무엇이 슬펐나요?
- 결혼 생활에서 무엇이 행복한가요?
- 만약 단추 하나만 누르면 결혼 생활에 관계된 어떤 것을 바꿀 수 있다고 한다면, 무엇을 바꾸고 싶은가요?
- 하나님이 당신의 결혼 생활을 통해 어떻게 영광받으신다고 생각하나요?
- 당신과 남편이 나누는 대화는 어떤 특징이 있나요?
- 당신과 남편이 어떤 결론에 이르게 되기까지의 과정을 설명해주세요.
- 당신이 부부 갈등을 어떻게 해결하는지를 설명해주세요.
- 부부로서 영적인 삶은 어떠한가요?
- 부러워하는 부부가 있나요? 그들의 결혼 생활의 어떤 부분을 부러워하나요?
- 당신이 생각하기에 왜 서로 싸우게 되나요?
- 당신의 결혼 생활의 장점으로는 어떤 것이 있나요?
- 당신의 결혼 생활의 약점으로는 어떤 것이 있나요?
- 당신이 현재 처한 상황에서 바람직한 상황으로 이동하기 위해서는 부부로서 어떤 일을 해야 한다고 생각하나요?
- 당신이 이상적으로 생각하는 결혼 생활을 설명해주세요.
- 당신의 배우자는 결혼 생활을 완전히 바꾸기 위해서 무슨 일을 할 수 있을까요?

- 당신의 결혼 생활에서 당신의 책임이라고 생각하는 문제는 무엇인가요?
- 당신의 결혼 생활에 도움이 필요하다는 결론을 내리게 된 구체적인 일은 무엇인가요?
- 하나님이 바로 지금 당신의 결혼 생활에서 행하시는 일이 무엇이라고 생각하나요?
- 당신의 결혼 생활이 수십 년 동안 어떻게 변해왔는지를 설명해보세요.
- 배우자에게 상처받고, 분노하게 되었을 때 어떻게 하나요?
- 배우자에게 불만족을 어떻게 드러내나요?
- 당신의 결혼 생활에서 문제가 있다고 생각하는 영역을 선택해보세요. 무엇이 문제인지 그리고 각자가 그 갈등을 풀기 위해 무엇을 하는지를 설명해보세요.
- 당신은 배우자에게 사랑과 감사를 어떤 방식으로 전달하나요?
- 당신의 결혼 생활에서 건드리기만 하면 폭발하는 가장 민감한 부분은 무엇인가요?

이러한 목록은 계속될 수 있다. 요점은, 그 사람에게 자신을 살펴보고 자신을 드러내는 방식으로 대답해야 하는 질문을 던지는 것이다.

2. 넓은 질문(survey question)과 깊은 질문(focused question)을 적절히 섞어서 사용하라. 우리는 이와 같은 두 가지 종류의 질문을 다 필요로 한다. 왜냐하면 각각의 질문은 다른 종류의 정보를 드러내기 때문이다. 어떤 사람의 삶의 한 영역에서 일어나는 문제는 오직 그 영역에만 존재하는 것이 아니다. 따라서 우리는 이리저리 뜯어보는 넓은 질문을 한다. 뿐만 아니라 마음에 있는 문제의 뿌리를 추적하는 것도 중요하다. 그래서 우리는 깊은 질문을 던진다. 기억하

라. 우리는 피상적인 것을 뚫고 들어가서 타당하지 않은 추측을 경계해야 한다. 그렇게 함으로써 우리는 어떤 사람을 진정으로 알아서 그를 도울 수 있다.

넓은 질문을 통해 그 사람의 다양한 삶의 영역을 훑어보고, 그 사람을 전체적으로 살펴볼 수 있다. 외면적으로 다르게 보이는 것들은, 실제로 당신이 밝히기를 원하는 생각, 동기 혹은 행동이라는 더 큰 주제의 한 부분일 것이다. 예를 들어 조(Joe)는 다른 사람의 존경을 받기 원하며 살았던 사람이다. 그가 그것을 가정에서 추구했던 방법은 폭력으로 지배권을 확립하는 것이었다(실제로 그가 얻은 것은 존경이라기보다는 두려움일 뿐이었다). 가정 밖에서 조는 무엇이든지 베풀면서 다른 사람을 섬기는 진실한 사람으로 알려져 있었다. 그가 다니는 교회의 사람들은 조가 아내인 사라(Sarah)와 아이들을 대하는 방식에 대해 사라가 말하는 것들을 믿기가 어려웠다. 사라가 경찰을 불러서 그토록 오랫동안 필요로 했던 도움을 얻기 전까지 말이다. 요점은 공적인 모습의 조와 사적인 모습의 조가 완전히 다른 사람이었다는 것이다. 양쪽 영역에서 그가 원한 행동의 동기는 똑같이 존경에 대한 열망이었다.

넓은 질문은 그 사람의 삶에서 주제와 패턴이 나타나는 것을 도와준다. 어떤 사람의 경우 결혼 생활의 문제들은 대인 관계에서 짓는 죄에서 파생되는 문제의 일부분일 수 있다. 성적인 부분에서 자기 통제력이 부족한 것은 그 사람이 심각하게 빚을 지고 있는 이유가 될 수 있을 것이다. 입을 통제하는 문제는 어떤 사람이 직장을 잃게 된 이유이면서, 십대 자녀와의 불화를 설명해주기도 할 것이다. 삶의 한 영역에서 십대 소녀를 무력하게 만드는 두려움은, 처음에 보이는 것보다 좀더 광범위한 것이다. 넓은 관점으로 사람을 보라. 고백된 문제가 단독으로 존재한다고 가정하지 말라. 다르게 나타난 것들이 어떻게 똑같은 주제의 다른 면인지 당신 스스로에게 질문하라.

깊은 질문은 삶의 한 영역을 집중적으로 살펴볼 수 있게 한다. 조에게 그것은 행동 배후에 있는 마음을 알려고 애쓰면서, 다른 사람을 계속 기꺼이 섬기고자 하는 그의 의지를 파고드는 것을 의미한다. 이것의 진정한 동기는 다른 사람에 대한 사랑에서 표현되는, 하나님에 대한 사랑인가? 조의 마음을 지배하는 다른 어떤 것이 있는가? 깊은 질문의 목적은 뿌리와 원인을 밝히는 것이다.

어떤 사람을 정말로 알기 위해서는 두 가지 측면에서 다각도로 질문을 던져보아야만 한다. 이 요점을 이해하기 위해서 당신 자신이 호텔 복도 끝에 있다고 상상해보라. 일정한 거리로 문이 있는 그 복도는 한 사람의 인생을 나타낸다. 문들 뒤에 있는 방은 그 사람의 삶의 다양한 측면이다(직장, 결혼, 부모 역할, 가정, 영적 생활, 그리스도의 몸과의 관계, 이웃과의 관계, 재정, 성, 의사소통, 문제 해결, 목적, 동기, 욕구 등). 이 사람에 관하여 당신이 알 필요가 있는 것들은 모두 복도와 그러한 방들 안에 있다. 한 사람을 알아갈 때, 당신은 각각의 방들을 살짝 엿보면서(넓은 질문) 그 복도를 걸어갈 것이다. 그리고 어떤 주제들(각 방에 침대, 책상, 카펫, 의자가 있다)을 알기 시작할 것이다. 당신은 어떤 방에 들어가서(깊은 질문), 특별히 주목할 가치가 있어 보이는 것들을 보면서 내용들을 좀더 자세히 살펴보게 될 것이다. 어떤 종류의 질문을 언제 할 것인지 아는 것은 지혜에 달려 있다.

3. 어떤 종류의 질문들은 같은 종류의 정보를 드러낸다는 것을 기억하라. 한 사람을 아는 지식에서 공백이 없도록 하기 위해 당신이 알지 못하는 것을 계속해서 물어야만 한다. 예를 들어, 나는 어떤 사람이 무엇을 했는지는 알 수 있으나 그가 그것을 어떻게 했는지는 모를 수 있다. 혹은 그가 그것을 어떻게 했는지 확신할 수 있지만 어디서 혹은 언제 했는지 모를 수 있을 것이다. 나는 이 모든 것들에 대해 알 수 있으나 그가 왜 했는지에 대해서는 알지 못할 수 있다. 전체 그림을 알기 위해서는 우리 스스로에게 물어볼 필요가 있다. "그를 돕

기 위해서 이 사람에 대하여 알 필요가 있는 것은 무엇인가? 어떤 종류의 질문이 그러한 정보를 밝혀줄 것인가?"

여기에는 본질적인 질문 다섯 가지가 있다.

- 무엇을: 일반적인 정보를 드러내는 가장 기본적인 질문이다("무엇을 했죠?", "내 아내에게 말했습니다").
- 어떻게: 이 질문은 어떤 것이 행해진 방법을 보여준다("부인에게 어떻게 말했나요?", "아내에게 15분 동안 소리 질렀습니다"). '어떻게'라는 질문을 곧바로 던져서 우리가 얼마나 더 많이 알고 있는지를 확인하라.
- 왜: 이 질문은 사람의 목적, 욕구, 목표 혹은 동기 등을 드러낸다("왜 그렇게 오랫동안 소리를 질렀죠?", "아내가 한 행동에 대해 내가 얼마나 화가 났는지를 알리고 싶었어요"). 여기서 우리는 배후에 있는 마음을 살펴보기 위해 그 남편이 취한 행동 이상으로 나아갔다.
- 얼마나 자주 그리고 어디에서: 이 질문은 한 사람의 삶에 나타나는 주제와 패턴을 보여준다("이것이 어디에서 일어났죠?", "저녁 식사를 하는 식탁에서요. 저녁 식사가 힘들었죠. 우리는 둘 다 지쳤어요. 우리는 어린 자녀들이 있습니다. 식사가 전혀 편하지 않아요! 저녁 식사 시간에 우리는 항상 긴장하는 것 같습니다").
- 언제: 이 질문은 사건의 순서를 보여준다("저녁 식사 중에 정확히 언제부터 소리 지르기 시작했는지 말해주세요.", "정신이 복잡한데 아내가 '오늘 당신은 어떻게 지냈어요?'라고 물었어요. 그녀는 분명히 짜증이 났을 거예요. 왜냐하면 내가 그녀 일과에 대해 묻지 않았기 때문이지요. 나는 '당신 정말 관심이 있는 거야, 아니면 단지 심술을 부리는 거야?'라고 물었어요. 그녀는 '글쎄요. 여기서 당신은 흥미롭고 중요한 인생을 사는 유

일한 사람이잖아요. 그렇지 않아요?' 라고 말하더군요. 그때 내가 폭발했어요").

각 종류의 질문들은 서로 다른 정보를 드러낸다. 따라서 한 가지 질문이 다음 질문을 유발할 필요가 있다. 그러면 당신은 어떤 일이 일어났는지(상황), 그 사람이 그 일과 어떻게 상호 작용했는지(마음의 생각과 동기), 그가 어떻게 반응했는지(행동)를 더 넓고 깊게 이해하게 될 것이다. 당신이 한 영역에 초점을 맞추든지, 아니면 한 사람의 삶을 전체적으로 보든지 간에 이러한 질문들을 사용하라.

이러한 질문들은 짐(Jim)이 나에게 전화를 해서 그의 부인인 보니(Bonnie)와의 관계에 대한 걱정을 털어놓았을 때 매우 도움이 되었다. 솔직히 그러한 전화는 일상적이지 않다. 대부분의 경우 그러한 전화는 절망한 부인에게서 걸려온다. 나는 짐의 문제에 관심을 가졌고, 그들과 만나기로 했다. 짐은 매우 성공한 사업가였는데 그와 보니는 매일 함께 일했고 분명히 행복해보였다. 외견상으로 그들은 잘하는 것처럼 보였다. 그들의 삶은 성공 가도를 달리고 있었고, 교회 활동에도 잘 참여하고 있었으며, 가까이 사귀는 그리스도인 친구들도 있었다.

그렇지만 짐은 오랜 세월 동안 하나님 말씀의 교리들을 배우는 데 헌신한 이야기를 하면서 신학을 상당히 의식했다. 보니는 초신자였는데 그녀의 믿음은 좀더 주관적이고 개인적이었다. 우리가 함께 앉아 이야기를 나누는 동안 짐은 성경이 묘사하는 대로의 결혼 생활을 전혀 경험하지 못한 사실에 대해 슬픔을 느낀다고 했다. 그는 기도하고 또 기도했으며 많은 사람에게 상담도 받았으나 아무 소용이 없었다. 그는 보니와의 친밀함을 조장하기 위해 그가 할 수 있는 모든 것을 했지만 거부당할 뿐이었다. 그는 냉랭하고 활기 없는 결혼 생활 때문에 사업의 성공도 별 의미가 없다고 했다.

이것은 설득력 있는 이야기였다. 그러나 나는 보니의 얼굴에 나타난 고통과 분노로 인해 혼란스러웠다. 나는 좀더 물어볼 필요가 있다고 생각했고, 그래서 짐과 보니 둘 다에게 '무엇'이라는 질문과 계속해서 '어떻게', '언제', '왜' 그리고 '어디서'라는 질문을 던졌다. 그러고 나서 정말로 어떤 일이 일어났는지 알기 시작했다. 그렇다. 짐은 신학적으로만 지식이 있는 것이었다. 그의 삶을 좌지우지한 것과 따라서 보니의 삶까지 지배한 것은 사실 사업이었다. 그들의 매일의 일과는 아침 일찍부터 밤 늦게까지 완전히 일에 통제되었다. 보니는 자신이 모든 것을 바치고, 무보수로 일하는 종업원으로만 대우받는 것 같다고 말했다. 그녀가 집에 도착할 때쯤이면 결혼 생활에 도움이 되는 것을 할 힘이 하나도 남아 있지 않았다.

나는 짐에게 결혼 생활에서 어떻게 보니에게 다가갔는지 묘사해 달라고 요청했다. 그는 자신이 행했던 중상과 비난을 분명히 인식하지 못하고, 했던 말만을 되풀이했다. 보니는 그가 소리 지르는 것에 지쳤고, 자신이 영적으로 성숙하지 않고 낭만적이지도 못하다는 말을 듣는 것에 지쳤다. 그녀는 아무런 보상 없이 힘들게 일하는 것에 지쳤고, 하나님을 가까이하라고 요구하지만 전혀 감사할 줄 모르는 사람과 사는 것에 지쳤다. 그녀는 한계에 이르렀지만, 남편의 부정적인 태도만 강화시킬까 봐 짐에게 대놓고 말하고 싶지 않았다. 대신에 그녀는 끔찍한 대화와 비난, 감정적인 고립을 피하기를 바라면서 그로부터 멀리 떨어져 있었던 것이다.

이처럼 계속되는 질문이 얼마나 다른 그림을 보여주는가! 이 질문들은 경건한 남편과 냉정하고 비판적인 아내라는 인상 밑을 파고들어, 충동에 내몰리고 정죄하는 남편과 자기 방어에 지쳐버린 삶을 살고 있는 아내의 모습을 드러내었다. 내가 그들에게 제공한 도움은, 이러한 질문들을 통해 얻는 이해 없이 줄 수 있는 것과는 완전히 다른 것이었다.

　4. 점진적인 노선으로 질문하라. 각각의 질문들은 이전의 질문에서 드러난 정보에 기초해야 한다. 당신이 던지는 일련의 질문에는 순서와 논리가 있어야 한다. 이미 밝혀진 것에 대한 지식에서 빈 틈을 메우기 위해 각각의 질문을 던져보아야 한다. 스스로에게 '내가 방금 들은 것에서 여전히 알지 못하는 것은 무엇인가?'라는 사실을 염두에 두며 질문할 수 있어야 한다. 그렇게 하면 추측하지 않게 되고 불완전한 정보에 안주하지 않게 된다.

좋은 질문은 구속적 관점을 드러낸다

　지금까지 언급한 내용은 우리가 하나님의 변화의 도구로 쓰임받는 데 있어 매우 중요하다. 좋은 질문을 하는 것은 사람들로 하여금 자신이 정말로 누구이며, 정말 무엇을 하고 있는지를 직면하도록 돕는 데 필수적이다.

　우리 모두는 죄인으로서 우리 자신의 이야기를 자신을 섬기는 방식으로 변형하는 경향이 있다. 우리는 상황의 어려움과 압력 혹은 다른 사람의 실패 뒤에 숨는다. 우리는 내적인 설명이 아닌 외적인 설명만을 구한다. 우리는 우리 죄에 대해 안타까워하기보다는 우리의 의로움에 감동받는다.

　이 때문에 우리 모두는 물어보고, 들어보고 그리고 들은 후에 또다시 질문할 정도로 우리를 충분히 사랑하는 사람을 필요로 한다. 이것은 침입하는 것이 아니다. 이것은 눈먼 사람들이 그리스도의 필요성을 받아들이도록 돕는 것이다. 이것은 사람들이 어리석게도 자신의 영광을 위해 살았던 방식을 보도록 돕는 것이다. 또한 창조주에 대한 예배와 섬김을, 그분의 피조물에 대한 예배와 섬김으로 미묘하게 바꾸었던 방식을 보도록 돕는 것이다.

그리스도의 용서와 권능의 은혜는 죄인들, 즉 범죄자, 약자, 고통받는 자와 잃어버린 자에게 해당된다. 자신의 필요를 보지 못하는 사람들은 예수님의 도움을 구하지 않을 것이다. 그러나 메시아의 손 안에서 던지는 우리의 질문은 사람들의 감옥을 여는 열쇠가 될 수 있고, 새롭고 심오한 방식으로 그리스도를 의지하도록 도울 수 있다.

그리스도는 우리의 질문들을 통해서 사람들을 변화시키신다. 절망에 빠진 사람은 소망으로 강해진다. 영광을 도둑질한 사람은 주님의 영광을 위해 살기 시작한다. 자기 도취에 빠진 사람들은 자신에게서 풀려나 하나님과 이웃을 사랑하게 된다. 성령님이 일하시기 때문에 우리의 질문은 하나님의 급진적인 변화 사역의 시작이 될 수 있다. 그것은 우리 주위에 있는 사람들에게 그분을 구체적으로 보여준다는 의미에서 필수적인 부분이다.

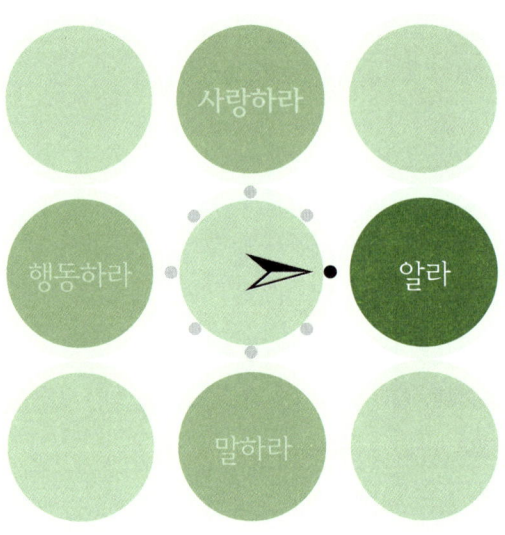

10장 Instruments in the Redeemer's Hands

변화가 필요한 곳을
발견하라

　마이크(Mike)와 마샤(Marsha)는 자신들이 손쓸 수 없는 최악의 상황에 이르렀다고 판단해서 내게 상담을 요청해왔다. 그들 둘 다 완전히 절망한 것처럼 보였기 때문에 나는 그들을 가능한 한 빨리 만났다. 내가 개인 상담 사역을 지도하고 있던 한 학생도 데려갔다. 무슨 일인지를 물어보자 마이크는 내가 이전에 한 번도 들어본 적이 없는 가장 복잡한 가족사에 대해서 이야기하기 시작했다. 그들은 모두 이전에 한 번씩 결혼한 적이 있고 각각 두 명의 자녀를 데리고 재혼하여 새로운 가정을 이루고 있었다. 마샤가 가끔씩 중간에 끼어들어서 이야기를 늘어놓는 바람에 더욱 헷갈렸다. 이전에 신학 수업을 들을 때 강의 내용을 열심히 받아 적었던 것보다도 더 많은 내용을 받아 적었던 것 같다. 그들의 이야기에는 수많은 사건이 등장했고 각각의 사건에는 또 다른 사건이 연결되어 있었다. 뿐만 아니라 문제를 풀어가려는 그들의 시도는 언제나 상황을 더욱 악화시킬 뿐이었다. 그들의 자녀들까지도 일을 더욱 어렵게 만들고 있었다. 정말 뒤죽박죽이었다!

한 시간 정도 지난 다음에 마이크가 말했다. "교수님, 보시는 것처럼 우리는 정말 절실하게 도움이 필요한 상태에 있습니다." 그것은 무척 절제된 표현이었다. 나는 잠시 동안 말없이 앉아서 내가 기록해놓은 것들과 상한 두 심령의 얼굴을 번갈아가며 바라보았다. 무엇이라도 좋으니 자신들을 도와 달라는 눈빛이었다. 너무나 복잡한 사연에 기가 질려서 뭐라고 말해야 좋을지 아무 생각이 나질 않았다. 몇 초 정도 침묵이 흘렀지만 몇 시간이나 된 것처럼 느꼈다. 나는 그들이 말한 내용을 생각해보고 기도할 것이며, 나중에 다시 만나 이야기하자고 말했다.

그들이 떠난 다음에 옆에 있었던 그 학생이 말했다. "정말 안심이 되는군요. 저도 이제 상담 사역을 할 수 있을 것 같아요. 사람들이 자기들 이야기를 하게 한 다음, 생각해보고 기도하겠다고 약속하기만 하면 되잖아요. 저는 그 일이 정말 어려운 줄 알았어요."

나는 그날 오후 마이크와 마샤와 나누었던 이야기를 그 이후에도 수없이 머릿속에서 되새겼다. 나는 그들에게 희망의 답변을 주지 못했다. 그들의 문제를 완전히 이해하고 분석한 것도 아니었다. 하지만 지금 생각해보면 그 복잡하고 혼란스러운 순간에 옳은 선택을 했다. 개인 상담 사역을 통해 당신은 혼란스러운 문제로 길을 잃고 헤매는 사람들의 삶에 뛰어들게 된다. 그들의 삶은 스스로의 어리석은 판단이나 다른 사람의 죄로 인해 완전히 엉켜 있다. 당신은 뭔가 해결해보려고 노력해보았지만 오히려 상황이 더욱 악화된 지난 세월 이야기를 종종 듣게 될 것이다. 그리고 속이고 분리하며 집어삼키는 악한 대적의 파괴적인 공작을 보게 될 것이며, 서툰 생각이나 불충분한 충고의 부작용도 알게 될 것이다.

하지만 개인 상담 사역은 역사하시는 하나님을 보게 해주기도 한다. 그분은 사람들이 자신의 능력과 지혜의 한계를 넘어서게 하신다. 또한 한 사람의 삶의 맥락 속에 실현되는 하나님의 구속 계획을 목격하게 될 것이다. 당신은 마음과 삶을 변화시키는 방식으로 사람들을, 그리스도 안에서 그들의 소유가 되는 자원에 연결하는 특권을 가질 것이다. 또한 당신이 다른 사람의 세계로 들어가면서 주 예수 그리스도의 사랑을 구현하고자 할 때 그분의 대사가 될 것이다. 이때 그 사람의 고통에 함께 아파하며, 복음의 소망을 전해야 한다. 당신은 하나님의 나라에서 이루어지는 위대한 사역의 일부분이 된다.

개인 상담 사역을 할 때 무엇을 말할 것인가에 대해서 항상 알아야만 하는 것은 아니다. 그것은 불완전한 시각으로 모든 것을 바로잡는 일에 관한 것도 아니다. 개인 상담 사역이란 사람들을 그리스도와 연결하는 일이다. 그리하여 상황이 완전히 '해결되지는' 않았지만 생각이 바뀐다. 즉, 주님이 그분이 가장 좋다고 말씀하시는 것을 자신들로 하여금 생각하고 바라게 만들며, 그분이 요구하시는 것을 자신들로 하여금 행하게 만든다고 믿게 된다. 이 일은 상처 입고 좌절하여 혼란에 빠진 사람들을 하나님의 영광에 노출하는 것을 포함한다. 그래서 그들은 자신의 영광을 추구하려는 노력을 포기하고 그분의 영광을 위해 살게 된다. 이 일은 구속이라는 큰 이야기 속에 그들 자신의 이야기를 철저하게 끼워 넣는 것이기 때문에, 그들은 모든 상황과 관계에서 '하나님의 이야기'라는 정신으로 접근하게 된다. 우리는 주님이 동참하라고 부르신 이 일에 경외심을 가져야 한다!

내가 마이크와 마샤의 문제를 생각하면서 기도했을 때, 두 가지 일이 일어났다. 첫 번째는 그들의 혼란 가운데 역사하시는 하나님을 볼 수 있게 되었다는 것이다. 그리하여 그들이 하나님을 바라보도록 돕는 일에 열정을 갖게 되었다. 두 번째는 그들의 이야기가 점차 덜 복잡해졌다는 것이다. 나는 퍼즐 조각 같은 그 이야기들을 어떻게 맞출 수 있는지 알기 시작했다. 그러자 좀더 물어봐야 할 것과 말해야 할 것이 생겨났다. 비로소 나는 성경적인 방향 감각을 가지게 되었고, 그로 인해 마샤와 마이크와 의견이 일치할 것을 고대했다.

상담 자료 이해하기

개인 상담 사역은 단지 필요한 정보들을 모으는 것이 아니라 그것들의 성경적인 의미를 발견하는 일이다. 3장에서 우리는 사람들이 자신이 경험한 사실에만 근거하여 살아가는 것이 아니라 그 사실들에 대한 해석에 따라서 살아간다는 것을 살펴보았다. 동일한 원리가 상담 사역에도 적용된다. 하나님은 우리를 해석하는 자들이 되도록 창조하셨다. 그래서 사람들이 자신의 이야기를 할 때에 우리는 본능적으로 우리가 들은 것에 어떠한 의미를 부여하려고 한다. 우리가 그 이야기를 듣고 무슨 말을 하든지 혹은 무슨 행동을 하든지 간에 이 모든 것은 그 사람이 우리에게 말해준 내용에만 근거하고 있지 않으며, 우리가 그것을 해석하는 방식에 달려 있다.

성경적 상담 사역은 성경적이어야 한다. 이 말은 우리가 성경적인 세계관에 따른 분명한 관점을 통해서 사람들의 삶을 들여다본다는 뜻이다. 우리는 하나님의 영광과 인간의 죄악성, 사탄의 존재, 복음의 은혜, 영원에 대한 확실성에 관심을 가진다. 성경적 상담 사역은 무너진 것들을 고치는 것보다 가치관, 정체성, 부르심에 더 큰 비중을 둔다.

부부 문제의 경우, 다투는 부부에게 정말로 필요한 것이 무엇일까? 그들에게 의사 소통 기법이나 성에 대한 솔직한 대화가 도움이 될 것인가? 그들에게 자녀 양육과 재정, 갈등을 다루는 적절한 방법들에 대한 종합적인 정보가 필요한가? 이러한 모든 문제들에 대한 대답은 "그렇다"다. 하지만 그들에게 좀더 필요한 것이 있다. 그들은 자신이 누구인지, 하나님은 어떤 분이신지 그리고 그분이 자신의 결혼 생활에서 행하고자 하시는 일이 무엇인지에 대한 이해를 구현하는 것이 필요하다. 사도 바울은 고린도후서 11장 1-3절에서 현재 우리의 삶은 나중의 결혼 생활을 위한 훈련 과정임을 상기시키고 있다. 우리는 그리스도의 신부다. 하나님은 다가올 완전한 결혼을 위해서 우리를 준비시키고 계신다. 이러한 이유로 현재 우리의 인간관계에서 중요한 문제는 우리가 행복해질 수 있느냐 없느냐는 것이 아니라, 우리가 누군가에게 혹은 어떤 일에서 "신랑 되신 주님께 드리기로 약속한 사랑을 보여드릴 수 있느냐 없느냐"다.

당신은 그리스도인의 관계성, 특히 결혼 관계를 다른 방식으로는 이해할 수 없다. 왜 하나님은 이 세상에서 가장 중요하고 큰 수고가 필요하며 어려운 인간관계인 결혼을, 이 세상에서 가장 중요한 과정인 성화 한복판에 두셨을까? 만약 주님이 그렇게 하심으로 사람들이 자신의 꿈을 달성하도록 의도하셨다면, 결혼의 시련에 직면하기 전에 그들을 온전히 성화시키고자 하셨을 것이다. 그러나 하나님은 실수를 하신 것이 아니다. 그분은 더 큰 꿈을 이루기 위해 일하고 계신다. 그래서 우리를 시험하시고 연단하신다. 우리의 꿈이 눈앞에서 사라지게 하심으로써, 우리가 서로를 사랑하는 법을 배우는 과정 속에서 그분에 대한 사랑이 더욱 자라나게 하신다.

당신이 이러한 방식으로 결혼을 바라보면, 더 이상 당신 자신의 꿈을 이루려고 배우자를 이용하지 않을 것이다. 당신은 이제 당신이 누구이며(그리스도와 약혼한 자), 하나님이 하시는 일이 무엇인지를(그리스도와의 온전한 결혼을 위해 당신을 준비시키신다) 알게 되었다. 이제 당신은 자녀 양육이나 의사 소통, 성, 재정 문제로 인한 스트레스를 다루면서 완벽에 못 미치는 결혼 생활에서 가능하리라고 생각했던 것보다 훨씬 더 큰 기쁨을 얻게 된다. 남편이나 아내를 위한 성경적인 원리는 오직 이러한 관점을 통해서 의미를 갖는다. 그것은 나중에 있을 그리스도의 신부로서의 결혼에 초점을 두고 현재의 결혼 생활을 영위하는 것이 의미하는 바를 실제적으로 적용하는 것이다.

물론 동일한 원리가 아직 결혼을 하지 않은 사람들에게도 적용된다. 만약 당신이 결혼을 하지 않은 상태라면 가족, 이웃, 동료, 교회 성도들과 지내면서 경험하는 상황과 인간관계를 통해서 그리스도의 신부가 되기 위해 준비되고 있는 중이다. 이 세상에서 배우자를 얻지 못했더라도 현재 당신은 결혼한 자들만큼 철저하게 나중에 있을 주님과의 결혼을 준비하는 과정에 있다. 우리 모두에게 성경적인 정체성과 관점과 소명이 필요하다. 그리고 하나님은 그러한 것들을 깨닫게 하시기 위해 언제든지 당신을 도우신다.

만약 당신이 사람들로 하여금 그들의 이야기를 그리스도 중심적인 성경적 관점으로 바라보도록 돕지 않는다면, 당신의 사역은 신학적으로 진부한 말이나 원리만을 전해주게 될 것이다. 그들의 마음은 여전히 변화되지 않은 상태로 있을 것이고 행동의 변화가 있더라도 일시적일 것이다. 그들은 여전히 다른 사람과 갈등할 것이고 뿐만 아니라 그들의 마음속에서 배제되기를 원치 않으시는 하나님과도 불편한 관계에 있게 될 것이다.

성경적인 개인 상담 사역은 성경에 대한 올바른 해석이 한 인간의 삶에 대한 정확한 해석으로 이어질 때에 꽃피게 된다. 이러한 양면적인 해석 과정이 바로 성경적 상담 사역의 특성이다. 성경에 대한 정확한 이해가 없다면 사람들의 문제도 적절히 이해할 수가 없다. 왜냐하면 성경은 사람들이 자신의 마음에 따라 살아가고 있다고 말하기 때문에, 우리는 그 마음의 생각과 소원이 그들이 내린 선택과 그들이 말하고 행동하는 내용에서 어떻게 드러나는가에 항상 관심을 가진다. 그리고 결국 마음과 삶이 변화되는 것은, 이렇게 양면적으로 해석되는 과정의 종합 속에서 일어난다.

정보를 성경적으로 조직하기

우리는 사전에 아무런 준비나 고심 없이 그 자리에서 누군가에게 상담해줄 수 있는 능력이 없다. 다른 사람이 우리와 나눈 내용에 대해서 성경적으로 심사숙고하는 시간을 갖지 않고서는 눈먼 자가 눈먼 자를 인도하는 형국이 될 뿐이다. 이를 위해 우리는 스스로에게 이렇게 물어보아야 한다. "성경의 주제와 관점과 약속과 명령 중에서 이 사람에게 중요하고 이 상황에서 말해주어야 하는 것은 무엇인가?" 우리의 상담은 오직 올바른 성경적인 잣대를 가지고 내담자자로부터 들은 내용을 걸러낼 때에 비로소 성경적인 것이 될 것이다.

기억하라. 우리가 서로 충고해주지 않는 날이란 존재하지 않는다. 아내는 출근하는 남편을 격려해줄 수 있고, 부모는 자녀에게 학교에서 어떻게 어려움에 대처하는가를 일러줄 수 있으며, 오빠는 여동생이 친구 문제로 고민할 때에 도와줄 수 있고, 상사는 부하를 독려할 수 있다. 우리는 매일 인생에 대한 해석을 다른 사람들과 나누는데, 이것이 자기 자신의 삶을 이해하는 방식을 형성한다. 중요한 점은 다른 사람에 대한 우리의 사역이 성경적인가 아닌가다. 이러한 모든 대화에서 우리는 그 일에 관하여 "성경은 무엇이라고 말하는가"라고 자문하고 있는가?

한 사람의 고통스러운 사정을 알게 된다는 것은 어떤 집에 들어가 여기저기 널린 빨랫감을 정리하는 것과 같다. 당신은 곧 색색의 옷가지를 거둬들일 것이다. 하지만 그 모든 옷을 세탁기에 던져 넣기 전에 먼저 종류별로 구분하는 것이 필요할 것이다. 그렇지 않으면 나중에 짝짝이 양말이 나올 것이다. 누군가에 대해서 알아가는 것도 이와 같다. "자, 잘 들어보세요. 저는 지금 제 과거 중에서 가장 중요한 것을 말하려는 참이에요"라고 말하는 사람은 없다. "제가 이제 제 마음의 동기를 털어놓을 테니까 잘 들어보세요"라고 말하는 사람도 없다. 우리는 과거사를 현재의 상황과 뒤섞고, 감정을 논리적인 사고와 뒤섞는다. 우리는 자신에 대한 것을 이야기하면서도 다른 사람들의 행동을 해석한다. 우리는 주변 환경을 묘사할 때 하나님에 대해서도 말한다. 이것들은 독립된 사실들이 뒤죽박죽 쌓인 것으로 나타나므로 조직화하고 해석해야 할 필요성이 있다.

어떤 것에서 의미를 찾는 첫 번째 단계는 습득한 정보를 단순한 성경적인 범주로 분류하는 것이다. 이 단계는 세탁물을 종류별로 구분한다든지 흩어져 있는 퍼즐을 맞추는 것과 같다. 우리가 그 작업을 끝냈다면 한걸음 물러서서 스스로에게 이렇게 물어볼 수 있다. "성경이 이 사람에게 그리고 이 같은 상황에서 변화가 일어나는 것이 필요하다고 말하는 부분은 어디인가?"

먼저 자료를 성경적으로 조직하는 연습을 해보자. 교회 성도인 그레타(Greta)가 당신에게 상담을 요청했다고 생각해보자. 그녀는 남편인 존(John)의 문제 때문에 걱정하고 있었다. 존은 최근에 화를 내는 일이 잦아지고 있었다. 그는 아내와 아이들에게 사소한 일 때문에 불같이 화를 내며 소리를 지르곤 했다. 그는 매우 비판적이었고 이것저것 요구하는 게 많았다. 집보다도 밖에서 시간을 보내는 경우가 많아졌고, 집에 있을 때조차도 거의 컴퓨터를 하면서 지냈다. 그레타가 존에게 무슨 문제가 있느냐고 물으면 그는 그저 사는 게 힘들 뿐이라고만 말했다. 그레타는 존의 아버지가 세상 사람들과의 관계는 전부 손해가 될 뿐이라는 부정적인 생각을 가진 사람이었다고 말한다. 결혼할 때는 그렇지 않았는데 존이 점점 그의 아버지처럼 되어버리는 것은 아닌지 모르겠다며 걱정한다. 그녀가 그에게 어떻게 도와줄 수 있겠느냐고 물으면 항상 "내가 숨쉴 수 있는 작은 공간을 좀 줘"라고 말한다.

표 10-1은 자료를 조직하는 간단한 도구로서, 당신이 누군가를 알아갈 때에 얻게 되는 정보들을 분류하는 데 도움이 될 것이다.

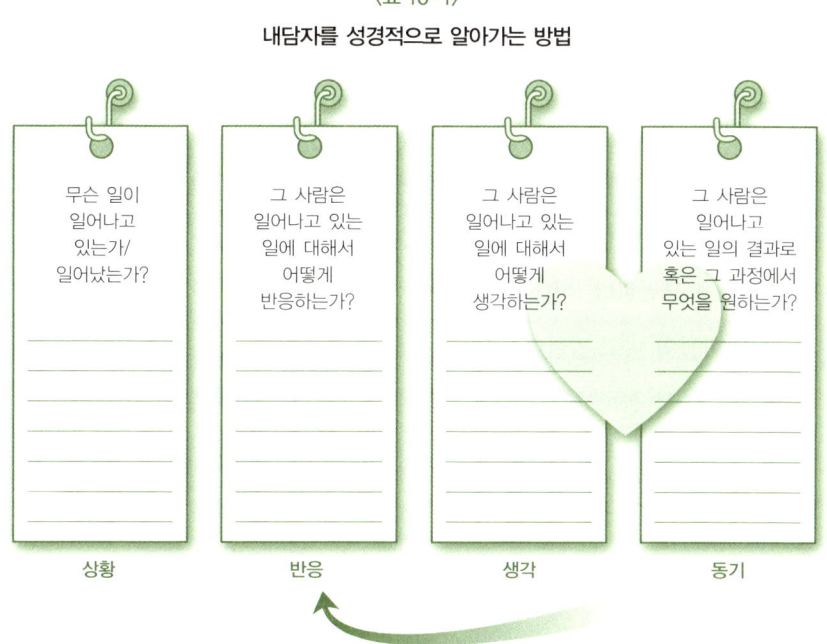

〈표 10-1〉
내담자를 성경적으로 알아가는 방법

당신이 그레타가 전해준 정보를 조직화할 때, 이 도구를 통해 한발 물러서서 성경적인 방식으로 큰 그림을 볼 수 있을 것이다. 물론 이 경우에 당신은 지금 막 정보를 모으기 시작하고 있다. 그레타와 존을 진정으로 돕기 위해서는, 좋은 질문들을 사용하여 더 많은 정보를 얻는 것이 필요할 수도 있을 것이다.

첫째, 상황을 살펴야 한다. (무슨 일이 일어나고 있는가?) 우리는 과거와 현재에 그 사람의 세계(주변 환경을 포함한)를 보여주는 모든 정보를 여기에 배치한다. 우리가 지금까지 존에 대해서 알고 있는 것은 과거에 그가 부정적이며 냉소적인 아버지 밑에서 자랐다는 것이다. 그리고 지금 그는 점점 더 쉽게 분노하고 비판적이며 냉담한 남편이 되어가고 있다.

둘째, 반응을 살펴야 한다. (그 사람은 현재 일어나고 있는 일에 대해서 어떻게 반응하는가?) 여기에서는 그 사람의 행동에 대한 사실을 추가한다. 우리는 존이 가족에게 소리를 지르며 직장에서 더 많은 시간을 보내고 집에서는 컴퓨터 앞에만 앉아 있다는 것을 알게 되었다.

셋째, 생각을 살펴야 한다. (그 사람은 현재 일어나고 있는 일에 대해서 어떻게 생각하는가?) 이것은 그 사람이 자신의 세계를 어떻게 이해하고 있는가에 대한 정보를 포함한다. 이 범주에서 지금까지 존에 대해서 알게 된 것은 그가 "사는 게 힘들어"라고 말한다는 것이다.

넷째, 동기를 살펴야 한다. (그 사람은 현재 일어나고 있는 일의 결과로 혹은 그 과정에서 무엇을 원하는가?) 이것은 그 사람의 욕구, 목표, 귀중하게 여기는 것, 동기, 가치관, 우상에 대해서 알고 있는 것을 포함한다. 그는 무엇을 위해 사는가? 진정으로 그의 마음을 지배하는 것은 무엇인가? 우리가 이 시점에서 존에 대해서 알고 있는 것은 그가 "그냥 내가 숨쉴 수 있는 작은 공간을 좀 줘"라고 말한다는 것이다. 하지만 우리는 '작은 공간'이 무슨 뜻인지, 왜 그것을 원하는지에 대해서는 알지 못한다.

이와 같은 네 가지 범주는 당신이 존과 그레타의 세계로부터 얻은 정보를 조직화하는 간단한 갈고리(단서)를 제공할 것이다. 그것들은 당신에게 여전히 필요한 정보가 어떤 종류인지 알 수 있도록 도와준다.

갈고리(단서) 이해하고 사용하기

이제 다른 부부 이야기를 소개하고 이 네 개의 갈고리로 그들에 관한 정보를 조직화하여, 이 도구가 정보 수집 과정을 어떻게 단순하게 만들어주는지 설명하겠다.

주일 예배가 끝난 뒤에 샤론(Sharon)이 내게 다가왔다. 그녀는 자신의 결혼생활이 최악의 상태이고 가능한 한 빨리 이야기를 나누었으면 좋겠다고 했다. 우리는 만날 시간을 약속하였고 나는 그녀의 남편인 에드(Ed)와 함께 오라고 하였다. 그렇지만 샤론은 혼자 왔다. 그리고 감정이 북받쳐서 세세한 것까지 다 이야기했다. 에드는 그녀에게 정신 차리라고 하고 바쁘다는 핑계를 대면서 오려고 하지 않았다.

샤론은 점차 난폭해지고 있는 부부 관계에 대해서 이야기를 했다. 그녀와 에드는 더 이상 한 방을 쓰지 않았고 함께 어디를 나가는 일도 없었다. 그들은 은행 계좌를 따로 가지고 있었고, 최근에는 저녁 식사도 따로 하는 것이 좋겠다고 합의하였다. 두 자녀들은 엄마 아빠랑 번갈아가면서 식사를 하였다.

결혼하기 전부터 그들은 의사 소통에 문제가 있었다. 에드는 샤론이 항상 자신을 조종하려고 한다는 생각을 하였다. 샤론은 에드가 자신이 단호하게 이야기하기 전에는 자신의 말을 귀담아듣지 않는다고 느꼈다. 그러나 에드는 샤론이 세상에서 가장 아름다운 여자라고 말하곤 하였고, 샤론은 에드가 자신의 삶에서 최고의 보물이라고 말했다.

에드는 날로 확장되는 수입 관계 사업 때문에 늘 바쁘고 여유가 없는 사람이었고, 샤론은 중요한 사람들과 함께 시간 보내기를 좋아하는 사람이었다. 그녀는 평생 위탁 가정에서 자랐고 친부모에 대해서는 전혀 몰랐다. 에드는 도시 노동자 가정에서 자라났다. 여러 해 동안 에드는 샤론이 점차 자신의 남성성을 파괴해간다고 불평하곤 하였다. 샤론은 에드와의 결혼 생활 동안 있었던 두 번의 외도를 고백하였다. 에드는 무척 분노했고 그녀 역시 마찬가지였다.

샤론은 우리가 이야기하는 동안 자신의 요점을 분명하게 말했다. "저 때문에 여기 온 게 아니에요. 전 아무 문제가 없어요. 단지 저의 결혼 생활에 문제가 있어서 온 거예요. 교수님이 제 남편과 이야기 좀 해주시겠어요? 그 사람은 정말 도움이 필요하다구요!"

네 가지 범주(상황, 반응, 생각, 동기)를 사용하여 샤론과 에드에 대해서 우리가 알게 된 것들을 조직화해보도록 하자.

상황

효과적인 상담 사역을 위해서 나는 샤론의 일상생활을 이해해야만 한다. 그녀가 날마다 직면하는 압력과 기회, 책임, 유혹은 무엇인가? 그녀의 삶에서 중요한 의미를 갖는 사람들은 누구이며 그들이 하는 일은 무엇인가? 그녀의 과거에 대해서 알고 있는 것이 무엇인가? 내가 이러한 내용들을 점검할 때에 나는 스스로에게 '무슨 일이 일어나고 있는지(일어났는지)' 묻는 것이다. 그리고 이 갈고리에 상황적인 정보들을 다 연결하여 취합한다.

여기서 누군가의 과거사와 현재의 상황에 관한 정보를 정리할 때 사용할 수 있는 두 가지 유형의 질문 목록이 있다. 이러한 목록들은 모든 것을 망라하려고 제시한 것이 아니다. 무엇을 잘 들어야 하고 무엇을 질문할 것인지에 대한 감을 잡게 하려는 것이다.

과거에 관한 것들

- 가족력. 나는 이 사람의 어린 시절에 대해서 무엇을 알게 되었는가?
- 위기의 사건들. 이 사람의 삶에 영향을 미친 중대한 사건은 무엇이었는

가?(가족의 사망, 이혼, 장애인이 된 사건 등)
- 중요한 관계들. 집 밖에서 누가 이 사람의 삶에 가장 큰 영향을 미쳤는가?(코치, 친척, 친구, 선생님, 목사님 등) 그들은 이 사람의 자아관과 세계관을 어떻게 형성했는가?
- 중요한 경험들. 이런 것들은 위기의 사건이 아니라 그 사람의 삶을 형성한 오랜 기간 지속되는 경험을 의미한다(온 가족의 이사, 대학 입학, 그리스도를 믿게 됨 등). 이러한 경험들이 지속적으로 미친 영향은 무엇인가?

이러한 질문 목록이 그 사람에 대해서 모든 것을 캐내려는 것이 아님을 기억하라. 이것은 단지 그 사람의 과거를 이해하는 데 중요한 의미가 있을지도 모르는 것들을 제시해줄 뿐이다.

현재에 관한 것들
- 삶의 맥락. 그 사람이 매일 접하고 있는 상황과 관계는 무엇인가?(스트레스, 기회, 책임, 유혹 등)
- 중요한 인간관계. 이 사람의 삶에 현재 영향을 끼치고 있는 사람들은 누구인가? 그들은 어떤 영향을 주고 있는가?
- 현재의 가족. 그 사람과 함께 살고 있는 가족들에 대해서 알게 된 것이 무엇인가?
- 문제 제시. 이 사람은 자신의 문제를 어떻게 묘사하고 있는가? 무엇이 잘못되었다고 말하는가?

여기서의 목표는 자신의 세계 속에 있는 샤론을 이해하게 되는 것이다. 이를 위해 나는 구체적으로 세밀하게 알아야 한다. 왜냐하면 나의 사명은 하나님의 말씀과 그녀 인생의 세부 사항을 이해하는 다리를 놓는 것이기 때문이다. 그렇게 할 때에 샤론은 하나님이 그녀에게 약속하신 것과 행하라고 요구하시는 것을 이해할 수 있다. 샤론에 관한 정보를 이제 정리해보자.

샤론의 상황

- 갈등에 빠진 결혼 생활.
- 남편이 전혀 도움을 받지 않으려고 함.
- 거칠어진 부부 관계.
- 은행 계좌를 따로 관리함.
- 의사 소통의 문제.
- 남편이 바쁜 사업으로 인해 밖으로만 돌아다님.
- 남편이 분노를 표현하며 그녀에게 새로운 사람으로 바뀌든지 아니면 나가버리라고 함.
- 많은 위탁 가정 속에 자라 친부모에 대해 전혀 알지 못함.

반응

여기에서 나는 샤론의 행동에 초점을 맞춘다. 그리고 현재 일어나고 있는 일에 대한 그녀의 반응을 보여주는 정보들을 모두 취합한다. 그리하여 주제와 반복되는 패턴을 찾는다. 그녀가 상황과 사람들에게 반응하는 전형적인 방식은 무엇인가? 이러한 주제와 패턴은 그녀의 마음속에서 무슨 일이 일어나고 있는지에 대한 통찰을 가져다준다. 샤론의 행동을 묘사하는 정보들은 다음과 같은 질문에 대답해야 한다. "현재 일어나고 있는 일에 대해 이 사람은 어떻게 반응하는가?"

샤론의 반응

- 도움을 바라고 찾아옴(에드를 위해).
- 에드와 한 방을 쓰지 않음.
- 은행 계좌를 따로 가지고 있음.
- 에드와 따로 식사하고 아이들과는 번갈아가면서 식사를 함.
- 두 번의 외도.
- 그 외도를 고백함.
- 에드와 대화해 달라고 요청함.
- 따로 나가서 살지는 않음.
- 계속 교회에 나옴.
- 자신이 원하는 바를 에드에게(그리고 상담자에게) 직접 이야기함.

샤론의 반응에 대한 이와 같은 목록을 보면서, 그녀가 자신의 문제를 다루는 방식에서 드러나는 주제와 반복되는 패턴을 찾아보라.

생각

이 범주는 샤론의 행동을 주관하는 '마음'을 들여다본다. 나는 샤론이 한 인간으로서 나름대로의 의미를 창출하는 자임을 잘 알고 있다. 그녀는 항상 자신의 삶 속에서 어떤 의미를 찾고자 한다. 자신의 삶의 현실에 대해서 그저 반응하는 것이 아니라 그 현실에 대한 해석에 반응하는 것이다. 만약 그녀의 해석이 성경적이지 않다면 그녀의 반응 또한 성경적이지 않을 것이다.

만약 내가 과거와 현재, 미래 그리고 하나님과 나 자신에 대해서 왜곡된 시각을 가지고 있다면 하나님이 내 삶에 허락하신 것들에 대해 올바르게 반응할 수 없을 것이다. 이것은 샤론의 심각한 문제였다. 우리가 그녀와 같은 사람들을 상담할 때 이와 같이 왜곡되고 비성경적인 생각 속에 있는 잘못된 행동의 씨앗을 찾는 것이 필요하다. 우리는 그녀가 인생에 대해서 어떻게 생각하는가를 보여주는 사실들을 구별하여 다음과 같은 질문을 던지기 시작한다. "이 사람은 현재 일어나고 있는 일에 대해서 어떻게 생각하고 있는가?"

샤론의 생각
- 나의 결혼은 곤경에 빠졌다.
- 에드는 나의 생각에 관심을 기울이지 않는다.
- 에드를 만난 것은 내 생애 최고의 일이었다.
- 나는 중요한 사람들과 함께 있기를 좋아한다.
- 나는 문제가 없다.
- 도움이 필요한 사람은 에드다.

동기

사람에게는 누구나, 자신의 마음을 지배하는 것이나 사람이 항상 존재하게 마련이다. 우리의 마음을 다스리는 것이 무엇이든지 간에, 그것은 우리의 행동을 다스리게 된다. 이 범주에서 우리는 샤론이 정말로 원하는 것이 무엇인지, 그녀의 마음을 사로잡고 있는 소원은 무엇인지 그리고 어떤 우상이 그녀를 지배하고 있는지를 보여주는 정보를 다 알 수 있게 된다. 샤론의 행동은 사람들과 상황들로부터 자신이 원하는 것을 얻고자 하는 시도인 만큼, 우리는 그녀의 동기를 구별하고서 이 모든 정보에 대해 다음과 같은 질문을 던져야 한다. "이 사람이 현재 일어나고 있는 일의 결과로 혹은 그 과정에서 바라는 것이 무엇인가?"

샤론의 동기
- 결혼 생활에 대해서 빨리 이야기하고 싶어한다.
- 에드에게서 멀어지려고 한다.
- 지배당하는 것을 원하지 않는다.
- 중요한 사람들과 함께 있기를 좋아한다.
- 에드가 변화되기를 원한다.
- 상담자가 그녀 자신에게 아무 문제가 없다고 말해주길 원한다.
- 상담자가 에드에게 도움이 필요하다고 인식하게 되기를 원한다.

여기에 이르러서 우리가 이룬 것은 무엇인가? 지금까지 우리는 샤론이 말해준 그 복잡하고 혼란스러운 사실들의 무더기에 즉시 대응하지 않고 그것들을 성경적인 범주로 조직화하려고 노력하였다. 이제 우리가 들은 정보와 많은 사례들을 통해 샤론과 에드에게 무엇을 더 물어야 하는지 알 수 있다. 이것은 특히 동기의 범주에서 더욱 필수적이다. 우리는 샤론이 어떤 것을 원하는 이유에 대해서 좀더 알아야만 한다. 사역 관계가 이제 막 시작되는 시점이기는 하지만, 이와 같은 범주들은 우리가 복잡한 문제들을 풀어내고, 샤론과 그녀의 결혼 생활에서 변화가 일어나야 하는 부분이 어디인지를 보는 데 유익하다.

감정은 어떠한가

당신은 감정이 위에서 언급된 네 가지 체계적인 범주에 속해 있지 않다는 것을 발견하였을 것이다. 그렇다면 우리의 삶 속에서 감정이 하는 역할에 대해서 어떻게 생각해야 하는가?

성경은 인간의 감정을 풍부하고 진한 색채로 그리고 있다. 가정 불화에서 정치적인 권모술수까지, 전원생활에서 대도시의 삶까지, 충성과 우정에서 미움과 배신까지, 풍부와 풍요에서 가뭄과 가난까지, 아름다운 풍경에서 자연재해의 끔찍함까지, 자유와 휴식에서 고통스런 노예 생활까지, 하나님에 대한 진실한 경배에서 모든 종류의 우상 숭배에 이르기까지, 성경은 모든 영역의 인간 경험을 담고 있다. 또한 성경은 우리와 관련이 있는 삶의 사연들과 우리를 닮은 인물들의 이야기로 가득 차 있다. 역사적, 문화적 차이에 상관없이 성경이 보여주는 세계는 우리가 매일 실제로 경험하는 세계와 너무도 많이 닮았다.

성경은 또한 혹독할 정도로 정직하다. 그래서 우리라면 약간은 미화해서 이야기했을 사람들과 상황들을 있는 그대로 솔직하게 나타내고 있다. 성경은 우리의 죄와 우리 세대에 미치는 죄의 영향에 대해서 어떠한 왜곡도 없이 그대로 진술한다. 이렇게 정직하게 나타내는 이유는 무엇인가? 바로 주님의 지혜와 그리스도의 변화시키시는 은혜가 인간 경험의 가장 깊은 문제를 다룰 수 있을 정도로 강력하다는 것을 보여주기 위함인 것이다. 만약 당신이 성경을 주의 깊게 읽었다면, 그리스도의 사역이 약간의 구속적인 도우심만으로도 충분한, 잘 적응된 사람들만을 위한 것이라고는 결코 생각하지 않을 것이다. 성경은 복음의 범주 너머에 있는 인간의 상태나 갈등을 전혀 제시하지 않는다. 구속은 하나님의 사랑에서 멀리 떠나 영원한 고통에 직면하고 있는 무기력한 인간들을 구원하는 것이다.

그렇다면 이것들이 감정과 무슨 상관이 있는가? 항상 상관이 있다. 성경은 실제 삶의 경험을 다루면서 인간 감정의 모든 영역을 그리고 있다. 성경은 살인으로 이끈 가인의 질투, 아이를 낳지 못하는 한나의 고통스런 눈물, 자신들을 가로막고 있는 홍해 앞에서 애굽 군대의 추격을 받는 이스라엘 백성들의 공포를 그대로 보여주고 있다. 그리고 전쟁에서 승리한 기쁨, 참된 예배를 드리는 즐거움, 다윗이 패역한 아들 압살롬의 죽음으로 인해 겪는 주체할 수 없는 슬픔 등을 그리고 있다. 또한 죽기를 바라는 엘리야의 절망, 바리새인들의 무정함, 도움을 구하는 걸인들의 절박한 부르짖음이 묘사되어 있다. 성경은 시장 바닥이 된 성전에 대한 예수님의 분노, 아버지 하나님으로부터 버림받은 것에 대한 그분의 슬픔과 고통 그리고 부활한 자신을 보며 두려워하고 혼란스러워 하는 제자들에게 그분이 보이시는 자애로움을 그리고 있다. 이 외에도 아들이 태어남을 기뻐하는 스가랴와 오빠의 죽음을 슬퍼하는 마리아와 마르다가 나온다. 모든 종류의 인간 감정이 인간의 마음을 알고 계시는 유일한 주님과 더불어 그려지고 있는 것이다.

감정은 우리 삶의 모든 부분에 스며든다. 따라서 감정은 한 사람에 대해 알게 된 정보를 분류하는 데서 독립적으로 존재하지 않는다. 감정이란 네 가지 범주에 모두 포함되는 중요한 요소인 것이다. 사람들에 대한 모든 사실들은 감정이라는 색으로 물들어 있다. 그리고 그것은 우리가 경험하는 모든 상황과 반응과 생각과 동기와 엮인다. 감정은 우리가 경험하는 관계와 상황의 날씨와 같다. 우리는 다른 누군가의 분노의 폭풍 속이나 또 다른 사람의 질시의 열기 속에서 살아가기도 한다. 슬픔의 춥고 어두운 밤을 경험하기도 하고 건강과 평안이라는 인생의 따사로운 여름날을 살기도 한다. 감정이란 하나님이 주권적으로 우리에게 부여하신 모든 관계와 상황의 가장 본질적인 부분이다.

뿐만 아니라 우리의 행동과 생각과 말 속에 감정적인 요소가 있다. 누군가의 행동 속에 있는 주제와 패턴을 정확하게 이해한다는 것은, 그가 말하고 실행하는 모든 것에 대한 감정적인 색깔을 파악하는 것을 의미한다. 생각은 감정이 배제된 채 홀로 존재하지 않는다. 만약 우리가 지금 하고 있는 일을 감당할 수 없다고 생각한다면, 좌절하며 절망하는 모습으로 그 일을 하게 될 것이다. 만약 우리 마음이 경건함과 은혜와 하나님의 영광으로 가득 차 있다면, 기쁨과 소망이 넘치는 삶을 살게 될 것이다. 사람들이 느끼는 바를 알지 못하고서는 그들이 무슨 생각을 하는지 온전하게 알 수가 없다. 우리의 감정은 우리의 해석에 대한 반응을 표현한다. 그리고 우리는 돌아서서 다시 감정을 해석한다.

동기도 이와 다르지 않다. 나의 감정은 내가 원하는 것, 귀중하게 여기는 것, 섬기는 것을 내 마음이 표현하는 방법들 가운데 하나다. 만약 내가 당신의 애정을 중요하게 생각하는데 당신이 나를 거부한다면 슬픔과 분노의 감정을 품게 될 것이다. 반면에 내가 개인적인 성취와 성공을 귀중하게 생각한다면 비록 기쁜 일이 별로 없고 행복감이 그리 오래 가지 못한다고 하더라도, 그래도 행복할 것이다. 만약 우리가 사람들이 정말로 바라는 것이 무엇인지 알고 싶다면 그들의 감정에 대해서 먼저 알아야 한다. 행복은 우리 마음이 원하는 것을 얻었을 때의 결과다. 반대로 절망은 내가 목표하는 그 무엇이 내게서 더욱 멀어졌을 때 느끼는 마음의 감정적 반응이다. 만약 갑자기 내게 요긴하다고 생각했던 것을 잃어버린다면 내 마음은 두려움으로 가득 찬다. 다시 말하면 우리의 감정은 우리가 섬기고 있는 것이 무엇인지를 나타낸다. 그것은 우리 마음을 차지하고 있는 것이 무엇인지를 드러낸다. 하나님은 그분 형상을 따라 우리를 만드시면서 우리에게 감정을 주셨다. 감정은 그분과의 교제 속에서 살 수 있도록 우리를 돕기 위해 주어진 것이다. 그것은 우리가 주님과의 즐겁고 언약적인 교제 속에서 살아가느냐 아니면 다른 어떤 것을 섬기면서 살아가느냐를 나타내는 중요한 지침이다.

우리가 정보를 조직하는 모델(상황, 반응, 생각, 동기)은 감정을 배제하지 않는다. 오히려 감정이 모든 상황과 반응과 생각과 동기 속에 내재되어 있음을 인정한다.

시간을 투자하여 하나님과 사람 사랑하기

만약 당신이 구속의 이야기를 이해한다면, 하나님이 우리로 하여금 다른 사람을 돕게 하실 때 급하게 서두르시지 않는다는 것을 알게 될 것이다. 그분을 본받는다는 것은 우리가 충분히 시간을 두고 묻기도 하고, 듣기도 하며, 생각하고, 해석하며, 기도할 수 있다는 것을 의미한다. 우리는 실제로 알고 있는 정보 이상으로 그 사람에 대하여 아는 것처럼 가정해서는 안 된다. 하나님의 모범을 따르면, 사람들이 그들 자신과 삶에 대해서 스스로 돌아볼 수 있도록 시간을 충분히 들여 성경적인 질문을 던지게 된다. 즉, 질문에 이어 질문을 하고, 우리가 진정으로 그들을 이해하고자 한다는 것을 확신시키며, 알게 된 것을 조직화하면 결국 철저히 성경적인 관점을 통해서 그것들에 대해 판단을 내리게 된다. 우리는 사람들이 당면한 모든 상황 속에서 그리스도의 변화시키는 은혜가 그 상태에 있는 사람들에게 미치도록 하기 위해 이 모든 일을 한다.

이렇게 사람들을 잘 알아가는 일은 예수님이 마태복음 22장 37-40절 말씀에서 요약하신 두 가지 큰 계명을 통해 더욱 촉진된다.

> "예수께서 가라사대 네 마음을 다하고 목숨을 다하고 뜻을 다하여 주 너의 하나님을 사랑하라 하셨으니 이것이 크고 첫째 되는 계명이요 둘째는 그와 같으니 네 이웃을 네 몸과 같이 사랑하라 하셨으니 이 두 계명이 온 율법과 선지자의 강령이니라."

나는 하나님을 사랑하기 때문에 그분의 진리를 정확하고 명료하며 구체적으로 다루기를 원한다. 나는 말씀을 통한 지혜로 사람들 삶의 구석구석까지 이해의 다리를 놓기를 원한다. 그리고 사람들을 사랑하기 때문에 나는 그들에 대한 일반적인 정보를 얻게 되는 것으로 만족하지 않을 것이다. 그 반대로 효과적인 질문과 헌신된 경청 그리고 주의 깊은 해석을 통해서, 정말 필요한 곳에 그리스도의 도움을 전하는 데 요구되는 이해를 하면서 그들의 세계로 들어가고자 한다. 이러한 이유들 때문에, 기계적으로 보이기도 하는 개인 정보 수집이 사랑으로 가열될 수 있으며 사랑이신 하나님의 임재와 은혜를 드러내는 좋은 기회가 될 것이다.

11장 Instruments in the Redeemer's Hands

사랑 안에서
진리를 말해야 하는 이유

샐리(Sally)가 상담실에 들어선 순간부터, 싸울 준비를 단단히 하고 왔다는 것을 분명히 알 수 있었다. 그녀는 정면을 꼿꼿이 바라보고 있었고 내가 기도하기 전까지 그녀의 말에서 긴장감이 느껴졌다. 나는 샐리의 딸이 다니던 기독교 학교의 교장이었고 샐리와 그 남편에게 그들 딸이 저지른 문제에 대해서 이야기를 좀 나누고 싶으니 학교에 잠깐 들르라고 부탁했었다. 나는 친구이자 동역자로서 그들을 맞았다. 또 그 딸이 성실하다고 생각했다. 단지 우리가 그 아이를 도울 기회를 놓치게 될까 봐 걱정하고 있었다.

우리가 경험한 그 아이의 문제에 대해서 설명할 때 나는 분명하면서도 부드럽게 말문을 열었다. 그런데 놀랍게도 샐리는 거칠게 항변하는 것이었다. 그러면서 내가 자기 딸을 사랑하지 않고 그저 학교에서 그런 '문제'를 사라지게 하려고 한다고 몰아붙였다. 나는 다시 조용히 나의 사랑과 관심에 대해서 말하려고 하였지만 그녀는 의자를 앞으로 당겨 내 책상으로 바짝 다가와서 계속 소리지를 뿐이었다. 나는 한 번 더 그 아이나 그녀를 나무라려고 하는 것이 아니라는 것을 이해시키기 위해서 노력했다. 내 목적은 그 아이에 대한 관심사를 함께 나누고 적절한 해결 방법을 찾는 것이었다. 그녀가 세 번째로 소리 지르기 시작하자 그 남편이 그녀의 무릎을 붙들고 말렸다. "여보, 교장 선생님은 지금 당신하고 싸우자는 게 아니오."

샐리는 잠깐 동안 마치 자기가 방향을 잘못 잡았다는 듯이 나를 바라보았다. 그리고 우물거리면서 말했다. "죄송합니다. 그저 이런 식의 만남이 싫었어요. 전 그냥 교장 선생님이 우리가 얼마나 나쁜 부모인지 말하려고 하시는 줄 알았어요." 사실 샐리가 이상한 게 아닐 수 있다. 우리 대부분이 진실을 말하는 시간에 두려움과 공포로 반응한다. 많은 사람들에게 죄를 지적하는 것 혹은 직면시키는 것(confrontation: 간단하게 '지적' 이라고 하겠다 – 역주)이나 책망(rebuke)과 같은 단어는 사랑과는 거리가 먼 이미지로 다가올 것이다. 샐리는 분명히 이전에 지적받은 상황으로 인해 상처를 받았을 것이고, 이번에는 스스로를 방어하기 위해서 미리 준비하고 있었을 것이다.

책망은 성경에서 변화가 필요한 곳에 진실을 전하는 데 쓰인 단어다. 하지만 우리 대부분은 책망의 말을 들을 때에 긍정적으로 반응하지 않는다. 예를 들면 만약 내가 오늘 밤 당신에게 전화해서 내일 아침에 당신을 만나 책망하겠다고 한다면 어떤 마음이 들겠는가? 혹은 당신이 친구에게 전화해서 "정말 굉장한 일이 내일 일어날 거야! 교수님이 날 책망하려고 들르신대. 기대가 돼서 기다릴 수가 없어! 도대체 내가 얼마 만에 책망을 받는 거지"라고 하겠는가? 이런 반응은 결코 일어날 수 없을 것이다. 우리 대부분은 차라리 무시무시한 치과에 가서 마취하지 않고 치료를 받는 게 더 낫다고 생각할 것이다. 이처럼 책망을 생각할 때에 우리는 거친 말과 벌겋게 상기된 얼굴, 고성과 위협 등을 머리에 떠올린다. 그것이 인내하고 헌신하는 사랑의 표현이라고는 생각하지 않는다. 그래서 성경적인 책망의 모범이 어떠한지를 먼저 살펴보는 것이 중요하다. 그것은 상담 사역에서 "말하라"에 해당하는 요소다. 우리는 '사랑 안에서 진리의 말을 하는 것'이 의미하는 바를 알아야 한다.

레위기 19장 15-18절은 인간관계와 상담 사역의 이러한 측면에 대한 하나님의 의도를 논하고 있다.

> "너희는 재판할 때에 불의를 행치 말며 가난한 자의 편을 들지 말며 세력 있는 자라고 두호하지 말고 공의로 사람을 재판할지며 너는 네 백성 중으로 돌아다니며 사람을 논단하지 말며 네 이웃을 대적하여 죽을 지경에 이르게 하지 말라 나는 여호와니라 너는 네 형제를 마음으로 미워하지 말며 이웃을 인하여 죄를 당치 않도록 그를 반드시 책선하라(rebuke) 원수를 갚지 말며 동포를 원망하지 말며 이웃 사랑하기를 네 몸과 같이 하라 나는 여호와니라."

이 구절에 나타나는 원리는 직면시키는 일을 성경적으로 이해하는 출발점이 된다.

죄를 직면시키는 것은 첫 번째 가장 큰 계명에 순종하는 마음에 근거한다. 이 계명은 우리에게 "네 마음을 다하고 목숨을 다하고 뜻을 다하여 주 너의 하나님을 사랑하라"(마 22:37)고 요구한다. 또한 레위기의 구절도 이렇게 말한다. "나는 여호와니라." 하나님은 직면시키는 일이 우리와 다른 사람과의 관계에서 그분에 대한 우리의 순종의 표현이 되기를 원하신다. 하나님의 관점에서,

상대방으로 하여금 죄를 직면하게 해주어야 하는 이유는 오직 우리가 하나님을 사랑하고 그분께 순종하기를 원하기 때문이다. 성경적인 방식으로 서로의 죄를 지적해주지 못하는 근본 이유는, 하나님을 대체하는 것을 좇는 우리의 성향 때문일 것이다. 우리가 하나님보다 다른 것을 더 사랑한다면 비성경적으로 지적하게 되거나 전혀 지적하지 않을 수도 있다. 혹은 사람과의 관계를 너무나 사랑하여서 위험을 감수하고 싶지 않을 수도 있다. 어쩌면 지적이 가져올 개인적인 희생이나 복잡한 일에 말려드는 것을 피하고 싶을 수도 있다. 아니면 우리의 책임보다는 평화나 존경 혹은 감사와 같은 것을 더 사랑하고 있을 수도 있다. 여기에 분명한 원리가 있다. 우리가 어떤 사람이나 어떤 것을 사랑하는 만큼, 죄를 직면하게 해주고자 하는 일차적 동기를 잃어버리게 된다. 그렇지만 우리가 그 무엇보다도 하나님을 사랑한다면 지적은 그 사랑의 확장이요 표현이 된다.

요한일서는 하나님에 대한 우리의 사랑을 가장 분명하게 나타내는 척도 가운데 하나는 이웃에게 베푸는 사랑의 자질이라고 가르친다(3:11-20, 4:7-21). 두 번째 큰 계명의 근거는 첫 번째 계명이다. 만약 당신이 무엇보다도 하나님을 더 사랑하지 않는다면 결코 이웃을 자기 자신처럼 사랑할 수가 없다. 헐뜯기 좋아하고 분노로 가득하며 진리를 곡해하는 모습은 다른 사람에 대한 사랑이 부족하다는 것 이상의 깊은 의미를 갖는다. 그것은 하나님에 대한 사랑이 부족하다는 것을 드러낸다. 그래서 자기 자신의 목적을 위해 다른 사람들을 이용하려고 하고, 더 이상 하나님의 대사로서 그들을 섬기지 못한다. 그들을 단지 우리의 욕구를 채울 수 있는 환경으로 이용하게 된다. 그래서 우리가 원하는 것을 잃고 싶지 않기 때문에, 우리의 이웃이 하나님의 영역 밖으로 나가는 것을 보면서도 침묵하며 살아간다.

하나님에 대한 사랑은 진리를 말하는 사역에 있어 유일하게 의지할 수 있는 토대다. 그 외의 다른 동기는 그 과정을 왜곡한다. 우리는 분노와 절망, 복수심을 품고서는 이를 행할 수 없다. 우리는 하나님을 사랑하고 무척 방황하는 것 같은 누군가 앞에서 하나님을 대변하기 때문에 진실을 말하는 사역을 한다. 지적이란 우리 자신과는 별로 상관이 없다. 그것은 오직 하나님에 대한 것으로서, 사람들이 그분과 가까워지고 그분께 순종하며 그분을 사랑하는 교제를 나누도록 하려는 욕구로 행해진다.

죄를 직면시키는 것은 두 번째 가장 큰 계명에 근거한다. 이 계명은 우리에게 "이웃을 네 몸과 같이 사랑하라"(마 22:39)고 말한다. 이웃을 내 몸과 같이 사랑하라는 구약의 계명이 솔직히 책망하라는 부르심과 연관된다는 사실이 흥미롭지 않은가? 옳지 못한 분노가 없는 책망은 성경적인 사랑을 나타내는 확실한 표지다. 하지만 나는 여기서 인간관계에서의 사랑을, 단지 '친절한 것' 것과 혼동할까 봐 걱정된다. 친절한 것과 사랑으로 행동하는 것은 동일하지 않다. 우리의 문화는 관용하고 예의 바르게 행동하는 것에 큰 가치를 둔다. 우리는 불편한 순간을 피하려고 한다. 그래서 만나기는 하지만 말은 하지 않으려는 것이다. 그러므로 우리는 지금까지 다른 사람을 사랑하기 때문에 말하지 않는다고 스스로를 합리화해왔다. 하지만 실제로는 우리에게 사랑이 부족하기 때문에 말하지 못한 것이다.

이 부분에서 오해하지 않기를 바란다. 진정한 사랑은 거칠게 개입하거나 무례하게 표현하는 것이 아니다. 그렇지만 성경은 침묵으로 잘못을 덮어버리는 것을 용납하지 않는다. 그래서 사랑이 있는 자들은 긴장되고 불편한 시간을 만들지라도 할 말을 할 것이라고 가르친다. 만약 우리가 다른 사람들을 사랑하며, 하나님이 그들에게 최상의 것을 주시기를 원한다면 그들이 방황하며 헤매는데 어떻게 그냥 내버려둘 수 있겠는가? 어떻게 그들이 변명하며, 남을 탓하며, 자기 합리화를 하면서 스스로를 속이도록 놔둘 수 있겠는가? 어떻게 그들이 죄의 덧없는 쾌락에 더욱 얽매이고 있는 것을 바라만 볼 수 있겠는가? 어떻게 고통받는 자가 자신의 불행한 경험에 더욱 몰입하여 고통을 가중시켜도 그냥 무시해버릴 수 있겠는가? 진정한 사랑은 게으르거나 소심하지 않다. 그것은 다른 사람을 중심에 놓고 생각하며 적극적이다.

우리가 죄를 지적하는 데 실패하고 있다는 말은 사실이다. 이는 우리가 다른 사람들을 너무 많이 사랑해서가 아니라 우리 자신을 너무 많이 사랑하기 때문이다. 우리는 다른 사람들이 우리를 오해하거나 우리에 대해서 화를 내는 것을 두려워한다. 우리는 다른 사람들이 어떻게 생각할까를 걱정한다. 우리는 이웃보다 사실 자신을 더 사랑하기 때문에 정직함으로 인해 겪게 될 힘든 시간을 원하지 않는다. 그렇지만 우리는 인간관계에서 사랑의 깊이는 얼마나 정직하였는가로 판단할 수 있다는 것을 알고 있다. 성경적인 책망은 두 번째 큰 계명을 동기로 삼는다.

죄를 직면케 하는 것은 모든 인간관계에서 우리의 도덕적 책임이다. 앞의 성경 구절은 "그를 반드시 책선하라(정직하게 네 이웃을 책망하라)"고 교훈한다. 이러한 요구는 공적인 상담이나 제자 훈련, 그 외의 다양한 사역 관계의 범주 이상으로 확장된다. 다시 말해서 우리 주변에 사는 모든 사람에게 그렇게 대하라는 부르심인 것이다. 책망은 좋은 관계를 맺지 않고서 단지 문제가 생길 때에만 실천할 수 있는 것이 아니다. 성경은 지적을 친밀한 관계의 끈, 그런 끈끈한 인간관계를 만드는 상호 교류의 일반적인 부분이라고 묘사한다. 사람들은 책망하거나 지적한다고 하면 대개 진실을 말하게 되는 매우 극적인 순간을 머리에 떠올리고, 중대한 죄를 범하였거나 심각하게 방황한 사람에게 계속 떨어지는 단호한 호통이나 꾸중을 생각하게 된다. 그러나 성경적 모델은 지속적인 관계 속에서 지속적으로 정직하게 대하는 것이다. 지적은 결정적인 한 순간이라기보다 여러 번의 작은 순간이다. 성경의 모델은 우리가 다른 사람과 함께 살아가고 일할 때에 우리의 마음이 점차 드러나게 된다는 것을 보여준다. 하나님이 무언가를 드러내실 때 그것이 무엇이든지 그 문제를 부인하거나 외면하지 말고 직면하여 처리하라고 요구한다. 이렇게 진실을 말하는 작은 순간마다 죄의 진행은 억제되고 영적인 성장은 더욱 고무된다. 레위기의 모델은, 신약이 신앙 성숙과 사역에서 점진적인 성화의 모델이라고 제시하는 것과 완벽하게 맞아떨어진다. 또한 문제가 비극적 결말로 나가기 전인 시작 단계에 있을 때 처리될 수 있다.

그리고 그 구절이 "이웃을 인하여 죄를 당치 않도록(그의 죄에 동참하지 않기 위해서)"이라고 한 말을 기억하라. 우리의 도덕적 책임을 이보다 더 명확하게 설명하는 것은 없을 것이다. 우리는 주님의 뜻과 방법에 절대적으로 복종하면서 상대방과의 관계를 진행시켜야 한다. 우리는 모든 관계를 다스리시는 주님의 대사로 섬기도록 부름받았다. 우리는 스스로가 작은 왕이어서, 자기만의 통치 체계를 세우고 자신만의 방법을 추구하는 자가 되어서는 절대로 안 된다.

책망은 우리 사랑이 조건적이라는 것을 의미하지 않는다. 그러나 이 구절에서 자기 희생적인 사랑은 참을성 있는 은혜의 마음과 죄를 용납하지 않는 마음의 교차점에 존재한다. 이는 나는 당신을 사랑하므로 당신에게서 연약함이나 죄의 징후가 처음 드러날 때, 모른 척하고 가버리지 않겠다는 의미이다. 나는 내가 받은 것과 동일한 은혜를 당신에게 전할 것이다. 그렇지만 이와 함께 당신을 향한 나의 사랑은 잘못된 일에 대해서 결코 모른 척하지 않는다. 이것은 죄가 점차 자라나고 있을 때 잠자코 있지 않겠다는 뜻이다. 내가 전하라고 부름받은 사랑은 그리스도가 십자가에서 보이신 사랑이다. 그 사랑은 하나님의 은혜와 그분이 죄를 조금도 용납하지 않으심의 교차점에 놓여 있다. 그분은 죄를 용납하지 않으시기에 그냥 모른 척하지 않으신다. 그분은 구속적인 사랑으로 나에게 다가오신다. 그래서 언젠가는 내가 죄 없이 그분 앞에 서게 될 것이다. 이것은 우리가 다른 사람과의 관계에서 구현하라고 부름받은 내용이다. 이것보다 못한 것은 모두 죄의 도덕적 공범일 것이다.

당신은 자기 몰두로 인한 침묵이 비도덕적이라는 것에 대해서 얼마나 많은 설교를 들어보았는가? 당신은 지적을 기피하는 것이 하나님께 반역하는 행동이 된다고 생각한 적이 얼마나 많은가? 하나님이 그분의 구조 사역에 동참하라고 부르실 때에 당신이 얼마나 자주 침묵해버렸는지를 생각해본 적이 있는가? 우리는 하나님이 다른 사람에 대해서 우리에게 보여주신 일들에 대해서 도덕적인 책임감을 갖도록 부름받았다. 말하기를 거부한다면 우리가 말하고 사랑하고 섬기는 주님을 거역하는 셈이다.

나는 이러한 내용을 이야기하면서, 이 구절이 마치 당신이 다른 사람들의 양심인 것처럼 살아도 된다고 허용하는 것이 아님을 언급하고자 한다. 무례하고 판단하는 정신에서 나온 자기 의를 가지라는 것이 아니다. 이 구절은 그런 모든 것들을 거부한다. 그것은 단지 이웃과 이웃 사이에서 일어나는 일과 관련될 뿐이다. 그것은 '책망하는 사람'과 '그의 이웃'이라는 두 가지 부류의 사람들이 있음을 전제로 하지 않는다. 책망하는 사람이 이웃이며, 이웃이 책망하는 사람이다. 나는 한 사람의 이웃으로서, 하나님이 이웃을 통해 내게 주시는 사랑의 구속을 절실히 필요로 한다. 그리고 역시 한 사람의 이웃으로서 다른 사람들을 동일한 방식으로 섬기도록 부름받았다. 우리 속에 여전히 죄가 존재하는 한, 우리 모두는 도움을 받을 필요가 있고 다른 사람을 도울 필요가 있다. 말하자면 하나님의 도우심으로 죄인이 죄인을 섬기는 것이다.

죄를 직면케 하는 것은 특별한 사건이라기보다는 삶의 방식에 더 가깝다.

이 일이 우리 경험의 일상적인 부분이 아니면 감당하기 힘들어진다. 지적하는 일이 너무 드물다 보니 우리에게는 그 일을 할 때 반드시 필요한 이해와 기대, 효과적인 기법이 부족하다. 그렇게 되면 우리는 실수를 하거나 실패하여서 샐리의 경우처럼 사람들이 다음 번에 지적받는 것을 두려워하게 만든다. 그렇지만 성경의 관점에서 보면, 좋은 관계는 언제나 진실을 인정하고 직면하며 다룰 수 있는 능력 안에서 자라난다. 우리가 진실을 말할 때마다 소명을 이해하고 그 소명을 실천하는 기술이 더욱 성숙해질 것이다.

부모와 십대 자녀 사이의 대화가 별로 솔직하게 이루어지지 않아서 책망의 순간이 극도로 불편한 지경에 이르는 경우가 많다. 우리 가족에게도 그런 일이 일어났다. 그때 우리는 딸아이와 상의해야 할 중요한 문제들이 있었다. 우리는 그 문제에 대해서 이야기하기로 하고 매주 정해진 시간에 만나자는 약속을 하였다. 이야기하는 것이 처음에는 매우 어려웠지만 점차 쉬워졌다. 오래지 않아 우리가 다진 토대가 흉허물 없는 대화 속에서 자연스럽게 녹아들어갔다. 우리의 모든 상호 작용은 좀더 편안하고 정직해지기 시작했다. 이 부분은 '지속적인 대화' 모델을 예시해준다. 그 속에서 가식적이지 않고 정직한 매일의 책망이 모든 관계의 일상적 부분이 된다.

이러한 대화는 이 외에도 더 공적인 제자 훈련이나 상담 상황에 유익을 제공한다. 정직하고 겸손하며 사랑이 담긴 책망이 일상생활의 일부분(주는 입장이든 받는 입장이든)이라고 생각하는 사람은 좀더 공식적인 상황에서 어떤 사람을 만나 무엇인가를 지적할 때, 명확하게 설명하고 편안한 느낌을 줄 것이다. 가정에서의 리더십 기술과 사역 기술들은 또한 교회에서 효과적으로 섬기게 한다. 우리는 사역 정신이나 가정생활에서 의사 소통 기술이 부족하기 때문에 정면으로 지적하는 데 서툴고 아니면 그것을 아예 못할 수 있다. 만약 우리가 지적하는 것을 피하거나 책망할 때에 건설적이라기보다는 분노에 더 사로잡힌다면, 하나님이 교회에서 우리에게 기회를 주실 때 어떻게 준비된 자일 수 있겠는가?

우리는 미묘하고 소극적인 형태의 미움에 굴복하기 때문에 사랑으로 지적하지 못한다. 레위기의 본문에 담겨 있는 것은 사랑과 미움의 대조적 모습이다. 만약 이 구절을 시각적으로 표현한다면 다음과 같을 것이다. 정 중앙에는 사랑이라는 고원 지대가 있고 이는 정직한 책망에 대한 헌신 위에 있다. 양쪽 편에는 미움이라는 어두운 골짜기가 있는데 한쪽에는 수동적인 미움의 계곡이 있고 다른 한쪽에는 적극적인 미움이라는 계곡이 있다. 양쪽은 전부 죄의 유혹이자 잘못된 것이다. 레위기 19장은 우리가 다른 사람에게서 죄를 발견했을 때에 사랑을 담아 그 죄를 직면시킬 수 있는 방법을 찾아야만 한다고 명백하게 말하고 있다. 만약 그렇게 하지 못했을 때에는 이렇게 말하면서 스스로를 위로하지는 말아야 한다. "나는 하나님이 원하시는 대로 이 사람을 사랑하고 있지 않은 것 같아. 그렇지만 적어도 그를 미워하지는 않아." 사랑과 미움 사이에 중립 지대란 존재하지 않는다. 다른 사람의 죄에 대한 우리의 반응은 이웃을 사랑하라는 두 번째 큰 계명에 따라 나타나거나 아니면 어떤 형태로든지 미움에 따라 나타나거나 둘 중 하나다.

미움의 또 한 가지 미묘한 형태는 편애하는 마음인데, 이는 우리 자신의 마음에 설정한 어떤 기준 때문에 누군가에게는 호의를 베풀고 다른 사람에게는 그렇게 하지 않으려고 하는 것을 의미한다. 이것은 경제적인 상태, 외면적인 모습, 인종, 교리적인 차이, 자기 의, 특정한 죄에 대한 지나친 반감 혹은 그 외의 다른 것들에 근거한다. 어떤 사람들은 단지 그들의 현 상태 때문에 우리의 관심사에서 (그로 인해 우리의 사역의 영역에서도) 제외된다. 심지어 이런 일은 가족 안에서도 일어날 수 있다. 나는 우리가 생각하는 것보다 더 많은 미움이 우리 가정과 교회에 존재한다는 사실이 두렵다.

두 번째 소극적인 미움의 형태는 원한을 갖는 것이다. 우리는 누군가 우리에게 악한 일을 했던 것을 오래 기억한다. 그러고는 반복해서 그 기억을 곱씹는다. 그럴 때마다 더 화가 나고 그 사람을 싫어하는 것을 더욱 합리화한다. 비록 추가적인 죄가 행해지지 않았다고 할지라도 우리의 분노는 계속 커진다. 그래서 그 사람이 행하는 모든 일을 판단하는 해석의 틀이 되어버린다. 그가 아무리 착한 일을 한다고 하더라도 우리 눈에는 결코 좋게 보일 수가 없다. 모든 것은 분노와 원한으로 왜곡되어버린다. 우리는 하나님의 방법으로 죄를 다룰 수 있는 가능성을 모두 깨뜨리면서 그런 감정을 통해 그를 바라보게 된다.

레위기의 구절은 소극적인 분노에 대해서 완전한 논의를 보여주는 것이 아니다. 그것은 우리에게 '중립 지대'라는 환상에 대해서 경고하며 소극적인 분노가 어떠한지를 지적하고 있다. 우리는 다른 사람들과 함께 살아가는 한 끊임없이 그들의 죄를 다루어야 한다. 중요한 것은, 우리의 반응이 성경적인 사랑에 좌우되느냐 아니면 자기 의와 편견과 원한을 품는 미움에 좌우되느냐 하는 것이다.

우리는 좀더 적극적인 형태의 미움에 굴복하기 때문에 지적하지 못한다. 여기서 우리는 재판관 역할을 할 뿐만 아니라 간수이자 검사로서 행동한다. 이 구절은 우리의 미움이 적극적으로 드러나게 되는 세 가지 방식을 말해주고 있다. 그것은 불공정함, 험담 그리고 복수다. 세 가지 모두 우리의 삶 속에 어느 정도 나타난다. 그리고 세 가지 반응 모두 책망이라는 성경적인 사역을 망가뜨리거나 최소한 왜곡한다. 하나님은 우리의 구원이 완성될 때까지 죄를 억제하기 위해서 책망하라고 명하셨다. 우리는 그 사역의 일부분으로 동참하거나 아니면 그 사역을 방해하거나 둘 가운데 하나로 반응한다.

불공정함은 하나님이 죄를 억제하려고 세우신 체계를 변질시킨다. 그것은 죄인을 보호하지 않고 교정하지 않으며 억제하지도 않는다. 그저 마음을 상하게 하며 부당하게 대우한다.

험담은 사람을 하나님과 다른 사람들 앞에서 겸손하게 고백하도록 인도하지 않는다. 내가 다른 사람에 대해서 험담을 늘어놓으면 그의 죄를 관련되지 않은 누군가에 털어놓는 격이다. 험담은 죄를 억제하지 않는다. 오히려 부추길 뿐이다. 그것은 인간의 인격을 세우지 않는다. 평판을 파괴할 뿐이다. 험담은 한 인간을 겸손한 통찰로 인도하지 않는다. 분노와 방어적인 태도만을 낳을 뿐이다.

보복하는 것은 하나님의 사역과 정반대가 된다. 하나님의 사역은 누군가의 유익을 열망하는 마음에서 시작된다. 반면에 복수는 그를 해치고자 하는 욕구에서 시작된다. 우리는 다른 사람이 자신의 모습을 사실 그대로 볼 수 있도록 하기 위해 그를 주님께로 이끌어야 한다는 부르심을 저버렸다. 그리고 그 대신 당한 만큼 되돌려주겠다는 열망에 사로잡히고 만다.

이 모든 일에서 무엇이 그토록 심각한가? 바로 우리가 이 세상에서 그리스도의 사랑의 영광을 이 땅에 구현하라는 부르심을 받았다는 점이다. 그리스도가 우리를 사랑하신 것처럼 이웃을 사랑하면, 사람들은 우리가 그분의 제자인 것을 알게 될 것이다. 복음의 실제가 무엇인지를 보여주는 궁극적인 변증은, 교회가 사랑 가운데 하나 되어 연합하는 것이다. 이것은 깊이 있는 교제, 활기차고 충만한 연합이어서 오직 삼위일체의 연합으로만 설명될 수 있다(요 13-17장). 우리가 받은 소명은, 만족스런 인간관계에서 나타난다. 이는 사람들이 우리를 기쁘게 해주기 때문이 아니라 우리가 하나님의 사랑을 소망 없는 세계에 나타내는 것을 즐거워하기 때문이다.

누군가의 죄로 인해 피해를 입었을 때, 그것은 복수할 기회가 아닌, 하나님을 나타낼 기회라는 것을 아는 것이 얼마나 큰 차이를 만드는지 모른다. 우리는 재판관으로서 하나님의 지위를 대신하려 해서는 안 된다. 그저 그 고통스러운 상황에 관련되어 있는 사람들에게 그분의 사랑을 어떻게 나타낼 수 있는가를 물어야 한다. 우리는 그리스도의 대사가 되는 것보다 더 경이로운 일은 없다는 사실을 너무나 자주 잊어버린다. 우리는 이 세상에서 가장 중요한 일에 참여하고 있는 것이다.

우리가 그리스도의 탄생과 죽으심, 부활하심에 연합됨으로써(롬 6:1-14) 죄의 권세가 깨졌고, 성령이 우리 안에 계셔서 우리를 위해 육체의 욕심을 이길 수 있게 도우시므로(갈 5:16-26; 롬 8:1-11) 우리는 이 일을 행할 수 있다. 그리고 이로 인해서 우리는 억제하기 힘든 정욕과 충동적인 욕심(갈 5:24)에 대해서 "아니요"라고 말할 수 있고 새로운 방향을 향해 나아갈 수 있다. 우리는 편견과 원한과 험담과 불공정과 복수심에 사로잡힐 이유가 없다. 오히려 적극적으로 주님께 쓰임받기 위해 우리 자신을 드려야 한다. 예수 그리스도의 십자가는 우리를 구원해주었고, 이제는 그분을 닮아가며, 그분의 대사로서의 사역을 감당할 수 있도록 필요한 자원을 공급하신다.

죄를 직면케 하는 것은 우리 자신의 신분을 하나님의 자녀로 인식하는 것에서 흘러나온다. 레위기 구절은 다음과 같은 문장을 반복한다. "나는 여호와니라." 이것은 우리가 그분에게 선택받았고, 우리의 삶은 더 이상 우리 자신의 것이 아님을 일깨워준다. 우리의 모든 것들은 그분께 속해 있다. 또 우리가 모든 관계들이 주님께 속해 있음을 깨달을 때에 그 속에서 가장 큰 기쁨을 누릴 것이다. 우리는 주님의 것이고 관계도 주님의 것이다. 상황도 주님의 것이다. 사랑으로 현실을 직시하게 하는 행위는 우리가 하나님의 자녀라는 인식에 뿌리를 두고 있다. 우리의 목표는 우리를 위한 주님의 목적에 적극적으로 반응하는 것이어야 한다. 자신이 누구인가를 잊어버리는 삶은 정말 불행하다.

적절한 성경적 지적은 성급함이나 좌절, 마음의 상처나 분노로 이루어져서는 안 된다. 성경적인 지적은 이러한 마음들로 인해 우리의 인간관계가 파괴되는 것을 하나님이 막으시는 방법이다. 사랑 어린 책망이 우리의 인간관계의 일부가 되지 못하면 사탄에게 매우 중대한 기회를 제공하게 된다. 나는 온유함과 감사와 인내와 존경과 서로 배려하는 것과 낭만을 잃어버린 부부들을 많이 만나보았다. 그들이 배우자의 죄를 성경적으로 지적하지 못해서 그 고귀한 덕목들이 파괴된 것이다. 그들의 결혼 생활은 상호 비방과 이에 대한 반박과 복수의 악순환의 연속이다. 예전에 서로를 매료시켰던 것이 무엇인지를 완전히 망각할 만큼 사랑이 깨져서 비통함과 분노 속에 살아간다. 그들도 그렇게 되리라고는 전혀 생각하지 못했다. 다만 하나님의 방식대로 죄를 직면시키는 일을 거부하고 날마다 서로를 집어삼키는 습관이 마침내 그들의 관계를 태워버린 것이다. 과거에는 그렇게 친절하고 소망에 찼던 부부가 지금은 소외감과 분노와 절망 속에 이제는 결혼 생활을 끝내고 싶어한다.

서로를 책망하면서 겸손하고 정직하게 살아가는 방식은 스스로를 보호해준다. 죄인들과 함께 살아가는 죄인으로서 우리는 관계 속에서 죄가 확산되는 것을 막는 방법을 알 필요가 있다. 아내와 나는 결혼 생활 초기에 해가 지도록 분을 품지 말라는 말씀을 실천하기로 결심했다(엡 4:26). 그래서 화가 난 상태로는 잠들지 말자고 서로 약속했다. 처음 싸웠을 때 우리는 잠자리에 누워 상대편이 먼저 용서를 구하기를 기다리면서 자지 않으려고 눈에 힘을 주고 있었다. 그래서 분을 품지 않아도 되었다. 시간이 지나면서 우리는 이런 원리가 얼마나 강력하게 우리의 죄를 제어해주고 서로의 관계를 견고하게 하며 사랑을 보호하고 서로를 성숙하게 만들어주는지 깨달았다. 결혼 이후 30년 넘게 함께 살아오고 있지만 여전히 우리는 죄 많은 인간이다. 하지만 전보다 더 서로를 사랑하면서 어제의 앙금을 오늘의 시비거리로 삼지 않게 되었다. 우리는 매년 결혼기념일마다 우리를 우리 자신으로부터 구원하여주신 하나님께 감사드린다.

죄를 직면시키는 일은 당신이 내담자를 설득하는 것이 아니라 그가 주님 앞에 설 수 있도록 돕는 것이다. 지적하는 일에서 가장 중요한 만남은 내담자와 상담자의 만남이 아니라 내담자와 그리스도의 만남이다. 책망은 어떤 사람이 당신의 판단을 받아들이도록 하는 것이 아니라 그가 하나님과 대면할 수 있는 기회를 제공하는 것이다. 이것은 그가 죄를 깨닫고 고백하여 용서받고 돌이킬 수 있는 은혜를 경험할 수 있도록 도우려는 욕구에서 비롯된다. 이는 우리 자신이 받았던 은혜를 그가 경험할 수 있도록 돕는 것이다. 지적은 율법주의를 강화하지 않는다. 그것은 그리스도로를 멀리 떠나간 누군가가 다시 그분의 강권하시고 용서하시며 회복시키시는 은혜 속에 거하도록 하는 것이다. 그래서 처벌하고자 하는 마음이 아닌, 주님이 그를 죄의 감옥에서 자유롭게 해주시기를 소망하는 마음으로 이루어져야 한다. 그리하여 그가 주님과 교제하는 삶의 자유로움을 알게 한다.

성경적인 지적은 자기 자신의 마음에서 출발한다는 것을 의미한다

성경적인 상담 사역은 마음속에 하나님의 역사하심을 촉진하고 지원하는 관계를 세워나가는 것을 포함한다. 그렇기 때문에 우리가 대하는 사람들의 죄와 갈등을 어떤 식으로든 다루지 않고서 그들을 섬기는 것은 불가능하다. 분노에 가득 찬 사람은 당신에게도 화를 낼 것이고, 의심이 많은 사람은 당신의 신뢰성에 의문을 제기할 것이며, 낙담한 사람은 당신이 아무리 최상의 충고를 한다고 하더라도 냉소와 의심의 태도를 보일 것이다. 개인 사역은 그리스도의 임재를 구현하는 것이기 때문에 인간관계에서 경험하는 것들에 대해서 올바른 방식으로 반응해야 한다.

만약 우리가 그런 상황에서 하나님 앞에 신실한 삶을 살고자 한다면 먼저 우리 자신의 마음을 점검해야만 한다. 하나님이 행하기를 원하시는 일들에 방해가 될 만한 생각이나 동기나 태도, 즉 자기 의, 분노, 비통함, 정죄하고자 하는 마음, 원한 등이 있는지 살펴야 한다. 그리스도의 은혜의 도구인 우리는 지금 돕고 있는 사람들뿐만 아니라 바로 나 자신도 하나님의 은혜가 필요하다는 사실을 고백해야만 한다. 우리는 그분을 잘 나타내는 데 필요한 사랑과 용기와 긍휼과 지혜를 하나님께 공급받아야 한다.

하지만 안타깝게도 이런 준비 단계는 대개 무시되고 만다. 그래서 결과적으로 책망이 별로 효과적이지 못한 것이다. 받아들이는 사람도 순응적이지 않고 전하는 사람도 잘 준비되지 못했기 때문이다. 먼저 자신의 마음을 살피지 않는다면 다음과 같은 결과가 초래할 것이다.

첫째, 사역의 시간을 분노의 시간으로 바꾸게 된다. 만약 다른 사람이 나를 화나게 만드는 방식을 제대로 받아들이지 못한다면, 나를 통해 하나님이 행하기 원하시는 선(善)보다 나의 분노가 그 사람과의 관계를 지배할 가능성이 크다.

둘째, 개인적인 성격을 띠지 않는 것을 개인적인 것으로 받아들이게 된다. 만약 자신의 마음을 다스리지 않는다면, 수평적인 견지에서 자신에게 거슬리는 요소들이 그 사람의 수직적인 삶(하나님과의 관계)보다 더욱 중요한 것처럼 보일 것이다. 그렇게 되면 나는 점차 그 사람이 나를 어떻게 대하는가에 민감해질 것이다. 그러면 얼마 지나지 않아서, 개인적인 사안이 아니라 단지 그 사람의 마음에 근본적인 변화가 필요한 부분이 어디인지를 나타낼 뿐인 사안을 감정적으로 받아들여 불쾌하게 여길 것이다.

셋째, 적대적으로 접근하게 된다. 이것은 개인적이지 않은 것을 개인적인 것으로 받아들이는 즉시 발생한다. 더 많이 상처받고 그것을 잘 소화하지 못하면 못할수록 나는 그 상처를 준 사람을 대할 때 '함께 나란히 서 있는' 자세보다는 '서로 대치하고 서 있는' 자세를 취할 것이다. 이것은 비극적인 일이다. 그러나 사실이다. 우리는 우리가 도움을 주어야 하는 대상에게 가끔 원수처럼 행한다. 이런 일이 친구, 배우자, 부모, 자녀, 목회자 그리고 그 양 떼에 대해서 일어난다. 그런 일이 일어날 때, 우리는 위대한 상담자이신 예수님이 하시려는 일을 방해하고 마는 것이다.

넷째, 하나님의 뜻과 나의 의견을 혼동한다. 정면으로 서서 지적할 때 가장 주의해야 하는 것이 자기 의견이다. 성경적인 관점으로 서로를 바라보는 것이 필요하다. 그리고 하나님의 부르심에 대해서 깨달아야 한다. 그의 내면과 주변에서 일어나고 있는 일에 대해서 하나님이 어떻게 행하라고 말씀하시는가? 내가 할 일은 그 사람 앞에 하나님의 말씀의 거울을 내미는 것이다. 그러면 그 사람은 자기 자신을 정확하게 바라볼 수 있다. 그러나 내가 내 마음을 다스리는 일에 실패하면 나의 말은 내 자신의 감정과 욕심과 의견에 좌우될 것이다. 만약 내가 자신의 마음을 점검하는 것에서 시작한다면 틀림없이 내가 계획하는 것도 주님의 계획과 같아지게 할 수 있다.

다섯째, 마음을 다루지 않는 졸속한 해결책으로 만족한다. 죄로 물든 나의 태도를 대면하지 않는다면 나의 사역도 그리스도를 닮은 사랑의 성격을 점차 잃어가면서 다른 태도로 수행하게 될 것이다. 하나님이 행하실 수 있는 일들에 대한 열의가 더욱 사라질 것이고(그 일에 동참한다는 특권 의식도 사라지고),

그 관계를 끝내고 싶다는 마음만 커질 것이다. 하나님이 계획하시는 모든 일을 이루기까지 참고 견뎌야겠다는 마음이 들기보다, 상대방이 귀찮아지고 그와의 관계가 무거운 짐으로 느껴질 것이다. 그래서 사역을 진행하기 위해 졸속하고 피상적인 해결책만을 찾으려고 할 것이다. 이렇게 되면 상대방이나 하나님에 대한 사랑이 아닌, 자기 자신에 대한 사랑에 이끌려 반응하게 된다.

당신 자신의 마음을 찬찬히 들여다보라. 지금 말한 이런 일들이 실제로 사역에 몸담은 사람들에게 일어나고 있다. 그런 일들은 그리스도의 몸 된 교회에서 성도의 교제에 타격을 입히고, 하나님이 가정에서 추구하시는 선한 사업을 무너뜨린다. 하나님이 당신에게 맡기시려는 사역을 방해하는 악한 태도들을 외면하고 있지는 않은가? 부모들이여, 그리스도를 닮은 인내심으로 자녀들과 날마다 교류하고 있는가? 상담자들이여, 혹 교회에 당신이 포기해버린 사람들이 있는가? 형제와 자매들이여, 친구 관계가 긴장되거나 깨어지지 않았는가? 남편과 아내들이여, 결혼 생활이 일상적인 대화와 집안 살림에 대한 계획에 국한되어 있지는 않은가? 주님의 길을 가로막고 있는 자신의 생각과 감정과 욕구와 태도를 다루지 않는다면 사랑 안에서 진리의 말을 한다는 것은 불가능한 일이다.

기억하라. 하나님은 대하기 힘든 바로 그 사람을 만나도록 계획하셨다. 그것은 하나님이 당신을 돌아보시지 않는다는 표시가 아니라 오히려 그분의 언약을 지키면서 분명하게 돌보신다는 뜻이다. 위대하신 상담자이신 주님이 당신이 만나는 모든 사람들에게 역사하고 계신다는 사실을 겸허하게 받아들이라. 하나님이 그 사람을 사용하셔서 당신이 성장할 필요가 있는 영역을 드러내시는 방식을 겸손하게 깨달으라. 하나님이 당신을 무시하지 않으시면서 그 사람의 마음을 변화시키실 수 있다는 사실을 받아들이라. 그 반대의 경우도 마찬

가지다. 무엇보다도 감사하며 기뻐하라! 당신은 주님의 강렬한 은혜와 영광을 경험하고 있다. 그분은 당신을 통해서 그 사람의 마음을 붙잡으려고 애쓰고 계신다. 그리고 주님은 그 사람을 통해서 당신의 마음을 굳게 붙들고 계신다. 주님은 어떤 사람도 내버려두지 않으시며, 각 사람 안에서 행하시는 사역도 결코 포기하지 않으신다. 기억하라. 당신에게 더 많은 은혜가 필요하다는 것을 고백하지 않고서는 하나님의 변화 사역에 대해 감사하며 기뻐하기란 불가능하다. 자신에게 주님의 은혜가 필요하다는 사실을 절감하는 자가 하나님의 은혜를 전달하기 위해 가장 잘 준비된 자다.

성경적으로 지적하는 것은 올바른 목표에서 시작된다

일단 우리가 마음을 준비하고 나면, 우리가 누군가에게 정면으로 지적할 때에 하나님이 이루기를 원하시는 것이 무엇인가를 생각해볼 수 있다. 우리의 겸손하고 사랑 넘치며 정직한 책망의 말을 통해서 하나님이 행하기 원하시는 것은 무엇인가? 이러한 질문들에 대답하는 가장 좋은 방법은 "사람들에게 왜 지적당하는 것이 필요한가?"라고 묻는 것이다. 그 대답을 통해 우리는 적절한 목표를 설정하게 될 것이다.

우리 모두에게는 사랑 가운데 정직하게 행해지는 책망의 사역이 필요하다. 왜냐하면 다음과 같은 이유들 때문이다.

첫째, 죄의 기만적 성격 때문이다. 죄는 우리의 마음을 어둡게 한다. 우리는 가끔씩 맹목적이고 영적으로 완전히 어두운 가운데 거할 수도 있다. 죄가 계속 우리 속에 존재하는 한, 스스로를 정확하게 바라보기 위해 다른 사람이 필요하다.

둘째, 비성경적이고 잘못된 생각(민 11장; 시 73편) 때문이다. 완전히 성경적으로 생각하는 사람은 아무도 없다. 우리는 하나님과 다른 사람들과 자기 자신에 대해서 왜곡하고 과장하며 변명하려는 마음을 가지고 있다. 그래서 자신의 과거와 현재를 올바로 이해하지 못한다. 또한 이 모든 것들이 우리의 행동을 결정짓는다.

셋째, 감정에 치우친 생각 때문이다. 우리는 고통과 어려움과 절망에 빠져 있을 때 올바르게 생각하지 않는다. 감정이 폭발할 때에는 명료하게 생각하지 않는다. 그래서 고통 중에 있을 때에는 하나님과 우리 자신에 대해서 배웠던 것을 다 잊어버린다. 그때 누군가 우리 옆에 다가와서 기억해야 하는 것을 머리에 떠올릴 수 있도록 도와주는 것은 하나님의 자비로우신 은혜다.

넷째, (하나님과 자기 자신, 다른 사람들을 보며 해결책을 내리는) 인생에 대한 관점은 자기 자신의 경험에 의해서 형성되는 경향이 있기 때문이다. 자신의 경험을 해석하는 유일한 사람이 자신이기 때문에 결론도 매번 새로운 상황으로 강화된다. 우리는 자신의 영적인 무지와 죄로 물든 욕구, 잘못된 생각의 영향을 알아차리지 못한 채 자신의 관점이 옳다고 고집하면서 새로운 상황을 해석할 것이다. 그러므로 진정 나를 사랑하는 누군가가 진리에 입각해 개입하는 것이 필요하다. 그 사람은 내 인생관의 왜곡된 부분을 깨닫게 하고 고쳐줄 수 있다.

정직한 사랑의 책망을 할 때, 이와 같은 문제들을 적절하게 다루기 위해서는 두 가지 목표에 초점을 맞추어야 한다. 첫 번째는 다른 사람의 삶에서 하나님의 시각이라는 도구로서 사용되고자 하는 것이다. 나는 내 자신의 의견을 개진하기 위해서 애를 쓰지 않는다. 나는 다른 사람들이 하나님의 말씀의 거울로 자기 자신을 바라보기 원한다. 나는 그들이 하나님이 보시는 것을 바라보도록 돕고자 할 뿐이다.

두 번째 목표는 회개의 매개자(agent)로서 하나님께 쓰임받고자 하는 것이다. 회개의 성경적인 정의는 인생의 방향을 바꾸는 마음의 변화다. 요엘 2장 12-13절은 이것을 옷을 찢는 것이 아니라(구약 문화에서 자책하는 외견적인 행동), 마음을 찢는 것(변화하려는 욕구에서 비롯되는 진정한 참회)으로 묘사하고 있다. 우리의 목표는 사람들에게 행동적인 변화가 일어나도록 압박하는 것이 아니라, 삶에 영향을 미치는 마음의 변화가 일어나도록 권면하는 것이다. 회개는 전혀 다른 방향으로 돌이키는 것을 의미한다. 그래서 그러한 전환은 마음에서 시작되어야 한다.

나의 목표는 내가 말하는 내용(메시지)과 내가 말하는 방식(방법)과 내가 나타내는 태도(인격)를 통해서 하나님이 그 사람의 마음을 바꾸시는 것이다. 한번 상상해보라! 하나님이 당신을 사람들과 연결하셔서 그들의 삶 속에 그분의 일을 이루시는 모습을! 당신은 남편이나 아내나 부모나 상담자나 이웃이나 친구 이상의 존재로 부름받은 것이다. 당신은 하나님 나라의 일꾼이라는 신분이다. 구속적인 부르심이라는 의식을 갖고 인간관계를 추구하도록 선택된 것이다. 당신은 하나님이 사람들을 기적적으로 바꾸시는 모습을 직접 볼 수 있는 기회를 얻었다. 이제 그러한 부르심을 듣고 하나님 나라의 사역에 헌신해보라. 사람들을 진정한 마음의 회개로 인도할 수 있는 방법을 찾아보라. 그리고 주님이 생산하실 변화의 열매들을 주목해보라.

복음을 문 앞에만 놓아두지 말라

누군가가 회개하도록 도우려 할 때 우리가 자주 저지르는 실수는 복음보다 율법을 더 강조하는 것이다. 그렇지만 바울은 우리를 회개로 인도하는 것은 바로 하나님의 인자하심(선하심)이라고 하였다(롬 2:4). 그는 또한 우리가 이제 더 이상 자신을 위해 살지 않고 그분을 위해 살도록 하는 것은 그리스도의 사랑이라고 하였다(고후 5:14). 복음의 은혜는 우리의 마음이 바뀌게 한다. 그 이유는 복음이 그리스도를 인하여 용서하겠다는 하나님의 숭고한 약속이기 때문이다. 이것은 숨어 있는 우리를 끌어내어 진리의 빛으로 인도한다. 그곳에서 진정한 고백과 회개가 일어날 수 있다.

사람들에게 지적할 때는 실패와 죄를 강조할 것이 아니라 복음을 제시해야 한다. 이 점을 놓쳐서는 안 된다! 우리는 그리스도 안에 있는 그들의 신분을 일깨워야만 한다(벧후 1:3-9; 요일 3:1-3). 하나님이 용서하신다는 놀라운 약속도 상기시켜야 한다(요일 1:5-10). 그리고 우리 안에 거하시는 성령의 놀라운 은사에 대해서도 알려주어야 한다(엡 3:20). 바로 그분이 우리에게 순종할 수 있는 힘을 주신다. 이러한 진리는 믿는 자들에게 자신의 마음을 점검하고 자신의 죄를 고백하고 주께로 돌이킬 수 있는 용기를 심어준다. 만약 우리가 회개의 매개자가 되어서 말을 한다면 율법만으로는 부족하다. 복음도 함께 심어주어야 한다.

로마서 8장 1-17절에서 바울은 복음을 위로와 부르심으로 제시하고 있다.

> "그러므로 이제 그리스도 예수 안에 있는 자에게는 결코 정죄함이 없나니 이는 그리스도 예수 안에 있는 생명의 성령의 법이 죄와 사망의 법에서 너를 해방하였음이라 율법이 육신으로 말미암아 연약하여 할 수 없는 그것을 하나님은 하시나니 곧 죄를 인하여 자기 아들을 죄 있는 육신의 모양으로

보내어 육신에 죄를 정하사 육신을 좇지 않고 그 영을 좇아 행하는 우리에게 율법의 요구를 이루어지게 하려 하심이니라 육신을 좇는 자는 육신의 일을, 영을 좇는 자는 영의 일을 생각하나니 육신의 생각은 사망이요 영의 생각은 생명과 평안이니라 육신의 생각은 하나님과 원수가 되나니 이는 하나님의 법에 굴복치 아니할 뿐 아니라 할 수도 없음이라 육신에 있는 자들은 하나님을 기쁘시게 할 수 없느니라 만일 너희 속에 하나님의 영이 거하시면 너희가 육신에 있지 아니하고 영에 있나니 누구든지 그리스도의 영이 없으면 그리스도의 사람이 아니라 또 그리스도께서 너희 안에 계시면 몸은 죄로 인하여 죽은 것이나 영은 의를 인하여 산 것이니라 예수를 죽은 자 가운데서 살리신 이의 영이 너희 안에 거하시면 그리스도 예수를 죽은 자 가운데서 살리신 이가 너희 안에 거하시는 그의 영으로 말미암아 너희 죽을 몸도 살리시리라 그러므로 형제들아 우리가 빚진 자로되 육신에게 져서 육신대로 살 것이 아니니라 너희가 육신대로 살면 반드시 죽을 것이로되 영으로써 몸의 행실을 죽이면 살리니 무릇 하나님의 영으로 인도함을 받는 그들은 곧 하나님의 아들이라 너희는 다시 무서워하는 종의 영을 받지 아니하였고 양자의 영을 받았으므로 아바 아버지라 부르짖느니라 성령이 친히 우리 영으로 더불어 우리가 하나님의 자녀인 것을 증거하시나니 자녀이면 또한 후사 곧 하나님의 후사요 그리스도와 함께한 후사니 우리가 그와 함께 영광을 받기 위하여 고난도 함께 받아야 될 것이니라."

바울은 복음의 위로를 통해 우리를 격려하는 것으로 시작하고 있다(1-11절). 이러한 위로는 두 가지 강력한 사실에 근거하고 있다. 첫 번째로 그리스도의 사역은 죄로 인해 우리의 머리에 드리워져 있던 정죄의 판결을 제거해버리셨다. 예수님은 우리의 죄값(현재와 과거와 미래의 모든 죄값)을 충분히 치르셨다. 이러한 위로는 죄의식을 처리하므로, 하나님을 피해 숨으려는 우리를 어두움에서 끌어내어 그분의 은혜의 빛으로 인도해야만 한다. 우리는 두려움, 거부, 책임 전가, 자기 의 또는 자신의 과거를 왜곡하고 싶은 마음에 굴복할 필요가 없다. 이러한 것들은 모두 스스로 속죄하고자 하는 시도에서 나온다. 하지만 그런 마음은 전혀 필요가 없다. 예수 그리스도가 우리 죄를 완전히 대속해 주셨기 때문이다. 우리가 그리스도께 나와 고백할 때, 그분의 분노와 거부를 두려워할 필요가 전혀 없다. 그리스도는 율법의 요구를 충족시키시고 우리 대신 속죄의 제물이 되어 죽으셨기 때문에 우리는 결코 정죄받지 않는다! 우리는 사람들로 하여금 그들의 죄의 무게를 깨닫도록 도우면서 동시에 그리스도의 사역이 하나님의 분노를 만족시켰다는 사실로 그들을 위로해야 한다.

사람들은 복음의 위로를 반복해서 들을 필요가 있다. 그리스도 안에서 자신이 누구인지 그리고 그들이 주님의 삶과 죽음과 부활로 인해 받은 은혜가 무엇인지 계속 일깨워줘야 한다. 좋은 교회에 다니는 그리스도인들이라고 해서 이 점을 당연히 이해하고 있으리라고 단정해버리는 것은 매우 위험하다. 사람들이 복음을 이해하는 정도에는 종종 커다란 격차가 있다. 한 가지 격차는, 복음이 주는 위로가 현재의 삶에 대한 우리의 시각을 얼마나 획기적으로 바꾸어놓는가를 이해하는 것과 관련된다. 날마다 죄를 고백하는 것은 복음이 이끄는 대로 살아가는 데 매우 필수적이다. 그것은 자기 자신을 더 좋게 보이려는 합리화나 책임 전가, 과거사의 왜곡을 무의미하게 만든다. 이것들은 복음을 거부하는 행위다. 자기 점검과 고백은 그리스도의 사역이 오늘 내게 효과가 있다는 깊은 확신에서 흘러나온다. 나는 그분이 나를 용서해주셨다는 것을 확신하며 그분께 나아간다.

복음이 주는 두 번째 위로는 성령이다. 그분은 모든 믿는 자들 가운데 거하면서 선을 행하지 못하게 막는 죄와 싸우게 하신다. 구원받기 전에 우리는 우리의 죄악된 본성에 이끌려 살았다. 우리는 하나님이 명하신 대로 생각하고 선택하며 바라고 행동하며 말할 수가 없었다. 하지만 이제 하나님이 우리 안에 거하시기 때문에 상황이 달라졌다! 우리는 더 이상 죄성의 지배 아래 있지 않다. 하나님은 우리의 상황이 너무 절박하여서 단지 용서해주시는 것만으로는 부족하다는 것을 알고 계셨다. 그분은 모든 능력과 은혜와 영광 가운데 우리 안에 거하셔야 했다. 그래서 우리는 더 이상 죄가 이끄는 정욕의 노예로 살아가지 않을 수 있게 되었다. 성령이 우리의 마음을 다스리시기 때문에 우리는 죄에 대해 "아니요"라고 말할 수 있고, 반대 방향으로 돌이킬 수 있다.

바울은 이러한 원리를 다음과 같이 표현했다. "그의 영으로 말미암아 너희 죽을 몸도 살리시리라." 이제 우리는 죄의 지배력에 대해서는 죽은 자이고, 순종이라는 목표를 위해서는 산 자다. 우리는 성령이 우리에게 생명과 능력과 순종하고자 하는 소원을 주시기 때문에 하나님을 따를 수 있다. 그리스도의 대사로서 우리의 사명은 이러한 진리를 사람들에게 알리는 것이다. 그래서 하나님이 자신이 감당할 수 없는 것을 요구하실지 모른다는 두려움에 빠지지 않도록 돕는 것이다. 물론 하나님이 대대적인 삶의 변화를 요구하시는 경우가 있다. 그럴 때 어떤 사람은 이렇게 말한다. "주님은 제가 더 이상 제 자신이 될 수 없다고 말씀하십니다!" 실제적 의미에서 그의 말은 옳다. 하나님은 완전히 새로운 방향으로 그의 삶 전부를 바꾸라고 요구하시는 것이다. 이 일은 복음이라는 렌즈를 통해 하나님의 부르심을 바라볼 수 있도록 도와주지 않는다면, 완전히 겁에 질리게 만들 수 있다.

그러나 이것은 바울이 우리에게 이해시키고자 했던 복음의 일부분에 해당한다. 복음은 위로일 뿐만 아니라 12-17절 내용에 요약된 대로 하나의 부르심이다. 바울은 그리스도의 사역과 성령의 내주가 죄 문제를 심각하게 바라보게 하고, 하나님의 역사하심에 따라 그것을 생명과 죽음의 문제로 보게 한다는 것을 상기시킨다. 우리는 완전히 용서받았으므로 어떻게 살든지 아무런 문제가 없다고 말할 권리가 없다. 바울에 의하면 은혜로 인해 우리는 은혜가 드러내는 죄를 엄격하게 다루어야 할 의무가 있다. 만약 하나님이 죄에 대해서 너무나 엄중하셔서 자신의 독생자를 희생시키시고 우리를 자신의 성령으로 채우시기까지 하신다면, 어떻게 우리가 마음과 행동의 죄에 대해서 심각하게 생각하지 않을 수 있겠는가?

믿는 자의 삶에서 하나님의 계속되는 사역은 죄를 박멸하는 것이다('몸의 행실을 죽이면'). 믿는 자로서 나는 성령이 죄를 찾으시고 멸하시는 사역에 동참해야 할 의무가 있다. 나는 더 이상 죄성에 따라 살아갈 권리가 없다. 이것은 복음을 거부하고 하나님의 자녀인 나의 정체성을 부인한다. 나는 결코 "그렇게 하고 싶지 않아", "내가 할 수 있다면 할 거야", "너무나 힘든 일이야", "나는 죄 사함을 받았으니까 괜찮아"라고 말할 수가 없다. 복음의 위로에 대한 적절한 반응은, 오직 그 부르심을 받아들이고 그리스도께 순종하여 그분을 따르는 것뿐이다. 나는 자녀 됨을 받아들이라는 부르심을 받았다. 이를 통해 하나님의 진정한 자녀는 '영(성령)으로 인도함을 받는' 자들이며 죄성에 지배되는 자들이 아니라는 것을 깨닫는다.

복음 안에서 진실을 말하는(지적과 책망) 사역을 정착시키는 동안, 우리의 목표는 복음이 선포한 그리스도의 사역에 의해 사람의 마음이 변하게 되는 것이다. 이를 위해 첫째로 변화할 수 있다는 진정한 소망을 사람들에게 심어주는, 용서와 능력의 약속이 필요하다. 둘째로 사람들로 하여금 자신의 죄에 대한 책임을 지게 하고 순종하라는 하나님의 부르심을 받아들이도록 하는 복음의 명령이 필요하다. 위로의 소망과 부르심의 의무를 둘 다 받아들이는 마음은 솔직하게 지적하는 말도 받아들일 수 있다. 내담자는 자신의 죄의 무게를 깨달으면서 동시에 복음의 진리라는 빛 가운데 순종하라는 하나님의 명령의 엄위를 알 수 있다. 그는 하나님의 진정한 자녀로서 살 준비가 되어 있다. 그래서 자기 자신에 대해 정직해질 수 있고 믿음과 순종하는 마음으로 하나님을 따를 수 있게 된다.

개인 사역에서 상담자가 여러 가지 역할을 하다 보면 복음의 한 면을 다른 면보다 강조하기 쉽다. 예를 들면 당신이 수년 동안 자신의 아내를 말로 괴롭혔던 남자와 상담한다면, 복음의 명령을 복음의 위로보다 더욱 강조하고 싶을 것이다. 그러나 그 남자에게 자신이 행한 일을 부인하고 합리화하는 데서 물러나서 자기의 죄를 고백할 용기를 주는 것은 바로 복음의 위로다.

반면에 그의 아내와 이야기할 때는 복음의 명령은 제쳐두고 복음의 위로만을 강조하고 싶을 것이다. 그러나 자신에게 죄를 지은 자로 인해 걷잡을 수 없이 생겨나는 비통함과 자기 의와 복수심을 밖으로 드러내는 것은 복음의 명령이다. 모든 사람은 이와 같은 복음의 양면성을 필요로 한다. 언제든지 말이다! 이러한 복음의 두 가지 속성(칭의와 성화)은 서로 모순되는 것이 아니다. 오히려 그것들은 상호 보완적이어서 서로를 온전하게 만든다. 이 둘은 함께 그리스도 안에서 나타나는 하나님의 은혜를 보여주고, 그 빛 가운데 사는 사람들 안

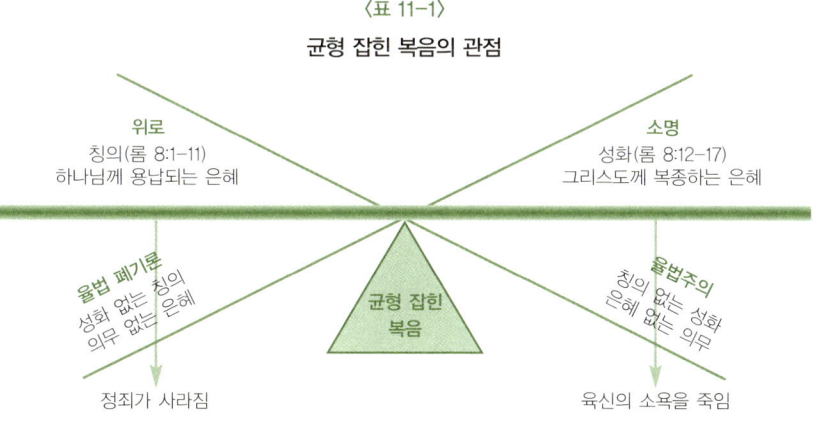

〈표 11-1〉
균형 잡힌 복음의 관점

에서 복음이 생산하는 것이 무엇인지를 그려낸다. 표 11-1은 균형 잡힌 복음과 균형이 깨어진 복음의 위험성을 시각적으로 보여주고 있다.

정면으로 죄를 지적하는 것의 목표는, 행동의 변화를 강요하는 것이 아니라 사람들이 복음 안에서 새로운 품성을 갖도록 격려하는 것이다. 우리는 사람들이 자신의 죄의 무거움을 깨닫고 그리스도의 은혜의 영광을 온전히 보도록 그들의 눈을 열어주어야 한다. 복음은 우상 숭배자들을 하나님을 경배하는 자로 바꾸는 것이다. 그것은 자기 의에 가득 찬 자들을 겸손하게 듣고자 하는 자로 만드는 것이다. 복음은 두려워하고 절망한 자들에게 실제적인 용기를 준다. 그리고 약한 자들이 확신하고 인내하며 살아가도록 돕는다. 복음은 피해자를 돕는 자로 바꾸고, 자신만을 생각하는 자를 기꺼이 다른 사람을 섬기는 자로 만든다. 진정한 성경적 지적은 사람들에게 그들의 죄와 실패 이상의 것을 제시한다. 그것은 사람들을 그리스도 앞에 세운다. 그분은 정말로 '길이요, 진리요, 생명'이시다. 변화를 위한 소망은 항상 그분 안에 있다.

12장 Instruments in the Redeemer's Hands

사랑 안에서
진리를 말하는 과정

당신은 어떤 형식으로든 죄를 지적하는 일을 하지 않고서는 인간관계를 맺을 수가 없다. 이 일은 날마다 일어난다. 어머니는 학교에 가야 하는 딸을 깨우고 어질러진 방에 대해서 이야기한다. 오빠는 허락 없이 자기 물건을 가져간 여동생의 잘못에 대해서 말한다. 아내는 남편이 가정에 무관심한 부분을 말한다. 목회자는 교회에서 말썽을 일으키는 성도의 잘못에 대해서 이야기한다. 결혼한 아들은 어머니가 자신의 결혼 생활에 자꾸 간섭하는 것에 대해서 말한다. 어느 장로는 다른 집사에게 과민한 태도에 대해 지적한다. 한 여자는 친구에게 뒤에서 자기 험담을 한 부분에 대해 말한다. 한 노인이 자기 아들에게 자주 들르지 않는다고 지적한다.

우리는 매일 서로의 죄에 대해서 이야기한다. 하지만 문제는 어떤 계획

(agenda)이 우리의 지적을 끌고 가느냐 하는 것이다. 우리는 사람들로 하여금 우리를 기쁘게 하는 일을 행하게 하려고 하는가? 아니면 그리스도의 대사로서, 그들을 회개로 이끄는 하나님의 말씀을 사용하여 그들의 잘못을 지적하는가?

성경에 입각한 효과적인 지적은 종종 우리가 말을 꺼내기 전에 시작된다. 매일 어떠한 관계를 맺으며 살고 있느냐가 우리의 말이 받아들여지는 방식을 형성한다. 우리의 매일의 삶과 하나님의 구속적인 사역 사이에는 분리된 부분이 없다. 우리는 '일상적' 상황에서는 우리 자신의 의지를 따르고 '사역'에서는 주님을 의식적으로 섬기려고 한다. 이렇게 분리된 세계는 악한 대적이 꾸민 것이다.

주님은 우리의 모든 인간관계를 소유하고 계신다. 그분은 그분 나라의 확장과 영광을 위해서 여러 관계 속에 우리를 집어넣으셨다. 그분의 계획은 우리의 계획보다 훨씬 더 크고 훌륭하다! 이러한 은혜로 말미암아 하나님은 길을 잃고, 고통당하며, 눈멀고, 속임당하며, 자신에게 몰두하고, 두려워하며, 반항적인 사람들을 취하시고 그들을 그분 아들의 형상으로 빚으신다. 그분은 우리 마음의 생각과 의도를 변화시키심으로 자신의 영광을 나타내신다.

이러한 영광은 그분의 대사인 자녀들이 살아가고 일하며 서로 관계를 맺는 모든 곳에서 나타나고 있다. 모든 상황, 모든 대화, 모든 인간관계, 모든 시도, 복을 빌어주는 모든 순간이 그분께 속해 있다. 이 가운데 우리 자신에게 속한 것은 하나도 없다. 우리는 우리가 말하고 행동하는 가운데 우리 스스로를 기쁘게 하는 것으로 만족해서는 안 된다. 오직 무엇이 그분을 기쁘시게 하는가를 생각해야만 한다.

이러한 방식으로 살아가는 사람들은 변화를 위한 하나님의 도구로 섬길 준비가 되어 있는 자들이다. 그들은 자기 자신의 목표 너머를 바라보면서 그분의 목표에 의해 움직인다. 그들은 삶 속에서 이보다 더 가치 있는 일이란 없다고 확신한다. 이렇게 살아가는 사람들은 자신에게도 지적이 필요하다는 것을 깨닫고 하나님이 신실하게 그들의 길을 지도해주심을 감사하면서 다른 사람들에게 담대하게 진리를 이야기한다.

지적 과정에서 각 단계들에 대한 이해

우리의 목표는 죄에 대한 성경의 처벌 내용을 읽어주거나 우리가 그들에게 대해서 생각하는 것을 말해주는 것 이상이다. 우리는 사람들이 무엇이 잘못되었는가를 이해하도록 도와서 그들을 회개로 이끌기를 원한다. 이러한 목표를 위해서 실제 사례를 살펴보면서 지적 과정의 네 가지 단계를 생각해볼 것이다.

짐(Jim)과 댄(Dan)은 친한 친구다. 댄은 당신에게 와서 짐이 그리스도인으로서 옳지 못한 일을 하고 있다고 털어놓는다. 그는 직장에서 근무 시간을 속이고 있었고 때로는 사무 용품을 슬쩍 가져오기도 하였다. 그리고 동네 술집에서 직장 동료들 앞에서 그 일을 자랑스럽게 떠벌리곤 하였다. 댄이 생각하기에 그리스도인이라면 그런 술집에 출입하는 것을 부끄럽게 여겨야만 했다. 짐이 개인적인 일들을 이야기했을 때 댄은 그가 신앙을 위반하고 있다는 것을 알고 마음이 안 좋았다. 댄은 짐에게 하나님과의 관계에 대해서 이야기하려고 했다. 하지만 짐은 그저 자신이 지금은 하나님께 실망한 상태라고 말하면서 댄의 충고를 들으려고 하지 않았다. 짐은 교회를 옮기고 멀리 이사 가는 것을 고려하고 있다고 자주 이야기했다. 당신은 짐을 걱정하고 있다. 그를 잘 알며 서로 신뢰하는 관계를 맺고 있다. 당신은 그에게 지적의 말을 하기로 결심했다.

이제 뭐라고 할 것인가? 무엇이 짐을 회개에 이르게 할 수 있는 것으로 보이는가? 어떻게 하면 변화가 필요한 특정한 곳에 성경의 진리를 적용할 수 있는가? 어떻게 하면 단지 상황을 바꾸는 것이 아니라 마음을 바꾸고자 하는 간절한 바람을 심어줄 수 있는가? 어떻게 하면 겸손하고 정직하게 상대를 헤아리며 회개를 이끌어내는 책망으로 짐을 사랑할 수 있겠는가?

다음의 네 가지 단계는 지적의 과정을 형성한다.

첫 번째 단계: 고려

당신 자신에게 물어야 하는 질문은 이것이다. "이 사람이 보지 못하고 있지만 보아야 하는 것이 무엇인가?(그 자신과 하나님과 다른 사람과 인생과 진리와 변화에 대해서) 그리고 그가 그것을 볼 수 있도록 어떻게 도우면 되는가?" 이 질문만으로도 지적의 초점을 새롭게 잡을 수 있다. 우리의 목표는 단지 고민을 서로 나누기만 하는 것이 아니라 사람들이 스스로를 바라보도록 돕는 것이다. 사람들이 자신의 이야기를 하면서도 그들 자신은 쏙 빠지는 경우가 많다! 그들은 상황의 어려움과 다른 사람의 태도와 행동에 초점을 맞춰서 이야기한다. 자신의 생각과 소원과 선택과 행동은 포함시키지 않는 것이다. 우리가 고통과, 다른 사람의 죄로 인한 피해에 대해서 민감하기는 하지만, 우리의 목표는 사람들로 하여금 자신의 행동을 돌아보고 성경적인 관점으로 자신의 마음을 점검하도록 독려하는 것이다.

방을 치우는 일에 대해서 딸에게 말하는 어머니를 생각해보라. 고려의 단계는 그녀가 짜증을 내거나 극단적인 말을 하는 것보다 좀더 좋은 방법을 강구하도록 격려한다. 어머니는 딸이 자기의 소유물을 다루는 방식이 자신의 마음을 나타내는 것임을 깨닫기를 원한다. 이러한 초점은 교회 장로님이 어떤 집사님의 나쁜 태도를 지적할 때에도 마찬가지로 도움이 된다. 그는 집사님에게 자기 자신을 좀 돌아보라고 말해주는 것 이상의 일을 하기를 원한다. 즉, 집사님이 자신의 분노와 조급함을 깨닫고 고백하며 회개할 수 있도록 도와주고자 한다.

이러한 첫 번째 단계는 이를테면 내 목표를 포기하고 주님의 목표를 취하는 단계다. 평소에 자신이 하고 싶었던 말을 상대방에게 모두 쏟아내거나 그저 불만을 중얼거리는 시간으로 삼아서는 안 된다. 내가 말하는 내용과 방식은 모두 하나님이 원하시는 변화를 목표로 삼아야 한다. 그렇게 하지 않으면 내 신분과 하나님의 부르심을 망각하는 것이다.

다음의 다섯 가지 질문이 그들로 하여금 하나님이 보기를 원하시는 것을 볼 수 있게 하는 데 도움이 될 것이다. 여기서 질문의 순서가 중요하다. 왜냐하면 그것이 우리가 어떤 일을 행하는 이유와 하나님이 우리를 변화시키시는 방법에 대해서 성경적으로 생각할 수 있도록 가르쳐주기 때문이다. 그 질문들은 전문적이거나 비공식적인 사역 활동을 막론하고 어린아이들과 어른들 모두에게 유익하다.

1. "무슨 일이 일어났는가?" 이 질문은 사람들이 당면하는 상황이나 환경에 초점을 맞춘다. 그들의 반응은 두 가지 이유로 중요하다. 하나는 환경이 그들의 행동을 강제하지 않았다는 것을 그들로 하여금 깨닫게 해야 하기 때문이다. 다른 하나는 당신이 진리의 말을 하기 위해서 그들의 세계를 세밀하게 이해해야 하기 때문이다. 그 사람을 '안다'는 것은 그의 고민을 완전히 이해하고 있다는 것을 의미하지는 않는다. 만약 당신이 추측하게 된다면, 그 사람에 대해 모르는 부분을 사실이 아닌 당신 자신의 경험에 근거하여 이해하게 될 것이다.

2. "그 일이 진행되는 동안 당신이 생각하고 느꼈던 것은 무엇이었는가?" 이 질문은 사람들의 눈을 잠시 상황으로부터 거두어서 자신의 마음을 점검할 수 있도록 돕는다. 또한 사람의 마음은 항상 자신의 주변에서 일어나는 일의 영향을 받는다는 것을 새삼 일깨워준다. 동시에 주변의 영향

을 받기만 하는 것이 아니라는 것도 알려준다. 우리는 끊임없이 해석하는 사람으로서 우리의 해석이 모든 행동에 선행하며 앞으로의 행동을 결정한다. 그리고 우리는 우리의 행동을 결정짓는 강력한 감정의 힘을 느낀다.

3. "당신은 그에 대한 반응으로 무엇을 했는가?" 우리의 행동은 그 상황에서의 우리의 마음이 결정하는 것이므로 이 질문은 위의 질문에 잇달아 제기된다. 당신은 처음 두 가지 질문으로부터 얻은 정보를 결합하면서, 상황에 대한 자신들의 해석과 반응 사이의 연관성을 깨닫도록 도울 수 있다. 특히 이번에는 이 질문을 함으로써 당신은 사람들이 자신의 행동이 상황이나 다른 사람들 때문에 어쩔 수 없이 발생한 것("이것이 내가 할 수 있는 유일한 일이었어", "그녀가 나를 화나게 만들었어")이 아님을 인정하도록 돕게 된다. 지속적인 변화는 이러한 연관성을 잘 보느냐에 달려 있다. 그것을 깨닫지 못하면 사람들은 책임 전가만 할 것이다.

우리가 해석과 반응의 연관성을 드러내지 못하면, 사탄에게 커다란 기회를 주게 된다. 사탄은 그럴듯한 거짓말을 한다. 태초에 에덴 동산에서처럼 사탄은 부분적이며 왜곡된 진리를 가지고 악한 일을 꾸민다. 예를 들면, 나는 생전 처음 보는 사람의 방으로 걸어 들어가 내가 올림픽 체조 선수였다고 믿게 할 수가 없다. 그것은 거짓말이며 그럴듯해보이지도 않을 것이다. 그러나 내가 말쑥한 옷차림에, 멋진 가죽 가방을 들고 전문 용어를 구사한다면, 나를 전혀 모르는 사람에게 내가 건축가임을 믿게 만들 수 있을 것이다. 나의 복장과 대화술이 이 두 번째 거짓말을 그럴듯하게 만들 것이다. 우리의 대적은 이러한 종류의 거짓말을 능숙하게 사용한다.

다시 우리의 이야기로 돌아와보자. 모든 것이 짐이 꿈꾸었던 대로 이루어지지 않았다는 것은 확실하다. 그는 어려운 상황에 견디기 힘든 사람들과 부딪쳤다. 대적은 이런 상황을 이용한다. 즉, 짐으로 하여금 자신의 행동은 이러한 압박에서 생겨났다고 믿게 만들 수 있다. 만약 사탄이 이 일에 성공한다면, 짐에게 변화를 위해 필요한 것은 자기 자신이 아니라 주변 사람들과 상황들이라고 쉽게 확신시킬 수 있다.

이 순서대로 질문을 던짐으로써 상담자는 내담자의 마음속에서 강하게 방어되고 있는 강퍅함을 깨뜨릴 수 있다. 그들의 자기 변명적인 주장들과 자기 속죄적인 거짓말을 다 드러내야 한다. 그래서 그들을 도와, 자신의 행동은 상황의 어려움에 반응한 것이라기보다 자기 마음에 대한 것을 더 많이 드러낸다는 사실을 깨달을 수 있도록 도와야 한다. 사람들이 이러한 시각으로 바라보지 못한다면, 다른 식으로 행동하려고 할 수 있다. 하지만 여전히 자신의 주변이 더 많이 변해야만 한다고 확신할 것이다. 그러면 순간적인 변화만 일어날 것이다. 왜냐하면 변화가 마음에 뿌리를 내리고 있지 않기 때문이다.

4. "왜 당신은 그 일을 했는가? 당신은 어떠한 목표를 이루려고 노력하였는가?" 두 번째 질문이 마음의 생각을 드러낸다면, 이 질문은 마음의 동기를 드러낸다. 이 질문은 사람의 마음이 항상 무엇인가를 섬기고 있음을 가르치고 있는 셈이다. 예수 그리스도는 마태복음 6장에서 보물의 비유를 들어 이렇게 무엇인가를 숭배하는 경향을 설명하셨다. 인간의 삶은 한 가지 큰 보물을 찾고자 하는 것과 같다. 우리 모두에게는 매우 귀중한 의미를 갖는 것이 있다. 예를 들면, 용납됨이나 소유물, 성취, 특정한 삶의 방식, 하나님의 영광, 복수, 사랑, 독립성, 건강 등이 그것이다. 어떤 의미에서 우리 모두는 우리의 상황과 관계 속에서 그러한 것들을 얻기 위해서 노력하고 있다. 우리의 행동은 항상 이러한 마음의 동기 혹은 우

상을 나타낸다. 두 번째 질문과 네 번째 질문은 행동을 마음의 생각 및 동기와 연결한다는 것을 주목하라(히 4:12).

이러한 연관성을 밝혀나가면서 당신은 짐으로 하여금 마음이 머무는 곳이 고통과 축복에 대한 그의 반응을 형성하고 있다는 것을 깨닫게 도울 수 있다. 많은 의미에서 짐의 고민은 축복에 관한 것이기도 하다. 그는 안정된 직장에서 일하고 있다. 교회에서 그는 자신을 정말로 사랑하고 아끼며 언제든지 말을 걸어줄 수 있는 사람들에게 둘러싸여 있다. 그러나 짐은 자신이 갖고 싶은 것을 얻지 못했다고 여겼다. 그래서 무뚝뚝하고, 별로 기쁘지 않았으며, 심지어는 하나님께 화가 나기도 했다. 짐은 자신의 고민이 본질적으로 그가 숭배하는 것으로 인한 갈등이라는 것을 알지 못했다. 그가 이 세상으로부터 오는 삶을 추구하는 만큼, 하나님께 불만족스럽고 화가 날 것이다. 그가 하나님을 대체한 우상이 자신의 마음을 지배하고 감정을 다스리며 행동을 통제하고 있다는 것을 깨달을 때에만 변화가 일어날 것이다. 그의 통찰과 고백과 회개는 마음속으로부터 우러나와야 한다.

어떤 의미에서 짐은 자신이 하나님의 영광을 위해서 살지 않고 자기 자신의 영광을 위해서 살아왔다는 것을 고백해야 한다. 지속적인 변화는 사람들이 자신의 세계 속에 있는 악함에 대해 놀랄 뿐만 아니라, 주님께만 속해 있는 영광을 가로채며 살아왔다는 것까지 알게 될 때 일어난다. 그렇다면 자기 중심적인 우상 숭배자에게 결혼 생활에서 평화롭게 공존하는 법을 가르치는 것이 지속적으로 무슨 유익이 있겠는가? 우울함의 핵심을 다루지 않고 단지 우울한 사람을 일으켜 뛰게 만드는 일이 지속적으로 어떤 유익이 있겠는가?

위대한 상담자이신 하나님은 질투가 많으신 분이다. 그분은 인간의 내면이 변화되지 않았는데, 외면만 닦아서 그럴듯하게 보이는 것에 결코 만족하지 않으신다(마 23:25). 성경적인 개인 사역은 항상 영광과 경배라는 주제로 나아간다. 모든 개인 사역에서 가장 기본적인 질문은 "당신은 누구의 영광을 위해서 사는가?"라는 것이다.

5. "그 결과는 무엇이었는가?" 이 질문은 그 반응의 결과(갈 6:7)를 드러낼 뿐만 아니라 그것이 마음의 생각과 동기의 직접적인 결과가 되는 방식을 드러내고자 하는 것이다. 마음에 뿌려진 씨앗은 그 삶의 생애에서 어떤 종류의 열매로 자라나게 되어 있다. 우리는 모두 자신이 뿌린 씨앗의 결과를 부인하는 데 탁월한 재주가 있다("만약 이런 아이들을 키우고 있다면 당신도 소리 질렀을 것이오", "그가 나를 화나게 만들었어요", "나는 그런 뜻으로 말한 게 아니었소"). 상담자는 사람들이 자신의 삶 속에 맺힌 열매를 점검하고, 그들 마음의 생각과 동기가 그들이 거둔 열매와 관련이 있음을 알도록 도와야 한다.

상담자는 하나님의 도구로서 사람들에게 다음의 두 가지를 전해주어야 한다. 하나는 뿌린 대로 거둔다는 정신이다. 이 원리 속에서 사람들은 매일 자신이 씨앗을 뿌리고 있으며 이전에 뿌린 씨앗에서 열매를 거두고 있다는 것을 이해하게 된다. 다른 하나는 우리의 삶은 우리가 투자하는 보물에 의해서 형성된다는 예수님의 가르침을 인정하는 보화의 정신이다. 매일 우리는 무엇인가에 투자하고 있고, 이전에 투자한 것을 회수하며 살아가고 있다. 이 과정에서의 상담의 목표는 사람들로 하여금 자신이 투자한 곳에서 자신의 수확물을 소유하도록 하는 것이다.

상담자가 사람들이 이러한 것들을 깨달을 수 있도록 도울 때에 기억해야 할 중요한 것은, 개인적인 통찰을 얻는 것은 대체로 일련의 과정을 통해 가능하다는 것이다. 한 번의 만남을 통해, 심지어는 뛰어난 상담자가 상담해준다고 해서 그러한 통찰을 얻는 것이 아니다. 사람들이 기꺼이 그 과정의 일부가 되고자 할 때에만, 그들의 관심을 마음과 그로 인한 결과 쪽으로 돌려놓을 수 있다.

사람들로 하여금 일기 형식으로 이러한 질문들에 대답하게 하는 것이 도움이 될 수 있다. 나는 일단 사람들에게 대체적인 고민의 근원이 되는 두세 가지 상황이나 인간관계를 생각하라고 요구한다. 그리고 나서 2-3주 동안 위에서 말한 다섯 가지 질문을 사용하여 그 문제들을 지속적으로 기록하라고 시킨다. 그런 다음에 기록한 것을 받아서, 주제들이나 생각의 반복되는 형식에 줄을 치면서 읽는다. 그리고 다음 번에 만날 때, 그것을 돌려준 후, 그들에게 내 앞에서 읽게 하고 느낌이 어떤지를 묻는다. 이것을 반복하는 동안 하나님은 이러한 단순한 방법을 통해 그 사람들의 눈을 열어서 자신의 마음속에 일어나고 있는 것을 바라보게 하셨다.

한번은 매우 화가 나 있지만 자신이 그런 상태임을 깨닫지 못하는 한 남자와 이야기를 한 적이 있었다. 그는 자신의 친구와 가족, 동료 모두를 거부하고 있었다. 그렇지만 자신이 부당하게 따돌림받고 있다고 생각했다. 내가 그의 분노에 대해서 이야기하려고 할 때마다 그는 강하게 거부했다. 그래서 그에게 3주 후에 다섯 가지 질문의 답을 기록해오라고 했다. 그가 기록한 것을 가지고 왔을 때 나는 빨간색 볼펜으로 모든 분노의 근원과 그로 인해 일어난 일들에 밑줄을 그었다. 내가 그 일을 다 끝내고 나자 놀랍게도 그의 글은 거의 모두 시뻘겋게 밑줄이 그어져 있었다! 다음 번에 다시 만났을 때 그는 몇 분 동안 자신이 쓴 글을 읽었다. 그리고 나서 눈가에 눈물이 맺히기 시작했다. 그가 말했다. "이 글을 쓴 사람은 정말 몹시 화가 나 있군요." 그러한 상담에서 얻게 된 통찰은 내담자의 변화를 위한 통로가 되었다. 그는 자신이 이기적이고 끊임없이 무엇인가를 요구하면서도 결코 다른 사람들로 하여금 자신의 기대를 만족시키도록 하지 않는 삶을 살았다는 것을 보기 시작했다. 그는 자신이 평가하려고만 하는 태도로 인해 주변 사람에 대해서 강퍅한 마음을 품었다는 것을 깨닫게 되었다. 그제서야 비로소 눈을 크게 뜨고 바라보기 시작했다.[1] 이러한 변화를 위해 노력할 때에 당신은 대사로서의 역할을 수행하는 중이다. 당신은 영적 어두움에 빠져 있는 자들에게 빛을 밝히시는 메시아의 임재를 실현하고 있다. 예수 그리스도는 이 세상에 거하는 동안 눈먼 자들을 다시 보게 하심으로써, 겸손하게 나아오는 모든 눈먼 죄인들에게 행하는 사역을 비유로 보이신 것이다. 바르게 본다는 것은 변화의 과정의 시작이다. 동시에 비통한 마음의 시작이기도 하다. 자신이 경험한 일 때문이 아니라 자신이 하나님께 속해 있던 영광을 취하였고, 자기 자신과 다른 사람들의 세계에서 중심이 되기를 요구하였던 지난 날의 잘못을 깨닫고 괴로워하기 때문이다. 이러한 의미의 통찰은 우리의 우상을 무너뜨리고, 오랫동안 우상 숭배를 은밀하게 감추었던 이기적인 논리와 거짓말을 드러낸다.

지적의 과정은 사람들에게 그들의 행동에 대한 통찰과 그 행동을 지배하는 우상 숭배의 체계에 대한 통찰을 주는 것으로 시작한다. 이 단계는 그런 의미에서 매우 본질적인 것이고 결코 서둘러 끝내버려서는 안 된다.

두 번째 단계: 고백

이것은 지적 과정에서 논리적으로 그 다음에 따라오는 단계다. 만약 사람들이 성경의 거울로 자기 자신을 보게 된다면, 고백해야 하는 마음과 행동의 죄를 발견할 것이다. 짐은 아무 죄 의식을 느끼지 않고 직장 물건을 훔쳐도 된다는 생각의 본질이 무엇인지를 알아야만 한다. 그는 자신이 축복의 삶을 어떻게 보아왔는지, 자신이 오직 자기 욕구만 중요시 여긴건 아닌지 뒤돌아봐야 한다. 자신의 마음에 대한 이러한 깨달음과 함께, 그 마음으로부터 생겨났던 많은 반응들을 볼 수 있어야 한다.

문제는 죄를 지은 사람들은 고백하는 것을 어렵게 생각한다는 점이다. 우리 모두는 다양한 방법으로 스스로의 치부를 가린다. 진실의 빛이 비추어질 때 우리는 본능적으로 부인하고, 과거를 재해석하며, 엉뚱하게 둘러대고, 다른 사람의 탓으로 돌리며, 비난하고 방어하며, 논쟁하고 합리화하거나 숨기려 든다. 그러나 고백은 변화의 과정에서 매우 필수적인 요소다. 사람들이 최종적으로 자신의 마음속에 있는 것을 고백하고 자신이 한 일에 책임을 지려고 하는 것이 바로 고백하는 순간에 일어난다. 그러므로 사람들이 쉽사리 주님께 자신의 잘못을 고백할 것이라고 생각해서는 안 되고, 우리가 지적하는 말이 그들의 죄 고백을 대치하도록 해서도 안 된다. 우리는 각 사람들이 "그렇지만"이라든지 "만약… 하기만 한다면"이라는 식으로 고백의 의미를 희석하지 않도록 해야만 한다. 고백은 사람들에게 그들의 마음과 삶이 주님께 속해 있음을 깨닫게 하며, 잘못된 우상 숭배가 죄악된 행동의 바탕에 깔려 있음을 보게 한다. 진정한 고백은 하나님에 대한 경배로부터 시작해서 더 깊고 온전한 경배에 이르는 것이다.

우리는 그리스도의 대사로서 사람들이 주님께 겸손하며 구체적인 고백을 할 수 있도록 인도하고자 한다. 또한 그들이 자신의 죄의 영향을 받고 있으며 죄 용서를 구하는 자들임을 깨닫도록 격려해야 한다. 그들이 스스로 기도하며 자신의 죄를 인정하고 하나님의 용서와 도우심을 구하도록 인도해야 한다.

이 일을 하기 위해서 우리는 우리 자신의 마음도 다루어야 한다. 앞에서 살펴보았던 것처럼 우리는 지금 섬기고 있는 사람들의 죄에 영향받을 것이다. 좀 더 공적인 상담 시간에 다 안다는 태도로 통제하려 들고 논쟁적인 내담자를 만날 수도 있는데, 이들은 무례하고 거만하며 적대적이기까지 할 것이다. 이런 사람과 몇 번 만나고 나면 상담이 취소되었으면 하는 마음이 간절해진다! 혹은 교회의 어떤 성도가 자꾸만 당신의 충고를 바라기는 하지만 충고를 전혀 따르려 하지 않으면서 스스로 초래한 위기 상황이 닥치면 당신에게 전화할 수 있다. 우리는 상담을 해주고 있어도 우리 역시 죄인이며 우리의 반응이 항상 그리스도의 인격을 나타내 보이는 것은 아니라는 사실을 인정할 필요가 있다. 우리가 정직하게 우리 자신의 죄를 회개하지 않는다면 다른 사람을 그의 죄에서 벗어나게 하지 못할 것이고, 그 대신 어느 사이에 우리 자신이 그 죄에 동참하고 있을 것이다.

만약 우리가 일반적으로 경험하는 상담 사역의 유혹(자기 의, 비성경적인 판단과 질책, 비통함과 분노, 인내하지 못함, 너그럽지 못함)을 잘 다루지 못한다면 그의 고백 과정을 망쳐버릴 것이다. 당신은 우리가 상담 중에 다른 사람에 대해서 짓는 죄가 죄 고백과 유사하다는 것을 알고 있는가? 다른 사람들에게 계속 원한을 품고 있다는 것은 사실 그들의 죄를 나 자신에게 반복해서 고백하는 것이다. 분노는 다른 사람의 죄악을 하나님께 고백하는 것과 같다. 주님이 아무런 일도 행하시지 않았다고 불평하면서 나 자신을 재판장의 위치에 올리는 것이다. 험담하는 것은 어떤 사람의 죄를 다른 사람에게 고백하는 것이다. 이런 일들은 하나님이 우리를 통해 이루기 원하시는 일들을 망가뜨리면서 우리의 마음속에 교묘한 형태로 존재한다. 그렇게 되면, 하나님이 사람들의 죄를 깨닫게 하시고, 회개로 이끄시며, 그들을 용서하시고, 자신과의 새로운 교제로 인도하실 것이라는 사실에 더 이상 고무되지 않는다. 그런 때 우리는 니느웨의 회개 후에도 여전히 화를 내었던 요나와 비슷해진다.

"요나가 심히 싫어하고 노하여 여호와께 기도하여 가로되 여호와여 내가 고국에 있을 때에 이러하겠다고 말씀하지 아니하였나이까 그러므로 내가 빨리 다시스로 도망하였사오니 주께서는 은혜로우시며 자비로우시며 노하기를 더디 하시며 인애가 크시사 뜻을 돌이켜 재앙을 내리지 아니하시는 하나님이신 줄을 내가 알았음이니이다 여호와여 원컨대 이제 내 생명을 취하소서 사는 것보다 죽는 것이 내게 나음이니이다"(욘 4:1-3).

기본적으로 요나는 이렇게 말하고 있다. "이것이 바로 내가 니느웨로 오고 싶지 않았던 이유입니다. 저는 주님이 이 백성들을 용서하실 것을 알고 있었습니다! 그들은 주님의 용서를 받을 자격이 없는 자들입니다. 오직 심판이 그들에게 임해야 합니다! 이제 그들은 마땅히 받아야 할 처벌도 받지 않게 되었습니다." 내가 사람들에 대해서 절대로 그런 감정을 갖지 않았다고 말할 수 있기를 바란다. 하지만 사실은 그렇게 느꼈다. 우리의 상담을 간절히 원하는 자들은 종종 가장 섬기기 어려운 자들이다. 그럴 때에는 그들을 마음속으로부터 우러나오는 회개로 인도하고자 하시는 하나님의 계획에 동참하기보다 차라리 그 계획을 방해하는 편이 쉬울 것이다. 우리가 다른 사람을 죄 고백으로 이끌고자 할 때에는 우리 자신의 마음속에 있는 죄를 함께 고백해야만 한다.

세 번째 단계: 헌신

고려와 고백은 지적 과정에서 "옛 사람을 벗어버림"의 의미를 갖는다(엡 4:22-24). 헌신은 회개에서 "새 사람을 입음"의 첫 번째 단계다. 여기서 떠오르는 질문은 다음과 같은 것들이다. "하나님은 특별히 어떤 부분에서 이 사람에게 완전히 새로운 삶과 새로운 사고 방식을 가지라고 요구하시는가? 하나님은 짐이 자신의 교우 관계와 직장 일을 다룰 때 어떤 성경적인 소원이 그의 마음을 다스리게 되기를 원하시는가? 하나님은 그가 어떤 새로운 방식으로 다른 사람을 사랑하며 섬기도록 요구하시는가? 하나님은 어떤 회복 단계를 밟으라고 요구하시는가? 그가 자신의 일상생활에 적용해야 하는 새로운 습관은 무엇인가? 그는 이러한 일들에 헌신하는가?"

마음과 삶을 통해 구체적으로 헌신하라는 하나님의 부르심을 희석하지 말라. 사람들의 헌신은 하나님을 향해야 하며, 좀더 편안하고 나은 삶을 살기 위해 적절히 타협해서는 안 된다. 하나님은 그들의 환경에 아무런 변화가 없다 하더라도 여전히 그들의 경배를 받기에 합당한 분이다. 만약 그 고백된 죄가 하나님께 잘못한 것이라면 헌신도 다시 하나님을 섬기는 것이 되어야 한다. 만약 그 사람이 자신의 영광을 위해 살아왔다면, 새로운 삶의 방식은 하나님의 영광에 대한 열심과 그분을 위해 살겠다는 결단에 근거해야 한다. 성경적인 헌신은 자신에게 해가 되는 것들이 무엇인가를 배우면서 자신을 좀더 낫게 해줄 것을 행하는 것보다 더 깊은 의미를 갖는다. 나 자신의 유익을 위한 헌신은 본질적으로 새로운 형태의 우상 숭배일 뿐이다.

하나님은 구약과 신약 모든 성경에서 이러한 유형의 표면적인 헌신을 경계하신다. 그분은 우리의 진실한 마음 외에는 그 어떤 것과도 타협하지 않으신다 (사 1:10-20, 29:13; 마 23장).

네 번째 단계: 변화

우리는 대부분 어떤 사람이 통찰을 얻고 새로운 헌신을 하였기 때문에 변화가 일어난다고 보기 쉽다. 그래서 쉽게 너무 일찍 지적 과정을 끝내버릴 수도 있다. 하지만 변화는 실제로 변화가 일어나기 전에는 결코 일어나지 않는다! 지적의 목표는 개인의 통찰도 아니고 헌신도 아니고 바로 변화다. 통찰과 헌신은 단순히 하나님을 경배하는 삶을 향해 나아가는 단계일 뿐이다. 우리는 사람들이 통찰과 서약을 자신의 삶에 적용하도록 도와야만 한다. 헌신이 '무엇을'에 초점을 맞춘다면 변화는 '어떻게'에 초점을 맞춘다.

짐이 하나님과 다른 사람들에게 자신의 감사함을 어떻게 표현해야 하는가?

그가 자신의 친구들과 교회 성도들과 친밀해지기 위해 어떻게 새로운 습관을 적용시켜야 할까? 변화는 새로운 헌신을 매일의 상황들과 관계들에 적용하는 것이다.

만약 우리의 조언이 지적의 과정에서 변화의 도구로 사용되기를 원한다면 방향 감각을 가져야 한다. 다음의 네 가지 단계가 길잡이가 될 것이다.

1. 고려. 하나님이 그 사람에게 보이시기를 원하는 것이 무엇인가?
2. 고백. 하나님이 그 사람이 인정하고 고백하기를 원하시는 것이 무엇인가?
3. 헌신. 하나님이 이 사람에게 요구하시는 새로운 삶의 방식은 무엇인가?
4. 변화. 이러한 새로운 헌신이 매일의 삶 속에 어떻게 적용되어야만 하겠는가?

성경적으로 지적하는 법

개인 사역의 다른 모든 면에서처럼 지적은 목표와 방법이 모두 성경적으로 이루어져야 한다. 우리는 개인 사역 중에 제기되는 신학과 방법론의 문제에 관해서 끊임없이 성경을 살펴보아야 한다. 예를 들면 바울은 성도들에게 서로 돌아보라고 가르치면서 "사랑 안에서(방법) 참된 것을 말하라(내용)"고 했다. 그 두 가지는 동일하게 중요하다. 사랑 안에서 말하지 않는 진리는 인간의 다른 계획으로 왜곡되기 때문에 더 이상 진리가 될 수 없다. 또한 진리의 지도를 받지 않는 사랑은 하나님의 계획과 어긋나기 때문에 더 이상 사랑이 될 수 없다. 우리가 일단 지적의 목표와 그 과정의 단계를 이해하고 나면, 성경이 서로 어떻게 지적하라고 요구하는지 살펴볼 수 있다.

물론 다시 한 번 강조하는 것은 긴장되고 두려운 지적 형식을 옹호하지는 않는다는 것이다. 그런 지적에서는 듣는 사람은 말이 없고, 죄를 지적하는 사람이 계속 잘못한 일의 목록을 일일이 언급하게 된다. 성경에서 지적의 좀더 일반적인 형식은 상호 작용이다. 죄를 직면케 하는 사람은 당사자 옆에 서서 그가 자신의 죄를 깨닫도록 도우며 이야기를 들려주기도 하고 질문을 하기도 하며 대답을 이끌어내고 그런 다음에 반응을 요청한다. 여기에는 상호 간의 대화의 형태가 좀더 뚜렷한 구조가 있다. 예수 그리스도는 자신의 비유에서 이러한 지적 방법을 즐겨 사용하셨다(눅 7:36-50, 14:1-14). 그분이 그렇게 말씀하셨기 때문에 사람들은 깨달을 수 있었고, 그 깨달음으로 고백할 수 있었으며, 그 고백 중에 회개할 수 있었다. 그분은 권세 있는 태도와 신념과 행동으로 지적하셨지만, 방법 면에서 사람을 잔뜩 긴장시키는 지적과는 전혀 달랐다.

상호 교류적인 지적의 또 다른 예는 사무엘하 12장 1-7절에 나타난다.

> "여호와께서 나단을 다윗에게 보내시니 와서 저에게 이르되 한 성에 두 사람이 있는데 하나는 부하고 하나는 가난하니 그 부한 자는 양과 소가 심히 많으나 가난한 자는 아무것도 없고 자기가 사서 기르는 작은 암양 새끼 하나뿐이라 그 암양 새끼는 저와 저의 자식과 함께 있어 자라며 저의 먹는 것을 먹으며 저의 잔에서 마시며 저의 품에 누우므로 저에게는 딸처럼 되었거늘 어떤 행인이 그 부자에게 오매 부자가 자기의 양과 소를 아껴 자기에게 온 행인을 위하여 잡지 아니하고 가난한 사람의 양 새끼를 빼앗아다가 자기에게 온 사람을 위하여 잡았나이다 다윗이 그 사람을 크게 노하여 나단에게 이르되 여호와의 사심을 가리켜 맹세하노니 이 일을 행한 사람은 마땅히 죽을 자라 저가 불쌍히 여기지 않고 이 일을 행하였으니 그 양 새끼를 사 배나 갚아주어야 하리라 나단이 다윗에게 이르되 당신이 그 사람이

라 이스라엘의 하나님 여호와께서 이처럼 이르시기를 내가 너로 이스라엘 왕을 삼기 위하여 네게 기름을 붓고 너를 사울의 손에서 구원하고."

나단은 다윗 왕의 살인과 간음을 지적하라는 부르심을 받았다. 하지만 그는 왕궁으로 뛰어들어가 죄목을 낭독하지 않았다. 그의 목표는 다윗이 자신의 행한 일을 깨닫도록 도와서 회개로 인도하는 것이었다. 그가 다윗을 지적한 방법은 오늘날 우리가 사용하는 것과는 너무도 달라보인다. 나단의 접근법에서 적어도 열두 가지 의미를 끄집어낼 수 있다.

1. 문제의 심각성을 깨달으라. 나단은 단지 '영적인 지침' 만을 전해준 것이 아니었다. 다윗은 살인과 간음을 저질렀던 것이다.
2. 영적인 무지의 수준을 깨달으라. 다윗은 기름 부음을 받은 왕이었다. 하지만 밧세바와 간음을 저질렀을 뿐 아니라 그녀의 남편까지 살해하였다. 그는 그녀를 자신의 궁으로 불러들여 함께 살았다. 죄가 극심할수록 마음을 덮는 영적인 어두움 또한 뿌리 깊은 법이다. 이것이 바로 죄를 강의하듯이 지적하거나 책을 읽듯이 해버리면 안 되는 이유다. 상담자는 단순히 그 사람의 죄를 다루는 것이 아니라 그 사람의 눈에 죄가 보이지 않게 만드는 자기 방어적인 영적 어두움을 다루고 있는 것이다. 당신이 지적하도록 부름을 받은 그 사람은 의지적으로 어두울 것이며(willfully blind), 영적으로 어두워서 그러한 의지를 갖게 되었을 수도 있다(blindly willful). 만약 그가 죄를 고백하고 돌이키려고 한다면 자신이 행한 일이 무엇인지를 보아야 한다. 우리는 그가 그 일을 하도록 돕는 지적 방식을 사용해야 한다.
3. 나단이 번쩍이는 눈빛과 터질 듯한 혈관과 삿대질하는 손가락질과 마음

을 후벼 파는 말("다윗이여, 당신은 살인자요 간음자요!")과 함께 왕의 방으로 뛰어들어왔다는 증거가 없다. 사실은 나단의 꾹 참는 모습을 발견할 것이다.

4. 나단은 다윗이 마음의 눈을 열도록 고안된 비유를 들려주었다.
5. 그 이야기가 다윗의 삶(양)이 관련된 주제를 담고 있다는 것을 주목하라. 만약 우리가 좀더 주의를 기울인다면 지적할 때 유익한, 그 사람에 관한 정보들을 많이 알 수 있다. 비유는 꼭 극적이거나 충격적이어야 할 필요가 없다. 성경적인 원리를 소개하거나 죄를 드러내기 위해서 어떤 사람의 삶에서 끄집어낸 요소를 언급하는 것이, 너무 길거나 자극적인 이야기를 하는 것보다 훨씬 더 효과적일 때가 있다.

내가 앞에서 소개했던 분노에 가득 찬 남자는 처음에는 자신이 가족들에게 무엇을 했는지 깨닫지 못했다. 그는 대기업의 컴퓨터 관련 분야의 부장이었고, 자신이 일하면서 얻었던 성과들을 가족들에게서도 얻고자 하였다. 그는 대화나 관계 맺는 것을 좋아하지 않았고 단지 분명한 명령에 응답하는 즉각적인 행동을 원했다. 나는 그가 자신이 행한 일을 보도록 돕기 위해서 '반복해서 버튼을 누르는 일'이라는 비유를 사용했다. 그가 집에서 지내는 방식에는, 하나님이 모든 남편들과 아버지들에게 요구하시는 자기 희생적인 사랑이나 인내심이 전혀 없었다. 그렇지만 자신의 가족들은 '명령에 따르는' 자들이어야 했기 때문에 그는 자신의 잘못을 깨닫지 못했다. 하나님은 버튼이라는 비유를 통해서 그의 마음의 눈이 떠지게 하셨다.

내가 처음으로 그 비유를 사용한 뒤 몇 주 후에 그는 내게 말했다. "선생님은 정말 제 직장 생활을 망쳐놓으셨습니다! 이제 제 사무실의 컴퓨터 앞에 앉을 때마다 제가 가족들에게 한 일을 생각하게 됩니다. 그리고 주님의 도움을 간절히 바라게 됩니다." 나는 이렇게 말했다. "주님을 찬양하세요." 상담자가 한 사람의 삶의 일부분을 그가 자신의 문제를 깨닫는 도구로 사용하면, 그것은 상담을 끝낸 후에라도 그에게 계속 영향을 미친다. 이것은 사람들로 하여금 주님이 그들에게 보이기를 원하시는 것들에 관심을 집중하게 도와준다.

6. 나단의 상호 교류식 지적 방법은 다윗이 보지 못했던 것을 보도록 자극하는 것을 목표로 그 이야기에 초점을 맞추었다.

7. 이야기는 세부적으로는 비교적 짧았지만 매우 구체적으로 적용되었음을 기억하라. 그 이야기 자체가 목표는 아니었다. 그것은 목표를 이루기 위한 수단이었다. 그것은 여러 겹으로 된 어두움을 뚫고 들어가서 다윗의 마음을 드러낼 정도로 예리해야만 했다.

8. 그 이야기는 마음의 반응을 일으키고자 하는 목적을 달성했다. 그로 인해 다윗은 '분노가 끓어올랐다'(5절).

9. 그 이야기를 마친 다음에 다윗이 첫 번째로 말을 꺼냈다는 사실에 주목하라. 그는 그 이야기의 초점을 깨닫고 말했다. "이 일을 행한 사람은 마땅히 죽을 자라"(5절). 그 이야기는 다윗이 자기 자신을 살펴볼 수 있게 하였다. 그 이야기가 자신의 이야기라는 것을 알기도 전에 말이다.

10. 나단은 그 이야기를 다윗의 간음과 살인의 죄에 구체적으로 적용함으로써 다윗이 스스로 죄를 깨닫게 하는 데까지 나아갔다(7-12절).

11. 그런 뒤에 다윗은 책임을 전가하거나 변명을 늘어놓는 것이 아니라 명확한 말로 죄를 고백하였다(13절).

12. 나단은 다윗에게 하나님의 용서와 그의 죄의 결과를 분명하게 이야기해 주고 모든 말을 마쳤다(13-14절).

이 선지자의 지혜로운 사역은 성경적인 지적의 훌륭한 모범을 제시해준다. 복음서는 이와 동일한 모범을 그리스도의 사역을 통해 우리에게 전해준다. 다시 한 번 말하지만 예수님이 사람들의 눈을 여시고 그들이 회개에 이르도록 인도하시기 때문에 지적은 온전히 상호 교류적이다. 그분은 이야기를 들려주시고, 질문과 대답을 하시며, 사람들의 생각을 인도해주시고, 대화에 참여하시며, 상상력을 자극하는 비유들을 사용하시고, 스스로 죄를 깨닫는 반응이 나타날 때까지 기다리신다. 이 모두는 개인적인 통찰과 마음에서 우러나는 회개라는 목표를 이루기 위한 것이다.

진리를 말하는 원리는 상호 교류에서 시작한다. 이것은 다음과 같은 것들을 포함한다.

첫째, 양 방향 의사 소통이 이루어지게 하라. 지적당하는 사람에게 말할 수 있는 기회가 주어져야 한다. 이것은 그가 당신이 지적하는 것을 이해했는지, 그가 인정하고 고백해야 하는 문제를 실토하는지 그리고 그가 새로운 삶의 방식에 헌신하는지를 확인하는 유일한 방법이다.

둘째, 비유를 사용하라. 비유는 덜 익숙한 개념을 전달할 때 종종 쓰이는 방법이다. 하나님은 우리가 주님을 보고 알 수 있도록 광범위한 비유를 사용하신다. 바위, 요새, 태양, 방패, 문, 빛과 같은 비유는 하나님이 강하고 안정되시며 요동치 않으시고 변함없으셔서 우리가 늘 의지할 수 있는 분이심을 보여준다.

우리는 지적하면서 그 사람이 보아야 하는 죄를 보여주거나 진리를 나타내는 요소를 그 사람 삶에서 발견하고자 한다. 그럴 때 이렇게 질문을 하는 것이 필요하다. "내가 비유를 사용할 수 있도록, 이 사람의 배경과 직업과 관심사와 경험에 대해서 알고 있는 것이 무엇인가?" 그것은 한 가지 비유일 수가 있고 ("당신은 자꾸 버튼만 누르고 있습니다!") 아니면 좀더 확장된 이야기일 수도 있다("하나님의 나라는 사람이 씨를 뿌리는 것과 같습니다…").

셋째, 스스로 직면하는 말들을 하게 하라. 여기서 그 사람이 당신이 든 예와 그 사람 자신의 삶을 연결할 수 있도록 독려한다. 그를 위해 대신 연결해주지 말라! 그의 마음은 하나님이 그에게 보이시는 것을 받아들이는 것이 필요하고, 아무런 압력 없이 죄를 고백하고 그 죄에서 벗어날 준비를 해야 한다.

넷째, 요약하라. 이제 하나님이 그 사람에게 가르쳐주기 원하시는 것을 모두 요약하고, 진정 어린 헌신으로 반응하라고 요청해야 한다. 문제가 명확해졌는지를 확인하고, 그 사람이 동의했는지의 여부를 지레짐작하지 말라. 잠시 멈추어 구체적인 헌신을 요구하라. 성경의 일반적인 원리를 이 특수한 사람에게 구체적으로 적용하는 방식으로 대화를 나누라. 그러면 그는 죄의 분명한 자각뿐 아니라 분명한 소명 의식을 가지고 전진해 나갈 것이다.

지적은 항상 상호 작용으로 시작되어야 한다. 그렇지만 당신이 매우 강퍅하고 반항적이며 거만한 사람을 상담하라는 부르심을 받았을 때에는 그렇지 않을 수도 있다. 그 사람은 서로 주고받는 대화 속에서 이루어지는 지적에 참여하려고 하지 않을 것이다. 그러면 그가 먼저 하나님의 뜻이 선포되는 것을 듣고 그런 다음 반응을 보이도록 권고하는 것이 필요하다. 이런 형식의 지적을 '선포'라고 하는데, 이는 우리가 종종 지적할 때에 사용하는 방법이다. 그렇지만 이 방법은 상호 작용적인 지적이 요구하는 자기 점검을 거부하는 사람들에게만 해당되어야 한다. 그것은 정말 목이 곧고 강퍅한 사람들을 위한 것이다. 그 외에 우리는 항상 상호 작용으로 시작해야만 한다(내담자가 진심으로 스스로를 점검하게 하는 방법). 그리고 그 사람이 듣거나 고려하는 것을 거부할 때에만 선포의 방법을 사용해야 한다("여호와께서 말씀하십니다. 그러므로 회개하십시오." 마 18:15-20, 23:13-39; 암 6장).

우리에게 지적할 수 있을 정도로 우리를 사랑하는 사람들이 주변에 많다면 그것은 진정 하나님의 은혜다. 그들은 우리가 절망하고 영적으로 무지하며 혼란스럽고 반항하며 길을 잃고 헤매는데도 그냥 내버려두기를 원치 않는다. 하나님이 사람들을 보내어 우리의 죄를 보게 하시고 회개하게 하시는 것은 하나님의 언약적 성실의 표지다. 하나님은 매일 커져가는 죄에 대한 민감성과 점진적인 확신의 순간들을 통해 우리의 영적 어두움을 가장 많이 고치신다. 그분은 남편과 아내를 사용하시고 또한 형제와 자매, 아버지와 어머니, 장로님과 집사님, 이웃과 친구들을 사용하셔서 하나님 나라의 일을 행하게 하신다. 그분은 우리가 어디에 있든지 신앙의 삶을 보고 추구하는 것을 서로 도우라고 명하셨다.

만약 우리가 너무 바빠서 우리 주변에 있는 그러한 영적인 필요들을 보지 못한다면 비극이다. 우리가 잘못되어가는 것을 보면서도, 사랑과 겸손으로 행하는 책망으로 인해 우리의 평안한 삶과 일상적 관계가 위기에 이르는 것이 두려워 진리를 희석한다면, 그것은 끔찍한 일이다. 이러한 반응들은 하나님에 대한 사랑을 대체하고 있는 자기 사랑의 열매일 뿐이다. 사랑으로, 겸손으로, 성경적인 진리를 말하고자 하는 사역은 항상 우리 자신의 마음을 먼저 살피는 것으로부터 시작된다.

우리는 이 세상에서 가장 중요한 사역에 동참하도록 부르심을 받았다. 하나님은 반항적이고 자기밖에 모르는 사람들을 취하셔서 비록 그들이 이 타락한 세상에서 고통당하고 있지만, 주님의 영광을 위하여 거룩함을 추구하는 자들로 변화시키고 계신다. 이러한 목적을 위해서 그분은 우리에게 죄인들을 불러 회개케 하고 그분의 임재와 사역을 성육신적으로 나타내라고 요구하셨다.[2]

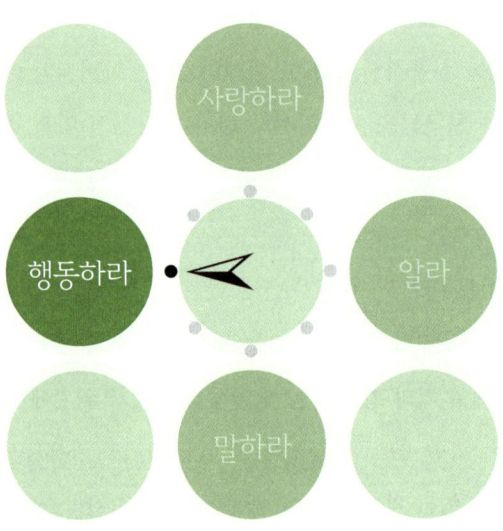

13장 Instruments in the Redeemer's Hands

새로운 계획을 세우고
책임 소재를 분명히 하라

아내에게 청혼했을 때 내 나이 열여덟 살이었다. 나는 정말로 그녀를 사랑했지만 어떻게 사랑해야 하는지를 몰랐다. 우리는 헌신된 그리스도인들이었고 하나님의 뜻에 따라 결혼하기를 원했다. 그렇지만 그 당시 지혜가 부족했고 성숙하지 못했다. 우리에게는 성경의 원리를 우리의 관계라는 특정한 상황에 적용시켜줄 누군가가 필요했다. 감사하게도, 결혼에 대하여 하나님이 말씀하신 것들을 어떻게 받아들이며 그것을 우리 삶에 어떻게 실천해나갈 수 있는지에 관해 많은 조언을 얻을 수 있었다. 30년도 더 흘렀지만 우리는 여전히 하나님의 진리를 우리 삶에 적용하는 것의 의미를 날마다 조금씩 더 알아가고 있는 중이다.

변화는 항상 하나님이 하시는 일을 더 깊이 이해하고 우리의 삶 속에 그러한 진리를 주의 깊게 적용하는 것을 요구한다. 변화는 일평생 걸리는 과정인 만큼 우리가 주님 앞에 서기 전에는 결코 완성되지 않을 것이다. 그래서 우리가 다른 사람에게 변화하라고 권면할 때에 그 순간의 필요만을 채우려고 하는 것이 우리의 최우선 순위가 아님을 알아야 한다. 오히려 "내가 거룩하니 너희도 거룩할지어다"(레 11:45)라는 하나님의 부르심에 응답해야 한다. 우리가 사람들로 하여금 하나님이 요구하시는 일들을 할 수 있도록 인도할 때, 이 궁극적인 목표를 마음속에 간직해야 한다.

결혼한 지 30년이 지났어도 나는 여전히 아내를 '그리스도께서 교회를 자기 몸처럼 사랑하심'(엡 5:25)과 같이 사랑한다는 것이 어떤 의미인지를 배우고 있다. 우리는 여전히 구속의 더 큰 이야기 속에 우리의 이야기를 어떻게 집어넣는가를 배우고 있는 중이다. 나는 지금도 루엘라(Luella)에게 나를 용서해 달라고 부탁하고, 우리는 아직도 순간순간 오해를 한다. 우리는 여전히 서로에게서 책망받을 필요가 있고 서로에 대한 책임감에서 유익을 얻고 있다. 우리는 하나님의 다스림 밖으로 나아갈 수 있는 영적인 어두움의 영역이 무엇인지를 서로가 깨닫도록 계속 도와준다.

그러면서 우리는 지혜롭게 성숙해왔고 결혼 생활은 평안해졌다. 그리고 이전에는 갖지 못했던 서로에 대한 신뢰감을 가지고 살아간다. 우리는 하나님의 말씀의 진실함과 우리 주님의 신실함을 경험하였다. 그분의 은혜가 우리가 가장 연약했던 시기에도 충분히 공급되었음을 거듭 보았다. 우리는 그분의 영광을 위해 사는 것이 우리에게도 유익하다는 것을 깨달았다. 우상을 따른다는 것이 어떤 것인지 그리고 그것이 우리의 인간관계에 미치는 영향이 얼마나 큰지를 알게 되었다. 그렇지만 이 모든 변화에도 불구하고 우리는 여전히 변화되고 있다! 그래서 마음속에 이러한 최종적인 목표를 품고 사는 것이 현재의 문제를 풀기 위한 유일한 해법이라는 것을 알게 되었다.

당신은 이러한 원리가 옳다는 것을 상담 사역에서 자주 보게 될 것이다. 어떤 사람의 문제 한 가지만을 다루게 되는 일은 별로 없을 것이다. 그 대신 하나님의 궁극적인 목적을 염두에 두지 않고 그 순간의 필요에 따라 제시한 '해결책'에서 예기치 못했던 문제들이 많이 생겨나서 괴로움을 겪게 될 것이다. 어려움이나 실망이나 위험에 직면하면 자신 앞에 있는 문제에 압도되기 쉽다. 이렇게 심리적으로 흔들리면 장기간의 목표를 꾸준히 붙든다는 것은 어려운 일이 되어버린다. 그렇기 때문에 우리에게는 특정한 상황마다 실제적인 지혜와 우리의 궁극적인 목적지를 잊어버리지 않도록 성실하게 일깨워주는 누군가가 필요하다.

바울은 고린도후서 11장 1-3절에서 '장기간의 목표를 가지고 살아가는 삶'의 원리를 설명하고 있다.

> "원컨대 너희는 나의 좀 어리석은 것을 용납하라 청컨대 나를 용납하라 내가 하나님의 열심으로 너희를 위하여 열심 내노니 내가 너희를 정결한 처녀로 한 남편인 그리스도께 드리려고 중매함이로다 뱀이 그 간계로 이와를 미혹케 한 것같이 너희 마음이 그리스도를 향하는 진실함과 깨끗함에서 떠나 부패할까 두려워하노라."

바울은 그리스도인의 삶이 종말론적이라는 점을 이해하고 있었다. 오늘은 내일을 위한 준비가 되고 내일은 다가올 미래의 어느 날을 위한 준비라는 의미였다. 바울은 이렇게 말하고 있다. "내가 당신을 귀찮게 하고 있다는 것을 잘 알고 있다. 하지만 당신은 그 이유를 이해해야만 한다. 나는 당신 자신이 누구라는 것과 누구와 언약을 맺었는지를 잊어버릴까 봐 걱정스럽다." 바울에게 인생을 무사히 살아가는 유일한 방법이란 우리가 언약을 맺었다는 사실을 이해하는 것이다. 우리는 그리스도와 혼인을 약속한 자들이며 현재 우리의 삶은 다가올 위대한 결혼식을 준비하는 시간이다.

현재의 어려움과 현재의 고통과 현재의 실망과 현재의 축복은 모두 나중에 있을 혼인을 위한 준비 과정일 뿐이다. 오늘날 우리가 경험하는 것은 하나님의 무관심이나 불성실함을 반영하는 것이 아니라 그분의 독점적인 사랑을 나타낸다. 그분은 우리의 불안한 생각과 어리석은 마음과, 그분의 말씀의 원리보다는 우리의 감정을 더 신뢰하는 태도를 밖으로 드러내신다. 그분은 그분의 영광을 위해 우리 자신의 영광을 포기하라고 요구하신다. 그리고 우리가 추구하는 우상은 결코 우리를 만족시키지 못할 것이라고 가르치신다. 그분은 우리를 미혹하는 것에 더 지혜롭게 대처하고 두렵게 하는 대적들을 경계하게 하신다. 우리가 좀이나 동록이 해하지 못하고 도둑이 훔쳐가지 못하는 보화를 위해 살도록 가르치고 계신다. 우리의 신분이 주님의 자녀임을 깨달으면서 산다는 것이 무엇을 의미하는지를 가르치신다. 그리고 열린 마음과 개방적인 성격으로 겸손하게 살아가라고 알려주신다.

다른 말로 하면 우리의 모든 인생은 결혼 준비 상담을 하는 것과 같다! 당신은 임마누엘이라는 이름의 신랑과 약혼한 자이고 하나님은 당신을 창조하시고 구속하심으로써 그 혼인을 준비하고 계신다. 현재 당신이 직면하고 있는 모든 것은 결혼 준비 과정이다. 미래에 대한 시각을 가지고 현재를 살아가는 것이다.

이와 반대로, 죄는 우리 모두에게 '현재 지상주의'에 몰입하도록 만든다. 이는 우리가 세 가지를 잊어버린다는 의미다. 첫째는 '우리는 누구인가?'라는 것이고(그리스도와 약혼한 자들이다), 둘째는 '그분이 지금 무슨 일을 하고 계시는가?'라는 것이며(그분과의 혼인 예식을 위해서 우리를 준비시키고 계신다), 셋째는 '우리가 어떻게 살아야만 하는가?'라는 것이다(주님 앞에 신실하게 서야 한다). 단지 현재 우리가 원하는 것에만 집중하게 되면 우리의 문제를 해결하는 데 실패할 뿐만 아니라 더 많은 문제들을 일으키게 된다. 우울증의 일반적인 원인은 현재 지상주의에 스스로 몰입하는 것이다. 분노는 종종 자기 의로 가득 찬 현재 지상주의에 의해 더욱 고무된다. 두려움과 불안은 '지금 여기에' 라는 의식에 몰입하면서 더욱 강화된다. 성숙이나 인내는 '바로 지금' 이라는 사고방식으로 약화된다.

다른 사람에게 미래를 바라보는 넓은 시각을 가지고 현재의 문제를 해결하는 법을 가르친다는 것은 상담 사역자가 할 수 있는 가장 중요한 일 가운데 하나다. 우리는 바로 앞의 것만을 보게 되기 쉽고 자기 자신에게 몰입하는 경향이 있다. 우리는 하나님의 최우선적인 목표가 우리의 상황과 관계를 바꾸셔서 우리가 행복할 수 있게 하시는 것이 아니라, 우리의 상황과 관계 속에서 우리 자신을 변화시키셔서 우리가 거룩할 수 있게 하시는 것임을 잊지 말아야 한다. 우리에게는 하나님을 사랑하며 우리가 영적 근시를 극복할 수 있도록 옆에서 도와주는 사람들이 필요하다.

이것이 바로 성경이 결혼 문제의 해결책으로서 이혼을 제시하지 않는 주된 이유다. 이혼이 문제의 결과가 될 수는 있지만 말이다. 배우자가 간음을 행하고도 회개하지 않는다면 이혼할 수 있는 성경적인 근거가 될 수는 있겠지만, 이혼이 그런 상황을 야기한 모든 문제를 해결하는 것은 아니다. 이혼은 관계와 상황과 위치를 변화시킨다. 하지만 마음을 바꾸어놓지는 않는다. 이혼을 하나의 해결책으로 사용하는 사람들은 종종 그 뒤에 이어지는 관계에서도 동일한 문제에 맞닥뜨리게 된다. 그 이유는 변화가 필요한 부분의 문제를 여전히 안고 있기 때문이다. 바로 그들 자신이 변화되어야 한다! 그들은 자신의 현재 지상주의로 인해 눈이 멀어버렸다. 하지만 그들이 현재의 결혼 생활을 나중의 혼인을 준비하기 위한 과정으로서 바라본다면, 하나님이 그들의 삶에 허락하신 시련들은 완벽하게 이해될 것이다. 당신이 결혼 문제를 미래의 관점으로 다루면, 배우자와 헤어짐으로써 이 문제를 해결하려고 하지 않을 것이다. 당신은 하나님이 당신을 어떻게 변화시키셔서 아내 혹은 남편과 더 나은 삶을 살아갈 수 있게 하는지 배우게 될 것이다. 당신의 현재의 반응은 미래에 대한 시각으로 형성될 것이다.

너무 빨리 포기하지는 말라

우리 대부분은 변화가 실제로 일어나기도 전에 이미 시작되었다고 생각하기 쉽다. 우리는 지식과 통찰의 성장을 진정한 삶의 변화와 혼동하고 있다. 하지만 통찰은 변화 그 자체가 아니며, 지식은 실제적이고 능동적이며 성경적인 지혜와 혼동되어서는 안 된다. 신학교에서 14년 동안 가르쳐오면서 나는 두뇌가 명석하고 신학적으로는 올곧지만 매일의 삶에서는 놀라울 정도로 미성숙한 학생들을 많이 보았다. 그들이 고백하는 신학과 실천하는 신학 사이에는 커다란 격차가 있었던 것이다. 하나님의 주권을 잘 설명할 수 있는 학생들이 걱정에서 헤어나오지 못한다. 하나님의 영광에 대해서는 잘 서술할 수 있는 그들이 자아를 위해 수업 중의 토론 시간을 장악하려고 한다. 나는 점진적 성화라는 성경적인 교리를 잘 설명할 수 있는 학생들과 만나 그들의 탐욕과 성적인 죄의 은밀한 세계에 관하여 상담하였다. 또한 어떻게 사람들을 사랑하는지를 배우지 못한 채 수개월 동안 사역을 중단하고 있던 사람들을 많이 만났다. 하나님의 은혜에 대한 성경적인 가르침을 잘 설명할 수 있는 학생들이 실제 삶에서는 거칠고 비판적인 율법주의자의 모습을 보이기도 하였다.

요컨대 우리는 통찰과 변화를 혼동해서는 안 된다. 통찰이란 시작이며 전체 과정의 한 부분이지 그것이 전체가 아니다. 자신의 모습을 사실적으로 바라보고 알게 되며 이해하여, 그러한 깨달음을 매일의 삶에 적용해야 한다. 하나님이 우리의 눈을 열어주셔서 그분을 바라보게 하심으로 우리는 그분을 더욱 가까이 따라갈 수 있는 것이다. 이것은 개인 사역이 너무 일찍 끝나버려서는 안 된다는 것을 의미한다. 만약 거룩함이 하나님의 목표라면 우리는 변화의 과정 내내 다른 사람들을 기꺼이 도울 수 있어야만 한다.

대부분의 사람들은 어떻게 잘못된 것을 변화시키는가보다는 무엇이 잘못되었는가를 더 쉽게 파악한다. 나는 이기적이고 우상 숭배적인 마음을 고백할 수 있고 내 아내와의 관계에서 맺은 열매들을 볼 수도 있다. 하지만 어떻게 회개하며, 어떤 구체적인 방법을 통해서 그녀를 사랑해야 하는지에 대해 분명하고 창의적으로 생각하는 일이 훨씬 더 어렵다. 내가 성경의 주제들을 잘 이해할 수 있다. 하지만 말씀을 어떻게 구체적인 상황과 관계에 적용할 수 있을지는 잘 알지 못할 수도 있다. 우리 모두는 하나님의 말씀을 자신의 삶에 적용할 때에 옆에 서서 도와줄 수 있는 사람들을 필요로 한다.

변화를 격려하는 데 필요한 요소들

당신은 개인적인 깨달음을 얻었으나 지속적인 변화로 연결시키지 못한 기억이 있는가? 이전에 배웠던 신학이 당신의 삶 속에 항상 실제적인 영향을 미치고 있는가? 당신은 어떤 일에 헌신했으나 너무 분주하게 살다가 헌신의 방향을 잃은 적이 없는가? 특정한 변화가 당신에게 일어나야 한다는 것을 깨달았지만 어떻게 해야 할지 몰라 난감했던 적이 있는가? 여러 가지 중압감과 시련과 고통 가운데 그리스도 안에서의 정체성을 망각해버린 적이 있는가? 당신이 흔들리지 않도록 누군가 붙들어주는 혜택을 받은 적이 있는가?

우리가 살펴보고 있는 변화 모델의 마지막 양상인 '행하라'는 이전에 배우고 얻은 진리와 깨달음, 그로 인한 헌신을 우리의 일상생활에 어떻게 적용하는가를 가르쳐준다. 여기서 상담 사역자는 사람들에게 그들의 고백적 신학과 기능적 신학의 격차에 대해서 안타깝게 생각해야 할 필요가 있다고 가르친다. 그러면서 하나님의 자녀라는 신분에 걸맞게 복음의 권리와 특권을 주장하면서 살아가도록 돕는다. '행하라'는 것은 사람들이 그들의 결정과 행동, 관계와 직업에서 그리스도를 중심으로 삼고 성경에 입각해서 살아가도록 훈련한다. 상담 사역자는 사람들에게 그들의 문제를 성경적으로 해결하는 법에 대해서 가르칠 뿐만 아니라, 그들의 삶을 궁극적으로 변화시킬 수 있도록 도울 수 있다.

여기서는 항상 그렇듯이 마음을 염두에 두는 것이 중요하다. 그리스도를 실제적인 방식으로, 믿음으로 따르고자 결심하는 사람들은 자신의 마음을 점차 더 드러내게 될 것이다. 만약 그들이 그 마음을 기꺼이 점검하고자 한다면, 자신이 의심에 빠지게 되는 곳이 어디인지 혹은 성경적으로 생각하지 않으려고 하는 부분이 어디인지를 알게 될 것이다. 그들은 하나님의 자리를 차지한 우상을 따라 행하고 자기 자신의 영광을 위해 살아가기 쉬운 부분이 어디인지를 알게 될 것이다. 그래서 자신이 그리스도 안에서 소망과 도우심을 발견할 준비가 되어 있는지 아닌지를 알게 될 것이다. 혹은 변명을 늘어놓고 책임을 전가하며 자기 자신의 과거를 왜곡하는 쪽을 택하기 쉬운지 아닌지를 알게 될 것이다. 일단 마음이 드러나면 사람들은 '변화된 그리고 변화되고 있는' 삶을 사는 법을 배울 수 있게 된다.

이러한 영역에서 사람들을 돕기 위해 상담 사역자는 다음의 네 가지 일을 목표로 삼아야 한다.

1. 개인 사역의 계획(agenda)을 정립하라. 이것은 방향 감각을 얻게 한다.
2. 책임의 소재를 분명히 하라. 사람들이 진리를 삶에 적용할 때, 누가 무엇에 대해서 책임이 있는가라는 문제가 항상 대두되기 때문이다.
3. 그리스도 안에서의 정체성을 확립하라. 변화는 결코 쉽지 않은 과정이다. 그리고 사람들이 하나님의 자녀로서 자신들에게 있는 자원이 무엇인지를 깨닫는 것이 필요하다.
4. 책임에 대한 감독 체계를 제공하라. 변화는 인내와 끈기를 요구한다. 그러므로 우리 모두는 조직적인 감독 체계의 격려와 통찰과 경고를 필요로 한다.

이 장에서 우리는 처음 두 가지 목표를 살펴볼 것이다.

자기가 어디로 가고 있는지를 안다는 것

당신이 낯선 곳을 가다가 길을 잃어버렸다면 그곳에 막 이사를 와서 지리에 익숙하지 않은 사람에게 어디로 가야 하는지를 물어보고 싶지는 않을 것이다. 혹은 그 지리에 너무 익숙해서 당신에게는 구체적 정보를 자세히 알려주지 않는 사람에게 묻고 싶지도 않을 것이다. 우리가 다른 사람들이 그들의 삶에서 변화의 과정을 계획하는 일을 도와줄 때, 동일한 어리석음에 빠지지 않도록 주의해야 한다. 우리가 어디로 가고 있는지를 알지 못한다면 한 사람을 변화로 인도하는 것이 불가능하다는 것과, 우리에게는 너무도 뻔한 것이 다른 사람에게는 전혀 명백하지 않을 수도 있다는 것을 기억해야만 한다.

목표 1

개인 사역의 계획(agenda)을 정립하라.

이것은 더 공식적인 상담 사역에서 중요하지만, 비공식적인 상담에서도 중요하다. 계획은 간단히 말하자면 이루고자 하는 목표를 위한 계획이자 우리의 방향(일어나야 할 변화)을 보여주는 지도이며 어떻게 그 일을 해내느냐는 방법(어떻게, 어디로, 언제, 누구와)이다. 우리의 목표는 죄를 정죄하거나 그 순간의 문제를 해결하는 것 이상이다. 우리는 이 상황에서 하나님이 이 사람에게 행하라고 부르시는 특정한 변화가 무엇인지를 알아야만 한다.

해리(Harry)는 한 주에 80시간씩 일해야 하는 직장 생활 때문에 가족들로부터 멀어지고 결혼 생활까지 위협받는 상황에서 무엇을 해야 하는가? 조지(George)는 음란물에 중독된 습관을 어떻게 극복해나갈 수 있는가? 아니타(Anita)는 어떻게 하면 자신을 상습적으로 학대하는 아버지가 잘못을 깨닫도록 도울 수 있을까? 또한 그녀가 아버지를 용서하는 법을 어떻게 배울 수 있는가? 밥(Bob)은 자살 충동을 일으키는 마음속에 깊이 내재된 사고의 패턴에 대해 무엇을 할 수 있을까? 프랜(Fran)은 어떻게 하면 패배자, 실패자가 아닌 하나님의 자녀로서 살아가는 법을 배울 수 있을까? 빌(Bill)과 도로시(Dorothy)는 반항적인 아들이 더 이상 부모 말 듣기를 거부할 때에 어떤 조치를 취해야만 하는가? 앤디(Andy)는 결혼 생활에서 잃어버린 신뢰를 어떻게 다시 회복할 수 있을까? 리사(Lisa)는 자신을 무기력하게 만드는 두려움을 어떻게 극복할 수 있을까? 사고로 장애인이 되어버린 딕(Dick)은 어떻게 복음의 소망을 가지고 살아갈 수 있을까? 스테파니(Stephanie)가 칭얼대는 세 명의 아기들을 사랑하고 지도하고 기르는 삶은 어떤 모습이어야 할까?

성경적인 개인 사역을 하다 보면 이 모든 질문에 대답해야 한다. 우리는 하나님의 위대한 구속 이야기에 나타난 원리들과 관점들과 명령들과 주제들을 한 인간의 삶의 구체적인 현실에 적용해야만 한다. 우리가 사람들이 혼자 있도록 내버려두거나 멀찍이 떨어져서 조언해줄 수는 없다. 그렇지만 너무 자주 우리의 사역은 이 부분이 취약하다. 우리는 사람들이 종종 성경 진리를 자신의 삶에 적용하는 데 어려움을 겪는다는 것을 알아차리지 못한다. 이 단계에서 우리의 사역을 위해 성경적인 방향 감각(계획)을 정립하는 것이 필요하다. 그렇지 않다면 조언은 다음과 같은 것들 때문에 약화될 것이다.

- 개인적인 편견
- 무지
- 빈약한 신학적 지식
- 성경에 대한 오해
- 성경의 부적절한 적용
- 사람에 대한 두려움
- 감정에 치우친 생각
- 그 순간의 압박

하나님은 우리를 대사로 택하여 우리가 상담하고 있는 사람의 인생에 보내셨다! 성령은 그 사람의 마음을 살아나게 하시며 우리의 말에 권능을 부여하신다. 예수 그리스도는 우리를 통해 그 사람을 사랑하시며 변화시키신다. 우리가 할 수 있는 일 중에 이보다 더 중요한 일은 없으며, 더 항구적인 결과를 만들어 낼 수 있는 것도 없다. 주님의 부르심의 숭고함을 생각할 때에 우리는 준비 없이 말해서는 안 된다. 우리는 그 사람에게서 변화를 얻고자 하시는 하나님의 목표를 어떻게 이룰 수 있는가에 대해서 명확한 생각을 갖는 데 도움이 되는 질문들을 던져야 한다. 여기에 계획을 수립하는 세 가지 질문이 있다.

첫째, 성경은 갖고 있는 정보에 대해서 무엇이라고 말하는가? 이것은 단순히 "이것과 관련한 성경 구절을 어디에서 찾을 수 있는가?"라고 묻는 것이 아니다. 우리는 성경의 큰 주제라는 렌즈를 통해서 사태를 점검하고, 분명한 성경적인 세계관이 그 사람의 삶에 일어난 문제들에 대한 우리의 반응을 어떻게 형성하는가를 이해하고자 한다. 우리는 이렇게 묻는다. "이 상황과 관련해서 하나님이 가르치시고 약속하시며, 명령하시고 경고하시며, 격려하시고 행하신 일들은 무엇인가?" 이러한 질문은 우리가 사역할 때 우리를 난관에 빠뜨릴 수 있는 개인적 편견과 비성경적 사고 그리고 위기를 일으키는 돌발적 실수를 막아준다.

이 과정을 통과하기 위해서 상담 사역자에게 겸손이 필요하다. 상담 사역자가 저지르기 쉬운 가장 해로운 실수는 영적으로 그리고 신학적으로 어느 경지에 이르렀다고 단정 짓는 것이다. 우리 가운데 성경의 광대함과 실제성을 온전히 깨달은 사람은 아무도 없다. 우리 가운데 완전히 순수한 기독교 세계관을 가지고 있거나 복음의 모든 적용과 함의를 완벽하게 통달한 사람은 없다. 우리 모두는 그러한 목표를 향해 가는 과정에 있으며 그러한 과정에 있는 다른 사람들을 도우라는 부르심을 받았다. 우리는 다른 사람들을 인도하여 그들의 영적 무지를 인식시켜나갈 때, 우리 자신의 영적 무지도 고백해야 한다. 우리가 처음 믿음을 가졌던 시기만큼 지금도 성령이 우리의 스승이 되어주셔야 한다. 우리는 성경 안에서 풍성하고 능력 있는 내용을 발견할 수 있다. 그러면 오래되고 친숙한 구절을 완전히 새롭게 느끼게 된다.

사역의 매 순간은 우리 모두에게 주님의 발 옆에 앉아서 새롭고 심오한 의미를 배울 수 있는 기회다. 우리가 맡은 사람들에게 필요한 것을 공급해주기 위해, 성경 안으로 더 깊숙이 들어가 새로운 보화를 발견해야 한다. 그러므로 우리는 하나님이 우리에게 주신 도구들을 더 주의 깊게, 더 전문적으로 그리고 더 효과적으로 사용하게 만드는 이 새로운 기회들에 대해서 감사해야 한다. 이미 다 이루었다고 생각해서는 안 되는 것이다!

둘째, 이 상황에서 하나님이 이 사람을 변화시키시는 목표는 무엇인가? 이 질문은 한 사람의 생각과 동기, 행동의 구체적인 영역에서 하나님의 부르심을 따라 무엇을 벗고 무엇을 입을 것인가에 적용된다(엡 4:22-24). 하나님은 그가 어떻게 생각하고 갈망하며 행하기를 바라시는가? 이러한 질문에 대답하는 것이 우리의 목적지를 분명하게 해준다. 여기에서 우리의 목표가 항상 주님의 목표와 동일하지는 않다는 것을 깨달아야 한다. 예를 들면 내가 아동 학대자를 돕고 있는데, 하나님이 그에게 원하시는 것을 나는 원하지 않을지도 모른다. 믿을 수 없을 만큼 세상에 대해 큰 반감을 가지고 있고 자기에게 몰입하는 사람에게서 하나님이 원하시는 것을 나는 원하지 않을 수 있다. 상담자인 나를 향해서까지 분노가 흘러넘치며 무섭게 화를 내는 사람이 있는데, 하나님이 그에게서 원하시는 일을 나는 원하지 않을 수 있다. 나는 주님이 섬기라고 부르시는 현대판 니느웨 사람들에 대해서, 그들에게 긍휼을 베풀었던 주님께 분개했던 요나와 같은 마음을 품고 있을 수 있다. 이러한 질문을 하는 것은 하나님의 계획과 나의 계획을 혼동하지 않도록 지켜준다. 내가 만약 우리가 어디로 가는지를 알지 못한다면 다른 사람을 인도할 수 없을 것이다. 그리고 나는 오직 하나님이 그 사람들을 부르시는 곳으로만 그들을 인도해야 한다.

이 질문은 성경의 일반적인 명령들과 주제, 관점, 원리들을 변화의 구체적인 단계에 적용한다. 우리가 세운 목표는 변화에 내포된 무엇을, 어떻게, 언제, 어디에서의 양상으로 다루어야 한다. 우리는 한 사람이 살아가고 일하는 환경에 적합한 성경적인 목표들을 제공해야 한다. 당신이 건전한 성경적인 사고와 구체적인 목표 설정을 통해 그 사람의 상황을 다룰 때에만 이 일을 행할 수가 있다.

셋째, 변화라는 하나님의 목표를 성취하기 위한 성경적인 방법들은 무엇인가? 성경적인 목표를 세웠다면, 그것들을 성취하기 위한 가장 성경적인 방법을 결정해야 한다. 종종 사람들은 잘못된 일에 대한 감각을 가지고 있다. 하지만 그들이 그것을 수정하기 위해 추구하는 방법은 문제를 더 복잡하게 만든다. 자신의 아내에게 마땅히 베풀었어야 할 격려를 하지 않았음을 고백하는 한 남편을 상담하고 있다고 생각해보자. 그에게 신실하지 않은, 아첨의 말을 하라고 조언하는 것은 성경적인 방법이 아닐 것이다. 그 방법을 제시하기 위해 당신은 하나님의 말씀과 상황과 그 사람의 마음의 동기를 잘 알아야만 한다.

하나님은 종종 이런 점에서 우리를 놀라게 하신다. 성경은 우리 스스로 만들어낼 수 있는 것과는 현격하게 다른 삶의 방식을 보여준다. 성경은 우리에게 무엇이 잘못되었는가에 대한 놀라운 그림뿐만 아니라 그것을 해결하기 위한 놀라운 계획도 함께 보여준다. 우리는 항상 다음과 같이 물어야 한다. "이 사람이 벗어버려야 하는 것들을 어떻게 벗을 수 있을까? 그리고 입어야 하는 것은 어떻게 입을 수 있을까?" 하나님은 그에게 어떤 단계의 순종을 요구하시는가?

세 가지 질문 적용하기

이와 같은 세 가지 질문들이 어떻게 성경적인 목표를 설정하는 데 도움을 주는지 이해하기 위해 10장에서 언급했던 샤론(Sharon)과 에드(Ed)의 사례로 돌아가보자. 우리는 샤론과 에드의 관계가 학대와 배신과 고립과 조작과 복수로 얼룩졌다는 것을 보았다. 샤론은 에드에게 '이 세상에서 가장 아름다운 여자' 였고, 에드는 샤론에게 '생애 최고의 보물'이었지만 그들의 결혼 생활은 붕괴 직전에 있었다. 샤론과 에드에게 사역하는 방법은 여러 가지가 있다. 하지만 우리가 행하는 것이 어떤 것이든지 간에 그것은 분명하고 성경적인 생각과 구체적이고 성경적인 목표에서 나와야 한다. 여기서 우리는 샤론의 문제들에 초점을 맞출 계획이다.

성경이 얻어진 정보에 대해서 말하는 것은 무엇인가?
- 샤론의 결혼은 그녀에게 가장 근본적인 인간관계다(창 2장; 엡 5장). 그녀는 과연 그렇게 살고 있는가?
- 인간관계에서의 문제는 우리의 마음을 드러낸다(눅 6:43-45; 막 7장).
- 우리 자신의 잘못을 보는 것보다 다른 사람의 잘못을 보는 것이 더 쉽다 (마 7:3-5; 히 3:12-13).
- 하나님은 우리에게 다른 사람들과 화평하라고 하셨다(마 5:9; 롬 12:14-21).
- 하나님은 우리에게 화목하게 하는 자가 되라고 하셨다(고후 5:16-21).
- 용서는 평화와 화목을 이루는 방법이다(눅 17:3-4; 엡 4:29-5:2).
- 하나님은 샤론과 에드에게 그들이 결혼 생활을 영위하는 데 필요한 것을 모두 주신다(벧후 1:3-9).
- 하나님은 남편과 아내가 서로에게 어떻게 대해야 하는지를 분명하게 보여주신다(엡 5:22-33).
- 결혼에서 핵심적인 문제는 샤론이 원하는 것이 무엇이며 그녀가 그것을 얻는 최고의 방법이 무엇인가라는 것이 아니라, 하나님이 원하시는 것이 무엇이며 그것을 따르는 최고의 방법이 무엇인가 하는 것이다.

이러한 각각의 원리들과 주제들 속에 그들의 결혼 생활을 획기적으로 변하게 해줄 재료가 담겨져 있다. 만약 샤론과 에드가 서로를 비난하는 것을 그만두고 자신들의 행동이 마음속에 있는 진정한 생각과 욕구를 드러낸다는 것들을 겸손하게 인정한다면 결과가 얼마나 달라질지 생각해보라. 만약 그들이 진정으로 자신들의 마음을 지배하고 결혼에 대한 목표를 설정하는 것이 무엇인지를 인정할 때 일어나게 될 근본적인 변화를 한번 상상해보라. 그보다 더 중요한 것인데, 만약 성경적인 태도가 그들의 날마다의 삶의 목표가 된다면 어떤 일이 일어나겠는가 생각해보라. 상담 사역자가 성경의 관점을 실제적으로 사람들의 매일의 삶 속에 적용한다면, 그들은 내면에서부터 새롭게 변화될 것이다.

당신이 샤론과 에드를 도우려고 할 때에 이러한 관점들은 그 결혼 관계에서의 문제들이 얼마나 심각한가를 일깨워준다. 이 부부가 몇 가지 의사 소통의 기술을 발전시킬 수 있도록 돕는 것은 근본적인 문제 해결에 별로 기여하지 못한다. 이들에게는 다시 세워질 필요가 없는 것들이란 거의 존재하지 않는다! 문제는 첫째로 하나님에 대한 수직적인 것이고 다음에는 수평적인 것이다. 샤론과 에드의 마음을 다스리는 분으로서 그리고 그들의 결혼 생활에 대한 목표를 설정해주시는 분으로서의 하나님의 위치는 완전히 상실되었다. 그들의 가장 고상한 목표란 그들 자신의 개인적인 행복이었고 그들은 배우자가 그 일에 동참하지 않을 때 화를 내었다! 당신이 이 결혼을 성경적으로 점검해보면, 그들의 마음을 지배하고 그들의 결혼 생활을 이끌었던, 하나님을 대체한 우상에 대해서 회개하도록 촉구하는 것에서 시작해야만 한다는 것을 알게 될 것이다.

하나님이 샤론을 변화시키시는 목표는 무엇인가?
- 맹목적인 자기 의로부터 겸손한 자기 인식으로의 변화
- 상처로 인한 분노로부터 용서로의 변화

- 복수를 추구하는 마음에서 선을 추구하는 마음으로의 변화
- 자기 방어에서 다른 사람을 사랑하고 희생하는 봉사의 실천으로의 변화
- 분노로 인한 의사 소통의 단절에서 유익한 대화로의 변화
- 분리로부터 회복을 추구함으로의 변화
- 에드를 하나님께 맡기고 그의 구세주가 되는 것을 포기하는 결단

이러한 것들 하나하나는 어떤 목표라기보다는 범주의 의미를 갖는다. 그래서 각각의 것이 많은 구체적인 변화를 동반할 것이다. 예를 들면 샤론은 복수하고자 하는 마음으로 가득 차 있었다. 하나님은 그녀로 하여금 악에 대해서조차 선을 행하는 방법을 찾으라고 격려하신다. 이러한 목표는 그녀가 에드에게 반응하는 방식에서 무수히 많은 변화를 낳을 것이다.

하나님의 목표인 변화를 이루기 위한 성경적인 방법은 무엇인가?
- 샤론이 하나님의 말씀의 거울을 통해 자기 자신을 볼 수 있도록 도와준다.
- 샤론이 앞에서 언급한 질문들을 사용하여 집중적으로 일기를 쓸 수 있게 한다. 이것은 그녀가 마음속에 품고 있는 것을 행동과 반응을 통해서 어떻게 표출하는지를 스스로 보도록 도와줄 것이다.
- 샤론이 에드와의 관계를 특별히 주목하면서 두 가지 영역을 실천할 수 있도록 격려한다(표 13-1). 이것으로 인해 샤론은 하나님이 자신에게 주신 구체적인 일이 무엇인지 분명히 이해할 것이며, 주님께 맡겨야만 하는 것이 무엇인지를 깨달을 것이다.
- 에드의 실패로 생겼을 뿐만 아니라 샤론 자신의 자기 몰입과 현재 지상주의로 인해 생긴 낙담, 분노, 두려움에서 빠져나올 수 있도록, 시편 73편과 베드로전서 1장을 그녀와 함께 공부하라. 보이지 않는 것들과 영원한 것

들에 눈을 고정시키는 방법에 대해서 가르치라.

우리가 다른 사람의 마음과 삶 속에 변화를 도모할 때에 그들이 자신의 죄를 고백할 뿐 아니라 돌이킬 수 있도록 도와야 한다. 이것은 우리가 이렇게 묻는 이유이기도 하다. "내가 이 사람에게 필요한 유형의 변화를 어떻게 고무할 수 있을까?" 지금까지 본 세 가지 질문들이, 광범위한 성경의 주제와 개인적인 적용이 한데 모아지는 곳을 향해 목표를 설정하는 단순한 모범을 제공한다. 그것들은 우리가 사역의 과정에 정신을 집중할 수 있도록 도와준다. 우리는 모두 단지 경고만 하는 파수꾼 이상이 되어야 한다. 사실 우리는 구원자의 손에 들린 변화의 도구다.

〈표 13-1〉
책임 소재 밝히기

이 화살표는 하나님의 일을 행하려고 하는 자들로서 안쪽 원을 확장하고 있는 사람들을 가리킨다.

관심사
하나님께 맡김
이 바깥 원은 나와 상관 있지만 나의 능력을 벗어난 것이기 때문에 나의 책임이 아닌 것을 나타낸다. 나는 이러한 것들을 구별하고 그것들을 하나님께 맡겨야 한다.

책임
신실하게 순종함
이 안쪽 원은 결코 다른 사람에게 미룰 수 없는, 하나님이 내게 행하라고 격려하시는 것들을 의미한다. 적절한 반응은 그것을 이해하려고 노력하며 신실하게 순종하는 것뿐이다.

이 화살표는 하나님이 자신들이 원하는 바를 행하기를 기대하면서 안쪽 원을 계속 축소해나가는 사람들을 가리킨다.

목표 2

책임 소재를 분명히 하라.

인생에서 가장 중요한 질문 가운데 하나는 "누가 무엇에 책임이 있는가?"라는 것이다. 당신은 사역하는 가운데 이 질문을 다루면서 세 가지 유형의 사람들을 만나게 될 것이다.

첫 번째 유형은 무책임한 사람들로 이루어져 있다. 그들은 하나님이 주신 책임을 깨닫지 못하며 무시해버리고 있다. 두 번째 유형은 지나친 책임감을 가진 사람들이다. 이러한 사람들은 하나님이 맡기거나 배치하지 않으신 일들에 대해서 책임감을 느낀다. 그리고 세 번째 유형의 사람들은 하나님이 주신 사명과 주님께 의탁할 수 있는 일을 완전히 혼동하는 사람들이다. 아마 대다수의 사람들이 여기에 속할 것이다. 이들은 때때로 하나님만이 하실 수 있는 일들을 행하려고 하는 작은 메시아로서 살아간다. 그리고 어떤 때에는 하나님이 분명히 자신에게 맡기신 책임을 회피하며 오히려 하나님께 맡긴다. 이 세 가지 유형에 속하는 사람들은 모두 일상생활에서 의미 있는 변화를 이루기 위해 자신의 책임을 이해해야 한다.

표 13-1은 책임 소재를 명확히 할 수 있는 간단한 도구다. 안쪽 원인 책임의 원에서 시작해보자. 이 원은 성경에 입각해 한 사람이 해야 할 일을 보여준다. 이것은 하나님이 그분의 말씀을 통해 이 사람에게 현재의 상황과 관계 속에서 행하라고 요구하신 것들이다. 예를 들면 남자는 하나님이 남편으로, 아버지로, 이웃으로, 친척으로, 아들로, 일꾼으로, 교회의 성도로 행하라고 요구하신 일에 대해서 분명한 사명감을 가져야 한다. 하나님은 그에게 자신을 부인하고 십자가를 지며 그리스도를 따르라고 요구하신다(눅 9:23-25). 그리고 더 이상 자기 자신을 위해 살지 말고 주님을 위해 살라고 하신다(고후 5:14-15). 이런 경우 신앙

적인 반응은 순종하는 것이다. 우리의 할 일은, 이 사람이 믿음으로 순종하는 가운데 그리스도의 제자가 되라는 이 부르심에 구체적으로 어떻게 반응할 것인지를 깨닫도록 도와주는 것이다.

이 원에서 우리는 그가 하나님이 허락하신 각 영역에서 그분이 그에게 지정하신 의무라고 생각하는 것을 모두 기록하게 한다(아버지로서, 직장인으로서 등). 그 다음에 자신이 기록한 것들을 성경에 비추어 검토하게 하고, 정말로 하나님이 그에게 행하라고 요구하신 것인지 아닌지를 알게 한다. 종종 우리가 기록한 것과 하나님이 원하시는 것들 사이에는 커다란 차이가 있다! 우리가 이것을 깨닫게 될 때 하나님이 정말 우리에게 기대하시는 것이 무엇인지를 더 잘 알 수 있고 그분의 은혜로 그 일을 감당하게 될 것이다.

관심사의 원이라고 할 수 있는 바깥 쪽 원은 그 사람에게 중요한 것들을 보여준다(배우자의 사랑, 자녀들의 구원 등). 그러나 그것들을 실현하는 것은 그의 능력 밖의 일이다. 그러므로 그것들은 그의 책임이 아니다. 여기서 우리는 한 사람에게 자신의 한계를 깨닫고, 자신의 약속에 신실하시고(시 145:13), 모든 것을 다스리시는(행 17:24-28) 하나님을 기억하라고 독려하고 있다. 이러한 경우 신앙의 반응은 기도로 이러한 한계들을 하나님께 내어 맡기는 것이다.

사람들은 이 두 가지 영역을 크게 두 가지 방식으로 혼동한다. 첫 번째는 안쪽 원이 바깥쪽 원으로 확장되게 만드는 것이다. 그래서 그들은 작은 메시아가 되어서 오직 하나님만이 하실 수 있는 것들을 행하려고 한다. 두 번째는 하나님을 신뢰한다고 하면서 내부의 원을 축소해서 하나님이 그들에게 행하라고 하신 일들을 간과해버리는 것이다. 상담 사역자는 사람들이 이 양쪽 극단을 피하도록 도와주어야 한다.

이러한 깨달음이 자신의 책임 문제에 대해서 몹시 혼동하고 있었던 샤론에게 얼마나 큰 유익이 될지 상상해보라. 때로 그녀는 자신이 마치 하나님이요,

주인이요, 메시아인 것처럼 행동하였고 하나님만이 하실 수 있는 것을 행하고자 하였다(책임의 원을 부적절하게 확대함). 다른 경우에는 하나님이 분명히 그녀에게 행하라고 맡겨주신 일들을 하나님이 대신 행해주시기를 기다리며 전혀 성경적이지 않은 소극적인 삶을 살았다(책임의 영역을 부적절하게 축소함). 이제 샤론은 책임의 문제를 분명하게 규정함으로써 커다란 유익을 얻게 되었다.

만약 샤론이 작은 메시아로서 산다면(너무나 커다란 책임의 원을 가지고 살아감), 두 가지 부정적인 결과가 나타날 것이다. 하나는 그녀가 하나님의 일을 하려고 하는 이후부터 낙담과 좌절과 실패를 경험하게 될 것이다. 결국엔 자신감을 잃어버리고 말 것이다! 다른 하나는 그녀가 하나님이 하실 일에 너무 많은 신경을 써서, 하나님이 그분의 말씀을 통해 자신에게 행하라고 하신 일에 대해서는 충실하지 못한 경우가 생길 것이다. 샤론은 스스로의 힘으로 자신의 결혼 생활에서 뭔가 변화를 꾀하고자 노력했을 때 이 두 가지 결과를 모두 경험하였다.

또 다른 사례를 살펴보자. 앨리시아(Alicia)는 이제 청소년이 된 아들 매트(Matt)에 대해서 걱정이 많았다. 아들이 점차 반항적이고 책임감이 없으며 퉁명스럽고 이기적으로 변해가고 있었다. 그는 학교에 출석하는 날보다 결석하는 날이 더 많았다. 앨리시아는 매트와 자신의 친한 친구들에게 말하기를 자기의 목표는 '무슨 수를 써서라도 매트를 신실한 그리스도인으로 만드는 것'이라고 했다. 이것은 앨리시아가 인식하지 못하고 있었지만 작은 메시아로서 설정한 목표였다. 그녀는 온당치 못하게 자신의 책임의 원을 자신의 관심사의 원에 속해 있는 것들을 포함하는 데까지 확대해버린 것이다. 그녀가 매트를 영적으로 돕고 도전하며 훈련하고 격려하는 일을 하고 있기는 했지만(사실 이러한 것들은 그녀의 책임의 원 안에 있다), 매트의 마음을 조절할 수는 없었다(이 일은 그녀의 관심사의 원에 속한다). 오직 하나님만이 그 일을 하실 수 있다. 앨리시아는 하나님의 일을 자신의 일인 것처럼 행하고 있었고, 그로 인해서 실패와 좌절감을 맛보게 될 것이다.

자신이 행하도록 부름받은 일들을 하나님께 떠넘기는 것, 즉 안쪽 원을 너무 작게 축소하는 것도 위와 동일하게 두 가지 부정적인 결과를 가져오게 된다. 첫 번째로 자신에게 맡겨진 일들을 행하기 위해서 하나님을 기다린다면 시간과 기도를 낭비하게 될 것이다. 그러고는 실상은 자기가 그분을 버렸음에도 불구하고 오히려 그분이 자신을 버렸다고 생각할 것이다! 대체로 책임감이 지나친 사람들이 작은 메시아가 되는 반면, 안쪽 원을 축소해버리는 사람들은 '영적 휴가객'이 된다. 그들은 하나님이 자신에게 주신 일터를 버리고 그분이 자기 대신 일해주기를 바라면서 빈둥거린다. 하나님은 명하신 일들을 감당할 수 있도록 힘을 공급해주시지만, 나를 대신해서 일하시지는 않는다! 이렇게 되면 나는 받지 못할 것을 하염없이 기다리게 되는 것이다. 그리고 내가 기다리는 동안 두 번째 부정적인 결과가 나타나게 될 것이다. 그것은 내가 해야 할 일을 하지 않았기 때문에 더욱 악화된다.

예를 들어 앨리시아가 매트의 반항에 대해서 적대적인 반응을 보이고 자신의 책임의 원을 극도로 축소해버린다면 어떻게 되겠는가? 앨리사가 자신의 친구들에게 "나는 모든 일들을 그냥 내버려두고 매트도 하나님께 맡겨버리기로 작정했어. 더 이상 그 아이를 가르칠 수가 없어. 하나님도 기적을 일으키셔야만 할 거야"라고 한다면 어떻게 되겠는가? 오직 하나님만이 매트의 마음을 변화시킬 수 있다는 것은 전적으로 옳은 말이다. 하지만 하나님은 기적을 일으키는 계획을 실현하기 위해서 사람들을 배치하시고 사용하신다는 것을 잊어서는 안 된다. 하나님은 매트에게 어머니가 필요하기 때문에 그리고 그분의 진리가 바로 어머니를 통해서 매트에게 실현되기를 원하시기 때문에 그에게 어머니를 주셨다. 앨리시아는 날마다 매트를 주님께 의탁해야 한다. 그러면서 하나님이 부모로서 그녀에게 행하라고 부르신 일들을 계속해서 행해야 한다. 하나님은 앨리시아가 소극적인 모습이 아니라 능동적이고 순종적인 신뢰를 가지고 살아가기를 원하시는 것이다.

   수동적인 반응은 '영적인' 모습처럼 보일 수 있다. 하지만 사실은 작은 메시아로 사는 것과 마찬가지로 비성경적이다. 그것은 사람들이 관계가 깨어졌을 때 종종 보이는 반응이다. 데이브(Dave)가 친구 알렉(Alec)과의 관계가 깨어졌다는 것을 알게 되었을 때를 생각해보자. 알렉은 데이브에게 거의 전화하지 않았고 몇 개월 전처럼 자신을 위해서 기도해 달라고 부탁하지도 않았다. 데이브는 그들의 문제가 1년 전에 있었던 공식적인 의견 충돌로 거슬러 올라간다고 생각한다. 데이브는 자신이 '마음속에서 그 문제를 처리'했고, 지금은 하나님이 관계를 회복시켜주시기만을 기다린다고 말한다. 그렇지만 사실 그러한 반응은 데이브의 '책임'의 원이 너무나 작다는 것을 보여준다. 성경은 분명하게 알렉과 화해하려는 노력을 기울이라고 말한다(마 5:23-24).

   이와 같이 많은 그리스도인들이 하나님으로부터 인도를 받고 방향을 설정하기 위해서 '수동적인 신뢰'의 태도를 취한다. 그들은 하나님이 그분의 은밀한 계획을 그들에게 드러내실 때 그분 뜻을 알게 될 것이라고 생각한다. 그들은 무엇을 행해야 할지를 알고만 있을 뿐이다. 하지만 인도하심은 사실 순종적이고 능동적인 신뢰의 문제다. 나는 성경의 원리와 주제와 관점을 사용하기 전에 내가 선택할 수 있는 일들을 점검한다. 그리고 나서 나의 지식과 능력을 최대한 동원하여 성경의 지혜를 상황에 적용한다. 그리고 결정을 내린다. 나의 결정은 하나님의 마음을 읽는 것에 근거한 것이 아니라, 그분이 말씀 속에서 분명하게 나타내신 것에 근거하고 있다. 한걸음 나아갈 때마다 나는 주님께 더욱 의지한다. 그분이 모든 것을 다스리시는 것과 나를 그분이 원하시는 곳으로 인도하실 것을 기억하면서 말이다. 이것이 인도의 성경적인 모델이다. 너무나 많은 사람들이 하나님의 은밀한 뜻을 찾아내기를 바라며 자기 나름대로 점치는 막대를 갖고 있다. 그렇지만 그들의 손에 들려 있는 성경책은 펼치지 않는다. 하지만 하나님은 바로 말씀이 그들의 '발의 등이요, 길의 빛'이 될 것이라고 하셨다!

신뢰하고 순종하라

사실 그리스도인의 삶은 신뢰와 순종이라는 두 가지 단어로 집약될 수 있다. 나는 항상 나의 통제력을 벗어나는 것들을 하나님께 맡겨 드려야만 한다(관심사의 원), 그리고 그분의 명확하면서도 구체적인 명령에 항상 신실하게 순종해야만 한다(책임의 원). 로마서 12장 14-21절은 이러한 '신뢰와 순종'의 삶의 방식을 설명하는 데 적합한 훌륭한 구절이다.

> "너희를 핍박하는 자를 축복하라 축복하고 저주하지 말라 즐거워하는 자들로 함께 즐거워하고 우는 자들로 함께 울라 서로 마음을 같이하며 높은 데 마음을 두지 말고 도리어 낮은 데 처하며 스스로 지혜 있는 체 말라
>
> 아무에게도 악으로 악을 갚지 말고 모든 사람 앞에서 선한 일을 도모하라
>
> 할 수 있거든 너희로서는 모든 사람으로 더불어 평화하라 내 사랑하는 자들아 너희가 친히 원수를 갚지 말고 진노하심에 맡기라 기록되었으되 원수 갚는 것이 내게 있으니 내가 갚으리라고 주께서 말씀하시니라
>
> 네 원수가 주리거든 먹이고

목마르거든 마시우라

그리함으로 네가 숯불을 그 머리에 쌓아 놓으리라

악에게 지지 말고 선으로 악을 이기라."

이 구절이 강력한 점은 핍박당하는 상황에서 '신뢰하고 순종하는' 삶의 방식을 제시하고 있다는 것이다. 하나님은 부당한 대우 앞에서 우리의 의무를 분명하게 설명하고 계신다.

- 너희를 핍박하는 자를 축복하라(14절).
- 함께 즐거워하고 함께 울라(15절).
- 마음을 같이하라(16절).
- 지혜 있는 체 말라(16절).
- 할 수 있는 한 모든 사람과 평화하라(19절).
- 원수에게 필요한 것을 채워주라(20절).
- 선으로 악을 이기라(21절).

바울은 부당한 대우를 받아도 내가 행해야 할 책임이 있음을 보이면서 내 책임으로 여기지 말아야 하는 것도 있다는 것을 분명하게 말하고 있다. 예를 들면 나는 복수를 획책하거나 추구해서는 안 된다. 오직 하나님만이 그 일을 행하실 수 있는 권리와 권세를 가지셨다. 실제로 그것은 주님이 행하겠다고 약속하신 것이다. 나는 그 일들을 내가 하겠다고 하면서 내 짐으로 짊어져서는 안 된다.

이와 함께 부당한 대우를 받는 도중에 하나님이 무엇인가를 행하시기를 기다리면서 소극적인 태도를 취하는 것도 잘못이다. 하나님은 원수의 필요를 공급하고 평화를 이루며 선을 행할 기회를 찾으면서 순종적이고 능동적인 자들이 되라고 하신다. 우리는 우리에게 악을 행하는 자들을 하나님의 정의롭고 긍휼히 여기시는 손에 의탁해야 한다. 간단히 말하자면, 우리는 즐거운 순종의 마음과 겸손히 신뢰하는 마음을 가지고 하나님이 우리에게 명하신 일들을 행하며 주님만이 행하실 수 있는 일들을 주님께 맡겨야 한다.

개인적인 책임의 영역보다 사람들을 더 혼동시키는 영역은 거의 없다. 그들은 변화의 과정을 통해서 그들을 도와줄 실제적인 명료함을 필요로 한다. 우리는 하나님의 목표에 대하여 성경적으로 생각함으로써, 그들에게 분명한 방향 감각을 제공하여 도움이 될 수 있다. 그 다음으로는 책임의 문제를 명확하게 규정하고 '신뢰와 순종'의 삶의 방식을 그들의 일상생활의 상황과 인간관계에 적용함으로써 그들을 도울 수 있다.

하나님의 은혜와 영광을 굳게 붙드는 것이, 삶 속에 가득한 실망과 결핍을 다룰 수 있는 유일한 방법이다. 우리가 사람들 앞에서 이러한 목표를 굳게 붙들 때에, 지속적인 변화를 추구하는 하나님 나라의 사역에 참여하게 될 뿐 아니라, 그들에게 인류 역사상 최고의 만족을 제공하시는 분을 소개하게 된다.

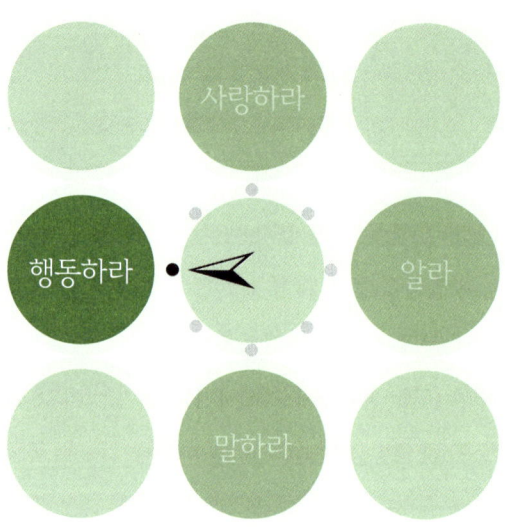

14장 Instruments in the Redeemer's Hands

그리스도 안에서의
정체성을 심어주고
책임 감독을 제공하라

하나님이 다른 사람들이 변화되도록 돕는 데 우리를 사용하시는 방법을 계속 살피면서 잠시 당신 자신의 삶에 대해서 생각해보라. 당신도 사역이 필요한 사람이 아닌가? 당신이 능력 있는 교회 지도자든지 초(初)신자든지 간에, 자신의 삶을 살펴본다면 당신도 다른 사람들의 사역을 필요로 하는 자임을 알게 될 것이다.

이 장에서 우리는 격려와 책임 감독(accountability)이 진리의 적용 과정에서 중요한 부분이라는 사실을 알게 될 것이다. 성경은 우리가 결코 고립된 채 살도록 창조된 자들이 아니라는 것을 분명히 하고 있다. 하나님은 우리를 공동체 속에서 살아가게 하셨다. 처음에는 주님과 관계를 맺고, 그 다음에는 서로 인간관계를 맺으며 살도록 만들어졌다. 성경에 따르면 개인의 변화는 공동체의 목표다. 사실 우리가 정말로 서로가 서로에게 필요한 존재라는 사실을 인정하는 것으로부터 변화가 진행된다. 내가 다른 사람들을 필요로 한다는 것은 내가 건강한 사람들 세계에서 도덕적, 지능적 불구자여서가 아니다. 그보다는, 우리가 삶을 정확하게 이해하기 위해서는 하나님의 계시에 의존해야 하는 것처럼, 우리가 서로 의존함으로써 의로운 삶을 사는 자들로 창조되었기 때문이다.

목표 3
그리스도 안에서의 정체성을 심어준다.

자신이 누구인가를 아는 것의 중요성

사람들이 변화라는 힘든 일을 이루고자 할 때에는 격려가 필요하다. 그들에게 동기를 부여하고 강화해줄 진리가 필요하다. 복음은 그리스도의 존재와 그분의 약속의 확실성으로 동기를 부여해주며, 우리가 부여받은 완전히 새로운 정체성으로도 그렇게 한다. 로마서 6장 16-17절과 요한일서 3장 1-3절 본문에서처럼 성경은 우리를 위해 이 새로운 신분을 설명해주고 있다. 우리는 우리가 죄를 용서받았을 뿐만 아니라 실제로 하나님의 가족으로 입양되었음을 알게 된다. 우리는 만왕의 왕이신 하나님의 자녀인 것이다! 이 우주의 신이 바로 우리의 아버지시다!

신약 성경이 이와 같이 극적이고 새로운 신분을 설명하는 다른 방법은 우리가 '그리스도 안에' 있다는 것이다. 이것은 우리가 그분과 완전히 연합되어 있고 그분이 우리에게 약속하신 모든 것을 받았다는 뜻이다. 또한 우리가 죄를 용서받고 천국에 들어가게 되었다는 사실에서 더 나아간다. 뭔가 더욱 근본적인 일이 일어났다. 바울은 이것을 에베소서 2장 6-7절에서 이렇게 설명하였다. "또 함께 일으키사 그리스도 예수 안에서 함께 하늘에 앉히시니 이는 그리스도 예수 안에서 우리에게 자비하심으로써 그 은혜의 지극히 풍성함을 오는 여러 세대에 나타내려 하심이니라." 요한복음 15장은 우리는 믿는 자로서 포도나무에 붙은 가지와 같다고 말하면서 이러한 신분을 비유를 통해 설명하고 있다. 우리는 오직 포도나무이신 그리스도와의 연합으로 인해서만 열매를 맺을 수 있다. 우리는 그 포도나무 '안'에서만 생명을 누린다.

우리는 항상 어떤 종류든지 신분에 따라 살아가기 때문에 이 모든 것이 변화의 시간에 중요하고, 우리가 스스로에게 부여하는 정체성은 인생사에 대한 우리의 반응에 강력한 영향을 미친다. 사람들은 평생의 시간이 걸리는 변화의 과정을 추구하면서 복음의 신분에 맞게 살아가야만 한다. 그들도 우리처럼 자신이 누구인지에 대해 반복해서 일깨움을 받아야 한다.

일상생활의 압박 속에서 우리가 누구인지를 쉽게 잊어버릴 수 있다. 또한 우리가 새로운 행동으로 과거의 습관들을 대치하고자 할 때에도 우리의 시선이 하나님의 자녀인 우리의 신분을 바라보는 데서 벗어나기가 쉽다. 분명 우리가 어떤 문제를 가지고 씨름하는 기간이 길어지면 길어질수록 우리는 그 문제 자체(이혼, 중독, 우울증, 의존성, 주의력 결핍)로 우리 자신을 규정하는 경향이 있다. 우리가 가진 문제가 바로 우리 자신의 본질이라고 믿게 되는 것이다. 그렇지만 이러한 꼬리표가 타락한 세상을 살아가는 죄인으로서 우리가 씨름하고 있는 특정한 문제들을 보여줄지는 몰라도 그것이 우리의 정체성은 아니다! 만약 그런 문제들이 우리를 규정하게 내버려두면 그러한 범주 속에 갇혀서 살아가게 될 것이다. 이것은 결코 하나님의 자녀들이 살아가는 방식이 아니다!

"나는 우울증에 걸린 사람입니다"라고 말하는 것과 "나는 '그리스도 안에서' 하나님의 자녀이고 우울한 감정과 씨름합니다"라고 말하는 것 사이에는 현격한 차이가 있다. 두 번째 진술이 그 싸움이 별로 심각하지 않다는 것을 의미하는 것은 아니다. 그렇지만 그 속에는 소망이 내재되어 있다. 이는 다음과 같이 말하는 것이다. "그렇습니다. 저는 매일 우울증과 싸우고 있습니다. 그렇지만 저는 혼자가 아닙니다. 저는 제 자신의 강함과 지혜로 싸우는 것이 아닙니다. 저는 저를 창조하시고 구원하신 분이 또한 저의 아버지이심을 알게 되었습니다. 저는 주님의 가족이 된 것으로 인해 나의 실제 신분이 얼마나 영광스러운가를 이해하기 시작했습니다. 그리고 내 자신에 대해 단정 짓곤 하던 비참함이 아니라 주님이 주신 놀라운 풍성함에 따라 살아가는 법을 배우고 있습니다." 사람들에게 그들 자신이 그리스도 안에 있는 자임을 일깨워주는 것은 결코 시간 낭비가 아니다. 그렇게 함으로써 소망과 용기와 믿음을 심어주게 된다.

신약 성경에서 우리의 정체성을 가장 잘 설명하고 있는 본문 가운데 하나는 베드로후서 1장 3-9절이다. 완전히 숙달하게 되기까지 그 부분을 연구하라! 이 구절들은 당신이 다른 사람에게 지혜롭게, 실제적으로 그리고 효과적으로 사용할 수 있는 도구가 되어야 한다.

> "그의 신기한 능력으로 생명과 경건에 속한 모든 것을 우리에게 주셨으니 이는 자기의 영광과 덕으로써 우리를 부르신 자를 앎으로 말미암음이라 이로써 그 보배롭고 지극히 큰 약속을 우리에게 주사 이 약속으로 말미암아 너희로 정욕을 인하여 세상에서 썩어질 것을 피하여 신의 성품에 참예하는 자가 되게 하려 하셨으니 이러므로 너희가 더욱 힘써 너희 믿음에 덕을, 덕에 지식을, 지식에 절제를, 절제에 인내를, 인내에 경건을, 경건에 형제 우애를, 형제 우애에 사랑을 공급하라 이런 것이 너희에게 있어 흡족한즉 너희로 우리 주 예수 그리스도를 알기에 게으르지 않고 열매 없는 자가 되지 않게 하려니와 이런 것이 없는 자는 소경이라 원시치 못하고 그의 옛 죄를 깨끗케 하심을 잊었느니라."

이 성경 본문에서 중요한 요점들을 정리해보자.

- 베드로는 8절에서 주님을 알기는 하지만 비효율적이고 열매 맺지 못하는 삶을 사는 자들이 있을 수 있다는 것을 명시하고 있다. 아마 그들의 집은 전쟁터와 같을 것이다. 그들은 원통함으로 스스로 소진되고 있을지 모르며 아니면 권세 있는 자들에게 끊임없이 저항하며 살아가고 있을 수도 있다. 어떤 문제든지 간에, 그들은 삶은 하나님의 자녀로서의 온전한 권리와 특권을 가진 성도에게서 기대되는 선한 열매를 맺지 못하고 있다.
- 베드로는 5-8절에서 이러한 사람들은 본질적인 성품(믿음, 덕, 지식, 절제, 인내, 경건, 형제 우애, 사랑)을 잃어버렸기 때문에 기대되는 열매를 맺지 못한다고 말하고 있다. 그렇지만 예수 그리스도가 인간으로 사시고 죽으시며 다시 부활하셨기 때문에 그들은 이러한 성품을 취하게 될 것이다.
- 그리스도인다운 성품을 나타내지 못하거나 선한 열매를 맺지 못하는 그리스도인들을 볼 때 그 이유를 물어보아야 한다. 무엇이 부족한 것일까? 베드로의 대답은 이렇다. "이러한 사람들은 자기가 누구인지를 잊어버린 자들이다"(9절). 그들은 그리스도 안에 있는 자신의 신분을 알아보지 못하고 있다. 그래서 자신에게 있는 능력의 근원을 알지 못한다. 이러한 이유 때문에 그들은 소망과 믿음과 용기를 가지고 살아가지 못하는 것이다. 그들의 문제는 더욱 악화되고, 어려운 일들이 자꾸 나타나 쌓인다. 이것은 문제에 기초한 정체성을 가지고 살아가게 될 잠재력을 키운다. 이렇게 살아가는 사람들이 우리가 상상하는 것보다 더 많이 있을지 모른다. 나는 이 구절을 사람들과 함께 살펴볼 때 그들이 이전에 이러한 진리에 대해서 한 번도 들은 적이 없는 것처럼 반응하는 것을 보면서 늘 놀란다. 자신이 누구인가에 대한 그들의 생각은 대개 그들의 문제에 기초해서 형성되었다.

• 우리의 정체성에 대한 또 다른 중요한 측면은 우리가 그리스도 안에서 '생명과 경건에 필요한 모든 것'을 받았다는 점이다(3절). 하나님의 자녀로서 우리는 능력으로 충만한 자들이다! 우리가 필요한 것을 다 가지고 있다는 사실을 모르고 있을 뿐이다! 하나님은 그분의 자녀들에게 행하라고 명하신 것들을 행하는 데 필요한 것을 다 공급해주신다.

3절에서 동사의 시제를 주목하라. 베드로는 모든 것을 '주셨으니'라고 하였다. 그 동사가 완료 시제라는 것은 과거의 행동의 결과가 미래에까지 계속 이어지는 것을 의미한다. 이미 모든 것이 주어졌다. 우리가 기다려야 하는 어떤 것이 아니다. 그리스도의 사역의 결과로서 '생명과 경건'에 필요한 모든 것이 우리 속에 이미 들어와 있다. 여기서 이 두 단어는 전혀 중복된 것이 아니다. 베드로는 중요한 구별을 하고 있다. 하나님은 영원한 삶을 위해서만 우리에게 필요한 모든 것들을 공급해주신 것이 아니라 경건을 위해서도 공급해주셨다. 경건이 의미하는 것은 내가 하나님의 가족으로 받아들여진 이후부터 영원 속에서 주님과 만나기 전까지 하나님께 영광 돌리는 삶을 살아가는 것을 의미한다. 우리는 하나님께 영광을 돌리는 방식으로 생각하고, 바라며, 말하고, 행동하는 데 필요한 모든 것을 부여받았다. 이 얼마나 놀라운 특권인가!

이러한 복음의 신분과 놀라운 자원은 우리 마음속에서 일어나는 전쟁에 사용되는 강력한 방어 수단이다. 사람들이 새로운 순종의 모습으로 한 단계 성장할 때에 사탄은 그들에게로 와서 이렇게 말할 것이다. "너는 그 일을 행하는 데 필요한 것을 갖고 있지 않아. 네가 그것을 가지고 있으면 할 수 있을지도 모르지. 하지만 너한테는 없어." 이 순간에 마음속에서 일어난 전쟁은 정체성에 대한 전쟁이 된다. 사람들이 사탄의 공격에 어떻게 대처하는가는 그들이 품고 있는 정체성에 달려 있다. 불행히도 많은 사람들이 자신의 문제에 대해 말하면서 그 이야기 속에서 하나님을 배제하고 있다. 그들의 마음은 다른 사람들의 죄와 상황의 어려움에 잠식되어 있는 것이다. 그렇지만 만약 그들의 이야기 속에 하나님이 계시지 않다면 거기에는 정체성에 대한 성경적인 감각도 없을 것이다. 왜냐하면 성경적인 정체성은 항상 주님께 근거를 두기 때문이다. 악한 대적은 자신이 승리를 거두기 위해서 신앙을 버리라고 유혹할 필요가 없다는 것을 잘 알고 있다. 그는 우리가 겪는 매일의 갈등에서 우리의 신분에 대한 확신을 어둡게 하고 무력화함으로써 날마다 승리하는 것이다.

당신이 자신의 신분을 잊어버리고 그리스도 안에서 갖고 있는 풍성함을 망각해버리면 그저 불쌍한 사람으로서 살아갈 뿐이다. 필라델피아에는 길거리에서 잠을 자는 약 3,500명의 노숙자들이 있다고 한다. 그들의 삶은 무엇이든지 먹을 수 있는 것과 어디서든지 잘 곳을 찾는 것 외에 아무 의미도 없다. 하루가 끝나면 그들은 그저 자기 머리를 편안히 누일 수 있는 장소를 찾게 되는 것만으로 행복해한다. 그들은 더 이상 아무것도 바라지 않는다.

고통 중에 있는 많은 사람들은 영적으로 노숙자인 것처럼 살아간다. 그들은 살아 있다는 것만으로 만족하고, 방향을 잃어버리며, 두려워하고, 고난을 어떻게 해서든지 피하려고 하며, '순간의' 존재를 위해서 살아간다. 그들은 성장이나 변화나 하나님의 자녀로서 물려받은 것인 선한 일을 행하는 것에 대해서는 생각하지 않는다. 사실 놀라운 부자인데도 단지 하루하루를 버텨 나가기 위해서 노력한다. 마치 걸인인 것처럼 말이다.

우리가 이렇게 비천한 정체성을 가지고 살아갈 때에 문제가 되는 것은 우리가 아버지 하나님을 더 많이 의지하게 되는 것이 아니라, 거의 의지하지 않는 상태로 전락하게 된다는 점이다. 우리는 영원한 삶 속에서는 모든 상황이 더 나아질 것이라는 소망을 갖고 영적 생존에만 매달린다. 그렇지만 성경은 결코 이 세상에서의 삶이 나중에 다가올 선한 것을 기다리기만 하는 의미 없는 시간이라고 말하지 않는다. 기다림에 대한 성경적인 모델은 단순히 기다림의 끝에 무엇인가를 얻게 되는 것과 관련되는 것이 아니라, 기다리면서 당신이 변화되는 모습과 관련된다. 하나님은 바로 지금 이 세상에서 당신에게 실제적이고 풍성한 삶을 약속하고 계신다. 우리는 아버지를 모시고 있고 집도 있다. 우리는 부유하다. 치열하게 싸우고 있기는 하지만 많은 것을 기대할 수 있다.

- 4절에서 베드로는 하나님이 그리스도 안에서 우리를 위해 마련하신 가장 큰 선물을 기대한다는 것이 어떤 것인지를 말해주고 있다. 하나님의 목적은 우리가 개인적으로 행복하게 되는 것이 아니라(멋진 직장, 성공적인 결혼, 좋은 가족, 좋은 교회, 좋은 이웃, 즐거운 휴가, 행복한 노후 등), 우리가 그분의 신적 성품에 참여하는 자들이 되게 하시려는 것이다! 이를 이루기 위해서 하나님은 나의 가장 중요한 필요에 대해서 말씀하고 계신다. 이 필요는 외면적이거나 감정적인 것이 아니라 도덕적인 것이다. 우리가 가장 필요로 하는 것은 '정욕'에서 나오는 마음이 아니라 주님께 지배되는 마음이다. 우리는 하나님을 대체한 우상에게 노예가 된 상태에서 점차 벗어나야 한다. 이 우상은 우리 자신의 영광을 좇는 자기 몰입적인 생각 속에 우리를 가두어버린다.

베드로의 요점은 만약 나의 마음이 악한 욕망의 지배를 받는다면 나는 그리스도의 일이 아니라 '세상에서 썩어질 것'에 더욱 참여하게 된다는 것이다. 그러면 선한 열매를 맺지 못할 것이다. 너무나 많은 그리스도인들이 이전에 경험해본 일이기 때문에 현재 하고 있는 일을 행한다고 대답한다. 베드로는 그 순서를 뒤집고 있다. 타락한 세상이 우리에게 악한 욕구를 불러일으키고 있는 것이 아니라 우리의 악한 욕구가 세상의 타락을 부추기고 있다는 것이다! 성경은 우리가 이 세상에서 경험하는 문제를 적나라하게 이야기하면서 항상 마음의 문제로 돌아가게 한다. 그리고 마음을 변화시키고 삶을 변화시키는 예수 그리스도의 은혜를 약속하며 우리를 위로한다.

미묘한 수도원주의가 여전히 오늘날의 교회에도 존재한다. 수도원의 신학은 이렇게 가르쳤다. "밖은 악으로 가득한 세계다. 그러므로 순결해지는 방법은 그것으로부터 가능한 멀리 떨어지는 것이다." 그러나 역사는 그 수도원들이 주변 사회의 모든 악을 가중시켰다고 기록하고 있다. 그 이유가 무엇일까? 바로 그들이 비극적인 실수를 저질렀기 때문이다. 그들은 사람들을 끌어들였다. 타락한 사람들이 들어오면서 모든 형태의 사악한 욕심을 가지고 들어와서는 순결의 소망이었던 바로 그 환경을 타락시키고 말았다.

베드로가 제시한 모델은 이와는 완전히 다르다. 그것은 내부로부터 외부로 나타나는 모델이다. 하나님은 나의 마음의 점진적인 변화를 위해 풍성한 자원을 공급해주셨다. 그래서 나는 이 타락한 세상에서 삶의 문제를 가지고 씨름할 때에 옳은 것을 행할 수 있고 그 결과로서 선한 열매를 맺을 수 있다. 베드로는 하나님이 우리를 구해주신 상황 가운데 가장 중요한 것은 바로 우리 자신이라는 상황이라고 말하고 있다! 그분의 풍성한 은혜로 인해 우리는 더 이상 우리 자신에게 얽매여 살지 않아도 되고, 그 반대로 이젠 '우리를 위해 죽으시고 다시 살아나신 그분'을 위해서 살게 되었다(고후 5:15).

만약 우리가 이러한 진리를 앞서 언급한 샤론과 에드의 사례에 적용한다면 그들이 둘 다 자기 자신의 마음의 환경에 얽매여 있다는 사실을 발견하게 된다. 샤론은 에드가 그녀의 가장 큰 문제라고 굳게 믿고 있었다. 반대로 에드는 샤론이 자신의 큰 문제라고 믿고 있었다. 어느 쪽도 스스로 돕고자 하지 않았다. 그들이 하나님 아버지에게 너무 많은 것을 바라고 있었다고는 말할 수 없다. 그들은 하나님과 전혀 관계없이 문제를 해결하고자 하였다! 그들의 결혼은 자신들의 욕심에 의해서 변질되었고 그 욕심 중 많은 부분은 그들이 결혼도 하기 전에 이미 그들의 마음속에 자리잡고 있었다. 만약 그들이 이러한 마음의 문제를 극복하지 못한다면, 그들의 결혼은 서로 비난하고 되받아치는 악순환에 고착되든지, 아니면 이혼을 하고서 새로운 관계에서 자신의 실수를 반복하게 될 것이다. 이것이 정체성 문제가 그토록 중요한 이유다. 정체성 문제는 본질적인 것이다.

- 끝으로 베드로는 우리에게 그리스도 안에 있는 우리의 정체성에 따라 살아가기 시작할 때 일어날 일들에 대해서 이야기한다(5-8절). 그것은 우리가 살아가는 방식을 바꿀 것이다. 우리는 그리스도인의 성품을 약간 가졌다는 것으로 만족해서는 안 된다. 우리의 인간관계와 처한 상황들을 피해야만 하는 위험으로 보지 않고, 그리스도 안에서 이미 우리에게 주어진 것을 경험하는 기회로 삼아야 한다. 우리는 소망을 가지고 능동적인 삶을 살 것이다. 왜냐하면 점진적인 성장이라는 틀 속에서 살아가고 있기 때문이다. 우리는 회피나 도피, 방어적인 성향에 자신을 맡기지 않을 것이다. 우리는 그저 약간 더 나은 결혼 생활이나 최소한의 성실한 관계에 안주하지 않을 것이다. 우리는 날마다 하나님의 자녀로서 우리가 받은 자원들을 더 많이 경험하기를 원할 것이다. 이러한 기대에 찬 점진적인 변화 모델은 자신의 삶에 새로운 통찰과 헌신을 적용하고자 하는 자들에게 매우 중요하다. 예를 들어서 살펴보자.

어느 날 오후 내가 멀리 사는 친척에게서 유산 5백억 원을 상속받았음을 알려주는 은행 관계자의 전화를 받았다고 상상해보자. 나는 그 전화를 끊고 나서 우리의 새로운 횡재에 대해서 아내 루엘라에게 말하고 몹시 기뻐한다. 그리고 은행으로 달려가서 필요한 서류들을 제출하고 천만 원을 인출해서 루엘라를 데리고 외식하러 나간다(파리에서 그녀 생애 최고의 주말을 보내게 하는 것이다). 6주 후에, 우리 가족의 재정을 담당하는 루엘라는 여전히 빠듯한 살림살이로 힘들어하고 있다. 혼란스러워진 그녀는 내게 말한다. "폴, 당신은 우리가 생각하지도 못할 만큼 부자가 되었다고 말했죠. 하지만 우리는 여전히 가난하게 살아가고 있어요. 왜 우리는 당신이 받았던 그 유산을 누리면서 살아가지 못하는 거지요?"

루엘라에게 이렇게 말하는 나의 모습을 상상해보라. "그 은행에서 가서 그 돈을 찾아오는 일이 얼마나 어려운지 당신은 모르오? 첫째, 그 은행은 도시 한복판에 있다오. 끔찍하게 길이 막히고 주차 공간은 아주 열악해요. 당신은 은행에 가서 은행 밖으로 길게 늘어선 줄 어디엔가 서야만 하는데, 그건 마치 놀이 공원에서나 있을 법한 줄이라오. 그리고 설사 창구에 도달했다 하더라도 그들은 당신을 은행 고객이 아니라 무슨 범죄자인 양 취급할 거요. 그 은행에는 특별히 예금을 많이 찾으려는 사람들을 대상으로 각 창구마다 지문 인식 시스템을 설치해놓았소. 그 돈을 찾기란 하늘의 별 따기일 거요!"

만약 당신이 루엘라라고 한다면 이렇게 말하지 않겠는가?

"당신은 부자예요! 이 세상의 그 무엇이 당신이 받은 유산과 우리가 새롭게 얻게 된 삶을 빼앗아가겠어요? 당신은 유산으로 받게 된 것들을 다 찾게 될 때까지 그 은행을 열심히 다녀야만 해요!"

베드로는 어려움을 견디는 능력과 그리스도 안에 있는 우리의 정체성과 그로 인해 받은 자원들을 굳게 붙드는 것을 서로 연결한다. 만약 우리가 정말로 그것을 이해한다면, 그리스도 안에서 우리가 받은 것을 더욱 많이 갖고자 모든 노력을 다할 것이다. 그분은 점차 우리의 타락한 마음이 우리 구주 예수 그리스도를 본받는 데로 나아가게 될 것이라고 약속하셨다.

우리가 새로운 깨달음을 삶 속에 적용하고 헌신할 때에 우리에게 필요한 정체성이란 바로 이것이다. 그렇지만 우리의 신앙의 위인들조차 그랬던 것처럼 우리는 자신이 누구인가를 잊어버릴 때가 있다. 모세는 말했다. "나는 누구이며, 어디로 가야 합니까?" 그리고 기드온은 말했다. "그러나 주여, 내가 어떻게 이스라엘을 구원할 수 있겠습니까?" 우리는 하나님의 자녀 된 우리의 신분과 그리스도 안에서 받은 영적 자원들에 대해서 끊임없이 깨닫는 것이 필요하다.

빌립보서 2장 1-12절은 우리의 정체성을 밝혀주는 또 다른 성경 구절이다. 특히 그 속에 나타나는 '만약… 그렇다면' 이라는 구조 때문에 그렇다. 1절은 모든 믿는 자들의 삶 속에 있는 네 가지 구속적인 실체를 열거함으로써 '만약'으로 시작되는 목록을 보여준다.

- 만약 당신이 그리스도와의 연합을 통해 권면받는다면
- 만약 당신이 그리스도의 사랑의 위로를 경험한다면
- 만약 당신이 내주하시는 성령과의 교제를 누리고 있다면
- 만약 당신이 하나님의 인자하심과 긍휼히 여기심을 경험한다면

2-12절은 하나님의 자녀로서 얻게 되는 은혜의 빛 아래에서 어떻게 살아야만 하는가를 세밀하게 묘사함으로써 '그렇다면' 으로 시작되는 일련의 목록을 보여준다.

- 그렇다면 뜻을 합하며 한 마음을 품으라(2절).
- 그렇다면 아무 일에든지 다툼이나 허영으로 하지 말라(3절).
- 그렇다면 자기보다 남을 낫게 여기라(3절).
- 그렇다면 자기 일을 돌아볼 뿐더러 다른 사람들의 일도 돌아보라(4절).
- 그렇다면 당신의 태도가 그리스도의 태도가 되도록 하라(5-8절).

이 구절의 '만약… 그렇다면' 구조는 그리스도 안의 나의 신분의 빛에 따라 살아가는 것이 의미하는 바를 실제적으로 설명한다. 그리고 이것은 하나님이 그분의 은혜로 내 속에서 계속 일으키시는 마음의 급격한 변화도 포함한다. 만약 샤론과 에드가 이러한 방식으로 살기 시작한다면 그들의 결혼 생활에 어떤 일이 일어나게 될지를 한번 상상해보라! 만약 겸손하고 연합되며 사랑 어린 섬김이 교만하고 이기적이며 요구만 하는 분열의 상태를 대체하게 된다면 어떤 변화가 일어날지 한번 상상해보라. 그들은 지금까지 살아왔던 대로 살아야 할 필요가 없다. 그들은 이미 그리스도 안에서 더 나은 것을 부여받았다.

목표 4

책임 감독(accountability)을 제공한다.

사랑으로 행하는 책임 감독의 은사

책임 감독이라는 개념은 죄를 직면시키는 것 혹은 지적하는 것의 개념처럼 부정적인 어감을 갖는 경향이 있다. 사람들은 그 단어를 들을 때에 강압적인 이미지를 머리에 떠올린다. 그러나 성경의 묘사는 적어도 두 가지 방식으로 그 단어가 사랑으로 행함을 의미한다는 것을 보이고 있다. 첫 번째는 하나님이 사람들이 있기를 바라는 곳에 거하도록 우리가 도울 때에 우리는 '각 사람의 짐을 지고'(갈 6:2) 있는 것이다. 우리는 또한 '날마다 서로 권면함'(히 3:13)으로 죄의 유혹과 싸우라는 격려의 말을 듣게 된다. 우리는 사람들을 충분히 사랑해서, 단지 죄를 드러내고 옳은 것을 말한 뒤 가버리는 것 이상의 일을 행해야 한다. 책임 감독은 사람들이 죄와 의 사이에서 갈등할 때에 기꺼이 우리의 소매를 걷어붙이고 그들 옆에 있어주는 것을 포함한다.

개인 상담 사역에서 우리는 사람들에게 새롭고 더 깊은 방식으로 자신의 믿음을 실천하라고 요구한다. 이것은 그들이 오랫동안 해왔던 일들을 버리고 이전에 한 번도 해보지 못한 일을 실천하는 것이다. 우리는 그들에게 새로운 동기와 목적과 목표를 가지라고 요구한다. 다툼이 있는 곳에 평화를 가져오고 그들이 주장하며 지배하던 곳에서 섬기라고 요구한다. 이전에 귀중하게 여겼던 것들을 포기하고, 한 번이 아니라 오랫동안 헌신과 인내로써 그러한 일들을 행하라고 요구한다.

그러나 사람들은 믿음의 발을 내딛을 때에 대개 혼란스럽고 두려워한다. 그들은 새롭고 더 나은 삶의 방식에 헌신하기로 서약하였지만, 자신의 삶이 되게 할 준비를 아직 갖추지 못했다. 제자들의 모습은 이러한 현상에 대한 좋은 사례가 된다. 그들은 3년 동안 예수님과 함께 생활했고 그분에게서 영광과 권능을 보았다. 그들은 하나님의 나라에 대해서 많은 것을 배웠지만 매 상황에서 여전히 불안하였고 확신이 없었다. 예수님은 십자가에 달리시기 전 몇 달 동안 그들과 함께 계실 때에 지금까지의 배움이 그들 자신의 삶이 될 만큼 무르익지 않았음을 알고 계셨다(요 16:12-16). 예수님의 십자가 형에 대한 그들의 두려움과 혼란스러움은(예수님이 이것이 임하게 될 것이라고 말씀해주셨지만) 그들이 영적인 어린아이임을 나타내고 있다. 혼란스럽고 두려웠던 그들은 함께 숨었고 다음에 무슨 일을 해야 할지 몰라 갈팡질팡하였다. 심지어는 부활하신 그리스도를 본 다음에도 여전히 어리석은 질문만 하고 있었다(행 1:7-11). 그렇지만 예수님은 우왕좌왕하던 제자들을 홀로 내버려두시지 않았다. 그분은 성령을 보내 그들을 인도하고 가르치며, 격려하고 경고하며, 죄를 깨닫게 하고 힘을 북돋워주셨다.

하나님은 동일한 성령의 능력으로 우리에게 동일한 사역을 행하라고 요구하신다. 그분은 사람들이 믿음과 순종과 용기 속에서 전진할 때에 그들과 함께 있어주라고 요구하신다. 이것이 책임 감독의 사역이다. 그것은 그들이 뭔가 잘못한 일을 하는 것을 잡아내려고 앉아서 기다리는 것이 아니다. 책임 감독의 목표는 사람들이 오랜 기간 동안 바른 일을 행하도록 돕는 것이다. 그것은 그들이 스스로 설 때까지 책임감 있고, 사려 깊으며, 결단력 있고, 깨어 있는 자세를 유지하도록 돕는 것이다. 그것은 이제 막 뜨이기 시작한 영적인 시각을 인도하고, 연약한 무릎과 지친 팔을 강하게 만들어준다. 우리는 더욱 굳건한 믿음을 가지라고 권면하고자 하고, 사람들의 시선 앞에 하나님의 목표를 두고자 한다. 우리는 그들이 죄로부터 도망쳐야 할 때와 굳게 서서 싸워야 할 때를 이해하도록 돕는다.

모든 개인 사역과 같이 책임 감독은 성육신적인 의미를 갖는다. 사람들 곁에 선 우리는 그들과 함께 계실 뿐만 아니라 그들 속에 거하시는 성령님의 임재를 나타내고 있다. 우리는 단지 명령만 하지 않으시고 그 일을 이루시는, 영원히 계시는 구속주의 복음을 설교한다. 그분은 죄를 깨닫게 하실 뿐만 아니라 용서하시며 회복시키신다. 성경적인 책임 감독이란 두렵게 하고, 남용하며, 강압적인 것이 아니다. 그것은 사랑이 담겨 있고, 희생적이며, 하나님의 대사 일과 관련되고, 성육신적이며, 거룩하다. 어떻게 우리가 임마누엘 되시는 주님('하나님이 우리와 함께하심')을 섬기면서 그보다 못할 수 있겠는가?

대조적으로 말하자면, 책임 감독이란 사설 탐정이 되어서 성령이 하시는 일, 즉 누군가의 양심이 되고, 누군가를 억지로 순종시키며, 도피하는 자를 추격하고, 숨는 자를 찾아내는 일을 하는 것이 아니다. 책임 감독은 하나님이 그 사람의 삶 속에 이루시는 변화에 온전히 헌신하고자 하는 사람에게 사랑 어린 구조와 지침, 격려, 경고를 주는 것이다. 책임 감독 사역을 행하는 사람은 항상 자기도 다른 분 앞에 책임을 지는 사람이다. 그는 자신의 존재와 도와주는 일을, 무섭거나 강제적인 것이라고 생각하지 않는다. 그는 그것으로부터 돌아서거나 피하지 않는다. 오히려 다른 사람들이 자신과 함께 있을 때에 하나님이 그를 도와주신다는 것을 깨닫고 기뻐한다. 책임 감독은 그가 추구하는 자이지 피하고자 하는 자가 아니기에 효과를 발휘한다. 피하고자 하는 사람에게는 책임 감독이라는 말이 필요하지 않다. 책망이 필요할 뿐이다. 책임 감독이란 변화에 헌신한 자들에게 놀라운 도움이 된다.

책임 감독이 공급해주는 것

책임 감독은 다음과 같은 방식으로 실제적인 도움을 준다.

첫째, 책임 감독은 구조를 제공한다. 삶은 종종 대단히 복잡하고 혼란스럽다. 변화는 실제로 달성하기보다는 말로 논하는 것이 쉬워보인다. 그래서 책임 감독은 구조라는 외적 체계를 제공하여 처음으로 뭔가를 시도하고자 하는 사람에게 요긴한 도움을 준다(예를 들면, "이 기간 중에는 이러한 일을 하라").

둘째, 책임 감독은 지침을 제공한다. 올바른 일을 하고자 하지만 어떻게 그 일을 하는지를 확신하지 못할 때가 많다. 그럴 때 그 사람에게 언제, 어디서, 어떻게 변화해야 한다는 실제적이고 지속적인 지혜를 전해주는 것이 큰 유익이 된다.

셋째, 책임 감독은 도움을 제공해준다. 필요한 변화를 실천하는 데 두려움을 느껴서(예를 들면, 아내나 친구나 자녀와 이야기하기를 어려워하는 경우), 누군가 그 일을 할 수 있도록 도와주어야 할 경우가 있다.

넷째, 책임 감독은 격려를 제공한다. 변화는 사람들의 신앙과 용기와 소망의 한계점에서 일어나는 어렵고 고통스러운 일이다. 자신의 헌신에 의문을 제기하거나 심지어 그만두고 싶을 때가 많다. 그들은 자기 옆에 함께 있으며 신뢰할 만한 누군가를 필요로 한다. 그 사람은 그들의 마음의 괴로움을 알며 계속 싸워나가도록 격려할 수 있는 사람이다. 그들은 자신의 도움과 소망이 되시는 주님의 임재를 나타낼 수 있는 누군가를 필요로 하는 것이다.

다섯째, 책임 감독은 경고를 해준다. 때로 사람들은 자신이 변화될 필요가 있음을 고백한다. 하지만 그 일에 필요한 대가와 노력이 어떠해야 하는지를 깨달으면 그것을 거부하기 시작한다. 이 사람들은 자신들의 불순종과 반항의 결과에 대해서 경고를 받아야만 한다. 그들은 자신들이 뿌린 것을 거두게 되리라는 것을 깨달아야 한다(갈 6:7).

책임 감독은 '옛 것을 벗고, 새 것을 입는' 과정에 온전히 서약한 사람에게 지속적인 도움을 가져다준다. 당신이 그러한 책임 감독을 제공하고자 할 때에 다음 세 가지 질문을 당신 스스로에게 던져보라.

1. 이 사람은 어떠한 종류의 도움을 지속적으로 필요로 하는가?
2. 그 사람의 지속적인 변화를 돕기 위해 얼마나 자주 접해야 하는가?
3. 이 기간 동안에 도움이 될 만한 다른 사람들이 교회 안에 있는가? 나는 이 사람을 그들에게 어떻게 연결시켜줄 수 있는가?

타락한 세상에서 변화는 무거운 짐이 될 수 있다. 사람들이 자신의 삶에 새로운 깨달음과 헌신을 적용할 때에 그들은 그리스도 안에 있는 자신의 정체성과 내주하시는 성령의 임재를 계속 인식해야 한다.

상담 사역의 단순함과 광대함

만약 당신이 이 책을 몇 마디 말로 요약한다면 뭐라고 하겠는가? 인격적 변화의 전략에 관한 책이라고 말할지 모르겠다. 아니면 개 교회에서 이루어지는 상담 사역에 관한 책이라고 말할 수도 있겠다. 어떤 사람들은 이 책이 성경적인 원리를 삶의 문제에 적용하는 방법에 대한 것이라고 할 것이고, 또 다른 사람들은 교회에서 상담 사역의 필요성에 대해서 말하고 있다고 할 것이다.

이 모든 말이 옳기는 하다. 하지만 이 책은 무엇보다도 하나님의 말씀에 뿌리내린 매일의 사역을 수행하라는 요청이다. 우리는 전체 성경과 전체 삶과 전체 성도의 삶의 방식에 대해서 이야기했다. 하지만 이러한 삶의 방식은 성경을 문제 해결을 위한 백과사전으로 보는 것이 아니라, 우리가 인생의 여러 국면들을 다루는 방식을 바꾸는 관점을 하나님의 위대한 말씀 속에서 찾는다.

두 번째로 이 책은 하나님이 자신의 모든 자녀들을 그분의 대사로서 살도록 부르시고 그 위치에 두셨다는 믿음에 근거하고 있다. 그분의 부르심은 우리가 그분의 대표자로서 섬길 때에 우리의 매 순간과 각 인간관계에 주어진다.

마지막으로 이러한 삶의 방식은 단순히 전문가로서 사역하는 특별한 소수의 사람들만을 위한 것이 아니다. 하나님 나라 사역은 모든 교회의 성도들을 포함한다. 당신이 어린아이이거나, 결혼한 사람이거나, 이웃이거나, 친척이거나, 목회자이거나, 사장이나 종업원이거나, 교사이거나, 학생이거나 혹은 친구이거나 간에 당신의 모든 관계는 당신이 하나님의 대사로 부르심을 받았음을 나타내야 한다. 당신은 항상 그분의 말씀과 방법과 성품을 온전히 나타내기 위해서 노력해야만 한다. 하나님은 온전치 못한 자들을 돕기 위해 그분의 은혜의 말씀을 통해서 온전치 못한 자들을 보내셨다. 그래서 모든 심령들이 그분의 영광을 위해 살아가도록 교정하실 수 있다.

하나님의 대사로서 사는 삶의 핵심적인 진리들

지금까지 우리는 이러한 사역을 행하는 삶의 방식을 특징적으로 나타내는 여덟 가지 원리들과 관점들을 살펴보았다.

첫 번째 진리

하나님의 뜻대로 살아가기 위해서는 하나님과 그분의 진리가 필요하다(창 1:26; 딤후 3:16-17). 우리는 자율이나 자기 충족성의 환상을 버려야만 한다. 자기 자신의 힘만으로는 인생을 살아나갈 수가 없고 하나님이 우리에게 분부하신 일을 지킬 수도 없다. 우리가 주님께 절대적으로 의존해야 하는 것은 타락이 아니라 인간의 본성에 근거한다. 우리는 주님을 경배하고 그분께 의존하도록 창조되었다.

두 번째 진리

우리 각 사람은 하나님의 도구가 되어, 우리의 가족과 교회로부터 시작되는 다른 사람의 삶에 변화를 일으키라는 부르심을 받았다(엡 4:11-16; 골 3:15-17). 개인 상담 사역은 우리의 일차적인 인간관계 밖에서 일어나는 활동이 아니다. 오히려 하나님은 그분의 구속적인 사역을 행하실 때 이러한 관계들 속에서 우리를 사용하기를 원하신다.

세 번째 진리

우리의 행동은 우리 마음의 생각과 동기에 근거하고 있다. 사람들과 상황들은 말과 행동으로 속마음을 드러내도록 자극하고 있을 뿐이다(시 4:23; 눅 6:43-45; 막 7:20-23; 마 23:25; 약 4:1-10). 우리는 고통당하고 다른 이들의 죄로 인해 다치는 슬픈 현실을 부인하지 않으면서, 인간 행동에 대한 관점 가운데 인간의 악한 마음을 망각해버리는 것을 모두 배격해야만 한다. 대신에, 하나님이 은혜로 사람들의 마음을 바꾸시면서 그들의 삶도 바꾸실 것을 확신한다. 그러므로 개인 사역에서 어떠한 어려움이 따르더라도 항상 내담자의 마음이 목표가 되어야 한다.

네 번째 진리

그리스도는 우리에게 자신의 가르침과 방법과 성품을 따라서 그분의 대사가 되라고 요구하셨다(고후 5:14-21). 우리가 받은 부르심은 주변의 사람들에게 온 우주의 주인이신 주님을 나타내는 것이다! 하나님은 버림받고 거부되며, 낙심하고 반항하며, 자기에게 몰입하는 사람들을 받으셔서 하나님의 은혜로 권능을 부여받고, 그분의 영광으로 인해 마음이 뜨거워지는 자들로 만들고 계신다. 이보다 더 중요한 일이란 존재하지 않는다!

다섯 번째 진리

변화의 도구가 된다는 것은 사람들이 겪는 문제를 나누고, 그들의 고통을 이해하고, 그들에게 변화를 독려하면서 하나님의 은혜를 나타냄으로써 그리스도의 사랑을 구현하는 일을 포함한다. 우리는 서로 채워주는 것 이상의 관계를 추구해야 한다. 우리는 개개인에 대한 하나님의 변화 사역이 잘 일어날 수 있는 관계를 맺어야 한다. 이 일은 예수 그리스도가 우리에게 부어주신 사랑을 함께 나눔으로써 이루어진다. 우리는 하나님의 위로와 긍휼히 여기심을 전하는 동료로서 고통당하고 있는 자들에게 다가감으로써 이 일을 할 수 있다. 그리고 우리 마음을 변화시키시고 다른 이에게도 동일한 일을 행하실 은혜를 전하면서 다른 죄인에게로 다가감으로써 이 일을 행할 수 있다.

여섯 번째 진리

변화의 도구가 된다는 것은 다른 사람들에게 그들의 잘못된 전제들을 제거하게 하고, 마음을 드러낼 수 있는 좋은 질문을 하면서, 뚜렷이 성경적인 방식으로 정보들을 해석함으로써 사람들을 더욱 알아가고자 하는 것을 의미한다(잠 20:5; 히 4:14-16). 우리는 하나님의 사람들끼리 평범한 인간관계를 맺는 것만으로는 만족할 수가 없다. 우리는 정말로 그 사람들을 알게 되기를 바라고, 변화가 필요한 부분을 발견하기를 원한다. 우리는 스스로를 드러내지 않고는 대답할 수 없는 질문들을 묻는 법을 배운다. 그리고 성경의 잣대를 통해 그들에 대해서 알게 된 모든 정보들을 필요에 맞게 걸러낸다. 우리의 목표는 다른 사람들을 성경적으로 이해하는 것뿐만이 아니라 동일한 방식으로 그들이 스스로를 알게 되도록 돕는 것이다.

일곱 번째 진리

변화의 도구가 된다는 것은 사랑 안에서 진리의 말을 하는 것을 의미한다. 우리의 위로이자 부르심인 복음을 가지고 우리는 사람들이 하나님의 말씀 가운데 스스로를 바라보도록 도울 수 있고, 그들을 회개로 이끌 수 있다(롬 8:1-17;

갈 6:1-2; 약 1:22-25). 우리는 사람들에게 진리를 직면시키면서 깨달음의 도구이자 회개의 매개자가 되기를 원한다. 사람들은 문제 자체만을 바라보기보다 그들을 둘러싼 다른 사람들과 상황 속에서 문제를 바라보기 쉽다. 그것이 우리가 사랑으로 그들 앞에 하나님의 말씀을 놓아두어야 하는 이유다. 그럴 때에 그들은 자기 자신을 분명히 볼 수 있고 회개할 수 있다. 우리의 기도 제목은, 그들이 복음의 위로와 부르심에 응답하고 우리가 하는 말이 그들의 마음을 드러내고 변화시키는 것이다.

여덟 번째 진리

변화의 도구가 된다는 것은 책임 소재를 분명히 밝히고, 사랑 어린 책임 감독 체계를 제공하며, 그리스도 안의 정체성을 상기시킴으로써 하나님이 명하신 일들을 다른 사람들이 행할 수 있도록 돕는 것을 의미한다(빌 2:1-14; 벧후 1:3-9; 요일 3:1-3; 갈 6:2). 우리는 마음에 대한 통찰과 삶의 변화를 혼동해서는 안 된다. 성경적인 통찰을 얻는 것은 변화 과정의 중요한 부분이다. 하지만 그 자체가 변화는 아니다. 변화는 사람들이 하나님이 자신에게 행하라고 부르신 특별한 일이 있다는 것을 깨닫고, 믿음으로 그 일을 행하기 시작할 때 일어난다. 우리는 사람들과 함께하면서 지혜를 전해주고 인도하고 성경적인 책임 의식을 갖게 함으로써 이러한 과정을 행하도록 격려한다. 결국, 우리는 사람들이 하나님의 자녀라는 정체성이 가져다주는 모든 권리와 특권을 가지고, 그 정체성에 대한 정확한 인식에 따라 살아갈 수 있도록 돕는 일을 통해서 변화를 장려한다.

다른 사람들에 대한 우리의 사역을 형성하는 것은 성경적인 원리와 관점이다. 위대한 왕이신 주님은 우리를 부르시고 그 일을 위해서 우리를 준비시키실 것이다. 우리는 값을 주고 산 바가 되었으므로 우리의 삶은 우리의 것이 아니다. 은혜를 받는다는 것은 다른 사람에게 은혜의 전달자가 된다는 것을 의미한다. 고통을 겪어보았다는 것은 우리가 고통받는 다른 사람들을 위로할 수 있게 되었다는 것을 의미한다. 변화된다는 것은 다른 사람의 변화를 위해 하나님의 대사가 된다는 것이다. 이러한 측면에서 볼 때 이보다 더 의미 있는 삶이란 존재하지 않는다! 우리는 이 계획에 동참하게 된 것에 대해 깊이 감사해야만 한다. 그렇지만 당신은 이 책에서 설명하고 있는 삶을 살아갈 수 있을지 의문이 생길 것이다. 어쩌면 모든 세부적인 것들과 방법들과 기술들이 어리둥절할지 모른다. 당신이 자신의 마음에 대해서 알게 된 것에 완전히 압도되어버렸을지도 모르겠다.

나는 이러한 내용에 대해 가르치는 것을 마무리할 때에 항상 두 가지가 머릿속에 떠오른다. 첫째로 나는 성경적인 상담 사역의 단순성에 대해서 놀란다. 그것은 전문적인 중재자에게 필요한 비밀스런 기술이 아니라, 하나님의 모든 자녀들에게 그분이 다른 사람의 삶 속에 행하시는 일들에 동참하라는 단순한 요청이다. 그것은 다른 사람들과 함께 겸손하고 정직하게 구속적인 공동체에서 사는 것이며, 예수 그리스도가 사랑하신 대로 사랑하는 것이며, 다른 사람들을 겉으로만 아는 것 이상으로 정말로 알아가는 것이다. 그것은 다른 사람들에게 진리를 이야기해줄 수 있을 정도로 그들을 사랑하는 것이고, 하나님의 말씀의 거울을 통해 그들 자신을 바라볼 수 있도록 돕는 것이다. 그리고 그것은 다른 사람들과 함께하면서 하나님이 그들에게 행하라고 명하신 일들을 행하도록 돕는 것이다. 이는 기본적으로 성경적인 성도의 교제를 나누면서 살라는 단순한 부르심이다! 정말 부끄러울 정도로 단순하게 다음과 같이 정리할 수 있다. 사람들을 사랑하라. 그들을 알라. 그들의 삶에 대한 진실을 말하라. 하나님이 그들에게 행하라고 요구하신 일들을 하도록 그들을 도우라.

이와 함께 말로 형용할 수 없는 개인 상담 사역의 위대함이 있다. 하나님은 인간의 영혼이라는 캔버스 위에 자신의 은혜를 그려나가신다. 어느 날 우리는 영광 가운데 거하시는 주님과 함께 서서 캔버스 위에 그려진 것을 바라본다. 그럴 때 우리는 다른 어떤 일도 할 수가 없고 다만 경배를 드릴 뿐이다. 그 모든 일에서 우리의 역할은 무엇일까? 우리는 하나님의 붓이다. 그분은 우리를 그분의 은혜의 팔레트에 적시기를 원하시고, 또 다른 영혼 속에 주의 선하심을 더 많이 그리기를 바라신다. 여기서 문제는 이것이다. "우리는 주님의 손에서 사용하기 편한 부드러운 붓인가?" 딱딱하고 메마른 붓은 색을 제대로 찍어낼 수가 없고 아름다워야 할 표면을 오히려 손상시킬 뿐이다. 나는 당신이 그 캔버스가 다 완성될 때까지 계속 그림을 그리실 구원자의 손에 들려 있는 부드러운 붓이 되는 데 이 책이 도움이 되길 소원한다.

마지막 날 우리가 그분 앞에 서서 온 우주의 지극히 영광스러운 캔버스의 전율할 만한 아름다움을 바라보게 될 때에, 하나님의 목소리가 우리의 드리는 찬양 가운데 다음과 같이 놀랍고 오묘한 말씀으로 울려 퍼질 것이다. "잘하였도다. 착하고 충성된 종들아!" 그리고 나서 우리는 지금껏 행한 사역의 매 순간이 결코 헛되지 않았다는 것을 알게 될 것이다. 우리는 이제껏 존재해왔던 모든 일 가운데 가장 중요하고 영원하며 아름다운 일의 한 부분이 되었다는 것을 알게 될 것이다. 그것은 바로 구원이다. 우리는 이 찬양 가사의 실재를 경험하게 될 것이다.

> 누가 이 하나님의 보좌 앞에 늘어선
> 빛나는 별들과 같겠는가?
> 각각 금 면류관을 쓴
> 이 모든 영광스러움을 입은 자들은 누구인가?
> 귀를 기울여보라. 그들이 노래하네. 여호와를 찬양하라!
> 자신들의 하늘의 왕께 소리 높여 경배하네.

누가 이 하나님의 진리 가운데 펼쳐진

눈부신 광채와 같겠는가?

순결한 세마포 옷으로 휘감은

결코 바래지 않는 광채로 뒤덮인

결코 시간의 무례함에 방해받지 않는

이 모든 영광스러운 자들은 어디서 왔는가?

이들은 그들을 구원하신 자의

영예로운 이름으로 만족하며

삶이 다할 때까지 최선을 다하며

죄악된 무리에 따르지 아니하는 자들이다.

이들은 끝까지 싸우므로

어린양을 통해 승리를 거둔다.

이들은 마음이 찢겨진 자들이며

저주와 고민으로 쓰라림을 겪는 자들이며

기도로서 충만한 마음이 되살아남은

그들이 영광 돌리는 하나님을 통해 주어진다.

이제 그들의 고통스런 갈등은 끝이 나고,

하나님은 그들이 더 이상 눈물 흘리지 않게 하신다.

제사장과 같은 이들은 눈을 들어 살피며 기다린다.

그리스도께 자신의 의지를 드리기 위해서

영혼과 몸이 성별되고

낮과 밤이 여전히 그분을 섬기며

이제 하나님의 지극한 영광의 처소 위에서

그분의 얼굴 앞에 서 있는 자들이여 복이 있을지어다.[1]

이러한 것들이 하나님의 충성스러운 자들이 기다리는 그분의 보상이다. 부디 이것들로 인해 당신이 위대한 왕이신 주님을 더욱 잘 섬길 수 있게 되기를 소원한다!

3부

영적 깊이를 더하는
성경적 상담의 돌봄
(부록)

1장. 자료 수집에 대한 새로운 관점으로 닫혔던 눈 뜨기 2장. 자료 수집을 통해 반드시 얻어야 하는 것 3장. 전략적인 자료 수집 방법 4장. 본질적 교리가 담긴 상담 과제 5장. 과제와 연관된 상담의 네 가지 측면

1장 Instruments in the Redeemer's Hands

자료 수집에 대한 새로운 관점으로 닫혔던 눈 뜨기

셀리아(Celia)는 '인간관계에 대해서 도움을 얻기 위해' 상담을 받으러 왔다. 그녀는 자기 자신이 '어딜 가나 따돌림을 받는다'고 하면서 눈물을 흘리며 단 한 명의 '진실한 친구'를 찾지 못하는 자신의 신세를 한탄하였다. 이런 상황에서 하나님은 너무나 멀리 계신 듯 느껴졌지만, 셀리아는 애처롭게도 자신이 '그렇게 나쁜 사람이 아니라고' 주장하고 있었다. 분명 그녀는 그렇게 치명적인 고통을 받을 만한 사람이 아니었다.

나는 셀리아에게 공감했지만 또한 그녀가 자기 자신을 돌아볼 수 있도록 도와주어야만 했다. 그런 따돌림은 그녀의 삶에서 중요한 문제였기 때문에 나는 그 문제를 일으키는 다른 이유가 있는지 함께 살펴보자고 제안했다. 그러자 셀리아는 즉시 방어적인 태도를 보였다. 상담자로서 내가 이 다음에 해야 하는 행동은 무엇이었을까? 나는 셀리아에 대해서 좀더 많은 것을 알아야만 했지만 그러나 더 중요한 것이 있었다. 그녀는 자기 자신에 대해서 좀더 많이 알아야만 했던 것이다. 그 상황에서 반드시 뚫고 지나가야만 하는 자기 자신에 대한 무지함이라는 벽이 있었다. 만약 그렇지 못하다면 셀리아는 결코 제대로 된 상담을 받을 수가 없었다. 셀리아는 상처받고 좌절하며 지친 상태였지만 자기 자신에 대한 무지함 때문에 문제 해결에 나설 준비가 되어 있지 않았다.

죄의 비극적인 결과 가운데 하나는 자신의 마음에 무지하다는 것이다. 그것은 모든 사람들의 보편적인 문제다. 또한 그 점이 성경적 상담을 어렵게 만드는 이유다. 무지함은 자료 수집 과정을 완전히 바꾸어버린다.

죄는 속이는 것이고 타락한 인간은 너무나 자연스럽게 자기 자신의 문제를 간과해버리기 때문에 자료 수집은 항상 다음과 같은 두 가지 목표를 추구해야만 한다. 첫 번째, 그 과정은 지혜로운 성경적 충고를 주는 데 필요한 자료를 상담자에게 제공해야 한다. 그렇지만 이보다 더 근본적인 두 번째 목표는 우리가 너무나 오랫동안 자기 자신에 대해서 무지했던 자들의 눈을 뜨게 하는 메시아의 도구가 되어야 한다는 점이다.

닫혔던 눈을 뜨게 하는 것은 그리스도의 메시아적 사명의 본질이다. 오실 메시아를 이미 오래전에 바라본 이사야는 이렇게 말했다. "그때에 소경의 눈이 밝을 것이며 귀머거리의 귀가 열릴 것이며"(사 35:5). 하나님은 이후에 약속하신다. "내가 소경을 그들의 알지 못하는 길로 이끌며 그들의 알지 못하는 첩경으로 인도하며 흑암으로 그 앞에 광명이 되게 하며 굽은 데를 곧게 할 것이라 내가 이 일을 행하여 그들을 버리지 아니하리니"(사 42:16).

메시아는 보지 못하는 죄인들의 눈을 밝혀서 분명히 볼 수 있게 해주실 수 있는 유일한 분이다. 이사야는 그 죄인들을 이렇게 묘사하였다.

> "그러므로 공평이 우리에게서 멀고
>
> 의가 우리에게 미치지 못한즉
>
> 우리가 빛을 바라나 어두움뿐이요
>
> 밝은 것을 바라나 캄캄한 가운데 행하므로
>
> 우리가 소경같이 담을 더듬으며
>
> 눈 없는 자같이 두루 더듬으며
>
> 낮에도 황혼 때같이 넘어지니"(사 59:9-10).

예수 그리스도는 산상 설교에서 우리에게 그분의 메시아적인 사명에 동참하는 사명을 부여하신다. 그 사명은 진리의 빛을 죄의 어두움을 향해서 비추는 것이다. 이것이 바로 우리가 상담 가운데 추구해야만 하는 것이다. 우리의 목표는 여러 인간관계와 상황 속에 존재하는 어두움을 드러내는 것뿐만이 아니라 내담자의 마음속의 어두움을 드러내는 것이다. 그리하여 복음이 적용되게 해야 한다.

모든 내담자는 어떤 면에서 '소경같이 담을 더듬는 자'와 같다. 우리는 자료를 수집할 때 이 점을 진지하게 생각해야 한다. 내담자들이 하나님의 말씀의 거울로 스스로를 비추어볼 수 있도록 도와야 한다. 나는 그들이 결코 묻고 싶어하지 않을 질문들을 물어보고, 그들이 결코 알고 싶지 않은 것들을 알게 하기를 원한다. 나의 질문은 사람들과 그들의 문제에 대한 성경적인 관점을 따라 진행될 것이다. 그러면 어둠 속에서 더듬기만 했던 지난날의 어리석음을 끝내려고 애쓰는 동안 메시아의 모습을 닮아가게 된다. 나는 단순히 나의 결론을 말해주고 그치는 것이 아니라 그동안 못 보던 것을 명확하게 볼 수 있도록 돕는다. 바로 성경적인 확실성과 깊이를 가지고 마음의 생각과 동기를 보도록 하는 것이다.

여기서는 자료 수집에서 '닫혔던 눈을 뜨게 하는' 기능에 초점을 맞추고 있다. 우리는 모든 죄인들이 경험하고 있는 영적 어두움의 본질을 살펴볼 것이다. 그리고 하나님의 도구로서 우리의 역할을 감당하기 위해서 우리가 해야만 하는 일이 무엇인가를 살펴볼 것이다.

영적 어두움의 가면

육체적으로 눈이 먼 것과 영적으로 눈이 먼 것에는 차이점이 있다. 전자는 확연하게 알 수 있는 데 반해 후자는 대개 잘 알아차리지 못한다는 것이다. 육체적 눈이 어두운 사람은 자신의 처지에 대해서 너무나 잘 알고 있다. 그러나 영적 눈이 어두운 사람은 자신의 상태를 알아차리지 못할 뿐만 아니라 자신이 훌륭한 시각을 가지고 있다고 믿어 의심치 않는다. 영적 어두움의 가장 근본적인 부분은 자신의 어두움에 대해서 잘 모른다는 것이다.

영적 맹목성은 모든 죄인들과 모든 내담자들의 현재 상황이다. 그러나 자신의 어두움이 하나님과 다른 사람들과 자신의 상황을 바라보는 관점에 영향을 미치고 있다는 것을 아는 사람은 거의 없다. 그들은 로마서 1장에 나오는, 실제로는 어리석은 자들이나 스스로는 지혜롭다고 생각하는 자들과 같다. 그들은 그 마음의 생각이 실제로는 어리석고 공허할지라도 자신들이 잘 생각하고 있다고 확신한다.

영적 어두움은 스스로 속이는 것이다. 이 점은 사도 요한이 라오디게아 교회에 편지를 쓸 때 말한 것과 같다. "네가 말하기를 나는 부자라 부요하여 부족한 것이 없다 하나 네 곤고한 것과 가련한 것과 가난한 것과 눈먼 것과 벌거벗은 것을 알지 못하도다"(계 3:17). 영적 어두움은 다른 것으로 위장하기 때문에 기만적이다. 우리가 닫혔던 눈을 뜨게 하는 하나님의 도구가 되려고 한다면, 영적 어두움이 쓰고 있는 그 전형적인 가면을 인식해야 한다. 다음은 그런 기만적인 모습의 대표적인 것들이다.

'자기 자신에 대해서 정확하게 이해하고 있다' 는 가면

셀리아는 스스로를 잘 안다고 생각했다. 그녀는 자신의 삶에 일어난 일에 대해서 자기가 어떤 책임이 있을 수 있다는 말을 듣고 불쾌해했다. 하지만 그것은 자신의 실제 모습을 알 수 있는 성경의 온전한 거울(약 1:22-25) 앞에서 단지 자기 자신이 보고자 하는 부분만 의도적으로 보려고 할 때에 일어나는 일이다.

우리가 만나는 대부분의 내담자들은 자기 자신에 대해서 왜곡된 관점을 가지고 있다. 왜냐하면 그들이 바라보는 거울은 놀이 공원에 있는 카니발 거울(형상이 찌그러져보이는 거울)과 같다. 자기 자신을 비추어보기는 했지만 보이는 상은 왜곡되고 찌그러진 것이다. 자기 자신을 보기는 하지만 자신의 실제 모습이 아닌 것이다.

바로 이것이 많은 내담자들에게서 나타나는 문제다. 자기 자신에 대한 그들의 개념은 다른 사람의 견해나 성공에 대한 문화적인 관점 혹은 대중 심리학이나 과거의 경험(그 원인은 계속 열거될 수 있다)이라는 카니발 거울을 들여다봄으로써 생겨났다. 내담자들은 자신의 자아상이 왜곡되어 있다는 것을 알지 못한다. 그는 하나님의 말씀을 알고는 있지만 그것을 종교적인 생각들이 축적된 백과사전이나 경건의 도구 정도로 사용해왔을 뿐이다. 심지어는 선포되는 설교 말씀을 들을 때조차도 거기서 드러나는 자기 자신의 모습을 전혀 알아차리지 못한다. 해석되는 이야기와 원리들을 듣기는 하지만 그 구절들에 비친 자기 자신은 발견하지 못하는 것이다.

'자신은 피해자일 뿐이다' 라는 가면

셀리아는 다른 사람들에게 계속 괴롭힘당한 이야기를 매우 자세하게 할 수 있었다. 그녀의 초점은 다른 사람들이 자신에게 어떻게 행동했는가에 맞추어져 있었다. 영적 어두움이 어떻게 스스로를 피해자라고 속이고 있는지를 보여주는 비유로 마태복음 7장에 나오는 '티와 들보' 비유보다 더 효과적인 것이 없다. 말 그대로 자신은 너무나 커서 밖으로 삐져나온 들보를 가지고 다니면서 다른 사람의 눈에 있는 티를 못 견디는 사람을 한번 상상해보라! 그는 자신이 가해자라는 사실을 알지 못하고 오직 피해자라는 생각에만 사로잡혀 있다. 그래서 그가 원하는 변화라는 것은 자기 자신을 제외한 외부의 변화일 뿐이다.

'시련과 훈련 가운데 있다' 라는 가면

셀리아는 자기 자신과 스스로의 죄에 대해서 정확하게 이해하지 못하고 있었다. 그래서 자신의 선택과 행동으로 인한 자연스러운 결과를 '시련'이라고 부르는 경향이 있었다. 하지만 사도 바울은 이렇게 말했다. "스스로 속이지 말라 하나님은 만홀히 여김을 받지 아니하시나니 사람이 무엇으로 심든지 그대로 거두리라 자기의 육체를 위하여 심는 자는 육체로부터 썩어진 것을 거두고 성령을 위하여 심는 자는 성령으로부터 영생을 거두리라"(갈 6:7-8).

대부분의 내담자들이 뿌린 대로 거둔다는 수확의 원리를 이해하고 있지 않기 때문에, 결과적으로 얻게 된 것을 볼 때 자신들이 뿌린 씨앗의 수확물로서 생각하는 것이 아니라, 자신들에게 합당하지 않는 고통스러운 시련이라고 생각한다.

또한 죄인으로서 인간은 창조자에 대한 경배와 섬김을, 이 세상 피조물에 대한 경배와 섬김으로 바꾸려는 경향이 있기 때문에(롬 1:25), 창조자 하나님이 각 상황에서 행하시는 좋은 것들을 놓치곤 한다. 그러면서 그들은 이 세상 피조물에게서 기대했던 것을 얻지 못한 것에 집착한다. 시련은 내게 유익이 되는 것을 위험에 처하게 하기 때문에 시련이 된다. 하늘에서 내렸던 만나는 이스라엘 사람들에게 시련이 되었다. 왜냐하면 그들은 그런 양식이 의미하는 언약적인 사랑에 초점을 맞추지 않고, 애굽에서 먹던 음식의 맛과 비교를 하였기 때문이다!

영적 맹목성에 빠져 있는 내담자들은 자신들의 행동으로 인한 결과를 '시련'이라고 하고, 하나님이 주신 좋은 것들은 '시험'이라고 한다. 그들은 하나님이 자신들의 구속적인 선을 위해 시련을 보내셨다는 사실을 알지 못할 것이다. 오히려 자신들이 하나님께 사랑받는 자요 그 모든 환경 속에서 그분의 아들의 형상을 닮아가고 있는 자라는 것을 알지 못한 채, 자기 자신이 어려움을 겪도록 선별되었다고 생각한다. 그들에게 인생은 결코 공평하지 않다. 고통은 구속적인 목적을 갖고 있지 않으며, 하나님이 자신들을 사랑하지 않는다는 표식으로 여길 뿐이다.

'자신에겐 그것이 꼭 필요하다'는 가면

셀리아는 스스로를 도움이 필요한 자라고 보았다. 그녀는 자신이 어떤 좋은 것도 누리지 못한 채 평생을 살아온 자라고 단정 지었다. 그녀는 종종 이렇게 말했다. "만약 내가 ___만 가지고 있었다면, ___을 할 수 있었을 텐데." 그녀가 생각하는 필요라는 것은 그녀 주변을 둘러싸고 있는 문화의 필요만큼 모호했다. 하지만 자신의 삶에 대한 해석은 상당 부분이 필요라는 견지에 근거하고 있었다. 본질적으로 그녀는, 자신의 삶의 문제가 자신에게 필요한 것이 충족되지 않았기 때문에 생겨났다고 말하고 있었던 것이다. 그녀는 인생을 해석하면서 고전적인 문구인 '만약 …했었다면'에 빠져 있었다.

셀리아가 보지 못했던 것은 자신의 곤궁한 처지는 사실 죄의 비극적인 결과와 관련되며, 이는 하나님을 경배하는 자의 모습에서 멀어지게 하고 '육체의 욕심을 따라 지내며 육체와 마음의 원하는 것을 하는'(엡 2:3) 자로 만든다는 사실이었다. 그녀의 곤궁함은 지금 그녀가 잃어버리고 있는 것이 무엇인가에 대해서보다는 그녀가 어떠한 자인가에 대해서 더 많은 것을 나타내고 있었다. 셀리아가 필요하다고 생각하는 것은 다른 사람들의 배신보다는 그녀 마음의 정욕을 더 많이 나타내 보이고 있었다. 그녀에게 정작 필요한 것은, 이전에 한 번도 간절히 원했던 적이 없었던 분, 바로 하나님이었다. 만약 당신이 어떤 사람에게 중요한 것을 정말 이해하고자 한다면, 그가 어느 부분에서 필요를 느끼고 있는가를 살펴보라. 그가 가치를 두는 것은 욕구이고, 욕구는 요구가 되며, 그 요구가 상담에서는 '필요'로 표현된다.

셀리아는 자신의 우주에서 그녀 자신이 태양과 같았다는 것과, 삶의 모든 것을 자신에게 무엇이 제공되는가의 관점에서 보아왔음을 전혀 깨닫지 못하고 있었다. 그녀는 자신이 그런 '필요의' 관점을 경험하는 모든 상황에 적용했고, 그것이 모든 상황과 관계를 만들어갔다는 사실에 완전히 무지하였다. 그녀는 은밀한 요구를 가득 품고 각 상황으로 들어가, 자신의 필요를 무시하는 것처럼 보이는 사람에게는 강한 비난과 분노로 반응하였다. 그녀는 자신의 곤궁함이 주변 사람들의 이기심과 불친절함을 단적으로 나타내는 증거라고 생각했지만, 사실은 자기 중심적인 관점이 얼마나 강한지를 보여줄 뿐이었다.

'자신은 지혜로운 상담을 받았다'는 가면

모든 내담자들처럼 셀리아에게도 조언해주는 사람들이 많았다. 하지만 욥과 같이 그녀가 받은 많은 충고들은 별로 도움이 되지 않았다. 그것들이 성경적이지 않았기 때문에 도움이 되지 않았던 것이다. 하지만 셀리아는 잠깐 동안이지만 그들의 말을 통해서 위로를 얻을 수 있었다.

그녀는 상담을 받으러 자기 발로 나를 찾아왔음에도 불구하고 도리어 주변 사람들에게서 주워들은 '지혜'를 내게 전달하곤 하였다. 하지만 자신의 인생관에 동의하는 사람들의 이야기만을 언급하였고 그것을 통해 자신의 결정이 옳다는 것을 강변하였다. 자기 생각에 동의하지 않는 사람들의 이야기는 언급하지 않았던 것이다.

영적 어두움을 지칭하는 또 다른 성경 용어는 '어리석은 자'다. 셀리아가 받았던 '지혜로운' 상담은 사실은 어리석은 것이었다. 그것은 오직 그녀 자신에게만 지혜로운 것처럼 보였다. 왜냐하면 삶의 실제 문제에 대해서는 무지했기 때문이다. 잠언은 어리석은 자는 '지혜를 사려고 하지 않는다'고 말한다(잠 17:16). 셀리아는 사실은 자기의 관점을 지지해주는 근거를 찾고 있었으면서도 겉으로는 지혜로운 상담을 찾고 있다고 생각하였다.

'자신만의 통찰이 있다'는 가면

대부분의 사람이 그렇지만 셀리아도 항상 자신의 인생에서 어떤 의미를 발견하고자 애를 쓰고 있었다. 그녀는 과거에 있었던 일과 그 일에 대해서 자신이 했어야 하는 일을 잘 이해하기 위해 삶의 의미를 여러 가지 범주로 조직화하기를 원했다. 그녀는 많은 시간을 들여 있었던 일들을 분석하면서 그 일이 매우 유익하다고 느꼈다. 그러나 그녀의 탐구는 특정한 결론을 내리는 것이 아니었다. 내가 셀리아의 해석에 대해서 의문을 제기하기 시작한다면, 곧 긴장이 감돌 것이다.

영적인 어두움은 지혜로 가장할 수도 있다! 지적으로 뛰어나고 상당히 분석적인 것이 반드시 지혜롭다는 것을 의미하지는 않는다. 진정한 지혜는 겸손으로부터 시작된다. 그것은 나에게 필요한 모든 것을 내가 완전히 가지고 있지 않다는 것을 인정하는 것이다. 우리는 오직 하나님의 말씀 속에서만 발견될 수 있는 진리를 추구하는 자가 되어야만 한다. 진정한 통찰은 분석적인 것에서 나오는 것이 아니라 성경적인 것에서 나온다. 시편 기자의 말을 한번 들어보라.

"주의 계명이 항상 나와 함께하므로
그것이 나로 원수보다 지혜롭게 하나이다
내가 주의 증거를 묵상하므로
나의 명철함이 나의 모든 스승보다 승하며
주의 법도를 지키므로
나의 명철함이 노인보다 승하나이다"(시 119:98-100).

셀리아는 자신의 통찰이라는 것이 그녀가 처한 상황보다는 그녀의 마음에 대해서 더 많은 것을 보여주고 있다는 사실에 무지하였다. 그녀의 통찰은 그녀의 주변에서 일어나고 있는 일들에 대한 해석을 왜곡하는 마음의 욕구로부터 나온 것이었다. 그것은 객관적 분석이라기보다는 욕구에 지배되는 관점이었다. 그러므로 그것은 신앙의 표현이 아니라 우상 숭배하는 마음의 표현이었다. 하지만 셀리아는 그 어떤 것도 알아차리지 못했다. 왜냐하면 영적 어두움이 통찰이라는 가면을 쓰고 있었기 때문이다.

'가치관'의 가면

셀리아는 중요한 것이 무엇인지를 스스로 알고 있다고 했지만, 나는 그녀의 이야기를 계속 들으면서 그녀를 움직이는 것은 그녀가 말하고 있는 가장 중요한 것이 아니라는 점을 확신하게 되었다. 여기서 다시 한 번 셀리아는 무지하였다. 그녀는 자신의 상황을 판단하였고 자신의 가치관에 따라 행동했지만 문제는 계속되었다. 이것이 그녀를 더욱 좌절하게 만들었고, 혼란스럽게 했다.

셀리아의 행동의 동기가 되었던 가치들은 전부 인간관계와 관련되었다. 그녀는 우정과 존중과 용납과 사랑을 가장 중요한 가치라고 보았고, 거부나 외로움, 그로 인해 생겨나는 낮은 자존감을 피하기 위해서 할 수 있는 모든 일을 다 했다. 그러나 그녀가 사람들의 반응을 살피며 그들을 만족시키려고 애쓰면 애쓸수록 더 화가 났다. 그녀는 암묵적인 요구 사항의 긴 목록을 가지고 사람들과의 관계를 꾸려나갔지만, 사람들이 그 요구 사항을 만족시키지 못할 때에 자신이 얼마나 그들을 비판적으로 대하며 용서하지 못했는지를 알아차리지 못했다. 마태복음 6장은 우리가 귀중하게 여기는 것이 우리의 마음을 지배할 것이고, 우리의 마음을 지배하는 것이 행동을 지배할 것이라고 하였다. 다른 말로 하면 우리는 모두 자신에게 귀중한 것을 얻고 유지하며 즐기기 위해서 살아간다는 것이다.

셀리아의 문제는 그녀의 가치관에 있었다. 그녀는 자신의 정체성을 사람들에게 좌우되는 것으로 만들어버렸다. 그녀는 계속해서 좌절하고 실패했다. 왜냐하면 그녀를 자신에게로 부르시는 하나님은 다른 일을 행하고 계셨기 때문이다. 그분의 초점은 인간관계에 있는 것이 아니라 셀리아 자신에게 있었다. 그녀는 그분의 아들의 형상으로 변화될 사람이었다.

내담자가 흔히 자신의 어두움을 깨닫지 못하는 이유는 그것이 옳고 그름에 대한 열정적인 감각으로 가려지기 때문이다. 수년 동안 폭력적인 반응으로 가족들에게 아픔을 주어왔던 강퍅한 사람은 가족과 분리됨으로써 자신이 잃어버린 것들을 비로소 보게 된다. 그에게 중요한 것은 자신의 자녀들을 만나볼 수 있는 권리와 자신이 산 집에서 살아가는 것이었다. 그는 상담을 하는 동안 계속 이렇게 이야기했다. "이건 옳지 않아요. 공평하지 않다구요!" 그러나 온전한 가정의 모습으로 회복되기 위해서 자신이 바꾸어야 할 부분에 대해서는 전혀 무지하였다.

남편의 냉담함과 거리감으로 인해 힘들어하던 부인이 있었다. 그녀는 상담자가 자신의 남편을, 자기를 귀중하게 여기는 사람으로 변화시켜주기를 원했다. 하지만 자신의 끊임없이 비판적인 태도에 대해서는 무지하였다. 그 남편은 그로 인해 그녀를 멀리했던 것이다. 그러면서 오히려 상담자가 변화가 필요한 사람으로서 자신에게 초점을 맞추기 시작하자 불쾌하게 느꼈다. 그녀는 하나님이 자기 자신 속에서 역사하기를 원하시는 영원히 가치 있는 일들에 대해서는 완전히 무지하였던 것이다.

'신학적 지식'의 가면

셀리아는 성경의 내용과 교리에 대해서 많이 알고 있었다. 내가 사용한 성경 신학 용어 중에서 그녀에게 생소한 것은 거의 없었다.

하지만 불행하게도 그녀가 가진 신학적 지식들은 그녀에게 네 가지 영향을 미치고 있었다. 첫 번째로 그것은 삶에 대한 해석에 자신감을 불어넣고 있었다. 그녀는 자신의 생각과 행동은 자신의 신앙으로부터 나온다고 확신하였다. 두 번째로 그것은 성숙의 정도를 평가하는 마음을 심어놓았다. 셀리아는 스스로가 성숙한 신앙인이라고 생각하였고, 누군가 자신을 성경의 기본적인 가르침이 필요한 자로 대하면 상당히 불쾌하게 생각하였다. 세 번째로 상담 과정에서 그녀의 지식은 다음과 같은 태도를 갖게 만들었다. '나는 이미 알고 있고 벌써 실천해보았다.' 네 번째로 문제의 원인은 자신의 잘못이 아니라는 생각을 하게 되었다. 따라서 자신이 겪는 어려움의 원인을 그녀의 외부에서 찾았다. 그녀가 가지고 있는 지식은 그녀 자신의 책임감과 죄에 대한 확신을 흐릿하게 만들었다.

중요한 사실은, 셀리아가 자신의 신학을 고통에서 의미를 발견할 수 있는 방식으로 일상생활에 적용할 수가 없었다는 점이다. 그녀는 지혜 없는 여인이었고, 자신이 영적으로 성숙하지 못하다는 사실에 대해서도 무지하였다. 영적인 성숙은 매일의 삶 속에서 진리를 실천하는 데서 나오는 것이지 머릿속에 있는 진리를 앎으로 나오는 것이 아니다(히 5:11-14). 그렇지만 셀리아는 자신을 담당하고 있는 그리스도인 상담자는 자기가 이미 알고 있는 것들을 반복하고 있을 뿐이라고 확신하였다.

잘못된 질문을 제기하는 셀리아의 경향은 이런 의미의 신학적인 근거로 무장되어 있었다. 그녀의 질문은 자신의 상황에 대한 더 깊은 이해나 하나님 안에서의 더 큰 소망이나 변화를 위한 실천적인 계획으로 이끌지 못했다. 여기에는 우리가 이후의 글에서 좀더 깊이 다루게 될 원리가 있다. 그것은 통찰력 있는 사람들은 그들이 올바른 대답을 가지고 있기 때문이 아니라 그들이 올바른 질문을 하기 때문이라는 것이다. 만약 당신이 올바른 질문을 하지 않는다면 결코 올바른 대답을 얻을 수 없을 것이다. 셀리아는 끊임없이 자신이 논리적으로 막다른 골목에 처했다고 생각했기 때문에 소망을 잃어버리고 점점 더 의기소침해지는 결과를 낳고 말았다.

여기 셀리아가 던졌던 잘못된 질문들의 예가 있다. 그녀는 이렇게 말하고 있었다. "나는 기도하고 또 기도했습니다. 성경도 많이 읽었습니다. 그러나 하나님은 나를 도와주시지 않아요. 그분은 내 기도에 응답하시지 않았다구요." 그러고 나서 이렇게 질문하였다. "하나님은 왜 나의 삶에서 역사하지 않으시지요?" 이것은 비성경적인 시각에 입각한 어리석은 질문이다. 이것은 결코 질문자를 올바른 방향으로 인도해주지 못한다.

셀리아의 질문은 그녀를 두 가지 대답으로 인도하였다. 때로 그녀는 하나님이 역사하시지 않는 이유는 단지 그분이 자신을 사랑하시지 않기 때문이라고 결론을 내렸다. 그분은 그녀의 하찮은 삶에 대해서 걱정하시는 것보다 더 중요한 일을 많이 하셔야 하는 것이다. 그녀가 또 다른 이유로 결론을 내린 것은,

하나님은 그녀가 비참한 죄인이기 때문에 그 죄에 대한 처벌로서 그녀의 삶에 역사하지 않으신다는 것이다. 좋지 못한 질문에 대한 안 좋은 대답은 나쁜 열매를 맺는다. 욥의 불성실한 세 친구처럼 셀리아는 인생을 성경적으로 해석하게 하는, 신학적 지식에서 실제 상황에 이르는 다리를 세우지 못했던 것이다.

셀리아의 질문을 성경적으로 검토해보기 위해서는 다음과 같은 성경적인 전제로부터 출발해야만 한다. 하나님은 인간의 삶에 적극적으로 동참하신다는 것이다(시 46편; 롬 8:18-39). 왜 그분이 역사하시지 않는가를 묻는 것은, 사실이 아닌 것을 전제로 하는 질문이다. 참된 결론은 잘못된 전제로부터 나올 수 없다. 더 좋은 질문을 하는 방법은 이렇게 묻는 것이다. "하나님은 내 삶에 구속적으로 역사하고 계신다. 그렇다면 그분이 행하시는 것은 무엇이며 왜 나는 그것을 깨닫지 못하고 있는가?" 이러한 질문을 통해 우리는 성경적인 변화와 좋은 열매를 맺는 삶과 더 큰 통찰에 이를 수 있다.

'개인적인 거룩' 이라는 가면

셀리아가 거룩이라는 성경적인 용어를 사용해서 말하지는 않았지만 그녀는 자신이 경건하다고 생각하고 있었다. 그녀는 자신이 올바른 것을 원하였고, 올바른 일을 했지만, 왜 이렇게 일이 잘못되어버렸는지 알 수가 없었다. 개인적인 거룩에 대한 그녀의 믿음은 율법주의적인 자기 의로움에 근거하고 있었는데, 사실 그것은 "내가 거룩하니 너희도 거룩하라"(레 11:44)는 하나님의 말씀과는 전혀 상관이 없었다.

셀리아는 자신이 전형적인 바리새인이었다는 사실에 무지하였다. 바리새인처럼 그녀는 하나님의 율법을, 행할 수 있는 인간의 기준으로 축소시켜버렸다. 그녀가 강조했던 것들은 그리스도께 의지하는 것을 중요시 여기지 않았다. 그것들은 마음에 대해서 아무것도 요구하지 않는 외면적 행동의 기준일 뿐이었다. 그녀는 복음이 천국이나 지옥에 대한 것이라고만 생각했다. 그녀는 자신의 삶에서 그리스도의 구속적 능력이 지금 필요하다는 것을 느끼지 못했다. 왜냐하면 그녀가 갖고 있었던 '의로움'이란 인간적 수단으로 획득할 수 있는 것이었기 때문이다.

그녀는 계속해서 별로 중요하지 않은 것을 중요하게 생각하였고 그런 것들을 이루었다는 데서 긍지를 느꼈지만, 율법의 더 중요한 문제들은 무시해버렸다. 그녀는 깨끗이 정리된 자신의 집과 철저한 시간 준수, 모든 친구들의 생일을 기억하는 능력, 많이 읽은 기독교 서적, 재정적으로 깨끗한 것, 자발적으로 봉사하고자 하는 자세 등에서 자긍심을 가졌다. 하지만 그녀는 질투가 많았고 쉽게 화를 냈으며 남을 판단하고 비통해하며 원한을 품고 관용을 베풀지 않았다.

예수 그리스도는 자신의 제자들에게 말씀하셨다. "내가 너희에게 이르노니 너희 의가 서기관과 바리새인보다 더 낫지 못하면 결단코 천국에 들어가지 못하리라"(마 5:20). 또한 바리새인들에게는 이렇게 말씀하셨다. "화 있을진저 외식하는 서기관들과 바리새인들이여 너희가 박하와 회향과 근채의 십일조를 드리되 율법의 더 중한 바 의와 인과 신은 버렸도다 그러나 이것도 행하고 저것도 버리지 말아야 할지니라"(마 23:23). 서기관들과 바리새인들의 의로움은 진실로 의로운 것이 아니었기 때문에 충분하지 않았다. 그것은 추하고 자만하며 인간적인 자기 의로움일 뿐이었다. 이러한 종류의 의로움은 항상 그리스도의 풍성한 은혜를 통해서만 성취될 수 있는 것들을 무시해버리고 인간적인 행동만을 강조한다.

어쩌면 이것은 영적인 어두움의 핵심인지도 모른다. 본질상 영적으로 어둡다는 것은 사실 전혀 의롭지 않은데 스스로 의롭다고 생각하는 것을 의미한다. 이것은 하나님의 은혜와 변화해야 할 의무를 별로 중요하지 않게 만들어버린다. 만약 내가 의로운 자라고 한다면(스스로의 생각에), 더 이상 그리스도가 필요치 않고 변화할 필요도 없다. 이것은 누가복음 18장에서 성전에서 기도하던 두 사람에 대한 이야기 속에서 분명하게 나타난다. 바리새인은 성전에서 기도하면서 하나님께 자신에겐 하나님이 필요치 않다고 말했다. 그는 그곳에서 자신이 괜찮은 자라는 것과 죄인과는 전혀 상관이 없는 자라는 것을 강조하면서 주님 앞에서 자신의 의로운 행동을 일일이 열거하고 있었다.

이와 동일하게 셀리아는 상담을 하러 와서는 자신이 괜찮은 자라는 생각에 내가 동의해주기를 요구하면서 자신의 선한 행동을 하나하나 열거하였다. 그녀는 마음의 중요한 문제를 알아차리지 못하고 외면적인 행동만을 강조하면서 자신에게는 아무런 잘못이 없다고 생각하였다. 하지만 그 속은 '죽은 사람의 뼈'가 가득하였다.

'회개'라는 가면

셀리아는 일반적인 내담자들과 마찬가지로 상담을 한다는 것은 회개의 행위를 하는 것이라고 생각하였다. 하지만 항상 그런 것은 아니다. 우리가 상담한 대다수의 사람들은 그들이 한 말을 고백으로 생각하고 상담실에 앉아 있는 것 자체를 회개라고 생각하는 경향이 있었다. 그렇지만 셀리아에게 상담은 고백 이상의 의미가 있었다. 그녀는 자기 속죄 행위에 참여하고 있다는 사실을 전혀 모르고 있었다. 나는 그런 속죄의 행위를 '개신교도의 사면'이라고 부른다. 내담자는 고백하고 문제를 점검하며 자기 자신과 상황에 대한 지속적인 논의에 참여하고, 몇 주 동안 그렇게 한 뒤 속죄되고 정화되고 올바른 자가 된 느낌으로 상담을 마치게 된다. 내담자들은 자기 자신을 회개하는 사람으로 생각하지만 사실 상담이 하나님의 계획을 다루지 않기 위한 도피 수단이 되는 경우도 있다.

분명 그녀의 삶은 회개의 열매를 맺지 않았다. 우선, 그녀는 자발적으로 순종하려는 자가 아니었다. 우리는 그녀의 죄악되고 비생산적인 행동들에 대해서 여러 차례 이야기했지만 그녀는 계속해서 그 행동을 고집하였다. 그녀는 그것이 잘못이라는 지적을 받을 때에만 마지못해서 그렇다고 인정하였다. 하지만 그녀의 고백은 새롭게 변화된 삶으로는 거의 나타나지 않았다. 두 번째, 셀리아는 여전히 방어적이었다. 그녀는 자신에 대한 나의 성경적인 관점에 대해 들을 때에는 항상 힘들어하였다. 그녀는 오히려 내가 그녀를 이해하지 못하고 믿지 못하며 다른 사람들의 편만 든다고 공격하였다. 세 번째, 셀리아는 다른 사람에게서 배울 만한 마음을 갖지 못했다. 그녀는 자신이 성경에 대해 더 많이 알아야 하고, 그것을 어떻게 자신의 삶에 적용시키는지 배워야 한다는 것을 인정하는 것을 어려워했다. 그녀는 나의 신학과 성경 구절에 대한 나의 해석과 내가 그녀의 삶에 대해 성경적인 원리를 적용하는 것을 가지고 계속 논쟁하였다. 네 번째, 셀리아는 상담 과제를 수행할 때에 열정이나 통찰력이나 그 과제의 목표가 되었던 변화는 전혀 없이 형식적으로만 했을 뿐이다.

그래서 셀리아는 중요한 것을 전혀 볼 수 없었다. 오히려 상담 시간에 빠짐없이 출석하는 것과 개인적인 문제에 대해 소상하게 말하는 태도와 과제로 주어진 성경 구절들을 꼼꼼히 연구해오는 것 때문에 영적으로 더욱 어두워졌다. 불행히도 이 모든 것은(자신은 이것을 회개의 표시라고 생각하였지만) 그녀의 마음을 지배하고 있던 비통함과 자기 의로움을 가려버렸다.

성경에서 회개는 이전과 전혀 다른 삶의 방식을 초래하는 마음의 급격한 변화로 나타난다. 마음이 바뀌고 다른 방향으로 움직일 때에 삶도 바뀐다. 이에 미치지 못하는 것은 엄밀히 말해서 회개라고 볼 수 없다. 많은 사람들은 자기 속죄라는 목표를 달성하기 위해서 상담하러 오지만 이러한 점을 깨닫지 못하는 경우도 있다. 그들은 자신이 행하는 일에 대한 지원과 격려를 원하는 것이다. 그들은 자신에 대해 좋은 감정을 갖기를 원하고 일련의 상담 시간을 가진 다음에는 정말로 기분이 좋아졌는지를 확인해보려고 한다. 그래서 상담을 계속 받는 것이다. 그렇지만 회개하라는 하나님의 강권적인 부르심에 대해서는 순종하지 않는다. 그들은 시편 139편에 나오는 시편 기자처럼 기도하지 않는 것이다.

"하나님이여 나를 살피사 내 마음을 아시며 나를 시험하사 내 뜻을 아옵소서 내게 무슨 악한 행위가 있나 보시고 나를 영원한 길로 인도하소서"(시 139:23-24).

'상담을 받는다'는 것이 셀리아를 자신의 완고하고 회개하지 않는 마음을 덮어 더욱 무지하게 만들었다. 그녀는 자신이 고백해야 하는 모든 것을 고백한 사람이라고 생각하였다. 자신을 회개한 사람이라고 생각한 것이다. "그렇지 않다면 왜 내가 계속 상담을 받겠어요?" 그녀는 이렇게 말하고 있는 셈이다. 충격적으로 들리겠지만 영적 어두움은 심지어 회개라는 가면을 뒤집어쓰기도 하는 것이다!

영적 어두움이 모든 죄인과 그들의 인생관에 미치는 심각한 영향력에 대해서 기억하는 것이 중요하다. 우리의 자료 수집은 내담자가 보아야 할 것을 보게 하는 것이 되어야 한다. 더 나아가 영적 무지가 많은 가면들을 쓰고 있기 때문에 영적으로 어두운 사람들은 자신의 눈이 멀었음을 깨닫지 못한다는 것을 반드시 기억해야만 한다. 우리는 이러한 가면들을 구별해내고, 내담자가 눈을 떠서 자신의 실제 모습을 볼 수 있도록 자료 수집 과정을 진행해야 한다. 우리는 감은 눈을 뜨게 하는 하나님의 도구가 되는 데 헌신하고, 이것이 자료 수집의 필수적인 기능임을 잊지 않도록 해야 한다.

2장 Instruments in the Redeemer's Hands

자료 수집을 통해
반드시 얻어야 하는 것

바로 앞의 글을 통해서 우리는 영적 어두움의 문제와 그것의 속이는 능력이 어떠한지를 살펴보았다. 영적으로 눈이 먼 사람들은 자신의 상태를 알지 못하기 때문에 우리는 상담자로서 영적 어두움이 쓰고 있는 여러 가면들에 익숙해져야만 한다. 영적인 어두움은 상담 과정 중에 항상 나타난다. 그러므로 우리는 성경적인 상담가로서 대비를 해야만 한다.

그렇지만 이것은 단지 내담자에게만 적용되는 문제가 아니라는 것을 기억하는 것이 중요하다. 성경은 모든 사람이 죄인이며 본성적으로 영의 눈이 멀었다고 경고한다. 또한 신약 성경은 교회 생활의 본질이 될 정도로 상호 간의 일대일 사역이 중요함을 보여주고 있다. 우리는 자기가 자기 자신을 속이는 경향이 있어 자신의 죄를 쉽사리 보지 못할 수 있다. 따라서 나는 사랑하기 때문에 하나님의 관점으로 내 삶을 보여줄 수 있는 다른 성도를 필요로 한다. 그들도 나로부터 그와 동일한 것을 얻어야 할 필요가 있음은 두말할 나위도 없다. 인간 본성은 우리의 모든 인간관계에 대해서 하나님의 구속의 계획을 요구한다. 히브리서 3장 12-13절은 이것에 대해 다음과 같이 말하고 있다. "형제들아 너희가 삼가 혹 너희 중에 누가 믿지 아니하는 악심을 품고 살아 계신 하나님에게서 떨어질까 염려할 것이요 오직 오늘이라 일컫는 동안에 매일 피차 권면하여 너희 중에 누구든지 죄의 유혹으로 강퍅케 됨을 면하라."

이 구절에 의하면 이러한 개별적이고 일상적인 사역으로 우리를 부르는 것은 상황이 아니다. 다시 말하면 상담자가 내담자에게서 발견하는, 변화되어야만 하는 죄나 어떤 문제 자체가 아니라는 것이다. 우리를 이 사역에 참여하게 만드는 것은 상태다. 즉, 우리 안에 존재하는 죄와 마음을 어둡게 하며 강퍅하게 하는 죄의 능력이다. 죄가 우리 속에 존재하는 한, 영적 어두움도 존재할 것이고, 그것은 우리에게 정직하고 사랑하며 상호 사역을 증진하는 관계에 헌신할 것을 요구한다.

이것은 특히 성경적 상담 사역을 하는 그리스도인들에게 더욱 중요하다. 내담자는 하나님의 관점을 가지고 자기 자신의 세계로 들어가는 일에서 전적으로 상담 사역자를 의존한다. 이 관점은 그들 자신의 맹목성을 뚫고 들어갈 수 있도록 돕는다. 하지만 우리 자신의 마음을 정확하게 알 수 있도록 도와주는 그리스도인 형제자매들이 성경의 불빛을 비출 때 자신의 삶을 열어놓지 않고서는 그들에게 효과적인 상담을 제공해줄 수가 없다.

이러한 일에 잘 헌신되어 있는 상담자라면, 내담자를 돕는 데 필수적인 덕목들을 발전시켜나가게 될 것이다.

객관성을 갖게 한다

많은 상담자들은 주관성으로 인해 영적인 시각을 잃어버린다. 그들이 삶을 바라보는 방식은 자신들이 원하는 것에 의해서 형성된다. 그들의 요구가 근본적으로 이기적이면 제대로 볼 수가 없다. 그들은 자신의 어조와 얼굴 표정과 욕망으로 자신의 이야기가 미묘하게 변형된 것을 알아차리지 못한다. 그들은 자신이 사과해야 할 일에 대해 오히려 다른 사람들을 비난했거나, 다른 사람의 죄를 용서하지 않으면서 자기 죄에 대해서는 당당하게 생각할 때가 얼마나 많은지 알지 못한다. 만약 그들이 희생자라는 사고 방식에 몰입해 있다면 결코 그런 것을 깨닫지 못할 것이다. 섬김의 행동이 남을 조종하는 성격을 띠고, 이것이 다른 사람에게(자기 자신에게가 아니라) 신앙이 부족하다는 것, 그들의 전체 시스템을 가속화하는 것을 드러낼지라도 본인은 깨닫지 못할 것이다.

하지만 당신은 상담자로서 이러한 사람들에게 마음을 닫지 말라. 왜냐하면 그곳에 하나님의 은혜가 있기 때문이다! 당신이 만나는 내담자는 자기 자신을 분명히 보기 위해 도움이 필요하다. 상담자로서 당신의 성경적인 객관성이 필수적인 이유가 여기에 있다.

상담자는 내담자의 세계에 들어가면서 내담자를 지배하고 있는 자기 유익에 둔감하지 않다(적어도 그가 하나님의 말씀을 통해 훈련받고 다른 사람을 섬기는 데 충실한 한에는 그렇다). 그는 내담자를 '회복시킬' 수 있다. 왜냐하면 그가 내담자의 영적인 올무에 함께 '걸리지' 않았기 때문이다(갈 6:1). 그는 성경적인 객관성을 가지고 이야기할 수 있다.

이와 반대로 영적으로 무지한 내담자는 그와 같은 객관적인 관점을 이전에는 가지고 있었는지 몰라도 지금은 잊어버렸다. 그가 어떤(비성경적인) 관점에 붙잡히게 되면 이런 시작점은 그에게 일어났던 모든 일을 경험하는 방식에 영향을 미친다.

상담을 하러 오는 대부분의 사람들에게서 발견되는 시작점은, 자기 자신의 경험이다. 그들은 삶의 모든 것을 자신의 개인적인 경험과 추측과 욕구의 눈을 통해서 바라보는 경향이 있다. 그래서 자신의 현재 삶에 대해서 내린 해석은 미래에 대한 해석까지도 바꾸어놓는다. 이것은 그들이 성경을 이해하는 방식까지도 바꾸어놓는다. 인생을 자신의 경험의 눈으로 해석하는 사람들은 하나님의 말씀조차 동일하게 대하는 것이다. 성경이 아니라 개인적인 경험이 그들의 세계관을 통제한다.

그런 사람들에게는 자신들과 출발점이 전혀 다른 누군가가 필요하다. 그런 사람은 성경으로부터 출발해서 삶으로 나아가는 자다. 성경은 삶을 해석하는 근거가 되어야 한다. 삶이 성경을 해석하는 근거가 되어서는 안 된다. 성경적인 상담자로서 당신은 성경적인 관점을 내담자에게 적용하고자 한다. 왜냐하면 하나님의 진리는 삶을 변화시키고 모든 것을 검토하는 렌즈가 되기 때문이다. 예를 들면 상담자는 결혼 상담에서 "아내는 이렇게 말했어요. 남편은 저렇게 말했어요" 식의 끊임없이 반복되는 상호 공방을 그치게 하고 "하나님은 무엇이라고 말씀하셨습니까?"라고 물을 수 있다.

랄프(Ralph)와 셜리(Shirley)는 결혼한 지 15년이 되는 부부다. 그들은 서로를 탓하느라 어떤 일에 대해 이야기를 나눌 때마다 대판 말싸움을 벌이는 부부였다. 셜리는 자신의 삶에서 가장 좋았던 시기가, 랄프의 도피하고자 하는 태도와 세상과 타협하고자 하는 연약한 믿음 때문에 망가졌다고 굳게 믿고 있었다. 또 랄프는 셜리가 자기 의로 가득 차 있고, 거칠며 비판적인 인간이라고 하였다. 그들은 자기 마음속에 숨겨놓았던 원통함을 꺼내어 상대에게 퍼부었다. 그들은 모두 상대방의 극단적인 인생관으로 인해 고통을 받았고, 스스로 그 문제를 해결할 수가 없었다. 셜리와 랄프에게는 세 가지 측면의 성경적인 관점을 통한 획기적인 중재가 필요하였다.

행동적인 면에서 그들은 이렇게 질문해야 했다. "우리가 서로에게 이렇게 말하는 태도에 대해서 하나님은 무엇이라고 말씀하실까?" 그들의 대화는 사랑과 이해와 소망과 해결을 촉진하는 것이 아니었다. 그것이 그들의 주요 문제였다. 에베소서 4장 25절부터 5장 2절에 나오는 분명한 의사소통의 원리는 그대로 잘 따르기만 한다면 이런 문제를 새로운 관점으로 조명하게 하며 지속적인 변화를 이룰 수 있게 한다.

또한 사고의 측면에서 셜리와 랄프는 이렇게 물어야만 했다. "하나님은 그분 자녀인 우리에 대한 목표가 무엇이라고 말씀하셨는가?" 로마서 8장 28-29절과 갈라디아서 5장 16-26절, 골로새서 3장 1-14절, 베드로후서 1장 3-9절과 같은 구절은 랄프와 셜리를 위한 하나님의 계획이, 랄프가 만족스런 남편이 되기를 바라는 셜리의 욕망이나 셜리가 사랑스러운 아내가 되기를 바라는 랄프의 소원보다 훨씬 더 큰 것임을 가르쳐주고 있다. 하나님의 계획은 그들이 계속해서 그분의 신적인 본성에 참여하는 자가 되어가는 것이다. 랄프와 셜리는 다음 사실을 깨닫지 못했다. 그리스도인답게 사는 것을 두고 치열하게 싸웠던 모습이, 하나님이 그들 삶에 허락하신 모든 것을 통해 그들 속에서 진정으로 이루기를 원하시는 것에 대해 거의 알지 못했음(헌신하지 않았음)을 나타낸다는 것이다. 주님은 그들이 그리스도의 형상을 닮아가기를 원하고 계셨던 것이다.

마지막으로 욕구의 측면에서 그들은 이렇게 물어야만 했다. "하나님이 우리의 소원이 되기를 원하시는 것은 무엇인가?" 랄프는 '단지 약간 존경받는 것'을 간절히 바랐다. 그것은 셜리와 부딪칠 때마다 암묵적인 요구사항이었다. 셜리는 '자신이 행하는 것처럼 주님을 섬기고자 하는 남편'을 갈망했다. 야고보서 4장 1-10절, 빌립보서 3장 1-16절, 골로새서 3장 1-17절에서 도출할 수 있는 질문들은 모두 그들의 관계가 '그는 이것을 원한다, 그녀는 저것을 원한다' 라는 식이라는 것을 보여주었다. 이것이 바로 그들이 문제를 스스로 해결할 수 없었던 원인이다.

셜리와 랄프에게는 성경의 관점으로부터 시작해서 그들의 관계에 무슨 일이 일어나고 있는지를 해석해줄 수 있는 누군가의 도움이 필요했다. 그들에게는 올바른(성경적인) 질문을 던지는 법을 알려줄 누군가가 필요했다. 이 질문들은 사람들이 자신의 행동과 생각과 욕망을 성경의 빛 아래에서 점검할 때에만 얻을 수 있는 해답으로 인도한다.

이렇게 자료 수집을 할 때에 나는 내담자가 결코 생각해보지 않은 것을 질문하려고 노력한다. 내담자를 스스로 고민하게 하는 대부분의 관찰 질문은 여전히 그의 맹목성의 영향을 받는다. 어떤 질문들은 별다른 고민거리가 되지도 않는다. 하지만 그런 질문들이 계속 제기되어야 한다. 다른 사람들에 대해서 묻지만 사실은 자기 자신에 대해서 물어야만 하는 질문들이 있다. 나는 내 질문들이 내담자의 질문처럼 일련의 동일한 사실을 다루면서도 그들의 삶에 대해서 성경적으로 생각하도록 도와주기를 원한다.

지혜를 얻게 한다

로마서에서 바울은 영적으로 어두워진 죄인들의 어리석은 마음에 대해서 이야기한다. 어리석다는 것은 영적으로 눈이 멀었다는 것을 의미한다. 그런 사람은 자신이 볼 수 있고, 지혜로우며 이해심이 있다고 생각한다. 하지만 사실 그는 보지 못하고 어리석으며 혼동하고 있다. 어리석은 자에 대한 잠언의 설명은 그런 사람이 어떠한 자인가를 보여준다.

- 자기 행위를 바른 줄로 여긴다(12:15).
- 분노를 당장 나타낸다(12:16).
- 방자하여 스스로 믿는다(14:16).
- 훈계를 업신여긴다(15:5).
- 돈을 낭비한다(17:16).
- 자기 의사를 드러내기만 기뻐한다(18:2).
- 다툼을 일으킨다(20:3).
- 지혜로운 말을 업신여긴다(23:9).
- 스스로 지혜롭게 여긴다(26:5).
- 자신의 마음을 믿는다(28:26).
- 상대방이 노하든지 웃든지 그의 주변에는 다툼이 그치지 않는다(29:9).
- 자신의 분노를 전부 드러낸다(29:11).

어리석은 자의 선택, 반응, 관점, 행동, 태도는 그가 영적으로 눈이 멀었음을 만천하에 알리기 때문에 그에게는 하나님의 간섭이 필요하다. 하나님이 어떤 일을 행하실 때에 그것을 보고 이해하도록 돕기 위해서 그에게는 성경적인 지혜의 렌즈가 필요하다.

성경적인 상담자는 성경을 통해서 하나님의 지혜로운 관점을 전달할 수 있다. 그는 의견이나 연구 결과나 훈련 이상을 전해줄 수 있다. 그는 내담자의 어두움을 드러내고 뚫어볼 하나님의 말씀에 대한 확신과 순종을 심어줄 것이다. 그가 제공하는 성경적인 지혜는 정결하고 평화를 사랑하며, 사려 깊고 순종적이며, 긍휼과 선한 열매가 가득하고, 공평하며 진지하다(약 3:17). 다시 말하면 그는 하나님의 은혜로 어리석은 자의 정반대가 되는 것이다.

우리가 상담한 많은 사람들이 왜곡된 균형 감각과 뒤틀린 가치관 때문에 어리석음을 보이고 있었다. 그들에게는 실제적인 부분에서 정말로 무엇이 중요하고 무엇이 중요하지 않은가를 알도록 돕는 성경적인 가치 체계가 부족하였다. 오직 성경만이 내담자로 하여금 삶의 갖가지 일들이 어떻게 서로 연결되어 있는가를 이해하도록 도울 수 있다.

상담자는 내담자에게 자신의 주관적인 관점 밖에서 삶을 바라보도록 요구하는 질문들을 던질 수 있다. 그는 내담자에게 정말로 중요한 것이 무엇인지 그리고 하나님의 관점으로 보았을 때 그의 삶에 있는 다양한 요소들의 진정한 관계는 무엇인지를 물어볼 수 있다. 이러한 질문들은 하나님의 관점을 따르라고 권면함으로써 내담자의 오래되고 익숙한 인생관에 도전할 수 있다.

다시 랄프와 셜리의 경우로 돌아가보자. 랄프는 셜리에게 문제가 있다고 확신했고, 그가 자신에게 던졌던 모든 질문들은 그러한 해석에서 나왔다. 반대로 셜리는 랄프에게 문제가 있다고 믿었고, 역시 그러한 관점에서 모든 것을 판단했다. 그들 모두 삶과 목표에 접근하는 방식이 서로 너무나 다르다는 것이 문제라는 생각을 하고 있었다. 하지만 잠언의 교훈은 랄프와 셜리가 경험하고 있는 분노와 분열과 절망은 그들이 다르기 때문에 생긴 결과가 아니라, 차이에 대해서 어리석은 방식으로 대처했기 때문이다. 성경은 더 나아가서 이러한 반응은 상대방을 대할 때 느끼는 마음의 욕망에서 나왔다고 말한다. 동일성과 일치는 연합의 필수적인 요소가 아니다. 오히려 사랑(다른 모든 것보다도 하나님을 더 사랑하는 것, 다른 사람을 내 몸처럼 사랑하는 것)이 서로의 차이 앞에서 그리고 격동시키는 상황 중에 사람을 겸손하고 온화하며 인내하고 성숙하게 만드는 요소다(엡 4:1-2).

만약 랄프가 잠언에 나오는 어리석은 자의 모습(위에 언급한)과 관련하여 자신에게 올바른 질문을 한다면, 부부 관계의 어려움을 해결하는 새로운 계획을 짜게 될 것이다. 여기에 그가 자신에게 물을 수 있는 몇 가지 질문의 예가 있다.

- 어떤 부분에서 내 생각이 옳다고 확신하며, 셜리의 생각을 귀담아듣지 않고 내 관점을 재고하려 하지 않는가?
- 셜리가 내 생각이나 결정을 거부하고 도전할 때 내가 흔히 보이는 태도는 무엇인가?(잠 12:15)
- 나는 어떤 상황에서 금세 감정이 상하고 불쾌하며 충동적으로 분노하는 경향이 있는가?
- 이 분노는 셜리에게 그리고 그녀가 대화 중에 마음을 열고 정직해지려는 마음에 어떤 영향을 미치는가?(잠 12:6, 14:6, 15:1)
- 셜리가 내게 주지 않기 때문에 화가 나는 것은 무엇인가? 셜리가 빼앗아 가고 있다고 생각하는 '보물'은 무엇인가?(마 6:19; 약 4:1)

이러한 질문들은 랄프가 하나님 앞에서 자기 모습을 깨달을 수 있게 하고, 자신에게 예수님의 은혜가 필요함을 알게 하며, 그 은혜를 구하도록 인도할 것이다. 그는 자신에게서 구체적인 변화가 일어나는 것을 보기 위해서, 그가 할 수 있는 다른 많은 일들이 무엇인지를 깨닫기 시작할 것이다.

철저하고 일관되며 성경적인 인생관을 가지고 있는 사람은 자신의 낡은 가치 체계의 무기력함과 이런 것들이 종종 만들어내는 마비 상태, 혼란 혹은 잘못된 열정 등으로부터 빠져나올 수 있다. 랄프가 모든 상황을 성경적으로 보는 법을 배울 때 변화를 위한 신선하고 새로운 선택을 하게 된다. 그는 더 이상 자기 자신의 주관적 생각에 지배당하지 않는다. 그는 문제의 근원에 있었던 자기 마음의 생각과 욕망이 무엇인지를 깨닫기 시작한다. 그리고 그 욕망들이 모든 상황에서 셜리에 대해 어떻게 반응하게 했는지를 알게 된다. 그는 더 이상 무엇에 지배당하지 않고 자신만이 옳다고 주장하지도 않는다. 오히려 자신의 결혼 생활을 변화시킬, 마음과 행동에서의 '벗을 것'과 '입을 것'이 무엇인지를 깨닫게 된다.

복음의 명료함을 전한다

본성적으로 사람들은 무엇이든 해석하는 자들이며 항상 삶의 의미를 찾고자 한다. 내담자들이 자신에게 일어난 일이 무엇인지, 왜 그런 일이 일어났는지 그리고 그 결과 무엇을 해야 할지를 이해하지 못할 때 극도로 혼란스러워하는 것은 이상한 일이 아니다.

또한 자신들이 혼란스러워하고 있다는 것을 알지 못하면서도 혼란스러워하는 내담자들도 적지 않다! 그들은 자신들의 해석이 통찰력 있고 행동 또한 논리적이라고 생각한다. 그들은 자기 모습과 처한 상황을 명료하게 바라보지 않는다.

내가 상담 중에 경험하였던 가장 심각한 영적 어두움 가운데 하나는, 내담자의 삶 속에서 나타난 복음의 실체에 대한 무지였다. 그 사람은 혼란스러워하고 기진맥진한 상태였는데, 그 이유는 자신의 해석 체계에서 복음에 대한 중요한 사실을 간과해버렸기 때문이다.

복음은 우리에게 삶의 갈등에 대해서 세 가지 본질적인 관점을 제시한다. 이러한 관점들을 갖지 않고서는 삶은 아무런 의미가 없고, 비성경적으로 이해되며, 결국에는 잘못될 것이다. 복음은 우리에게 자신과 하나님과 과정들에 대한 참된 의미를 가져다준다.

자기 자신에 대한 이해

어떤 상황에 대한 우리의 반응은 항상 우리의 정체성에 대한 이해로 형성된다. 그 결과 우리에게는 우리가 누구이며, 우리의 싸움은 사실 무엇에 대한 것인지에 관한 우리의 정의를 수정해주고 올바른 것을 알려줄 수 있는 복음이 필요하다. 복음은, 나의 싸움이 과거의 문제나 현재의 관계에서 겪는 어려움이나 날마다 부딪치는 상황의 괴로움보다 더 깊은 의미가 있다는 것을 가르친다. 베드로는 이 세상의 타락은 마음의 악한 정욕(욕구)으로부터 온다고 말한다. 이것이 바로 변화가 일어나야 하는 부분이다.

내가 상담했던 사람들의 대부분은 자신의 마음속에 있는 죄의 존재와 그 능력에 대해서 거의 알고 있지 못했다. 그들은 자신이 개인적으로 경험하고 있는 어려움 밑에 깔려 있는 생각과 욕망과 마음의 선택에 대해서 알지 못했다. 그래서 그들은 계속해서 다른 사람들과 상황을 비난했으며, 삶의 모든 상황에서 그들 마음이 씨름하는 것에 대해서는 무지하였다. 하지만 복음은 하나님의 구속적인 관심사(벧후 1:3-4)의 우선적인 목표로서 인간의 내면에서 일어나는 전쟁(롬 7장; 약 4장)을 말하고 있다.

하나님에 대한 이해

이 부분에서도 나는 내담자들이 언제나 존재하시고 항상 역사하시며, 전능하시고 약속을 성실히 지키시는 구원자, 복음에 나타난 하나님에 대해서 거의 알지 못한다는 데 종종 놀란다. 복음은 하나님을 가리켜 환난받을 때에 언제나 함께하시는 도움(시 46편)이라고 하였으며, 우리의 유익을 위해서 만물을 다스리시는 분(현재에는 혼란스럽고 아무런 의미가 없어보여도)이라고 증거한다(엡 1:22-23). 그분은 우리를 마음의 죄악에 얽매인 상태로부터 구원하시기 위해서, 그리스도 안에서 우리에게 충만히 부어주신 은혜의 풍성함을 경험하도록 도우시기 위해서, 내가 그분의 아들의 형상을 닮게 하기 위해서 모든 상황에서 역사하고 계신다(롬 8:28-39; 엡 1:3-7). 그분은 죄를 용서하시는 분이며 화목케 하시는 자이며 구원자요 위로자이며 회복하시는 분이다.

그분의 끊임없는 구속 사역으로 인해, 삶의 모든 상황이 어둡고 혼란스러우며 두려운 상황까지도 성화의 시간이 되고, 의미와 목적이 충만하며 소망이 가득한 시간이 된다.

내담자들은 우리 각 사람으로부터 멀리 떠나 계시지 않는 방식으로 세상을 다스리시는 하나님을 종종 느끼지 못한다. 하나님이 이 일을 행하시는 분이므로 우리는 항상 그분을 구할 수 있고 도달할 수 있으며 찾을 수 있다(행 17:26-27). 사람들은 자신의 지혜와 능력의 한계에 도달했을 때 소망을 거의 잃어버리는 경향이 있다. 자기 편의대로 찾던 하나님을 작고 연약하며, 돌아보지 않으시고 멀리 계신 것처럼 느낀다. 즉, 삶의 핵심을 맡길 만한 분이 아닌 것으로 여긴다. 인생에 대한 그들의 혼란스러운 반응은 하나님이 누구신가에 대한 그들의 생각과 직접적으로 연관이 있다.

과정에 대한 이해

복음은 하나님이 역사하고 계신다는 것을 선언하고 있을 뿐만 아니라 그분이 하시는 일과 일을 이루시는 과정을 설명해준다. 하지만 이러한 구속 과정에 대한 이해가 내가 상담한 많은 사람들에게서 결핍되어 있었다. 그들은 자신의 삶과 문제들을 이해하기 위한 점진적인 성화 모델을 알지 못했다.

하나님은 "너희 사랑을 지식과 모든 총명으로 점점 더 풍성하게 하사 너희로 지극히 선한 것을 분별하며 또 진실하여 허물없이 그리스도의 날까지 이르고 예수 그리스도로 말미암아 의의 열매가 가득하여 하나님의 영광과 찬송이 되게 하시기를 구하노라"(빌 1:9-11)는 목표로 일련의 과정을 진행하신다.

하나님의 최우선적인 목표는 내가 나만의 행복을 경험하게 되는 것이 아니다. 그분의 목표는 내가 그분의 신적인 본성에 참예하는 자가 되게 하는 것이다(벧후 1:4). 더 나아가 내가 고민하고 있는 관계와 내가 도망치고 싶은 힘든 상황들은, 마음이 변화되어 하나님의 영광을 위해 열매 맺는 삶을 살게 하려고 그분이 사용하시는 도구다. 고통을 기습적인 사건으로 받아들여서는 안 된다. 또한 그분이 멀리 계신다거나 돌보시지 않는 표시로 이해해서도 안 된다. 사실 그것은 그분의 구속적인 사랑의 도구다. 우리가 만나는 내담자들에게 하나님의 능동적이고 점진적인 성화 과정에 대한 확신을 심어줘야 한다. 그럴 때에 그들은 자신의 문제를 성경적으로 이해할 수 있다.

마음속에 거하는 은밀한 죄와 그로 인한 갈등을 이해하지 않고서는, 또한 하나님의 존재하심과 인격과 활동과 그분의 거룩케 하시는 과정을 이해하지 않고서는 삶은 아무런 의미를 가질 수가 없다. 내담자들은 자신과 상황을 복음의 관점에서 볼 때에 얻을 수 있는 지혜와 통찰 그리고 실제적이며 목표 지향적인 이해가 부족하기 때문에 혼란을 느낀다.

샐리(Sally)는 사람들의 용납을 바라면서 살아왔지만 상담받으러 온 이유는 그것 때문이 아니었다. 그녀는 계속 관계가 깨어짐으로 인해 의기소침해져서 상담을 받으러 온 것이었다. 샐리는 자신이 다른 사람들에게 끊임없이 요구하며, 그들을 두려워하면서 한편으로는 조종하려고 했던 태도에 대해서 무지하였다. 그녀는 자신을 절망하게 만든 사람들에 대해 비난하고 복수하는 반응을 보였음을 깨닫지 못했다. 자기 필요를 채우기 위해 다른 사람들을 숨 막히게 만들었다는 것을 몰랐다. 그녀의 친구들은 사실 그녀가 삶을 바치고 섬기는 우상이었다. 상담을 요청했을 때, 그녀는 하나님과 사람들에게서 버림받아 혼자가 되었다고 생각했다. 왜 이런 일이 일어났는지 이해하지 못하고 혼란스러워했던 그녀는 점차 자기에게 몰입해갔고 더욱 침체되었다. 그녀는 지속적인 변화가 일어날 수 있으리라는 소망을 완전히 잃어버렸다. 그녀가 처한 상황에서 생각할 때에 그녀가 추구해왔던 모든 좋은 것들이 바로 자기 앞에서 전부 날아가버리는 것 같았다.

샐리는 하나님이 자신을 얼마나 미워하시는지를 이야기했다. 그녀는 성경을 읽거나 기도하는 것을 중단하였고 교회에 나가는 것도 기껏해야 가끔 나갈 정도가 되었다. 그녀는 자신이 하나님의 형벌을 받아서, 불공평하게 아직도 결혼을 못하고 있다고 믿었다. 그녀가 원하는 것은 그 형벌이 끝나는 것이었다.

분명히 복음은 샐리에게는 삶에 아무런 의미를 가져다주지 못하고 있었다. 그녀는 예수 그리스도 안에서 영광스럽고 풍성한 은혜를 쏟아부어주시며, 그녀의 유익을 위해 모든 것들을 다스리시는 분, 주권을 가진 통치자요, 거룩하시며 죄를 용서하시고 회복시키시며 화목케 하시고 영원히 존재하시며 항상 역사하시는 복음의 하나님(엡 1:3-9)을 실제적으로 전혀 이해하지 못했다.

그녀는 자신을 복음이 말하고 있는 죄인으로 보지 않았기 때문에 우상 숭배하는 마음도 깨닫지 못했다. 그것은 이기적인 기대와 암묵적인 요구로 점철된 상황과 관계 속으로 들어가게 만들었다. 그래서 이러한 우상 숭배적인 기대가 어떻게 지속적으로 그녀가 경험하는 실망을 일으키는지를 알지 못했고, 자신에게 고통을 안겨준 사람들에 대한 반응으로 은밀하면서도 노골적으로 복수하던 태도를 전혀 의식하지 못했다. 그녀는 자신이 자신만의 법을 만들고 심판하는 신이 되어 있었음을 알지 못했다.

결국, 샐리는 점진적인 성화라는 복음의 과정에 대해서 전혀 아는 바가 없었던 셈이었다. 그녀는 자신의 환경 속에 뻗어 있는 하나님의 손길을 깨닫지 못했다. 사실 그분은 각 상황과 관계 속에서 역사하고 계셨다. 하지만 그녀 자신이 원하는 것을 얻도록 내버려두시지 않았다. 그분은 그녀의 죄로 물든 마음과 행동이 드러나도록 역사하고 계셨고, 이러한 경험을 통해서 그녀 속에 그리스도의 형상이 형성되도록 일하고 계셨다. 샐리가 하나님의 '불성실하심'의 증거로 언급했던 바로 그 환경들은 사실 그녀의 유익을 위해서 사랑 넘치며 언약에 충실하신 그분의 돌보심에 의해 주도되었다! 샐리는 자신의 삶에 대한 평가에서 본질적인 사실을 빠뜨렸기 때문에 혼란스러울 수밖에 없었다. 그것은 바로 복음이라는 사실이었다.

샐리는 우리가 상담하게 될 모든 사람의 모습을 나타내고 있다. 만약 그들의 눈이 자신이 죄인이라는 것과 하나님의 성품과 역사하심과 하나님의 자녀로 상속받은 것과 지금도 계속되고 있는 구속(성화)의 과정을 보지 못한다면, 내담자로서 지금 무슨 일이 일어나고 있는지를 정확하게 이해하는 것은 도저히 불가능하다. 그들이 성경적인 합당한 태도로 문제에 반응하게 되는 일은 없을 것이다.

이것은 성경적 상담의 핵심적인 특징이다. 성경적 상담자는 성경을 행복한 삶을 영위하기 위해 따라야 하는 삶의 원리들을 잔뜩 모아놓은 백과사전 정도로 생각하지 않는다. 그 반대로 성경은 우리에게 복음에 근거한 획기적인 인생관을 제공한다. 모든 성경적인 시각과 원리들은 바로 그곳에 자리하고 있다.

이러한 인생관의 내용은 우리가 전능하시고 사랑 많으신 하나님께 선택된 사람들이고, 그리스도 안에서 그분이 우리를 용서하셨고, 그분의 가족으로 우리를 입양해주셨다는 것이다. 하나님은 예수님의 형상이 우리 안에 생겨나도록 모든 상황 가운데 역사하고 계시며, 그분이 행하라고 부르신 일들을 행하기 위해 필요한 모든 것들을 공급해주신다. 그러므로 우리는 하나님으로부터 독립할 수 있을 만큼 강하고 '건강하며' 사려 깊고 행복한 사람이 되라는 거짓된 소망에 사로잡히지 않는다. 우리가 행하는 모든 것들과 소망하는 모든 것들은, 사실 우리가 진흙과 같이 연약한 자들이며 하나님의 임재하심을 통해 완전한 능력에 사로잡힌 자라는 사실에 근거하고 있다. 우리는 그리스도와 함께 거하며 영원히 그분을 사랑함으로 인해 더 이상 어떠한 병과 슬픔, 죄와 죽음도 없게 될 그때를 준비하면서 소망을 가지고 미래를 바라본다. 그것이 개인적인 고통의 어두운 시기를 겪고 있을 때에라도 우리가 마음이 흔들리지 않는 이유다 (고후 4:7-18).

당신은 성경을 곡해하지 않는 한 절대로 성경의 원리로부터 그리스도를 배제할 수 없을 것이다. 하나님이 우리에게 행하라고 명하시는 모든 일들은 바로 예수 그리스도가 행하신 일에 근거하고 있다. 만약 내담자가 사고 체계의 본질에 복음을 가지고 있지 않다면, 성경의 원리는 그에게 아무런 의미가 없을 것이며 그는 상황에 적절히 반응할 수 없을 것이다.

상담자가 내담자의 삶에 적용하는 명료성은 복음 그 자체다. 상담을 통해 복음을 제시할 때, 그들에게는 생전 처음으로 복음을 보게 되는 순간이 될 수도 있다. 모든 문제는 그리스도를 다양하게 제시함으로써 직면할 수 있다. 에베소 교인들을 위한 바울의 기도를 생각해보라.

"너희 마음 눈을 밝히사 그의 부르심의 소망이 무엇이며 성도 안에서 그 기업의 영광의 풍성이 무엇이며 그의 힘의 강력으로 역사하심을 따라 믿는 우리에게 베푸신 능력의 지극히 크심이 어떤 것을 너희로 알게 하시기를 구하노라 그 능력이 그리스도 안에서 역사하사 죽은 자들 가운데서 다시 살리시고 하늘에서 자기의 오른편에 앉히사 모든 정사와 권세와 능력과 주관하는 자와 이 세상뿐 아니라 오는 세상에 일컫는 모든 이름 위에 뛰어나게 하시고 또 만물을 그 발 아래 복종하게 하시고 그를 만물 위에 교회의 머리로 주셨느니라 교회는 그의 몸이니 만물 안에서 만물을 충만케 하시는 자의 충만이니라"(엡 1:18-23).

바울은 에베소의 그리스도인들이 복음의 완전한 진리에 따라 자기 자신과 삶의 모든 것을 바라보기를 기도하고 있다. 그의 기도 제목은, 그들이 그리스도 안에서 받은 상속의 능력과 풍성함을 볼 수 있게 되는 것이었다.

우리가 만나는 내담자가 자신의 삶 속에서 역사하시는 하나님의 임재와 능력을 보지 못한다면, 그분이 그들에게 요구하신 대로 살지 않을 것이다. 그러면 그들의 삶은 '게으르고 열매 없는' 것이 될 것이다(벧후 1:8-9).

우리가 '내담자의 마음의 눈이 뜨이기를' 기도하면서 상담할 때에, 이 복음의 명료함이 우리의 자료 수집의 특성이 되어야만 한다. 그래서 우리는 복음으로부터 나온 질문을 던지며 그들이 한 번도 생각하지 않았던 것들을 생각하게 만드는 것이다. 그들이 이러한 질문들에 대답할 때, 복음의 명료함은 혼란의 안개를 몰아내기 시작할 것이다.

앞에서 우리는, 영적 어두움의 한 가지 요소는 사람들이 잘못된 질문을 하는 것이고 그로 인해 잘못된 대답을 얻게 된다는 내용을 살펴본 적이 있다. 자료를 수집할 때 우리는 내담자에게 어떻게 성경적인 진리로부터 생각하기 시작하며, 어떻게 그러한 진리에 입각한 대답을 하는지 가르치기 시작할 수 있다. 예를 들면, 만약 성경이 하나님은 나의 삶 속의 '모든 것'(롬 8:28)에 구속적으로 역사하신다고 말한다면, 나는 그분이 계시지 않는다거나 그 이유가 무엇이냐는 식의 전제를 가지고 있는 질문은 하지 않는다. 그 대신 이렇게 질문할 것이다. "하나님이 이 고통스러운 일 가운데 행하고 계시는 선한 일은 무엇인가?" 혹은 "내 삶에 대한 나의 계획과 하나님의 계획은 어떤 점에서 다른가?" 혹은 "내가 가장 소중하게 생각하는 것은 무엇인가? 주님이 말씀하신 것들과 그분이 이루고 계시는 것들이 내 삶에 가장 귀하게 여겨지고 있는가?" 이러한 질문들은 성경적인 진리로부터 나오며, 성경적인 자기 이해와 성경적인 변화로 나아가게 한다.

자신의 가정에서 일어난 일로 인해서 완전히 낙담해서 하나님이 계시지 않는다고 믿고 싶은 유혹을 받는 남편이 있다면 이러한 질문들을 자신의 삶에 적용해볼 수 있다. 가정에 대한 그의 목표는 무엇인가? 그것들이 하나님의 목표인가? 그가 이러한 목표들을 이루기 위해서 빈번이 사용한 방법은 무엇인가? 그는 하나님의 도구로서 행동하였는가, 아니면 자신의 가족을 자기 소유인 것처럼 행동하였는가? 그가 하나님의 '부재'를 경험한 것이 아니라 사실은 자기가 뿌린 씨앗을 거두게 된 일은 무엇이었는가? 그의 가족을 주관하시는 하나님의 손길은 어디에 있는가? 남편으로서 그리고 아버지로서 그는 하나님의 계획과 충돌하지 않았는가? 만약 그랬다면 어떤 부분에서 그랬는가? 그가 이러한 각각의 관계 속에서 가장 원하는 것은 무엇인가? 이러한 것들이 하나님이 그에게 원하시는 일이었는가? 어떤 면에서 그는 하나님이 행하시는 일을 자신이 행하려고 하였는가? 또한 하나님만이 맺으실 수 있는 열매들을 자신이 맺게 하려고 했는가? 그는 어떤 상황에서 아내와 자녀들을 대할 때 연약함과 유혹과 죄를 망각해버렸는가? 그는 언제 분노에 가득 차서 비난하고 질책하며 위협하는 말을 퍼부었는가? 어떤 때에 그가 절망하고 좌절하며 괴로워하곤 하였는가? 이러한 모습들은 그 자신과 하나님과 다른 사람과 그의 상황에 대해 그가 어떻게 생각하는가를 말해주는가? 이러한 질문들은 성경적인 진리로부터 나오며, 성경적인 깨달음과 성경적인 변화로 나아가게 만든다.

목적을 깨닫게 한다

상담을 하러 오는 모든 사람들은 어떤 목적을 가지고 온다. 그들은 하나의 계획을 가지고 있고, 그것이 성취되는 것을 보고자 한다. 그렇지만 상담자로서 당신은 영적 어두움이 내담자로 하여금 자신의 계획이 편협하고 이기적이며 너무나 일시적인(현세적인) 것임을 깨닫지 못하게 만든다는 것을 기억해야 한다. 그들로 하여금 자신의 계획이 창조주를 경배하고 섬기는 데서 벗어나 이 세상 피조물을 경배하고 섬겼음(롬 1:25)을 깨달을 수 있도록 도와야 한다.

아내와 별거 중인 남편이 상담을 받기 위해 찾아오는 것은 그가 가정을 되찾기 원하기 때문이다. 별거 중인 아내가 찾아오는 이유는 남편이 정말로 자신을 사랑해주기를 원하기 때문이다. 십대 청소년은 '행동에 책임을 질 수 있을 때까지' 차를 쓸 수 없게 되었기 때문에 상담을 받으러 찾아온다. 의기 소침한 젊은 남자는 단지 약간의 행복을 얻기 원한다. 목회자는 왜 자신이 사역에서 성공하지 못하는지 그 이유를 알고 싶어한다.

각 사람이 상담을 받으러 오는 이유를 가지고 있다. 그러나 그 누구도 자신의 목적이 얼마나 자기 중심적인지를 아는 사람은 없다. 실제로 그들은 자신을 행복하게 만들어줄, 피조 세계에 속한 특별한 무엇인가를 조금 더 원하는 것이다. 그렇지만 그들은 그들을 위해서 훨씬 더 큰 계획을 가지고 계시며 그들을 구원하기 위해서 자신의 독생자를 희생하신 하나님의 자녀다!

그러한 내담자들은 자신의 계획이 두려움과 이기심과 지배욕과 개인적인 행복 혹은 피조 세계의 다른 양상에 대한 욕망에 물들어 있다는 사실에 무지하다. 그의 문제는 자신이 주님으로부터 너무나 많은 것을 얻기를 원하고 있다는 것이 아니라, 너무 작은 것에 안주하고자 한다는 사실이다. 그는 하나님이 다른 것이 아니라 그가 '신적인 본성'(벧후 1:4)에 참예하는 자가 되기를 원하시는데도 피조 세계의 일시적인 즐거움을 추구한다.

내담자는 분명한 목적 의식을 가지고 옆에 함께 있어주는 누군가를 필요로 한다. 하지만 그 목적 의식이 자기 유익을 바라는 편협한 것은 아니다. 그는 자기 유익이나 개인적인 이득에 대한 욕망으로 손상되지 않은 구속적인 목적을 가지고 있는 누군가를 필요로 한다. 그는 자신이 원하고 자신을 위해 계획한 것보다 훨씬 더 높고 충만하며 심오한 계획, 하나님의 거대하고 구속적인 계획으로 인도해줄 수 있는 누군가를 필요로 한다.

베드로는 하나님이 우리에게 행복한 결혼 생활과 좋은 아이들을 주시는 것보다 더 중요한 일을 하고 계신다고 말한다. 바울이 에베소서 3장 마지막 부분에서 말한 바와 같이 그분은 '우리의 온갖 구하는 것이나 생각하는 것에 더 넘치도록 능히 하시는' 분이다. 우리는 상담을 하면서 근시안적으로 보지 않기를 원한다. 우리는 너무 작은 것에 안주하기를 원하지 않는다. 우리는 단지 행복하게 사는 것에 그치지 않고, 사람들을 더 나아가게 하시는 하나님께 쓰임받기를 원한다. 왜냐하면 하나님은 그들이 주님이 그들을 위해 계획하신 것에 참예하는 더 큰 기쁨을 위해 자신의 개인적인 꿈을 포기하기까지, 그들에 대한 계획을 이루고 계시는 것처럼 보이기 때문이다.

성경적인 상담자는 하나님이 내담자에게 원하시는 것을 원한다. 그의 계획은 성경에 의해 형성된다. 그것은 내담자가 흐려지지 않고 쇠하지도 않는 것에 투자하도록 돕는 것이다. 이를 이루기 위해서 그는 내담자가 자신을 위한 하나님의 영광스러운 목표에 눈을 뜨는 동안 마음속의 진실한 의도를 드러낼 수 있도록 도와야 한다. 상담자로서 나는 이러한 목표를 이루기 위해 질문하기를 원한다. 나는 내담자가 진실로 삶의 목표로 삼는 것에 눈을 뜨도록 돕기를 원한다. 그리고 이 세상 삶의 일시적인 즐거움보다 더 큰 가치를 갈망하는 마음이 생기게 되기를 원한다. 나는 내담자의 계획을 구속적인 목적을 가지고 점검하기를 원한다.

우리의 자료 수집 방법론은 지금까지 말한 목표를 진지하게 받아들여야 한다. 우리의 질문이 어떻게 이를 달성할 수 있는가? 이것은 다음 글의 초점이 될 것이다. 상담자는 상담을 통해 메시아의 모습을 나타낸다. 그분의 사역은 무엇인가?

"소경의 눈을 밝히며

갇힌 자를 옥에서 이끌어 내며

흑암에 처한 자를 간에서 나오게 하리라"(사 42:7).

우리가 그분의 종으로서 이외에 어떤 다른 것들에 헌신할 수 있겠는가?

3장 Instruments in the Redeemer's Hands
전략적인 자료 수집 방법

시편 36편 2-4절은 영적 어두움의 실체와 그것이 한 사람이 살아가는 방식에 미치는 영향력을 강력하게 묘사하고 있다.

"저가 스스로 자긍하기를 자기 죄악이 드러나지 아니하고
미워함을 받지도 아니하리라 함이로다
그 입의 말은 죄악과 궤휼이라 지혜와 선행을 그쳤도다
저는 그 침상에서 죄악을 꾀하며 스스로 불선한 길에 서고
악을 싫어하지 아니하는도다."

이러한 인간 마음의 현실은 성경적 상담자에게 다음 사실을 깨닫게 한다.

즉, 자료 수집 과정은 상담자가 내담자에 대해서 알아가는 수단일 뿐만 아니라 내담자가 성경적으로 명료하게 자기 자신을 볼 수 있도록 돕는 방법이라는 것이다. 죄는 단순히 의지적인 것만이 아니다. 그것은 하나님의 영역에 의도적으로 침범하는 것이다. 죄는 또한 눈이 먼 것에 관한 것이다. 즉, 하나님이 요구하신 대로 살아가기 위해 필요한 것을 보지 못한다. 죄인은 의도적으로 보지 않으며 또한 눈이 멀어서 의도적이 된다. 그러므로 상담자로서 우리는 상담을 하면서 의식하든 그렇지 않든 간에 항상 영적 어두움을 접하게 된다.

이 점은 시편 36편에 너무나 잘 나타나 있다. 첫 번째, 그 말씀은 우리에게 영적 어두움이 어떻게 기능하는가를 알게 해준다. "저가 스스로 자긍하기를 자기 죄악이 드러나지 아니하고 미워함을 받지도 아니하리라 함이로다"(2절). 영적으로 어두워진 사람은 자신이 마땅히 생각해야 하는 것에 대해서 생각하기보다는 자기 자신에 대해 더 많이 생각하고(롬 12:3), 이러한 자기 의로움은 자신의 삶에 존재하는 죄를 더욱 못 보게 만든다. 그는 자신이 그러한 일을 저지를 수 있다고 생각하지 않기 때문에, 자기 죄를 미워하지도 않는다. 오히려 방어하고 변명하며, 합리화하고 왜곡해서 자신은 죄와 상관이 없는 사람이라고 설명한다. 영적 눈이 어두운 사람은 성경적인 민감함이나 죄에 대한 거부감이 없다.

시편 36편은 만약 내가 자신의 죄에 대해서 민감하지 않아서 적극적으로 그것을 미워하고 피하려고 하지 않는다면, 나중에는 그것을 더욱 추구하게 될 것이라는 점을 지적하고 있다. 영적 어두움은 우리 내면에 억제하는 체계가 없게 만든다. 눈이 먼 상태에서 나는 끊임없이 거짓말을 하며 속일 것이다. 어리석게 살 것이며 선한 것을 행하려고 하지 않을 것이다. 더욱이 조용히 묵상할 때에도 내 생각은 나에 대한 하나님의 뜻에서 벗어난 일들을 향하여 뻗어나갈 것이다. 이 모든 것에 대한 시편 기사의 요약은, 영적 눈이 먼 사람은 잘못된 것을 버리지 않을 것이라는 점이다. 이것은 모든 죄인에게 동일하게 적용된다. 우리 모두는 어떤 식으로든지 자신의 영적 어두움과 씨름하고 있다. 이 경우 자신의 죄를 깨닫고 미워하며 거부하는 사람은 없다.

이것이 바로 앞의 두 글에서 다루었던 영적인 실체다. 이제 우리는 성경적인 상담자가 영적인 어두움을 뚫고 들어가는 데 사용할 수 있는 전략들에 대해서 배우게 될 것이다.

자료 수집 단계에서의 세 가지 전략

고린도후서 10장 3-5절 말씀은, 내가 내담자들의 영적인 어두움을 드러내기 위해 사용하는 자료 수집 과정을 체계적으로 보여준다. 사도 바울은 그의 사역의 목표에 대해서 논하면서 이렇게 말했다.

"우리가 육체에 있어 행하나 육체대로 싸우지 아니하노니
우리의 싸우는 병기는 육체에 속한 것이 아니요
오직 하나님 앞에서 견고한 진을 파하는 강력이라
모든 이론을 파하며 하나님 아는 것을 대적하여 높아진 것을 다 파하고
모든 생각을 사로잡아 그리스도에게 복종케 하니."

나는 영적인 싸움과 변증하는 일에 가장 자주 적용되는 이 구절을 세세하게 주해(註解)할 생각은 없다. 나의 목표는, 우리가 영적인 어두움과 변화를 위한 실제적인 전략들에 관해 우리가 생각해야 하는 것과 관련해 이 구절이 의미하는 바를 살펴보려는 것이다.

견고한 진을 알아낸다

첫 번째로 견고한 진의 비유가 우리에게 도움이 된다. 견고한 진이라는 것은 공격을 막아내기 위해 강화된 어떤 지점이다. 그것은 튼튼하게 지어졌고, 적극적으로 방어되고 있다. 이러한 이유 때문에 견고한 진은 무너뜨리기가 특히 더 어렵다. 이것이 내담자의 삶 속에서 얼마나 명백하게 나타나는지 예를 들어 설명해보겠다.

수잔(Susan)은 자기 자신을 죄인으로 보지 않았다. 그녀는 자신이 곤궁한 자이며, 지금까지 자신의 필요는 일관되게 충족되지 못했다고 생각했다. 그녀의 필요란 사실 그녀의 견고한 진이었다. 그것은 성경적인 삶에 대한 책임감을 깨닫지 못하게 한 안전한 처소였다. 그것은 자신이 살아가는 방식에 대해서 변명거리를 제공했고, 그녀가 끊임없이 다른 사람들을 비난할 수 있도록 허용했다. 그녀의 필요란 그녀가 정기적으로 머물며 쉬어가는 요새였던 것이다.

수잔은 자신의 필요라는 요새 뒤로 숨어버렸을 뿐만 아니라 적극적으로 이를 방어했다. 그녀는 내가 그녀의 인생관에 대해서 공격한다고 생각할 때마다 화를 냈고 방어적이 되었다. 그녀는 도리어 더욱 목소리를 높였고 그녀가 만났던 무심했던 사람들과 내가 똑같다고 비난하였다. 그녀는 자신의 필요를 방어하면서 의지적으로 눈먼 자가 되었던 것이다. 모든 죄인들은 영적인 어두움이라는 견고한 진을 가지고 있다. 그곳은 영적 맹목성이 더욱 강화된 숨을 수 있는 장소다. 여기에서 보지 못하는 것은 그 사람의 사고 방식과 행동 방식을 결정짓는다.

내가 자료 수집을 할 때에 첫 번째로 달성하려는 일은 그 견고한 진이 무엇인가를 알아내는 것이다. 하나님이 보기를 원하시는데 그가 보지 못하는 부분은 무엇인가? 이것은 그가 하나님과 자신과 다른 사람과 상황을 다루는 방식에 어떤 영향을 미치는가?

모든 이론을 파한다

두 번째로 바울은 자신이 다음과 같은 목표를 추구한다고 하였다. "모든 이론을 파하며 하나님 아는 것을 대적하여 높아진 것을 다 파하고 모든 생각을 사로잡아 그리스도에게 복종케 하니"(고후 10:5). 여기서 '이론'은 무엇인가? 그것은 진리인 것처럼 보이지만 사실은 거짓인 그럴듯한 변명이다. 영적 맹목성은 거짓인 것도 진리인 것처럼 생각하는 것을 포함한다. 영적인 맹목성은 거짓말을 믿는 것을 의미한다.

바울은 이러한 '이론'은 스스로를 하나님의 진리에 대항하는 자로 세운다고 말한다. 내가 거짓을 진리로 믿으면 더 이상 진리에 대해 마음을 열지 않는다. 에덴동산에서의 거짓말은 단순히 대안적인 선택 사항이 아니었다. 그것은 하나님이 아담과 하와에게 말씀하셨던 진리에 대적했다. 거짓말은 항상 진리를 대적한다. 내가 어떤 거짓말을 받아들이면, 나는 하나님이 원하시는 대로 알아야 할 필요가 있는 것을 알 수 없게 된다. 나의 세계는 생명과 자유와 지혜를 주는 하나님의 지혜가 아닌 거짓말로 형성된다. 바울은 한 사람의 삶에서 거짓의 다스림과 지배를 끝내려는 데 큰 비중을 두었다. 그는 불신앙과 거짓된 믿음을 드러내고 그것을 파하는 데 모든 노력을 기울였던 것이다.

우리는 상담하는 가운데 항상 이러한 '이론'을 다루게 된다. 참된 것처럼 보이고 느껴지지만 사실은 거짓인 이론 말이다. 수잔이 말하던 필요란 사실 허위로 가장된 이론이었다. 그것은 그녀가 다른 사람의 죄에 희생된 경험에 의해 정당화되어서 진리의 모습을 띠고 있었다. 그리고 심리학적으로 설명하는 주변 문화에 강화되었기 때문에 합리적인 것처럼 보였다. 그러나 그녀는 자신의 근본적인 문제는 죄로 인한 타락이 아니라 필요였다고 비성경적으로 믿음으로써, 눈이 멀어서 의도적이 되었던 것이다.

사람들을 둘러싸고 있는 영적 어두움과 자기 의, 방어적인 태도라는 견고한 진은 진리에 대적하는 그럴듯한 거짓말의 기초 위에 서 있다. 이것이 바로 두 번째 자료 수집 전략이 그 허위를 드러내고 파하는 것이 되어야 하는 이유다. 우리는 거짓말이 드러나고 파괴되는 것을 보기 위해 노력한다.

모든 생각을 사로잡는다

세 번째로 바울은 그의 목적이 "모든 생각을 사로잡아 그리스도에게 복종케 하니"(고후 10:5)라고 말한다. 이 구절은 자료 수집의 교육적이며 교정적인 측면을 보여주고 있다. 상담의 목표는 단순히 사람들이 자신의 영적 어두움을 알도록 도와주는 것에 그치지 않고, 그들이 올바른 성경적 시각으로 바라볼 수 있도록 돕는 데까지 나아간다. 자료 수집 과정은 내담자가 상담자의 질문을 듣고 자신에 대해서 올바른 질문을 하는 법을 배우며, 인생에 대해서 성경적으로 생각하는 법을 알게 될 때에 가장 올바르게 이루어질 수 있다. 상담자는 사람들을 영적 맹목성의 견고한 진과 허위로부터 자유케 하라는 부르심을 받은 자들이다. 그렇기 때문에 상담자는 그리스도를 위해 그들을 사로잡을 수 있다. 그러면 그들의 모든 생각은 예수님과 그분의 진리에 복종하게 된다.

자신을 철저히 방어하는 거짓말에 지배받고 있었던 수잔의 마음은 점차 그리스도의 진리에 의해 지배되기 시작하였다. 그녀는 포착하기 어려운 요구에 더욱 민감해졌고, 자신의 방어적인 태도와 자기 의에 사로잡혔던 모습을 점점 더 깨달아가기 시작했다. 자료 수집 시간은 수잔의 마음과 생각을 사로잡기 위해 하나님에 의해 사용되고 있었다. 모든 죄인들에게는 이러한 사역이 필요하다.

어떻게 '견고한 진'을 구별하는가

나는 이전에 사람들이 영적으로 눈이 먼 열 가지 모습을 정리하였다. 대체로 그들은 다음과 같은 모습을 나타낸다.

1. 자신에 대해서 정확하게 인식하고 있다고 믿는다.
2. 자신의 일차적인 문제를 다른 사람의 죄로 인해 받은 피해라고 생각한다.
3. 삶의 어려움을 자신의 선택과 행동의 결과라고 생각하기보다는 시험받고 있는 것이라고 생각한다.
4. 자신들의 필요가 채워지지 않은 직접적인 결과가 바로 현재 당면하고 있는 문제라고 생각한다.
5. 자신들이 지혜롭다고 생각하면서 이미 여러 곳에서 상담을 받았다.
6. 자신들의 삶을 분석하면서 무슨 일이 일어나고 있으며 왜 일어났는지 분명히 깨닫고 있다고 믿는다.
7. 자신들이 무엇이 가치 있으며 중요한지를 정확하게 알고 있다고 생각한다.
8. 성경과 신학에 대해서 충분한 지식을 가지고 있다고 생각한다.
9. 자신이 거룩하다고 생각한다. 즉, 올바른 것을 추구하고 있으며 행하고 있다고 생각한다.
10. 자신들은 이미 회개한 사람들이라고 생각한다.

각각의 모습에서 내담자는 자신의 평가가 옳다고 믿지만 사실 그들은 틀렸다. 자신의 삶 속에 있는 영적인 맹목성의 요새를 한 번에 깨닫게 되는 사람은 거의 없다.

그렇다면 당신은 영적인 맹목성이 특별히 강하고 행동에 지대한 영향을 미치고 있으며 잘 방어되는 지점을 어떻게 알아내겠는가? 나 같은 경우는 몇 가지에 특히 더 주의를 기울인다.

나는 자료를 수집할 때에 내담자가 분노하거나 방어적인 자세를 취하는 주제에 더욱 주의를 기울인다. 내담자가 실제로는 다양하게 대답할 수 있는 질문, 자신의 마음을 드러내야 하지만 자신을 비난하는 것은 아닌 질문들에 대해서 자신이 정죄받는다고 느끼는 때가 언제인가? 나의 질문이 그가 포기하고 싶지 않은 견고한 진을 건드렸기 때문에 '공격' 당했다거나 비난받았다고 생각했을 것이다. 물론 그가 자신의 태도가 방어적이었다는 것을 깨닫지 못했다 하더라도 말이다. 그것들은 하나님이 그 마음의 거짓을 드러내는 작업을 하시는 중요한 순간이다. 나는 자료 수집을 할 때 결코 서두르지 않는다. 나는 내담자가 자신의 분노와 방어적인 태도를 깨닫는 것을 돕기 위해 잠시 멈춘다. 그리고 그가 보호하고자 하는 것이 무엇인지, 그것이 그의 삶에 어떤 영향을 미치고 있는지 스스로 발견할 수 있도록 도우려고 노력한다.

수잔은 내가 그녀의 과거에 대해서 질문할 때 짜증을 냈다. 그러한 질문에 대해서 처음에는 이렇게 말했다. "왜 당신이 지금까지 상담했던 사람들과는 다르기를 기대했는지 아세요? 제게 일어난 일을 진지하게 받아들인 사람이 아무도 없었어요." 바로 그때 나는 그녀의 과거에 대해서는 어떤 언급도 하지 않았다. 나는 확실히 그런 비난을 받을 일을 하지 않았던 것이다. 그러므로 나는 수잔의 말이 어떤 중요한 사항을 나타내었다는 것을 알게 되었다.

나는 잠시 중단했고 수잔에게 그녀를 불쾌하게 할 어떤 말도 하지 않았다는 것을 상기시켰다. 내가 그녀의 방어적인 태도에 대해서 추가로 질문을 했을 때 상담에 중요한 주제가 나타나기 시작했다. 그것들은 내가 알아야만 했고 수잔이 깨달아야만 했던 것이었다. 수잔은 자신을 매우 중요한 필요가 채워지지 못한 채 살아야만 했던 자라고 설명하였다. 이러한 관점은 그녀에게 매우 중요한 영향을 미쳤다. 그것은 그녀가 다른 사람에게 행한 나쁜 일과 그것이 그들 삶에 미친 결과에 대해서 아무런 책임감을 느끼지 않게 해주었던 것이다. 그것은 그녀의 삶에서 매우 중요한 가치가 있었다. 누군가 이런 생각에 이의를 제기한다면 수잔은 그런 사람은 자신을 사랑하지도, 이해하지도 않는다고 말함으로써 적극적으로 자신을 방어하였다. 그렇지만 지금 자료를 수집하는 과정에서 하나님은 수잔에게 이 견고한 진이 사실 무엇이었는가를 보여주기 시작하셨다.

상담자로서 우리는 질문을 할 때에 잘 들어주는 자가 되어야 하고 또 잘 관찰하는 자가 되어야 한다. 우리는 분노나 방어적인 태도를 보이는 순간을 잘 파악하고 내담자로 하여금 그것을 스스로 깨닫도록 도와야 한다. 때로 그 긴장되고 불편한 순간은 변화가 일어나는 가장 유익한 순간이기도 하다. 그 순간은 하나님이 그들이 볼 수 있도록 마음의 문제를 펼쳐놓으시는 때인 것이다. 그 순간은 회피되어서는 안 되고, 구속적인 기회의 순간으로서 효과적으로 활용되어야 한다.

나는 자료를 수집할 때 내담자가 반응을 보이지 않고 방어적인 자세를 취하는 때를 주의 깊게 살핀다. 당신이 내담자에게 어떤 대답을 기대할 수 있는 질문을 했는데 그가 대답하느라 애쓰는 대신에 가만히 앉아서 침묵한다면, 그것은 그가 무엇을 말할지 모른다는 것을 알려주든지, 자신의 상황에 대해서 아무것도 말하고 싶지 않다는 의미라는 것을 기억하라.

또한 그가 자신의 이야기를 털어놓는 방법에 대해서도 주의를 기울이라. 자기 방어의 가장 은밀한 방식 가운데 하나는 자신에게 일어난 일을 새롭게 구성한다는 것이다. 사람들이 자신의 이야기에 등장조차 하지 않는 것을 나는 많이 들어왔다! 내가 말하고자 하는 것은, 그들의 말은 다른 사람의 행동과 상황의 어려움만을 보여줄 뿐이지 자기 자신의 생각과 갈망과 선택과 행동은 별로 드러내지 않는다는 것이다.

나는 사람들에게 이 점을 부각하기 위해서 종종 비디오 카메라의 예를 들곤 한다. 나는 이렇게 말한다. "우리는 당신의 이야기를 담은 비디오를 보았습니다. 그런데 이상한 점을 한 가지 발견했습니다. 바로 당신이 등장하지 않는다는 것입니다! 카메라는 항상 다른 사람들을 잡고 있고 힘든 상황만을 비추고 있습니다. 그런데 당신에 대해서는 아무것도 나타내지 않습니다. 나는 다시 뒤로 돌아가서 동일한 관계와 동일한 상황에 대해서 이야기를 하고 싶습니다. 하지만 이번에는 카메라를 당신에게 비추고자 합니다. 나는 이 모든 일이 일어나는 동안 당신이 무엇을 생각하고, 바라며, 행동했는지에 초점을 맞출 것입니다."

나는 사람들이 대답을 하려고 애쓸 때 잠잠하게 있지 않는 것이 중요하다는 것을 경험적으로 알았다. 나는 그들에게 내가 기꺼이 대답을 기다려줄 것이고 그들이 대답을 하는 것이 중요하다고 말한다. 나는 멈춰 서서 질문에 대답하는 일이 왜 어려운가를 이해하도록 돕는다. 하나님은 이 순간 무엇인가를 드러내신다. 나는 또한 대답이 없는 것에 만족해서는 안 된다는 것을 알고 있다. 나는 부드럽게 그들이 아직 내게 아무것도 말해준 것이 없다는 것을 알게 한다. 그러고 나서 그 질문을 다른 말로 바꾸어서 다시 해본다. 왜냐하면 나의 목표는 자기 방어적인 태도 이면에 있는 마음을 드러내는 것이기 때문이다.

나는 내담자가 자신의 삶에 대해서 이야기하면서도 자신을 열어서 보여주지 않을 때 두 가지 일을 한다. 첫 번째로 종종 내담자에게 살펴볼 만한 연구 사례를 내준다. 나는 문제시되는 상황과 어려운 관계를 설정하고, 만약 그가 이런 상황 속에 있다면 어떤 생각을 할지를 묻는다. 그의 목표가 어떤 것이 될지, 그는 어떻게 그 목표를 이루고자 노력할지를 묻는다. 그러고 나서 그 연구 사례에 대한 반응과 내담자의 실제의 삶 사이를 연결할 수 있게 한다. 이러한 작업은 마음을 드러내는 데 종종 매우 효과적이다.

그 다음에 나와 내담자의 마음에 반복해서 떠오르는 주제를 드러내도록 고안된 숙제를 자주 내준다. 성경 구절을 읽게 하고 질문들에 대답하게 하고 우리가 다음 번에 만날 때에 기록한 내용을 가지고 오는 것이다. 우리가 다시 만날 때 그가 자신에 대해서 더 알게 된 것이 무엇인지를 말하게 한다. 그럴 때 반복해서 나타나는 주제가 있는가? 나는 대답으로부터 얻은 그 주제들에 대해서 함께 이야기한다. 이것이 바로 상담자와 내담자 모두의 눈을 뜨게 하는 방법이다. 이러한 식으로 상담자는 내담자가 자기 방어적인 수비자의 모습에서 벗어나게 하는 방법들을 찾는다.

나는 내담자가 자기 자신의 행동에 대해 다른 사람을 비난하는 경우를 찾는다. 영적 어두움의 가장 강력한 진 가운데 하나는 다른 사람에 대한 비난이라는 요새다. 우리 모두는 우리가 행한 일로 다른 사람을 비난하는 데 아주 기발한 재주를 가지고 있다. "쟤가 먼저 그랬어요!"라고 말하는 어린아이에서부터 자신이 간음을 저지른 것은 아내가 자신에게 많은 관심을 쏟지 않았기 때문이라고 말하는 남편에 이르기까지, 죄인 된 우리 모두는 다른 사람들의 죄라는 요새 뒤편에 숨으려는 경향이 있다. 그래서 우리는 열정적으로 다른 사람들의 잘못을 들이대면서 내 자신의 죄를 정당화하는 것이다.

이럴 때 나는 대화를 잠시 중단하고 이렇게 묻는다. "정말 …라는 것입니까?" 나는 그 사람이 자신이 한 말의 의미를 분명히 깨닫기를 원한다. 그래서 나는 간음을 저지른 남자에게 다음과 같이 묻는다. "당신은 아내의 무관심과 당신의 외도 사이에 직접적인 연관이 있다고 말하는 것입니까?" "당신이 행한 간음과 당신에 대한 아내의 태도 사이의 관계에 대해서 설명해주십시오." "당신의 아내에게서 상처받고 나서 어떤 다른 태도를 보일 수 있었겠습니까?" 나는 내담자가 다른 사람의 죄 뒤로 숨는 일을 그치기를 원한다. 그래서 그가 자신의 행동과 태도를 분석할 수 있는 자가 되길 바란다.

나는 내담자가 자신의 견해와 행동을 명확하게 논리적으로 방어하는 경우에 주의를 기울인다. 상담을 하러 오는 사람들이 항상 자신의 태도와 행동을 성경적으로 검토할 준비가 되어 있는 것은 아니다. 종종 그들은 원하지 않으면서 도와 달라고 하고, 거부할 생각이면서도 상담해 달라고 한다. 대부분은 바리새인들과 같다. 성전에서 하나님께 기도를 하기는 하지만 그들의 말은 사실 자신이 그분을 필요로 하지 않는다는 내용이었던 것이다.

나는 상담을 받으러 온 사람이 자신을 더 잘 이해하기 위해서 자신의 생각이나 행동을 드러내는 것이 아니라, 질문받을 때에 자신을 방어하고 적극적으로 논쟁할 때 더욱 귀를 기울인다. 종종 사람들은 방어술로 단단히 무장하고서 상담하러 나온다. 그들은 과거의 경험에서 시작해서 자기 주장을 펼친다. 성경 구절이나 성경에 나오는 이야기를 인용하기도 하고 어떤 책이나 문헌을 언급하기도 한다. 어떤 전문가가 한 말을 언급하기도 하고, 자신이 이것을 오랫동안 생각해왔고 자신이 옳다고 확신한다고 강하게 주장하기도 한다.

나는 내 반응으로 다음 세 가지를 이루기 위해 노력한다. 첫 번째, 논쟁은 일반적으로 도움을 얻으려는 행동이 아니라는 것을 내담자가 깨닫도록 돕는다. 그것은 자신이 행한 일들을 변명하는 방법일 뿐이다. 두 번째, 자신의 삶 속에 있었던 모든 것을 기꺼이 성경적으로 검토하도록 촉구한다. 하나님은 그것을 비난이 아니라 축복의 도구로 사용하실 것이다. 세 번째, 질문을 함으로써 그가 성경의 세계관을 통해서 자신의 생각과 행동을 점검하도록 돕는다.

어떻게 모든 이론을 드러내고 파하는가

바울은 고린도후서 10장 3-5절에서 강한 어조로 이야기하고 있다. 왜냐하면 그는 속이는 거짓말의 위험성을 잘 알고 있었기 때문이다. 그것은 모든 죄인의 불신앙 체계에서 가장 핵심적인 부분이다. 우리 모두는 거짓말을 믿어왔고 대부분은 그것이 진리라고까지 생각했다. 거짓은 사실 유혹적이다. 왜냐하면 자신을 진리로 가장하기 때문이다. 결국, 우리 영혼의 적은 '거짓의 아비'로 불린다. 그가 주로 하는 일은 우리를 잘 포장된 거짓말로 유혹하는 것이다.

이 시점에서 분명하게 짚고 넘어가야 할 사항이 있다. 바울은 하나님이 우리에게 섬기라고 요구하신 사람을 파하라고 말하는 것이 아니라 그를 얽어매고 있는 거짓의 체계를 파하라고 말하는 것이다. 그럴듯한 거짓말을 드러낸다고 해서, 큰 소리를 지르거나 심하게 비난하거나 무례하게 말해서는 안 된다. 우리는 항상 사랑 안에서 진리를 말해야 한다. 동시에 우리는 거짓된 것과 그것을 믿는 사람들 속에 있는 파괴적인 열매를 적극적으로 미워해야 한다.

그럴듯한 거짓말은 한 사람의 인생관을(그의 기능적인 신학을) 세 가지 주된 방향에서 왜곡하는 경향이 있다. 그것은 자기 자신과 하나님 그리고 상황에 대해서다. 만약 내담자가 이와 같은 세 가지 영역 어느 곳에서든지 거짓말을 믿는다면, 그것은 하나님이 주권적으로 허락하신 상황에 대한 그의 반응에 급격하게 영향을 미칠 것이다. 나는 그 세 가지 영역 각각에서 구체적인 불신과 불신앙 혹은 거짓의 증거를 찾는다. 나는 자료를 수집하면서 내담자가 영적으로 눈이 멀어서 강퍅해진 부분을 찾을 때 다음과 같은 원리를 따른다.

나는 부정확한 자아관의 증거를 찾아내기 위해 노력한다. 죄인 된 인간들은 자신이 누구인지에 대해 정확한 관점을 가지지 않는 경향이 있다. 그들은 자신의 본래 모습보다도 더 나은 자들이라고 생각하곤 한다. 그러한 자신감은 자기 혐오보다도 더 뿌리 깊다. 그래서 나는 내담자의 자아관이 그가 나타내는 태도나 행동과 맞지 않는 부분을 찾는다.

나는 두 가지 방법으로 이러한 부정확한 자아관을 드러내려고 노력한다. 첫 번째, 초점을 맞춘 일기가 하나님이 그 사람의 눈을 밝혀 자신의 왜곡된 모습을 보게 하는 데 효과적으로 사용되는 것을 알게 되었다. 나는 그에게 일어난 모든 일을 기록하라고 요구하지 않는다. 대부분의 사람들에게 그것은 결코 완수할 수 없는 버거운 일일 것이다. 그래서 일기를 쓸 때 초점을 맞추라고 권한다. 즉, 다음의 다섯 가지 구체적인 질문에 대해 일기로 답을 쓰면서, 자신의 삶 속의 어떤 중요한 상황에 대해서만 기록하게 하는 것이다.

1. 상황적으로 어떠한 일이 일어났는가?
2. 그 일이 일어나고 있을 때, 당신의 생각과 감정은 어떠했는가?
3. 그 일에 대한 반응으로 당신은 무엇을 했는가?
4. 당신이 행한 일을 통해서 원하는 것이 무엇이었고, 이루고자 했던 것은 무엇이었는가?
5. 그 결과는 무엇인가?

나는 내담자에게 2-3주 동안 그런 일기를 쓰라고 부탁한다. 그런 다음에 돌려받아서 반복적으로 나타나는 주제와 형식에 유의하면서 주의 깊게 살핀다. 그런 다음에 형광펜으로 그런 주제가 나타나는 모든 곳에 밑줄을 친다. 그리고 나서 내담자와 만날 때에 일기를 돌려주고 읽게 한다. 그럴 때에 특히 내가 밑줄을 친 부분에 더욱 집중하게 한다. 마지막으로 그에게 그 일기를 다시 읽고 나서 자기 자신에 대해서 알게 된 것이 무엇인가를 묻는다. 하나님은 자주 이런 과제를 사용하셔서 닫혔던 눈을 열어주셨다. 내담자가 내 의견에 대답하는 것이 아니라 자기 자신의 말에 대답하는 것이기 때문에 특히 더 효과적이었다!

레이첼(Rachel)은 이 일에 완전히 무지했으며 비통한 마음을 가진 여성이었다. 그녀는 자신이 태생적으로 친절하고 인내심 많고 사려 깊다고 믿었다. 그녀는 연로한 할머니를 돌보면서 살았다. 그래서 자신이 아주 사랑이 많은 자라고 생각했다. 그렇지만 레이첼은 이 책임이 자신에게 주어진 것에 대해서 몹시 괴로워했다. 그녀는 자기를 전혀 도와주지 않았던 가족들에게 비난을 퍼부었다. 그녀는 자신이 인내심 많고 이해심도 큰 사람이라고 생각했는데, 그 이유는 12년 동안 같은 사람들과 함께 같은 일을 하면서 살아왔기 때문이다. 하지만 상사와 정기적으로 충돌했고, 대부분의 직장 동료와도 불편한 사이로 지냈다.

자신에 대한 레이첼의 생각에는 원망의 마음이 들어 있지 않았다. 그래서 그녀의 삶에는 그녀가 직면하지 않은 것이 많았다. 그런 그녀에게 일기는 돌파구과 같았다. 그녀가 3주 동안 일기를 쓴 다음에 나는 그것을 돌려받아 읽어 보았다. 그때 내겐 형광펜이 없었고 녹색 볼펜만 있었다. 그래서 그냥 그 녹색 볼펜으로 그녀의 일기에 원망이 나타나는 장면마다 밑줄을 그었다. 그랬더니 모든 페이지가 말 그대로 녹색 줄의 원망으로 가득했다. 그녀를 다시 만났을 때 내가 한 일을 설명한 뒤에 그 일기를 읽어보라고 했다. 반 정도 읽었을 때, 그녀는 흐느끼기 시작했다. 그리고 나를 보면서 말했다. "아, 나는 정말로 원망이 많은 여자예요!" 그녀의 자아관에서 그럴듯한 거짓말이 드러나는 순간이었다.

'생동적인'(real-time) 자료 수집 단계 역시 어떤 사람의 부정확한 자아관을 드러낼 수 있다. 상담 시간에 나는 내담자의 본래 모습을 경험하게 된다. 통제욕이 강한 사람은 상담 중에 통제하려고 할 것이다. 화를 잘 내는 사람은 어떤 순간에 화를 낼 것이다. 자기 의가 강한 사람은 방어적이어서 아무것도 배우려

하지 않을 것이다. 두려움이 많은 사람은 신뢰하지 못해 힘들어할 것이다. 그들로 하여금 나와의 관계의 역학을 살펴보게 하는 것이 매우 중요하다는 것을 알았다. 이제 그들이 자신의 마음을 숨기는 것이 더 어려워진다. 왜냐하면 내가 그들과 함께 있기 때문이다. 나는 이야기하면서 그들의 갈등에 대해서 정직해지라고 요구한다. 그리고 나는 그들에게 이야기하는 동안 내 경험에 매우 정직하다. 우리가 관계의 역학을 살피고 자주 등장하는 주제가 표면에 떠오르면서, 그가 자신에 대해서 믿고 있었던 그럴듯한 거짓말이 드러나게 된다.

나는 하나님에 대한 그 사람의 관점에서, 편의적인 왜곡을 드러내려고 노력한다. 사람들은 그럴듯해보이는 경험적 신학을 개발한다. 왜냐하면 그것은 삶에서 일어난 일들에 대한 그들의 해석에서 나오기 때문이다. 전혀 성경적이지 않은 이러한 해석이 하나님에 대한 관점을 형성하면 할수록, 그들의 고백적인 신학(공적인)과 기능적인 신학(실제적인, 일상생활과 관련되는) 사이의 간격은 더욱 커지게 된다. 그럼에도 불구하고 그들의 기능적인 신학은 그들의 인생관과도 일치하기 때문에 논리적이고 참된 것처럼 보일 것이다.

예를 들면, 조(Joe)의 하나님은 그의 삶에서 멀리 떨어져 있고 전혀 개입하시지 않는 분이었다. 그는 절망감으로 가득한 시기에 하나님을 간절히 찾았지만 결코 하나님이 가까이 계심을 느낄 수 없었다고 말했다. 그는 하나님이 기적을 행하시는 것은 알고 있지만 자신의 기도에 응답하시지 않는 것 때문에 괴로워했다고 말했다. 그는 하나님을 매몰찬 심판자로 보았다. 즉, 언제든 '일을 그르친' 자에게 결과대로 벌을 내릴 준비가 된 분으로 여겼던 것이다. 그러나 이렇게 생각하면서도 조는 자신이 하나님을 믿는다고 고백하였다.

나는 어떻게 조의 기능적인 신학의 내용을 알게 되었는가? 그리고 어떻게 조가 자신이 믿는다고 말하는 것과 실제로 믿는 것 사이의 격차를 깨닫도록 도왔는가? 나는 조가 하나님께 질문하는 방식에 주의를 기울였다. 그리고 그가 살아가는 방식에 이러한 질문들이 미치는 영향이 무엇인지를 이해하도록 도왔다. 예를 들면, 조는 이렇게 말했다. "나는 왜 하나님이 내 삶 속에 역사하시지 않는지 이해할 수 없어요"(이 질문은 내가 만났던 대다수의 사람이 동일하게 던졌던 것이다). 그 질문은 비성경적인 전제에 근거하고 있었다. 그것은 하나님이 어떤 이유로 어떤 자녀들을 저버리신다는 것이다. 그러한 질문은 자신의 상황을 더 올바로 이해하거나 성경적인 믿음을 더 실천하는 데로 인도하지 않는다.

이에 대한 나의 전략은 이러했다. 조가 하나님께 질문했을 때 나는 그가 그 질문이 근거하고 있는 잘못된 전제를 발견할 수 있도록 도왔다. 그런 전제는 이런 것들이었다. "감정이 하나님의 임재를 나타내는 믿을 만한 지표다. 고통은 하나님의 처벌의 증거다. 만약 하나님이 내 삶에 역사하신다는 증거를 찾지 못한다면, 그것은 내 기도에 응답하시지 않는다는 뜻이다. 하나님은 가까이 계시지 않고 멀리 계신다." 나는 조가 던졌던 질문과 동일하기는 하지만 성경적인 전제들로 새롭게 구성된 질문들을 던짐으로써 그의 질문의 비성경적인 성격을 깨달을 수 있도록 도왔다. 예를 들자면 이런 것이었다. "조, 하나님은 우리 가까이 계신다고 선언하셨지요. 그런데 왜 그분이 당신에게서 그렇게 멀리 떨어져 계신다고 생각하나요?", "하나님은 당신의 삶에 역사하고 계세요. 조, 그런데 그것을 보지 못하도록 막고 있는 것은 무엇인가요?", "조, 당신이 기도한 내용을 함께 살펴보고 하나님이 어떻게 대답하셨는지 찾아봅시다." 각각의 질문들은 조가 말한 것을 담고 있다. 하지만 그것들은 성경적인 전제들로 새롭게 구성되었다. 그것들은 조가 믿었던, 하나님에 대한 그럴듯한 거짓말을 드러내고, 대신 진정한 성경적인 믿음을 가리켰다.

내담자가 하나님에 대해 하는 말에 귀를 기울이라. 그들이 하나님의 본성과 사역에 대해서 제기하는 의문들에 귀를 기울이라. 그럴듯한 신학적 거짓말들을 살펴보라. 어느 날 갑자기 성경에 나타나 있는 하나님을 거부하고 무신론자로 돌아서버리는 사람은 없다. 그 반대로 기능적인 신학 속의 하나님을 더 이상 경배하거나 높임을 받으실 가치가 없다고 생각하면서, 많은 사람들이 냉랭하고 거리감 있는 신학적 냉소주의에 빠지게 된다.

나는 내담자가 은혜의 수단과 그리스도인으로서의 성장의 수단을 놓쳐버린 증거를 찾는다. 그러한 일들은 매일의 개인 경건 생활과 공식 모임 참석, 성도 간의 교제, 성경 공부, 공식 예배 등이 있다. 나는 그들이 왜 뒤로 물러서게 되었는지를 깨닫고자 한다. 그래서 하나님에 대한 신앙을 약화시키고 그분 및 그분의 자녀들과 더 깊은 교제를 갖고자 하는 동기를 잃어버리게 만든 거짓말이 무엇인지를 드러내고 이해하길 바란다.

고린도전서 10장 13절은 한 사람이 하나님과 그분의 사역에 대해서 품고 있는 거짓말을 드러내는 데 유익한 과제물이 될 수 있다. 바울은 하나님과 그분의 사역에 대해서 네 가지를 확언하면서, 우리가 믿기 쉬운, 하나님에 대한 교묘한 거짓말을 다루는 것 같다. 나는 이 내용을 가지고 다음과 같이 질문하는 과제를 구성하였다.

1. 확언: "하나님은 감당할 시험밖에 허락하신 것이 없다."
질문: 어떤 근거로 당신의 상황이 다른 사람들보다 더욱 극심하고 또 당신이 특별히 더 괴로운 고통에 처하도록 선택되었다고 생각하는가?
2. 확언: "하나님은 신실하시다."
질문: 어떤 이유로 당신은 하나님이 당신에게 하신 약속에 대해서 신실하지 않으시다고 믿게 되는가?
3. 확언: "하나님은 감당하지 못할 시험을 당하는 것을 허락하지 않으신다."
질문: 어떤 이유로 당신은 감당하지 못할 시험을 당하였고 죄를 짓지 않

을 수 없는 상황의 압박을 받게 되었다고 생각하는가?
4. 확언: "하나님은 또한 피할 길을 내사 능히 감당하게 하신다."
질문: 어떤 근거로 당신은 상황을 감당할 아무런 방법이 없다고 생각하게 되는가?

이렇게 초점 있는 질문을 통한 과제를 행하면, 상담자와 내담자 모두가 하나님의 본성과 사역에 대해서 내담자가 믿는 거짓말이 무엇인가를 알게 될 것이다.

나는 그가 자신의 상황에 대해서 생각하는 방식 속에 있는 왜곡을 드러내고자 한다. 당신이 자료를 수집할 때에 내담자가 자신의 상황에 대한 객관적이고 기계적인 언급을 하지 않는다는 것을 염두에 두라. 그는 오직 '사람과 장소와 사건'만을 말하는 것이 아니다. 모든 인간이 해석하는 자이기 때문에 자신의 삶 속에서 일어나고 있는 일에 대해서 어떤 식으로든지 의미를 찾고자 한다. 모든 사람은 자신만의 인생관을 가지고 있으며, 의식하든 그렇지 않든 모두 현재의 상황에 대한 나름대로의 시각을 가지고 있다. 어떤 사람이 현재 일어나고 있는 일에 대해서 순전히 사건 자체나 요약만을 말한다는 것은 실제적으로 불가능하다. 그는 항상 모든 사물에 대한 내면화된 관점을 나타낸다. 그리고 이 때문에 나는 그의 말에 귀를 기울이면서 거기에서 나타나는 그의 관점에 대해서 알아야만 한다. 가장 일반적으로 왜곡된 관점(즉, 그럴듯한 거짓말)은 아래와 같다.

나는 내담자가 "나는 이 일이 이런 의미를 갖는다고 생각해요"라고 말할 때 그의 해석에 귀 기울인다. 상담을 하러 와서 이렇게 말하는 사람은 없다. "좋아요. 상담 선생님. 이제 이 일들에 대해서 나름대로 생각했던 것들을 다 털어놓겠어요." 해석은 한도 끝도 없이 다양한 모습으로 나타난다. 당신은 정신을 바짝 차리고 귀를 기울여야 한다. 예를 들면, 어떤 사람이 이렇게 말했다고 하자. "나는 이 일에 대해서 오랫동안 생각했어요. 그리고 이렇게 하기로 결심했어요…." 그는 당신에게 해석을 전달하고 있다. 듣기를 잠시 멈추고 방금 들은 것에 대해서 궁리하고 그것을 이해하려고 노력해보라. 사실 그는 이렇게 말하고 있는 것이다. "나는 왜 이 일이 일어나고 있는지를 잘 알고 있어요…." 다시 한 번 우리는 순수한 사실만을 듣고 있는 것이 아니라, 그 사람이 자신의 삶에 대해서 생각하는 방식 속에 있는 왜곡을 드러낼 수 있는 해석을 듣고 있음을 명심하자.

나는 평가를 듣는다. 이는 좋고 나쁨과 옳고 그름, 진실함과 거짓됨, 중요함과 사소함, 성공과 실패, 가능과 불가능에 대한 모든 판단이다. 사실 나는 그 사람의 평가를 끊임없이 끄집어내기 위해서 이렇게 질문을 던진다. "이 상황에서 올바른 일을 한다는 것이 무엇이라고 생각하십니까?" 혹은 "그 일이 일어났을 때 당신이 가장 중요하게 생각한 것은 무엇입니까?" 혹은 "그들이 당신에게 말했던 것 중에서 무엇이 옳거나 그르다고 생각했습니까?" 이러한 질문들은 각각 그 사람이 내린 결정과 취한 행동의 근거가 되는 평가를 드러내고 있다. 이러한 질문들은 그들의 반응 이면에 있는 마음을 드러내기 위한 것이다.

그 다음에 나는 의도와 목표를 듣는다. 그 사람이 자신의 상황 가운데에서 혹은 그로 인해서 얻기를 원하는 것은 무엇인가? 하나님이 그에게 허락하신 상황 속에서 그가 정말로 삶의 목표로 생각하며 살아가는 것은 무엇인가? 그 의도에 귀를 기울이라. 목표가 무엇인지 잘 들어보라. 내담자가 추구하는 바에 대해서 당신에게 하는 말을 주의 깊게 들어보라. 모든 사람들이 무엇인가를 위해 살아가고 있다. 내담자가 처한 상황 속에서 목표가 무엇인지를 알아낼 수 있는 질문을 하라. 그 목표는 하나님이 그에 대해 가지고 계시는 목표와 동일한가? 예를 들면, 어떤 사람이 우리에게 자신이 한 일이나 어떻게 대응했는지를 말할 때에, 그러한 행동을 통해서 이루고자 했던 일이 이루어졌는지를 물어보아야 한다. 내담자가 자신이 귀중하게 생각하는 것이 무엇이며 그것이 어떻게 그의 행동을 유발하는지를 깨닫도록 유도하라. 그가 진심으로 대답하고 마음의 동기에 대해 생각하도록 요구하는 질문을 하라.

나는 교리나 신학에 대해서 듣는다. 내담자가 최근에 벌코프(L. Berkhof)의 「조직 신학(Systematic Theology)」을 읽었는지 확인한다는 뜻이 아니다! 나는 신앙의 공식적이고 비공식적인 진술과 그 사람의 기능적 신학에 대해서 듣는 것이다. 나는 그가 말하는 내용을 모든 순간 아주 주의 깊게 듣는다. 그러면서 생각한다. 그가 이런 말을 어떻게 사용하고 있는가? 이것은 그에게 어떤 의미가 있는가? 그리고 그가 특별한 교리에 대해서 언급할 때마다 다음과 같은 사실에 주목한다. 그는 이 신학적 진리를 어떻게 이해하고 있으며 이것을 어떻게 자신의 상황에 적용하고 있는가? 또 그가 성경에 나오는 이야기를 언급할 때마다 주의 깊게 듣는다. 그는 자신의 상황을 어떻게 성경적인 내용과 동일시하고 있는가? 그가 설정하는 연관 관계는 무엇인가? 나는 그 사람이 그리스도인 사상가나 교사, 저자를 인용할 때 다음과 같은 질문을 하며 열심히 귀를 기울인다. 그가 삶에 의미를 부여하기 위해 그들에게서 무엇을 끌어내었는가?

대부분 의식하지는 못하지만 모든 사람들은 자신의 상황에 대해 나름대로의 신학을 만들고 있다! 그러면서도 그들이 직접 신학적인 해석을 내리는 것은 아니다. 이런 내용들은 삶에 대해 이야기할 때에 그 속에 섞여서 나타난다. 그러므로 우리는 그들의 말에 귀를 기울이고 그 속에서 상담적 자료를 끄집어낼 수 있는 질문을 해야 한다.

또한 나는 감정에 대한 이야기를 듣는다. 나는 내담자가 자신의 상황에 대해서 이야기를 할 때 그의 감정을 주목한다. 기쁨, 분노, 두려움, 소망, 낙담,

좌절, 슬픔, 감사, 비통함, 낙심, 만족 등은 모두 마음속으로 들어가는 창문과 같다. 이 모든 것들은 하나님이 그의 삶에 허락하신 일들에 반응하는 방식과 연관되므로 전부 풀어서 나타내야 한다. 나는 그런 감정들이 나타나면 잠시 진행을 중단하고 그 감정에 대해서 언급하고 내담자와 함께 그 감정을 살펴보곤 한다. 그렇게 하면 그 감정을 이해할 수 있고, 그럼으로써 그는 자신이 인생을 바라보는 방식과 그런 감정들이 어떻게 연결되어 있는지를 깨닫게 된다.

나는 감정에 귀를 기울일 때, 그 감정이 적절한 것인지 아닌지를 생각한다. 즉, 이러한 감정들이 그 상황을 성경적으로 생각하는 데서 나오는 것인지를 살피는 것이다. 예를 들면 이스라엘 사람들이 하나님이 공급하신 만나에 대해서 불평하고 애굽에서의 삶을 그리워하였을 때에 그들의 감정은 온당치 못한 것이었다. 그 감정들은 하나님에 대한 믿음과 신뢰, 그분의 말씀으로 형성된 인생관에서 나오는 것들이 아니었다.

우리 죄인들은 영적으로 눈이 멀기 때문에 악한 의지가 생기는 것에 민감하지 못하다. 우리는 그럴듯한 거짓말을 쉽게 믿어버리곤 한다. 우리 삶 곳곳에 찾아내서 없애버려야 하는 허위가 박혀 있다. 이것이 바울의 근본적인 목회 목표 중의 하나였고 또한 우리의 목표가 되어야만 한다. 우리는 자료 수집을 통해서 내담자를 알고자 할 때에, 악한 원수의 모든 미묘한 거짓말들, 즉 하나님의 길에서 벗어나도록 사람들을 현혹하는 것을 밝혀내는 사명을 수행해야 한다.

어떻게 모든 생각을 그리스도께 사로잡아 올 것인가

이것은 바울이 자신의 사역을 최종 정리한 내용이었다. "모든 생각을 사로잡아 그리스도에게 복종케 하니"(고후 10:5). 이것은 사역을 행할 때에 우리 모두가 가져야만 하는 목표이기도 하다. 우리가 분명히 성경적인 인생관으로부터 나오는 좋은 질문을 할 때에, 내담자가 이전에 전혀 생각해보지 않았던 방식으로 스스로에 대해서 생각할 수 있도록 해야 한다. 그들이 전혀 던져본 적 없던 질문들을 우리가 새로운 방식으로 던질 때에, 하나님은 우리를 사용하셔서 그들의 영적 어두움의 벽을 뚫고 성경적인 통찰을 고취하실 수 있다.

나는 이런 식의 일련의 질문 끝에 이렇게 이야기하던 여성을 기억한다. "나 자신과 하나님과 내가 내린 선택에 대해 많은 것을 깨닫게 되었어요!" 나는 그녀에게 공식적으로 성경을 가르친 적이 없다. 그녀의 깨달음은 단지 자료 수집의 결과였던 것이다. 그 과정은 그녀가 영적으로 눈먼 상태라는 것을 직면하게 했고 그래서 그녀의 생각이 그리스도께 사로잡히기 시작했던 것이다.

영적으로 눈이 멀었다는 것은 그리스도 없이 보려고 노력하는 것이다. 이것은 물리적으로 눈 없이 보려고 노력하는 것에 다름 아니다. 바울은 골로새서 2장 8절에서 이렇게 말했다. "누가 철학과 헛된 속임수로 너희를 노략할까 주의하라 이것이 사람의 유전과 세상의 초등 학문을 좇음이요 그리스도를 좇음이 아니니라." 만약 나 자신과 다른 사람과 나의 상황과 하나님에 대한 생각이 그리스도께 사로잡히지 않는다면, 그것들은 세상의 헛되고 속이는 철학에 사로잡히게 된다. 당신이 상담하는 내담자들이 이것을 깨닫고, 새롭게 생각할 필요가 있는 구체적인 패턴을 깨달을 때에, 그들은 배우는 일과 직면하는 것을 더욱 수용하게 될 것이다. 그들은 어떻게 해서 성경적인 해답이 자신들이 대면하고 있는 문제들을 정말로 해결할 수 있는가를 이해하게 될 것이다.

바울이 세상의 철학에 대해서 무엇이라고 언급했는지 유의하여 보라. 바로 '헛되고 속이는 것'이라고 하였다. 정말 그것은 속이는 것이다. 옳게 보일 수도 있다. 명쾌한 논리와 탄탄한 논리로 무장해서 정말 그럴듯해보인다. 그것은 수

십 년의 연구와 조사를 통해 구체적인 자료를 가지고 있는 것처럼 보인다. 그러나 그것은 헛된 것이다. 그 속에는 알맹이가 없다. 그것은 진정한 해답을 주지 않는다. 진정한 깨달음으로 인도하지도 않는다. 확실한 약속을 하는 것도 아니다. 그것은 공허하다. 그 이유가 무엇인가? 그것은 그리스도께 속해 있지 않기 때문이다. 그것이 제공할 수 있는 것이란 오직 사람들이 보는 것뿐이다. 그들은 바로 죄인이며 영적 어두움과 싸우는 사람들이다. 세상의 것들이 항상 완전하지 않고 부족한 이유가 여기 있다. 그것은 결국에는 부족한 것으로 판명될 것이다.

상담을 할 때 우리는 '그리스도 안에 지혜와 지식의 모든 보화들이 숨겨져 있음'을 깨닫는다. 그리고 모든 생각을 그분께 사로잡아 오기 위해 노력한다. 우리는 진리를 깨닫는 모든 노력들은 그리스도에게서 시작된다는 것을 알고 있다. 그러나 또한 자신들이 본다고 생각하지만 사실은 눈이 먼 자들을 상담하고 있음을 기억해야 한다. 그들은 자신이 제대로 이해하고 있다고 생각하지만 사실 그들의 통찰은 헛되고 속이는 것일 뿐이다.

그러한 이유로 우리는 굳게 강화되고 적극적으로 방어되고 있는 영적 어두움이라는 견고한 진을 드러내고 무너뜨리기 위해 노력한다. 우리는 모든 죄인들을 현혹하는 그럴듯한 거짓말, 그 허위를 밝혀내고 파괴하고자 한다. 그러나 이를 위해 노력하지만 이것이 전부는 아니다. 우리의 궁극적인 목표는 의지적으로 눈먼 자들이나 눈이 멀어 악한 의도를 갖게 된 자들 모두를 그리스도께 사로잡아 오는 것이다. 그럴 때에 그들은 성경적으로 명료하게 볼 수 있으며, 주님께 감사함으로 순종하는 삶을 살게 된다. 우리가 하나님께 의지할 때, 그분은 우리 질문을 사용하셔서 영적 어두움을 드러내시고 그 속에 침투하시며, 내담자의 생각을 사로잡아 그리스도께 복종케 하실 것이다.

내담자를 돕는 것은 그들의 삶의 계획을 이해하게 되는 것이다

"사람의 마음에 있는 모략은 깊은 물 같으니라 그럴지라도 명철한 사람은 그것을 길어내느니라"(잠 20:5).

마음을 드러내는 질문이 중요하다. 성경은 우리에게 마음으로 들어가는 많은 문과 그 마음을 다스리는 것을 제공한다. 여기에 내담자가 자신의 생각과 동기와 욕구의 반복적인 패턴과 마음에 자주 떠오르는 주제를 깨달을 수 있도록 도와주는 몇 가지 질문의 예들이 있다. 이러한 질문에 답하면, 그들 마음이 진정으로 귀중하게 여기는 것과, 그러한 귀중한 것들이 하나님과 다른 사람과 삶의 상황들에 대한 그들의 반응을 형성하는 방식을 깨닫는 데 도움이 된다.

1. 내담자가 두려움이나 걱정이나 불안을 쉽게 느끼는 때는 언제인가?(마 6:19-34)
2. 그는 어떤 부분에 대해서 실망감으로 괴로워하는가?(잠 13:12, 19)
3. 그는 어떤 상황에서 분노로 인해 괴로워하는가?(약 4:1-2; 잠 11:23)
4. 그가 인간관계에서 문제를 느끼는 부분은 무엇인가?(약 4:1-10)
5. 그가 삶에서 특별히 어렵다고 생각하는 상황은 무엇인가?(고전 10:13-14)
6. 그가 어디에서 회피하는 태도를 보이는가? 그가 의식적으로 늘 피하고자 하는 것은 무엇인가?
7. 영적인 생활이나 하나님과의 관계에서 지속적인 문제를 겪고 있는 부분은 무엇인가?(시 73편)
8. 어떤 부분에서 혹은 언제 내담자가 성경의 진리를 의심하기도 하는가?(롬

1:25)

9. 다른 사람에 대한 그의 진정한 목표는 무엇인가? 좋은 인간관계에 대한 그의 정의는 무엇인가? 다른 사람에 대한 그의 기대는 무엇인가? 주변 사람들에게 은밀하게 요구하는 것은 무엇인가?(약 4:1-2)

10. 그는 어떤 부분에서 비통함으로 인해 괴로워하는가?(엡 4:31; 잠 18:19)

11. 후회감과 씨름하고 있는 일은 무엇이며 '만약 …라면' 이라고 말하는 부분은 무엇인가?

12. 잊어버리기 힘든 과거의 경험은 무엇인가?

13. 기도와 개인적인 예배와 관련하여 어려움을 경험했던 때는 언제인가?(약 4:3-4)

14. 질투로 인해 괴로워하고 있는 부분은 어디인가? 쉽게 탐내는 것은 무엇인가?(잠 14:30)

4장 Instruments in the Redeemer's Hands

본질적 교리가 담긴
상담 과제

　성경적 상담의 방법론적인 특징 한 가지는 정기적으로 과제(homework)를 내준다는 점이다. 잘 고안된 좋은 과제는 상담과 변화의 과정에서 중요한 역할을 할 수 있다. 제이 아담스(Jay Adams)는 이렇게 기록하였다. "성경적 상담자는 과제가 내담자들을 인도할 때 사용할 수 있는 가장 역동적이며 효과적인 도구 가운데 하나라는 것을 깨닫는다." 왜 과제를 사용하는가? 이에 대한 결정적인 '근거 구절'은 없다. 예수님은 부자 청년에게 자신의 문제가 무엇인지를 '목록'에 적어서 다음 주에 가져오라고 말씀하지 않으셨다! 그러면 과제를 사용하는 것은 단지 실천적인 면에서만 증명된 잔기술인가?

　과제는 성경적인 상담에서 지속적으로 강조된다. 왜냐하면 그것을 사용하는 것은 기본적인 성경 교리에 의해 주도되기 때문이다. 성경적 상담자에게 신학이란 단순히 믿음과 실천의 내용에 관한 문제가 아니다. 성경적이며 주해적으로 도출된 신학도 변화하는 믿음과 행동의 과정을 다룬다. 즉, 상담의 방법(상담자의 측면에서 볼 때)과 점진적인 성화(내담자의 측면에서 볼 때)를 다룬다. 성경적인 상담의 방법론은 성경적인 신학에서 나온다. 성경적 상담자가 상담에서 하는 일, 곧 내담자로 하여금 하게 하는 것은, 그가 말하는 내용만큼 성경적으로 일치해야 한다. 과제는 성경적인 상담을 뚜렷이 구별해주는 방법이며, 논리적이면서도 실천적으로 신앙의 확장을 이루는 방법이다.

과제를 사용할 때에 다섯 가지의 교리가 중심이 된다. 과제를 고안하고 사용하기 위한 논리적 근거를 살펴본 다음에, 상담과 변화 과정의 다양한 국면에 적합한, 특별한 과제의 예를 다룰 것이다.

성경에 대한 교리

샘(Sam)은 믿은 지 오래된 성도였다. 최근에 그는 몇 가지 어려움에 빠졌다. 그의 아내는 오랜 투병 생활 끝에 사망하였고, 그가 경영하던 제약 사업에 새로운 경쟁자가 나타났으며, 이전에 축구를 하다 생긴 상처가 도져서 제대로 걸을 수 없는 상태가 되었고, 교회에서는 그가 반대했던 건축 계획이 결정되었다. 그는 인생이 그의 뜻대로 되지 않아서 점점 더 괴로워했다. 그는 고통스러웠고 환멸을 느꼈으며, 슬펐고 불만이 가득했으며, 하나님과 이웃과 자신의 환경과 삐걱거렸다. 당신은 어떻게 샘을 도울 수 있겠는가? 그에게 주어지는 과제는 어떠한 역할을 할까?

성경적인 상담자는 성경의 권위와 충족성을 확신하는 자다. 그는 하나님의 말씀의 관점으로부터 인간의 문제를 살펴보고자 노력한다. 예를 들면 성경은 샘의 문제를 다루면서, 스트레스를 받는 상황에서 우리가 갈망하거나 두려워하는 것 때문에 일어나는 '불평'의 문제를 많은 구절에서 길게 묘사하고 있다. 성경적인 상담자는 내담자가 삶의 문제에 대해 성경적으로 생각하도록 돕고자 한다. 샘의 마음은 새로워질 필요가 있었다. 그에게는 자신의 어려움을 하나님의 방법대로 처리하는 것이 필요했다.

성경적인 상담자는 귀를 기울이고 공감하고 위로하는 말을 하는 것보다 훨씬 더 중요한 것을 공급한다. 당신은 그에게 귀를 기울인다. '미혹되고 시험받으며 때로는 실패하는' 사람에게 공감하기도 한다. 그러나 당신은 또한 샘을 인도하여 그리스도의 견지에서 자기 자신과 그 문제를 이해하도록 한다. "내 마음이 괴로울 때에도 나의 위로이신 주님이 내 영혼을 도우시네." 성경적인 이해는 행동으로 나아가게 하고, 인생의 매 상황에서 성경적으로 온전한 행동을 행하게 한다. 그럼 여기에서 과제는 무엇인가? 성경적 상담자는 내담자가 하나님의 말씀으로 곧장 나아가게 하기 위해 일하고, 그로 인해서 상담자의 상담 계획은 더욱 성경적 성격을 띤다. 샘은 불평을 토로하고 자기 자신과 당신에게 인생이 소망이 없음을 입증하고자 할 수 있다. 하나님은 샘이 힘든 시기 가운데서 불평에서 돌이켜 그분의 영광을 위해 살게 되기를 원하신다.

과제는 내담자가 성경의 풍성함을 끄집어내어 이해와 확신과 약속, 인도함을 얻을 수 있게 한다. 성경적으로 고안된 과제는 개인적이고 실제적인 성경의 지혜로 인해서 내담자를 놀라게 할 수 있는 보람된 기회를 제공한다. 이 지혜는 내담자의 삶의 구체적인 부분에 대해서 말해준다. 예를 들면 다음과 같다. "어려움에 처한 사람들을 살펴보고 그들이 어떻게 그 일에 반응하도록 유혹받았는지를 보십시오(민 11-21장). 그들 자신이 얼마나 연약한지를 절감하게 만드는 고통 속에서 하나님이 행하신 일이 무엇인가를 살펴보십시오(신 8장). 그러고 나서 당신이 하나님으로부터 돌아서서 불평하고 절망할 때에 하나님이 당신이 행하기를 원하시는 일이 무엇인가를 살펴보십시오(빌 2:1-16)."

성경을 통한 과제는 실천적인 열심, 즉 헌신을 불러일으킨다. 상담 초기에 이러한 과제는 내담자를 성경에 나타난 하나님의 권위 아래 놓는다. 하나님의 모든 방식은 올바르고 그분의 모든 말씀은 진리이므로, 과제는 내담자에게 성경을 통해 각각의 질문을 시험하라고 요구한다. 그것은 그로 하여금 삶의 문제에 대해서 성경적인 지혜로 인도하는 공부에 노력을 기울이게 만든다. 과제는 내담자에게 인생에 대한 자신의 해석을 내려놓고 하나님의 해석을 받아들이게 한다. 그것은 그가 자신의 감정과 개인적인 욕망에 의해서가 아니라 성경의 원리에 의해서 인생을 영위해나가고 형성하도록 만든다.

정리하자면, 과제는 성경의 권위와 충족성 교리를 내담자의 삶에 실제적으로 적용한다. 그것은 성경의 가르침과 일치하는 사고와 행동을 요구한다. 성경에 대한 우리의 신조는 내담자를 성경으로 인도하는 과제를 요구한다.

인간의 책임에 대한 교리

빌(Bill)과 프랜(Fran)이 상담실에 들어섰을 때 그들의 모습은 매우 절망적이었다. 빌은 단단히 경직되고 방어적인 모습이었으며 프랜은 눈물을 글썽거렸다. 나는 그들의 자기 소개서를 잠깐 훑어보고 나서 첫 번째 질문을 했다. "자, 이제 마음을 놓고 말씀해보세요. 오늘 여기에 어떻게 오게 되셨나요? 무슨 문제가 있으신가요?" 그러자 그들은 한마디 말로 자신의 문제를 요약했다. 빌은 말했다. "프랜이요!" 프랜도 말했다. "빌이요!"

이제 상담자로서 나는 곤란한 입장에 처하게 되었다! 빌과 프랜 어느 누구도 상담을 받으려는 마음이 없었던 것이다. 각자 상대방이 문제라고 생각했다.

그리고 서로 상대방이 잘못을 고치면 모든 것이 해결된다고 말했다. 이런 상황에서 상담자는 상담을 받으려는 내담자를 아무도 만나지 못한 셈이다. 그들의 관계에서 문제에 대해 책임을 지고 있는 사람은 아무도 없으며, 반드시 일어나야 할 변화에 책임지는 사람도 없다. 빌과 프랜과의 상담은 각자가 현재 일어난 문제에 대해서 책임을 인정하고 변화를 바라지 않는 한 전혀 진행될 수가 없었다. 그렇다면 어떻게 과제를 통해 내담자들이 다시 생각하도록 도와줄 수 있을까?

분명히 책임의 문제는 성경적 상담자에게 중요한 관심사에 속한다. 성경은 우리 각 사람이 하나님 앞에서 책임 있는 자로 서야 함을 말하고 있다. 각 사람이 모든 말과 행동을 설명하게 될 것이다. 하나님은 우리에게 정직하게 스스로를 점검하고 정직하게 고백하고 정직하게 회개할 것을 요구하신다. 그분은 우리가 그분의 변화 사역에 온전히 참여하도록 부르신다. 성경의 요구는, 내 이웃의 티보다는 내 자신의 들보에 대해서 더 집중하는 것이다. 하나님은 사람들이 손가락질을 그치고 자신의 마음을 점검하기를 원하신다.

성경에 나타난 신조는 내담자가 하나님께 귀를 기울이게 하는 과제를 요구한다. 반면 인간의 책임에 대한 신조는 다른 종류의 과제를 요구한다. 바로 자기 자신을 살펴보라는 것이다. 이 과제는 상담의 초점을 정확히 맞추기 위해서 마련되었다. 적절한 자기 성찰은 우선적인 초점을, 다른 사람들의 행동으로부터 상황에 대한 내담자의 태도로 옮긴다. 과제는 상담의 '전문적' 상황과 일주일에 한 번 만나는 상황에 초점을 맞추는 데서 벗어나게 하고, 빌과 프랜이 변화의 과정에 매일 참여하는 데 책임감을 느끼게 한다. 상담 과제는 또한 소망의 초점을 변화시킨다. 그것은 내담자들이 다른 사람들이나 환경이 변하면 자신의 삶이 더 편안해질 것이라는 소망에서 벗어나게 한다. 그리고 사람들로 하여금 상담자가 변화를 일으킬 수 있는 강력한 무엇인가를 행할 것이라고 기대하는 소망으로부터 멀어지게 한다. 개인적인 책임을 깨닫는 것은 하나님을 바라고 자기 자신을 변화시키시는 복음의 능력을 바라는 소망으로 나아가게 한다.

상담이 진행되는 초기에 과제는 내담자에게 하나님 앞에서 자기 자신을 이해하고, 하나님께 자신을 의지하며, 그분 앞에서 책임 있는 자로 살기 시작하라고 요구한다. 상담 과제는 하나님과 이웃의 관계에서 일어나야 하는 변화에 대해 내담자가 책임감을 갖도록 돕는다. 그는 참선하는 힌두교 승려처럼 그저 수동적으로 앉아만 있기 위해서 상담에 임하는 것이 아니다. 상담자는 내담자가 변화의 과정에서 자신의 역할을 나타낼 수 있도록 돕는 안내자요 교사다.

인간은 책임을 지는 존재다. 그래서 좋은 상담 과제는 이 사실로부터 비롯된다. 타락한 본성과 우리 문화의 타성이 정반대 방향으로 진행되고 있기 때문에 이 모든 것이 매우 중요하다. 빌과 프랜은 책임 전가가 제도적으로 굳어버린 문화 속에서 살고 있다. '내면의 아이'(inner child: 어른의 마음에 존재하는 어린이 부분), '공동 의존적'(co-dependent), '역기능 가정'(dysfunctional family), '성인 아이'(adult-child) 등의 개념 체계는 모두 내담자의 태도와 행동에 대해 다른 사람을 비난한다. 이뿐만 아니라 우리의 타락한 마음의 타고난 성향은 자기 자신을 변호하고, 자신이 행한 잘못은 보지 못한 채 다른 사람만 비난하려고 하는 것이다. 이제 당신은 상담 과제가 내담자로 하여금 능동적으로 생각하고, 자신을 살피며, 하나님을 소망하고 의지함으로써 변화를 실천하게 하는 데 얼마나 중요한지를 이해하기 시작한다. 인간의 책임에 대한 우리의 신조는, 내담자들이 변명을 멈추고 자신을 정확하게 볼 수 있도록 돕는 과제를 요구한다.

하나님에 대한 교리

'한 번 더 상담받는' 일에 불안을 느꼈다고 하는 제인(Jane)의 목소리는 떨리고 있었다. 그녀는 이렇게 말했다. "전 정말 불안해요. 지금까지 여덟 명의 치료사를 만났어요. 입원도 했었고 전기 충격 요법까지 받았어요. 제가 받았던 처방을 다 기억할 수조차 없어요. 생체 제어법도 시도했어요. 신년 계획을 짜기도 했고, 휴가도 가져봤어요. 직장을 다니면 좀 도움이 될까 하고 직장도 구했고요. 그룹 상담도 받아보았고, 영성 훈련이 내면의 상처를 치유해줄 수 있을까 해서 내적 치유도 받았어요. 친구들 진을 빼놓아 결국엔 다 떠나고 말았어요. 전 정말 안 해본 것이 없어요…." 제인을 돕는 데 과제가 어떤 역할을 할까?

성경적 상담자는 하나님이 사람을 변화시키는 유일한 분이라고 믿는다는 점에서 다른 모든 방법론들과는 구별된다. 성경적 상담의 특징은, 인간의 마음을 변화시키는 능력을 가지신 구원의 하나님을 신뢰하는 데 있다. 그래서 성경적 상담자는 스스로를 변화의 창조자로 보는 것이 아니라, 하나님의 손에 붙들린 도구로 본다. 하나님은 상담자나 내담자가 요구하거나 기대하는 모든 것에 우선하는 변화를 창조하실 수 있다.

문제는 사람들이 자신의 상황과 육신의 자기 중심적인 생각으로 인해 하나님에 대한 시각을 잃어버린다는 데 있다. 이것은 전혀 새로운 현상이 아니다. 홍해 앞에 다다랐던 이스라엘 민족들도 애굽의 군대가 무섭게 추격해오고 있음을 알았을 때 두려워 떨었다. 이스라엘 민족은 하나님에 대한 시각을 잃어버리고, 그분의 풍성한 사랑의 섭리도, 구속적인 목적도 다 잊어버렸다. 출애굽기 14장의 처음 몇 구절은 그 상황이 통제 불능의 상황도 아니고, 이스라엘이 홀로 버려진 것도 아니며, 하나님은 온전한 경험과 관련된 목적을 가지고 계셨음을 보여주고 있다.

이스라엘 민족은 제인과 크게 다르지 않았다. 이스라엘처럼 그녀 역시 하나님에 대한 시각을 잃어버렸고, 모든 상황에서 그분이 주 되심과 명하신 모든 것을 행할 수 있도록 하시는 주님의 권능을 잊어버렸다. 내담자들은 종종 자신의 상황을 사실의 견지에서 해석하지 못한다. 하나님은 여전히 존재하시고 모든 일에서 사랑 넘치며 구속하는 다스리심을 펼치고 계시는데도 말이다. 그들이 자신의 상황을 하나님과 그분의 성품과 사역에 맡기지 못하기 때문에 자신이 홀로 남겨진 것같이 반응한다. 이렇게 하나님을 깨닫지 못함이 그들의 생각과 행동을 형성한다.

상담 과제는 하나님을 다시 바라볼 수 있도록 하는 놀라운 기회를 제공한다. 이렇게 하나님의 백성에게 그분과 그분의 일하심을 가르쳐주는 상담 과제는, 제인이 자신의 상황을 완전히 새롭게 해석하게 해주었다. 내담자에게 하나님을 깨닫게 하는 상담 과제는, 그 상황에서 그의 책임인 것과, 하나님께 맡겨야 하는 것이 무엇인지를 이해하도록 돕는다. 그리고 하나님을 중심으로 하는 상담 과제는 내담자가 상담자에게 의존하는 데서 벗어나 하나님께 더욱 깊이, 확고히 의지하도록 만든다. 하나님을 바라볼 수 있게 된 내담자는 두려움 없이 자신의 실패와 연약함과 능력 부족에 직면할 수 있다. 이는 소망이 오직 하나님께 있기 때문이다. 자신이 행할 수 없는 일들을 하나님께 맡기면서, 하나님이 자신에게 요구하시는 일들을 아무 불안감 없이 바라볼 수 있고 그 일을 행하기 위해 노력할 수 있는 것이다.

그 내담자에게는 하나님의 존재하심과 사역하심이 개인적인 경험을 해석하는 주된 근거가 된다. 하나님을 바라보게 만드는 성경 연구는 매우 중요하다. 이러한 연구에는 다음과 같은 것들이 포함되어야 한다.

1. 하나님은 누구신가?: 그분의 성품과 속성

2. 하나님은 어떻게 역사하시는가?: 그분의 성화시키시는 과정, 주권적 다스림, 은혜와 죄사함
3. 하나님과 내담자의 관계: 그리스도 안에서 얻게 된 정체성과 자녀로 받아들여짐, 하나님을 만나는 방법, 성령 안에서 하나님을 섬기는 방법
4. 성경을 통한 사례 연구: 자신의 백성을 위해 역사하시는 하나님, 자신의 약속을 성취하시는 하나님

하나님에 대한 진리에 초점을 맞추는 상담 과제는, 내담자의 상황과 문제를 온전한 관점에 둔다. 진리는 내담자의 눈을 순간의 혼란스러움에서 벗어나게 해서, 자신의 믿음을 시작케 하시고 완성하시는 이를 확신과 소망을 가지고 바라보게 한다. 여기에서 내담자에게 진리를 말하는 것 이상의 일을 행하는 것이 중요하다. 그들은 성경을 살피는 연구 활동에 참여해야 한다. 그러면 하나님의 강력한 임재하심이 그들의 마음에 깊게 새겨진다. 하나님에 대한 우리의 신조는 내담자로 하여금 하나님을 만나게 하는 과제를 요구한다.

죄에 대한 교리

짐(Jim)과 메리(Mary)가 결혼 상담을 위해 찾아왔을 때 처음으로 문제를 겪은 게 아니라는 것이 너무나 명확했다. 그들의 결혼 생활은 갈등의 연속이었다. 짐은 실패는 저주스러운 것이고 한가한 시간은 무책임함의 증거라고 생각했으며, 요구 사항이 많고 완벽주의자 성향의 일벌레였다. 그의 생활 습관은 메리가 감당하기 힘든 것을 요구하고는 그 일이 완벽하게 이루어지지 않으면 사정없이 비판하는 식이었다. 그래서 메리와 자녀들에 대한 그의 태도는 늘 부

정적이고 냉소적이었다.

메리는 자신에 대한 짐의 태도를 날마다 되새기며 분노하는 여성이었다. 그녀는 이러한 갈등 사건들을 무척 자세히 기억해낼 수 있었다. 자기 식대로 날마다 짐과 다투었고 그럴 때마다 남편에게 당한 대로 되갚아주었다. 그렇지만 메리는 자기 자신이 분노로 가득한 사람이라고 생각하지 않았다. 그녀는 자기 의가 매우 강하였고, 자신이 지독한 결혼 생활에서 힘없이 당하고 사는 피해자라고 생각했다. 우리는 어떻게 메리의 문제를 이해할 수 있을까? 그녀가 자기 자신을 이해하고 상담자도 그녀를 이해하는 데 상담 과제는 어떻게 기여할 수 있을까? 내담자의 문제는 행동보다 더 깊은 수준에 있다. 그것은 감정이나 우리 문화가 이름 붙이는 낮은 자존감, 공동 의존, 강박 현상(compulsion), 경계적 성격(borderline personality), 충동 장애(impulse disorder), 성인 아이 등의 문제보다도 더 깊은 수준에서 이루어진다. 또한 그것은 습관이나 행동, 언어, 혼잣말보다도 더욱 근본적인 것이다. 성경적 상담자는 이전의 행동을 새로운 행동으로, 이전의 감정을 새로운 감정으로, 이전의 인식을 새로운 인식으로 바꾸는 것보다도 더 중요한 것에 관심을 기울인다. 그는 바로 근본적인 차원의 문제에 대해서 관심을 갖는다.

성경적 상담자의 특징은 성경이 말하고 있는 '마음'에 관심이 있다는 것이다. 이러한 초점은 마음이 존재한다고 믿지 않는 문화 속에서는 획기적인 것이다. 현대 심리학에서 그 용어는 시대 착오적인 구시대의 유물로 받아들여질 뿐이다. 기독교 심리학에서 그 용어는 다양한 종류의 세속적 의미를 담고 있다. 예를 들면 우리는 '상한 마음'이나 '궁핍한 마음' 혹은 '억눌린 상처와 손상된 기억의 저장소'로서의 마음에 대해 듣게 된다. 이러한 정의 중 어떤 것도 진리가 아니다. 세속적인 범주가 지배하고 있을 때에는 인간 문제의 원인이 필연적으로 잘못 진단된다.

만약 근본적이고 지속적인 변화가 일어나기를 바란다면, 내담자는 마음의 논의를 포함하는, 죄에 대한 성경적인 정의를 받아들여야 한다.

성경은 인간 문제의 뿌리는 마음에 있다고 선언한다. 인간의 말과 행동의 열매를 생산하는 것은 바로 마음이라는 뿌리 체계다(히 4:12; 창 6:5). 마음을 다스리는 것이 행동을 다스린다. 마음을 지배하고 있는 것이 그 사람의 삶의 모든 부분에 영향을 미치는 것이다.

그리스도는 이것을 간단하면서 명료한 말로 설명하셨다. 선한 것은 마음에 쌓인 선으로부터 나오고, 악한 것은 마음에 쌓인 악으로부터 나온다. 열매의 문제는 뿌리의 문제와 직접 연관이 있는 것이다. 그러나 내담자가 자신의 마음을 살피는 계획을 세우고 추진하는 경우는 드물다. 대부분은 외면적인 계획을 추진한다. 그들은 문젯거리를 없애거나 고쳐서 다시 행복해질 수 있기를 바란다. 기껏해야 그들의 내면적인 계획이 불쾌한 감정을 떨쳐내는 것 정도다.

에스겔 14장 5절은 하나님이 새로운 계획을 가지고 계심을 말씀하신다. 그분으로부터 떠나갔던 사람들의 '마음을 다시 잡는 것'이 바로 그 계획이다. 그분은 백성들의 마음을 다시 잡으시고, 그리하여 그들은 오직 그분만을 섬기게 될 것이다. 성경적 상담자는 이러한 마음에 대한 하나님의 계획을 동일하게 품어야 한다.

여기서 다시 상담 과제가 매우 중요하게 부각된다. 성경은 거울과 같은 기능을 한다. 내담자가 주의 깊게 그것을 들여다볼 때, 자신의 참된 모습을 발견하게 된다. 히브리서 4장 12절에서 성경은 마음의 비밀을 가장 잘 밝혀준다고 말한다. 성경은 마음을 뚫고 들어가서 그 사람의 행동을 구성하고 있는 생각과 의도를 드러낼 수 있다.

내담자는 그의 마음이 주변에서 일어나고 있는 모든 것들과 상호 작용하고 있다는 것을 알아야 한다. 만약 그의 마음이 하나님 외에 다른 것에 지배당하고 있다면, 그는 하나님이 지정하신 방식대로 자신의 상황에 반응하지 못할 것이다. 예를 들면, 야고보서는 인간 갈등의 이유를 마음에서 패권을 다투는 욕구로 제시하고 있다. 이렇게 자신의 욕심에 '사로잡히게' 되었기 때문에 사람들은 서로 싸우는 것이다. 그것이 삶에 대한 반응을 형성하기 때문에 내담자가 자신의 생각과 의도를 명확하게 깨닫는 것이 중요하다. 그렇다면 어떻게 죄에 대한 신조로부터 구체적인 상담 과제를 고안할 수 있을까?

나는 메리에게 짐과의 대화를 적어보라고 시켰다. 나는 그녀에게 몇 주 동안 대화 내용을 담은 일기를 적어보라고 했고 그것을 내가 살펴보겠다고 했다. 나는 그녀의 일기의 주제가 분노가 될 것이라고 생각했고 내 생각은 옳았다. 나는 그 일기에서 분노가 분명하게 드러난 부분에 밑줄을 그었다. 메리가 자신의 글을 다시 읽어보게 하면서 부가적인 과제로 에스겔 14장 1-5절, 누가복음 6장 43-45절, 야고보서 4장을 다시 살펴보도록 했다. 메리는 자신이 짐에게 반응한 행동 속에 들어 있었던 마음과 분노를 깨닫기 시작했다.

마음을 성경에 비추어 살펴보게 하는 과제와 병행해서, 일기를 잘 고안해서 체계적으로 기록하게 하면 내담자는 근본적인 변화에 대해 책임감을 느끼게 된다. 그것은 내담자의 문제의 원인에 대해서 그릇된 문화적 전제들을 바로잡으며, 죄로 인한 영적 어두움을 밝힐 것이다.

죄는 의로움이나 화평케 함, 사랑, 순종, 문제 해결 같은 대안적인 것의 견지에서 규정된다. 메리는 무엇이 잘못인가를 깨달으면서(이것은 에베소서 4장에 나오는 '옛 것을 벗어버림'이다), 하나님이 그녀에게 행하게 하신 것들(새 것을 입음)에 대해서 바라보기 시작하였다. 그러면서 그녀는 그리스도의 복음을 붙들었다. 과제는 화평케 하는 기술들을 구체적으로 수행하게 한다. 예를 들면, 용서를 구함, 사랑과 겸손으로 지적하는 것을 배움 그리고 이웃이 원수같이 행동할 때에도 구체적인 사랑으로 행동하는 것 등이다. 상담 과제는 특별한 상황에서 '전에 예비하사 우리로 그 가운데서 행하게 하려'(엡 2:10) 하시는 선한 일을 도모하는 기회가 된다. 죄에 대한 우리의 교리는 내담자로 하여금 자신의 문제를 이해하는 방식을 재검토하게 하고, 그들을 구체적인 삶의 변화로 인도하는 과제를 요구한다.

점진적 성화에 대한 교리

조쉬(Josh)는 이렇게 말했다. "그렇지만 나는 노력했어요. 나는 정욕을 다스리기 위해 하나님이 명하신 것을 다 해보았어요. 하지만 소용이 없었어요. 저는 회개도 했고, 기도도 했고, 주님이 다스리도록 내 삶을 의지하기도 했고, 사탄을 책망하기도 했어요. 때로는 모든 문제를 일시에 해결했다는 생각이 들기도 했지만 몇 달 지나면 다시 타락해요." 여기에서 상담자는 몇 가지 것들에 대해서 좀더 알아야 한다. 그것은 조쉬가 썩어질 것들에 걸려 넘어질 때의 주변 상황들이 어떠했는가와, 고군분투하면서 다른 성숙한 그리스도인들의 도움을 받는가와, 일시에 모든 것을 해결하려고 하지는 않았는가에 대한 것이었다. 그 대답은 예상 가능한 것이었다. 조쉬는 그리스도인답게 살아가는 방식과 하나님이 사용하시는 은혜의 수단에 대해서 사실상 아무것도 몰랐다.

벌코프(Berkhof)는 성화의 과정을 이렇게 설명하고 있다. "성화는 인간이 아닌 하나님이 이룰 수 있는 사역이다. 소위 자유 의지를 주장하는 자들만이 그것이 인간의 작품이라고 말한다. 그렇지만 그것은 인간이 할 수 있는 거듭나는 것과는 다르다. 그것은 하나님이 그분의 섭리 가운데 허락하신 방법들을 사용하여 영원히 진전되는 성화를 위해 끊임없이 노력하는 그리고 노력해야만 하는 의무다. 이 점은 다음과 같은 성경 말씀 속에 분명하게 나타난다. 고린도후서 7장 1절, 골로새서 3장 5-14절, 베드로전서 1장 22절."

하나님이 그분의 자녀들을 성화시키기 위해서 사용하신 방법이란 무엇인가? 신약 성경에서 가장 두드러지게 나타나는 그 세 가지 방법들이란 하나님의 말씀이고 하나님의 섭리이며 그리스도의 몸 된 교회를 세우는 사역이다. 상담은 하나님이 한 사람의 상황 속에서 역사하시는 가운데 일어나는 말씀 사역으로, 한 성도에게서 다른 성도에게로 이어진다. 그리고 성경적 상담은 하나님의 말씀의 권위와, 상황에 대한 하나님의 주권과, 일대일 사역에 대한 교회의 요구를 깨닫는다.

이 모든 것이 상담 과제와 어떤 관계가 있는가? 상담 과제는 내담자에게 성화시키시는 하나님의 목적을 이해할 수 있는 기회를 주고, 그분의 성화 과정에 참여할 수 있게 한다. 과제는 내담자가 성화를 위한 훈련, 특히 하나님의 말씀을 연구하는 일에 참여하게 한다. 또한 믿음과 순종의 표현으로 말씀을 계속 적용하며 살게 하고, 그리스도의 몸을 세우고 격려하며 훈계하게 만든다.

과제는 내담자에게 은혜 안에서 성장하는 것은 급작스럽게 마술같이 일어나는 것이 아니라, 겸손하고 정직하며 순종하는 마음으로 삶의 구체적인 경험에 하나님의 말씀을 적용함으로써 일어난다는 것을 가르쳐준다. 성화의 과정에서 하나님은 자녀들에게 주님을 따르고 굳게 서 있으며, 단념하고 신뢰하며, 옛 것을 벗고 새 것을 입으며, 노력하고 순종하며, 자신을 희생하고 연구하며, 주께 피하고 이겨내라고 요구하신다. 상담 과제는 하나님의 이러한 부르심을 받아들여서 그것을 내담자의 상황에 구체적으로 적용한다. 또한 상담 과제는 저항을 받아들이고 단념하고 주를 따르고 새 옷을 입는 것이 모호한 것이 되지 않고 구체적인 것이 되도록 만든다. 과제는 내담자가 하나님의 성화 계획에 참여하는 자로서, 그의 특수한 상황에서 하나님이 행하라고 부르신 일들을 실제로 행하게 만든다.

뿐만 아니라 상담 과제는 성화의 확장된 과정과도 잘 들어맞는다. 달리기 경주, 아이에서 어른이 되는 것 그리고 작은 씨앗이 큰 나무가 되는 것처럼 성경에서 성화의 비유로 사용된 것들은 성화를 오랜 과정으로 그리고 있다. 사실상 우리의 전체 인생을 아우르는 과정인 것이다. 상담 과제는 내담자가 금세 고치고자 하는 소망에서 벗어나, 하나님이 마련하신 변화의 점진적 과정으로 들어갈 수 있도록 돕는다. 그것은 하나님의 이름으로 시도된 각 단계의 중요성을 나타내며, 하나님을 찬양하며 지난 삶을 되돌아볼 수 있는 기념비를 세울 수 있게 한다. 과제로 내준 일기 쓰기는 하나님이 성화 사역의 지속을 위해 상담을 사용하시는 동안, 그가 발전하고 있다는 고무적인 기록이 될 것이다.

끝으로, 과제는 그리스도인들이 성도로서 충만하게 경험하는 것을 혼자만 간직하려는 태도를 버리게 한다. 종종 성화는 그 사람과 하나님 간의 매우 비밀스럽고 개인적인 문제라고 생각되었다. 그러나 에베소서 4장과 고린도전서 12장을 읽어보면 성화가 개인적인 문제라고 생각하기 어려울 것이다. 과제의 본질은 동료 신앙인들에 대한 책임감과 순종을 전제로 하고 있다. 그것은 내담자가 하나님 앞에서 그리고 그분의 구원의 도구 가운데 하나인 상담자 앞에서 정직해지기를 요구한다. 그리고 내담자가 자존심과 두려움, 하나님이 그를 돕기 위해 공급하셨던 사람들을 피하게 만든 것 등을 버리고 그분의 섭리에 진심으로 감사하며 그분께 나아오게 한다. 점진적 성화에 대한 우리의 교리는 변화의 과정에 있는 내담자들을 격려하며, 그들을 계속되는 성화의 과정에 있는 다른 사람들에게로 연결하는 상담 과제를 요구한다.

요약

- 성경에 대한 우리의 교리는 내담자들을 성경으로 인도하는 상담 과제를 요구한다.
- 인간의 책임에 대한 우리의 교리는 내담자들이 잠시 멈춰서 자신을 정확하게 바라보게 하는 상담 과제를 요구한다.
- 하나님에 대한 우리의 교리는 내담자들이 하나님을 만나게 하는 상담 과제를 요구한다.
- 죄에 대한 우리의 교리는 내담자들이 자신의 문제를 이해하는 방식을 재검토하고 구체적인 삶의 변화를 일으키도록 돕는 상담 과제를 요구한다.
- 점진적 성화에 대한 우리의 교리는 변화 과정에 있는 내담자들을 격려하며, 계속되는 성화 과정에 있는 다른 성도들과 연결하는 상담 과제를 요구한다.

상담 과제는 성경적 상담에 본질적인 부분이다. 이를 사용하는 것은 앞에서 본 사례와 같이, 진정한 성경적 상담의 토대가 되는 교리들과 합치된다. 과제는 이러한 교리들이 내담자의 삶 속에 실제적으로 작동하는 원리가 되는 방법을 제공한다.

5장 Instruments in the Redeemer's Hands

과제와 연관된
상담의 네 가지 측면

수(Sue)에게는 계속 내리누르는 두려움이 있었다. 상담을 받을 때 그녀는 자신이 집에 있는 칼들을 다 없애버렸다고 했다. 왜냐하면 몽유병적인 증세로 혹시 아이나 남편을 해칠까 봐 두려웠기 때문이다. 그녀는 자신이 심각한 병에 걸리지 않았는가 하고 계속 걱정하였다. 그리고 비이성적으로 남편을 의심하였다. 그녀는 자신이 주변의 친구들 기분을 상하게 하거나 화를 돋우거나 소외시키는 행동이나 말을 하지는 않았는지를 걱정하며 안절부절못했다. 상담받는 것 자체를 다음과 같은 이유로 두려워하기도 했다. "내가 경험하고 있는 것을 아무도 이해하지 못할 것이기 때문이다." 그러면 "나는 무시될 것이기 때문이다." 자, 이제 어떻게 해야 상담 과제가 이러한 두려움을 뚫고 들어가 그녀로 하여금 하나님과 상담자를 신뢰하는 법을 배우도록 도울 수 있겠는가?

시편 37편은 진정하지 못하고 두려움에 떠는 사람들이 누군가, 당면한 문제보다 더 깊은 곳을 돌보아주는 사람을 신뢰할 수 있게 도와준다. 시편 37편은 삶의 두려운 상황을 조금도 숨김없이 다룬다. 그래서 두려움에 싸인 사람들이 자신의 삶을 점검하도록 촉구한다. 그녀와 처음 대면한 시간이 끝날 무렵, 나는 이 시편을 다음 주에 여러 번 읽으라고 했다. 그리고 그녀 자신에게 다음과 같이 묻게 했다. "하나님이 내게 말씀하고 계시는 것이 무엇인가?" 그 뒤 몇 주 동안 시편 37편은 그녀가 가지고 있는 두려움의 세계에 들어가게 하고 그녀와 상담의 관계를 형성하게 하는 중요한 열쇠가 되었다. 시편을 통해 계속된 상담 과제는 그녀의 두려워하는 경험을 몰아내고 주님의 약속 앞에 이런 것들을 내려놓을 수 있게 하였다. 그러자 그녀는 자기 파괴적인 두려움의 원인을 제대로 바라보게 되었다. 다른 사람들의 죄에 대한 그녀의 반응은 그녀 자신의 죄와 불신앙을 드러내었다.

우리는 앞에서 프랜이나 빌이 충고를 듣기 위해 상담받으러 온 것이 아니었음을 보았다. 내가 그들에게 자신의 결혼 생활에서 무엇이 잘못되었느냐고 물었을 때 그들은 즉각 상대방의 이름을 말했다. 양쪽 다 상담실에 와서 어떻게 해야 상대방을 고칠 수 있는지를 말한 것이었다. 이럴 때 상담 과제는 어떻게 우리의 자료 수집에 초점을 맞추며, 상호 비난과 자기 방어의 태도를 잘라낼 수 있을까?

우리가 두 번째 만났을 때 나는 '티와 들보'의 원리와 하나님의 은혜 그리고 회개의 방법(마 7:1-5; 눅 6:37-42)에 대해서 그들과 대화를 나누었다. 나는 그들 모두에게 자신이 가지고 있는 '들보의 목록'을 적어보라고 했다. 예를 들어 이러한 질문에 대답하도록 했다. "당신이 지금 행하고 있는 잘못된 일은 무엇이며, 당신의 결혼 생활에 대해서 하나님이 분부하신 연합을 해치고 있는 일은 무엇인가?" 프랜과 빌은 그 상담 과제를 성실하게 수행했다. 그들은 비로소 상담을 받는 자가 되기 시작했다. 비로소 주 예수 그리스도의 제자들이 되기 시작한 것이다. 이후의 상담에서, 구체적인 자료 수집과 문제 해결이 그들의 목록과 상담 과제에 구현된 성경의 원리 위에 쌓여갔다.

또 다른 상담 사례를 살펴보자. 우리가 다섯 번째 만남을 가졌을 때, 쥬디(Judy)가 했던 첫 번째 말은 "이번 주에 제가 과제를 하면서 깨달은 것이 무엇인지 선생님은 상상도 못할 거예요!"였다. 이전에 나는 쥬디에게 남편과 있었던 일을 기록해보라고 했다. 그들의 결혼 생활은 전쟁이었다. 그리고 쥬디는 그 이유가 오로지 '남편 짐이 모든 일에 고리타분하고 이기적으로 반응하기 때문'이라고 굳게 믿고 있었다. 쥬디는 '수년 동안 기도했지만 아무것도 변화된 것이 없다'고 생각했다. 이런 경우에 어떻게 상담 과제가 성경적으로 자기 자신을 바라보도록 도울 수 있을 것인가?

쥬디는 자신과 짐 사이에 있었던 매번의 논쟁을 기록하였다. 특히 논쟁 때마다 그녀가 생각하고 바라고 느꼈던 것들과 했던 일들에 주의하면서 기록하였다. 그녀는 성실하게 3주 동안 기록했다. 네 번째 주가 되었을 때에 그녀에게 준 과제는 자신이 기록한 내용을 반복해서 읽어보는 것이었다. 특히 생각과 동기와 행동의 유형에 대해 유의하면서 읽는 것이었다. 그녀는 자신이 인간관계에 관하여 발견한 성경 구절들을 자신이 발견한 것과 비교하여 보았다. 그 구절들은 야고보서 4장 1-6절, 에베소서 4장 25-32절, 고린도전서 13장이었다. 나는 쥬디가 그 주에 무엇을 발견했는지 알았다. 하나님의 진리의 말씀이 그녀의 마음속에 파고들었던 것이다. 그래서 다음에 만났을 때, 나는 그녀에게 새로운 겸손과 소망에 대해서 들을 수 있었고, 그 모든 것이 그저 말로만 끝나지 않으리라는 것을 그녀의 얼굴 속에서 깨달을 수 있었다.

바트(Bart)는 여러 해 동안 자신의 가족들과 멀어져 소원한 관계로 지냈다. 상담을 하는 동안 비통함과 냉정한 무관심이 하나님의 은혜로 인해 녹아내렸다. 이제 어떻게 상담 과제가 바트의 마음과 태도에서 시작된 변화를 계속 증진할 수 있을까? 그는 상담 과제로서 그의 어머니에게 관계 회복을 바라는 편지를 썼다. 그는 10년이 넘도록 어머니와 연락을 끊고 살았다. 나는 그에게 편지를 써 보내라고 요구한 것이 아니라 다음에 만나서 그 내용을 함께 점검하기 위해서 편지를 써 오라고 했다. 우리 둘 다 그의 편지가 가족과의 관계를 변화시키려는 하나님의 계획을 나타내고 있는지 확인하고 싶었다. 그 변화는 바트와 하나님의 관계가 변화됨으로써 일어난다.

우리는 지금까지 구체적인 사례를 통해 서로 다른 목적을 이루기 위해 매번 달라지는 네 가지 상담 과제를 보았다. 수의 상담 과제는 그녀의 자기 방어적인 벽을 뚫고 하나님과 나와의 관계를 세워나가는 목적으로 주어졌다. 프랜과 빌의 경우에는 과제가 자료 수집 과정에 초점을 맞추는 주요 수단이었다. 쥬디에게 주었던 상담 과제는 자기 자신을 드러내는 것이었다. 이것은 그녀가 성경의 거울로 자신을 보도록 도와주었다. 바트의 과제는 하나님의 계획을 매일의 삶에 구체적으로 적용하는 계기가 되었다.

상담 과제는 잘 인도되는 성경 공부보다 더 큰 의미를 갖는다. 그것은 가르침에 상담의 측면을 강화한다. 성경적 상담자가 사용하는 상담 과제는 하나의 초점과 하나의 목표에만 국한되지 않는다. 창조적으로 기획되고 적절하게 적용되는 상담 과제는 상담의 각 단계를 발전시킨다. 잘 사용된 상담 과제는 상담 과정에 하나 보태는 것이 아니라 상담 과정을 종합하는 역할을 한다. 그래서 상담자와 내담자가 마주하고 앉아 있지 않을 때에도 상담 과정의 각 단계는 계속 진행된다. 왜냐하면 좋은 과제는 그 움직임을 지속시키기 때문이다.

성경적 상담자는 상담이 진행되는 동안 다음과 같이 내담자에게 확인해보아야 한다. "당신에게 어떤 과제가 적절하고 도움이 되었나요?", "우리가 하고 있는 것 가운데 도움이 되는 것은 무엇인가요?"

이 글의 목적상, 지금까지 말한 상담 과정을 네 가지 단계로 나누고 싶다. 물론 실제적인 상담에서 이러한 구분은 여기에서 말하는 것처럼 그렇게 뚜렷하게 나타나지는 않는다. 내 논의를 특징짓는 상담의 네 가지 단계란 다음과 같다.

1. 맞아들임: 내담자와 깊은 신뢰 관계 형성.
2. 이해: 마음을 이해하기 위한 자료 수집.
3. 지적과 위로: 내담자가 자기 자신을 성경적으로 바라볼 수 있게 도와주며 하나님의 약속으로 감싸줌.
4. 행동: 하나님의 변화 계획을 매일의 삶에 적용.

나는 각 단계에 대해 설명하면서 그 단계들에서 추구되는 목표를 요약하고 그 목표로부터 비롯되는 상담 과제의 예들을 제시하려고 한다. 이러한 것들은 좋은 과제에 대한 당신의 욕구를 자극할 것이다. 당신은 자신의 상담 사역을 위해 더 풍성하고 다양한 방법들을 개발해야 할 것이다.

맞아들임

목표: 내담자가 하나님께 소망을 가지도록 하면서, 내담자와 이해하고 신뢰할 수 있는 관계를 맺는다.

상담은 두 사람(혹은 더 많은 사람) 사이의 관계다. 그것은 하나님이 주권적으로 성화시키려는 그분의 목적을 이루시기 위해 맺어주시는 관계다.

상담에서 상담자 자신의 삶과 사랑의 마음이 얼마나 중요한지 아는가? 놀라운 상담자셨던 예수 그리스도의 모범을 자세히 살펴보라. 그분은 이 세상에 오셨고 우리가 경험하는 것을 몸소 체험하셨다. 그분은 진실로 긍휼히 여기며 이해하는 대제사장이 되서서, 우리의 연약함과 시험당함과 고통을 불쌍히 여기셨다. 이제 우리는 확신을 가지고 그분께 나아갈 수 있다. 왜냐하면 우리에게 도움이 필요할 때 그분이 긍휼히 여기시며 인자를 베풀어주실 것을 우리가 알기 때문이다(히 4:14-5:9). 또한 바울의 모범을 자세히 보라. 그가 목양하였던 사람들에게 보인 분명한 사랑과 많은 사람들 앞에서 실천했던 정직함은, 그의 말씀 사역에 온전함과 설득력을 불어넣었다.[1]

성경적 상담을 한마디로 무엇이라고 말할 수 있을까? "오직 사랑 안에서 참된 것을 하여 범사에 그에게까지 자랄지라 그는 머리니 곧 그리스도라"(엡 4:15). 내담자들은 당신이 하나님으로부터 나온 진리를 말하고 있다는 점을 알아야 한다. 그들은 또한 당신이 진리를 말하는 자일 뿐 아니라 자신을 진정으로 위하는 자이기 때문에 신뢰할 수 있다는 것을 알아야 한다. 그리고 내담자들이 자기 삶의 은밀한 부분을 당신에게 내어 보여줄 때, 당신은 그리스도처럼 긍휼과 이해와 겸손을 보여야 한다. 그들은 자신의 세계를 잘 이해하고 있는 사람으로부터 상담을 받고 있다는 것과, 자신의 연약함이 잘 다루어지고 있다는 확신을 가져야 한다. 그렇게 해야 내담자는 전체적인 상담 과정을 신뢰하며 참여할 수 있다.

그렇다면 어떻게 이것이 상담 과제에 적용될 수 있을까? 상담이 처음 진행되는 동안 과제의 한 가지 목표는, 삶을 변화시키는 하나님의 은혜가 흐를 수 있는 관계를 세우는 것이다. 나는 내담자들이 처음부터 "하나님은 내가 씨름하는 것에 대해서 말씀하고 계신다"는 것을 알게 되기를 원한다. 또한 내담자가 상담을 시작할 때부터 "상담자는 나의 말을 들을 것이며 내가 씨름하는 것을 이해한다"는 것을 깨닫기를 원한다.

상담을 시작할 때 나는 진입구(open gate)가 되는 이슈를 찾는다. 이것은 나의 피드백과 상담 과제가 제 역할을 하게 해준다. 진입구가 되는 주제는 대개 내담자가 묘사하는 '현재 당면한 문제들'이다. 그것들은 궁극적으로 다루어야만 하는 핵심적인 주제가 아닐 수 있다. 하지만 한 사람의 삶 속에 들어가는 문을 제공한다. 나는 이렇게 묻는다. "이 사람이 지금 고통스러워하는 문제는 무엇인가? 그것을 다루기 위해서 어떤 상담 과제를 내줄 수 있는가?" 진입구가 되는 주제의 예로는 두려움, 낙심, 분노, 쓰라림, 외로움, 절망이 있다.

만약 상담자가 이러한 것들을 잘 다룬다면 종종 좀더 근본적인 문제들로 들어가는 문이 열리게 된다. 예를 들면, 두려움으로 인해 인생이 완전히 분열 상태에 있었던 수의 경우에는 다음과 같은 기본적인 재확인이 필요했다. 그녀의 문제는 충분히 이해할 만하다는 것, 그녀는 미친 것이 아니라는 것, 하나님이 돌보고 계시다는 것 그리고 성경적 상담이 그녀를 도울 수 있다는 것이다. 잇달아 더욱 근본적인 문제가 나타났다. 분노, 끊임없이 무엇인가를 요구하는 태도, 사람에 대한 두려움, 이기심, 완벽주의, 불신앙이 그것이다. 우리는 상담 초기에 신뢰와 진실의 배경을 형성했고, 그리하여 이러한 것들을 다룰 수 있었다.

나는 진입구 문제를 다루기 위해서 상담 과제를 계획하고 내주면서 그 과제가 소망을 주는 것이 되기를 원한다. 대개 내담자들은 소망이 거의 없거나 완전히 절망한 상태로 상담을 받으러 온다. 소망을 주는 상담 과제는 내담자와의 자연스러운 관계로 자연스럽게 들어가게 하고 하나님을 신뢰하도록 자극한다.

사라(Sarah)는 20대 후반의 미혼 여성이었다. 그녀는 스스로를 '내성적인 비만형의 독신자'라고 표현했다. 사라는 자신의 직업을 싫어했고 교회 가는 것을 불편하였으며 성도들이 자신을 오해한다고 생각했다. 또한 자기 가족들에게서도 소외되었다. 그녀는 가장 가까운 친구가 집에서 키우는 고양이라고 말했다. 그녀는 자신의 삶이 끔찍하다고 확신했고, 자신이 하나님의 실수작이라고 생각했다. 죽음과 다름없는 절망적 상황을 헤쳐나갈 길이 보이지 않았다. 어떤 상담 과제가 사라로 하여금 하나님과 상담자가 자신을 이해한다는 것을 믿게 할 수 있을까? 나는 그녀에게 고린도전서 10장 13절에 근거하여 소망에 관한 과제를 행하게 하였다(아래 표 참조).

고린도전서 10장 13절

사탄의 거짓말	하나님의 진리
"당신의 문제는 특별하고, 다른 사람들보다 더 심각하며, 더 견디기 힘든 것이다." (당신이 이렇게 생각하고 있는 삶의 문제들이 무엇인지 기록해보라.)	"너는 아주 일반적인 시험을 경험하고 있다." (다른 사람들이 겪는 시험과 별로 다르지 않으면서 나 자신도 날마다 겪고 있는 시험을 기록해보라.)
"하나님은 당신을 버리셨다." (당신이 버림받았다고 느껴지는 상황이 무엇인지 기록해보라.)	"나는 신실하다." (당신의 삶에 나타난 하나님의 신실하심의 증거들을 기록해보라.)
"당신의 문제는 당신이 감당할 수 있는 한계를 넘어선다." (당신은 어떤 상황에서 도저히 감당할 수 없다고 생각하는가?)	"나는 네가 감당할 수 없는 시험을 허락하지 않는다." (당신이 문제를 감당하도록 하기 위해서 하나님이 이미 나의 삶 속에 예비해두신 자원은 무엇인가?)
"당신은 사면초가 상태로 출구가 보이지 않는다." (당신이 도저히 해결할 수 없다고 생각하는 문제들이 무엇인지 기록해보라.)	"나는 네가 그 상황을 감당할 수 있게 하기 위해서 피할 길을 내준다." (상황의 어려움을 극복하게 해주는 자기 속의 변화가 무엇인지 찾아보라.)

이러한 상담 과제를 내담자에게 내주기 전에 상담자가 그것을 주의 깊게 고안해야 한다. 이것은 과제가 주어지는 기간 동안 내담자가 고린도전서 10장 1-14절을 통해 해야만 하는 것을 포함하고 있다. 그 구절은 고통에 처한 사람들에게 말하고 있다. 그것은 삶의 고통스러운 현실에 일반적으로 보이는 죄의 반

응들을 규명하고 있다. 그것은 어떻게 그리스도가 죄의 시험 한가운데 축복의 근원이 되시는가에 대해서 말한다. 이 과제는 사라의 경우에 어떠한 유익을 가져다주었는가? 먼저 나로 하여금 사라의 경험 속으로 들어가게 도와주었다. 두 번째로 사라가 자신이 빠져 있는 절망적인 상태의 원인이 무엇인지를 깨닫게 도와주었다. 그 원인은 그녀가 하나님에 대해서, 그녀 자신에 대해서 그리고 자기의 상황에 대해서 생각하는 방식에 근거하고 있었다. 또한 그녀가 그 모든 것들에 반응하는 방식과도 연결되어 있었다. 그 다음 세 번째로 상담 과제는 사라가 자신이 처한 갈등을 새롭게 재해석하기 시작하도록 도와주었다. 그녀가 자신의 문제들을 성경적으로 생각하기 시작하자 소망에 대한 기대감이 생겨나게 되었다.

이러한 상담 과제를 직접 실행해보라. 이 내용을 복사해서 당신이 맡고 있는 상담에 직접 사용하거나 응용해서 사용하라.

상담 관계를 세울 수 있는 과제의 예들을 다음과 같이 생각해볼 수 있다.

1. 당신의 고통과 괴로움 속에서 하나님이 계획하신 것이 무엇인지를 바라봄으로써 소망이 생겨난다. 이를 위해서 로마서 5장 1-11절과 8장 18-19절, 야고보서 1장 2-27절, 베드로전서 1장 1절부터 2장 3절 그리고 신명기 8장을 연구해보라.
2. 하나님의 자녀로서 당신이 가지고 있는 자원과 당신의 신분에 집중하라. 이를 위해서 에베소서를 연구하고 '그리스도 안에서'라는 말이 의미하는 바가 무엇인지 살펴보라.
3. 자신의 상황 속에서 하나님을 바라보라고 강조하고 있는 성경 이야기를 사용하라. 예를 들어 출애굽기 13-14장, 민수기 11장, 20장, 사무엘상 17장을 볼 수 있다. 이 모든 구절들은 사람들이 주님을 잊어버렸는가 아니

면 기억하고 있는가에 초점을 맞추고 있다. 그 이야기들에 관하여 다음과 같은 질문에 답해보라.

그들이 처해 있는 어려움은 무엇인가?

그 상황에서 그들은 무슨 일이 일어나고 있다고 생각하는가?

그들이 느낀 감정은 무엇인가?

그들은 어떻게 반응하였는가?

그들이 원하는 것은 무엇이었는가?

하나님이 하고 계시는 일은 무엇인가?

하나님이 그 상황에서 함께하신다는 것을 나타내는 것은 무엇인가?

만약 사람들이 하나님이 그 상황에 계신다는 것을 알았다면 어떻게 행동하였겠는가?

4. 절망에 빠진 성경 인물들을 연구해보라. 예를 들면 열왕기상 19장에 나오는 엘리야나 사무엘상 8장에 나오는 사무엘, 민수기 11장의 모세를 살펴보라. 다음과 같은 세 가지 질문에 초점을 맞추라.

   절망하게 된 이유가 무엇이었는가?

   그 사람의 절망하는 모습에 대해서 하나님은 어떻게 반응하셨는가?

   절망에 대한 해결책은 무엇이었는가?

5. 두려움이나 초조함을 인간의 일반적인 경험이라고 생각하라. 참고로 빌립보서 4장 4-10절, 시편 37편, 46편을 살펴보라. 그리고 다음과 같이 질문하라.

   두려움을 갖게 만드는 것은 무엇인가?

   그 사람의 삶에서 그가 갖는 두려움의 결과는 무엇인가?

   당신의 삶에서 당신이 갖는 두려움의 결과는 무엇인가?

   이 구절들에서 두려움의 해결 방법으로 무엇을 발견하는가?

하나님과의 관계는 당신 안에 있는 두려움에 어떠한 영향을 미치는가? 만약 당신이 두려움 없는 삶을 산다면 당신의 삶은 어떻게 달라질 수 있겠는가?

모든 성경적 상담자들은 내담자의 삶에서 진입구가 되는 주제를 찾고 이것을 중심으로 상담 과제를 설정할 수 있을 것이다. 그러므로 상담 과제는 내담자에게 이렇게 말하는 셈이다. "나는 당신의 관심사에 귀를 기울였습니다. 그리고 그것을 신중하게 받아들입니다. 당신이 당면한 상황을 이해하고 있습니다. 하나님도 함께하십니다. 그분 안에서 발견하게 되는 소망과 도우심이 있습니다." 사라는 상담을 마쳤을 때 이해와 격려를 받았다고 느꼈다. 상담 과제가 그녀가 씨름하는 부분을 어루만졌기 때문이다.

이해

목표: 직접적인 지식을 얻고, 중요한 것에 다시 초점을 맞춘다.

상담에서 자료를 모으는 기간에는 그 사람과 그의 상황을 자세히 이해하는 것이 처음에 가장 중요하다. 죄를 깨닫는 것과 순종하게 되는 것은 결코 저절로 일어나지 않는다. 그것들은 항상 하나님이 한 사람에게 부여하신 상황의 구체적인 것들에 대한 개별적인 반응으로 나타난다. 성경적 상담은 하나님의 말씀을 그 사람의 삶에 구체적으로 적용하는 것을 목표로 한다. 이것은 상담이 대중적인 설교와 구별되는 점이기도 하다. 내담자에 관한 자료를 모으면 한 인간으로서의 그와 그의 상황의 세세한 부분을 잘 이해해서 성경을 구체적으로 적용할 수 있게 된다. 자료 수집이란 그리스도의 성육신과 같다. 내담자의 세계의 세부 사항에 친숙해지고 그 현실에 마음이 움직이면서 그 속으로 들어가야 하기 때문이다.

두 번째는 문제가 되는 것에 초점을 맞추어야 한다. 그러면 상호 작용을 통해서 내담자를 자연스럽게 가르칠 수 있는 기회가 주어진다. 내가 내담자들과 그들의 문제에 대해서 성경적인 관점으로부터 나오는 질문을 던지면, 그들은 자기 자신과 그의 상황에 대해서 좀더 성경적으로 생각하도록 요구받는 것과 같다. 나의 목표는 내담자의 자기 인식이 더욱 성경적인 성격을 띠도록 하는 것이었다. 자료 수집 과정이 진행되는 동안 내담자는 실제적인 가르침을 받기 전에 뭔가 새로운 것들을 깨달아야 한다. 나는 단순히 어디에서 변화가 일어나야 하는가를 찾기 위해서 자료를 수집하는 것이 아니다. 오히려 잘 진행된 자료 수집은 변화 과정의 일부분이다. 자료 수집은 그런 면에서 교육적인 성격을 갖는다. 좋은 질문은 그 자체로서 내담자에게 그의 세계를 성경적으로 조직하고 해석하며 설명하도록 가르친다.

이러한 상담의 단계를 거치는 가운데 나는 상담 과제가 몇 주 동안 다음과 같은 두 가지 목표를 이루어내기를 소망한다. 이전에 언급한 것처럼 자료 수집에 가장 좋은 도구가 되는 상담 과제는 일기를 쓰는 것이다. 내담자에게 세세한 것을 다 기록하라고 요구하는 것은 아니다. 그렇게 되면 엄청나게 큰 부담이 되고 전혀 유익하지도 않다. 그렇지만 짜임새 있고 구체적으로 기록하게 하면 매우 유익할 수 있다. 여기서 내가 쥬디(Judy)에게 어떤 상담 과제를 내주었는가를 소개하겠다. 그녀는 모든 문제가 남편의 잘못 때문에 일어났다고 생각하는 내담자였다.

1. 나는 그녀에게 손가방이나 주머니에 넣고 다닐 수 있는 작은 수첩을 하나

사도록 했다. 이 수첩은 간단한 메모를 해서 나중에 참고하기 위한 것이었다.
2. 나는 남편 짐과의 갈등 상황에 초점을 맞추어서 일기를 쓰라고 했다.
3. 나는 사건이 일어날 때마다 다섯 가지 질문에 대답하는 형식을 따르도록 했다.
   - 무슨 일이 일어났는가?
   - 당신의 기분은 어떠했는가?
   - 무슨 생각이 들었는가?
   - 당신이 원한 것은 무엇이었는가?
   - 당신이 한 일은 무엇이었는가?
4. 나는 그녀에게 3주 동안 성실하게 그 일기를 작성하라고 당부했다. 그 기간이 지난 뒤에 쥬디는 그 속에서 나타나는 주제와 행동 양식에 유의해서 일기를 읽으라는 상담 과제를 받았다. 그리고 그 다음 번 상담 시간에 우리는 그녀가 발견한 것을 성경 말씀에 비추어보았다.

쥬디의 일기는 그녀의 고통에 대한 모든 종류의 상세 자료를 주었다. 또한 그것은 쥬디가 한 발 뒤로 물러나서 자신의 상황과 그 상황에 대한 자기 반응을 올바르게 이해하게 하였다.

그 외에도 자료 수집을 위한 유익한 상담 과제가 많다. 예를 들면 나는 종종 내담자가 스스로를 평가하도록 도와주는 목록과 문답지를 사용한다. 그런 것들은 다음과 같다.
- '들보 목록' (이전에 프랜과 빌의 예에서 언급했다.)
- '나의 결혼 생활에서 변화되기를 원하는 부분들'
- '내가 이 문제를 해결하기 위해 사용한 방법들'

- '만약 내가 마법의 단추를 눌러 내 삶이 원하는 대로 바뀐다면, 어떻게 변화되기를 바라는가?'
- 웨인 맥(Wayne Mack)의 「성경적 상담을 위한 상담 과제 지침(Homework Manual for Biblical Counseling)」 제2권은 매우 유익한 결혼 생활 평가 과제를 담고 있다.[2]

에세이를 통한 평가가 사람들로 하여금 자신의 삶을 묘사하는 데 종종 유용하게 사용된다.
- 내 삶이 만족스럽지 못하다. 왜냐하면 ___ 때문이다.
- 내 인생에서 지금 가장 중요한 것은 ___ 이다.
- 나의 집에서 성장한 것은 ___ 과 같았다.
- 내 결혼 생활은 ___ 했다면 더 좋았을 것이다.
- 내 삶에서 가장 두려운 것은 ___ 이다.

이러한 예들을 사용하여 내담자에게 내줄 수 있는 상담 과제를 고안해볼 수 있다.

어떤 내담자들에게는 이야기와 그림이 말로는 전달하기 힘들다고 생각하는 것들을 전할 수 있게 해준다. 내가 과거의 자료를 수집하고 있다면, 종종 내담자에게 이야기 형식으로 과거의 가족들의 모습에 대해서 써보라고 할 것이다. "나는 이러이러한 가정에서 자랐다." 또 그림이 유용할 수 있다. 예를 들면 내담자에게 가족과의 관계를 묘사하는 그림을 그려보라고 하라. 그러고 나서 내담자에게 다음 상담 시간에 그 그림을 설명하고 해석하게 한다.

내가 가장 좋아하는 자료 수집 과제 가운데 하나는 '큰 그림'이라고 부르는 것이다(이 장 맨 뒤 513페이지 참조). 나는 내담자가 누가복음 6장 43-45절을 읽게 하고, 그들에게 '열매와 뿌리'에 대한 개념을 소개하면서 이 과제를 시작한다. 나는 상황이나 그것의 어려움이나 다른 사람이나 그들의 행동에만 초점을 맞추어 상담하고 싶지 않다고 말한다. 나는 우리가 한발 물러서서 상황과 열매와 뿌리로 이루어지는 큰 그림을 그릴 수 있기를 원한다. 나는 내담자에게 과제로 네 가지 질문에 대한 답을 적어 오게 한다(당신의 상담의 필요에 맞추어 '큰 그림' 양식을 자유롭게 응용하거나 그대로 사용해도 된다).

편지를 쓰는 것은 내담자가 무슨 일이 일어났는지를 솔직하게 표현하도록 돕는 도구가 될 수 있다. 이 경우 내담자가 쓰는 편지는 아무에게도 보내지지 않는다. 그것은 자료 수집을 위한 목적으로만 사용된다. 내담자에게 종이에 그의 계획을 적어보게 하는 것도 하나의 방법이다. 이런 상담 과제는 내담자가 특별한 인간관계로 인해서 괴로움을 겪고 있을 때에 효과적이다. 나는 내담자에게 다른 사람과의 관계에 대한 생각과 감정에 솔직하면서 "당신의 소원을 담은 편지를 쓰라"고 주문한다. 여기서 이러한 내용이 다른 사람에게 전달되는 것이 아니라는 사실이 매우 중요하다. 그것은 내담자의 진정한 소원과 의도에 대해서 자료를 수집하려는 수단으로서 상담자와 내담자의 유익만을 위한 것이다.

20대에 미혼이고 분노로 가득 차 있던 존(John)은 내가 내준 상담 과제에 따라 그의 어머니에게 보내는 편지를 썼다. 그 편지는 놀랍게도 10페이지나 되었다! 그리고 그것은 내게 매우 유익하였다. 나는 존을 그렇게 화나게 만들었던 이유가 무엇인지를 알게 되었다. 그뿐만 아니라 존도 자기 자신을 더 잘 알게 되었다. 존은 종이 위에 쓰인 글 속에서 자기 자신을 발견하였다. 편지의 내용과 그 속에서 나온 질문들은 자기 인식과 고백의 계기가 되기 시작했다. 자료 수집 상담 과제는 존을 변화의 첫 번째 단계로 이끌었다. "나는 분노로 가득 차 있는 사람이다. 내가 어떻게 변화될 수 있는가?"

상담 과제는 지금까지 수집된 모든 자료들이 상담실 밖에서도 영향을 미칠 수 있는 기회를 제공한다. 그것은 내담자를 자기를 돌아보는 능동적인 과정에 참여시킨다. 상담 과제는 내담자가 그 상황에 뛰어들어서 다른 사람에게 자신의 상황이 알려지게만 하지 않고, 자기 성찰에 대한 책임감을 가지고 새로운 성경적인 방식으로 자기 자신에 대해서 생각하는 법을 배워가게 한다.

지적과 위로

목표: 내담자들이 자기 자신을 성경적으로 돌아보고 하나님의 약속을 붙들도록 돕는다.

죄의 기만적 성격 때문에 우리 모두는 죄를 깨닫게 하는 지적을 받아야 할 필요가 있다. 죄책과 죄의 능력과 비참함 때문에 우리 모두는 그리스도 안에서 위로받아야 한다. 우리에게는 가까이에서 '사랑 안에서 진리의 말을 하라'는 하나님의 부르심을 실천할 사람들이 필요하다. 지적은 우리 문화에서 안 좋은 이미지를 가지고 있다. 지적은 가혹함을 암시한다. 그러나 성경은 지적을 사랑의 행동으로 소개하고 있다. 지적의 말은 사랑 넘치고 민감하며 솔직하고, 자신의 편리가 아닌 다른 사람의 필요를 생각하는 말이다.

이와 비슷하게 위로와 격려도 잘못된 것을 함축했다. 모든 것을 참고 상대적으로만 생각하며, 모든 것을 수용하고 자존감을 부추기며, 무조건적인 '지원'을 아끼지 않는 것이라고 생각된다. 하지만 성경에서 위로는 진리로 가득차 있다. 그 진리는 못 박혀 죽으신 구세주의 복음과 우리를 변화시키시는 성령의 능력이다.

성경적으로 진리의 말을 한다는 것의 세 가지 특징은, 지적과 위로의 과정에 대한 당신의 생각을 올바로 지도하며, 그것을 실천하기 위해 상담 과제를 사용하는 법을 지도해야 한다. 첫 번째로 당신의 내담자를 참여시키라. 두 번째로 하나님의 말씀을 내담자에게 제시하라. 세 번째로 행동의 문제뿐 아니라 마음의 문제를 밝혀내라.

첫 번째 특징에 대해서 자세히 살펴보자. 당신은 어떻게 내담자나 진리를 거부하고 있는 사람을 변화에 동참시킬 수 있겠는가? 사무엘하 12장 1-25절이 이에 대한 좋은 설명이 될 수 있다. 나단 선지자는 다윗을 간음과 살인 죄에 직면시키고 있었다. 나단 선지자가 죄를 직면케 하는 방법에 주목하라. 그는 다윗을 즉각 방어적으로 만들지 않고 대화하는 방법을 준비했다. 그의 이야기는 다윗의 양심을 끌어냈다. 뿐만 아니라 그것은 자기 기만과 은폐라는 마음의 벽을 뚫고 들어갔다. 그러고 나서 나단은 말했다. "당신이 바로 그 사람입니다." 이 숨김없고 시기 적절한 지적 앞에서 그 어떤 방어적인 태도나 속임수나 변명도 통하지 않았다. 시편 32편과 51편은 나단의 노련한 지적에 대해 다윗이 회개하는 반응을 보일 때 그의 심적인 변화 과정을 묘사하고 있다.

나단은 노련하고 시기 적절한 위로자이기도 했다. 그는 다윗을 무조건 긍정하지도, 모든 것을 덮어주지도, 무턱대고 자존감을 고양하는 말을 하지도 않았다. 하지만 그는 다윗을 사랑하였고 하나님의 소망을 그에게 전해주었다. "다윗이 나단에게 이르되 내가 여호와께 죄를 범하였노라 하매 나단이 다윗에게 대답하되 여호와께서도 당신의 죄를 사하셨나니 당신이 죽지 아니하려니와"(삼하 12:13). 다윗은 진심으로 그의 말을 믿었다. 나단은 이후에 하나님이 주신 또 다른 위로의 말씀을 전해주었다. "다윗이 그 처 밧세바를 위로하고 저에게 들어가 동침하였더니 저가 아들을 낳으매 그 이름을 솔로몬이라 하니라 여호와께서 그를 사랑하사 선지자 나단을 보내사 그 이름을 여디디야라 하시니 이는 여호와께서 사랑하심을 인함이더라"(삼하 12:24-25). 시편 32편과 51편은 나단이

다윗에게 전해주었던 은혜의 약속 가운데 거하고자 하는 다윗의 믿음을 그리고 있다. 당신이 상담 중에 제공하게 될 지적과 위로도 나단의 상호 작용 모델로부터 유익을 얻을 수 있다.

성경적인 지적과 위로의 두 번째 측면은 야고보서 1장에서 발견된다. 하나님의 기준을 세우고 하나님의 약속을 전하는 것이다. 야고보서 1장 22-24절은 성경을 거울로 비유한다. 이 구절은 성경적 상담에서 지적이 어떻게 나타나는가를 너무나 잘 보여준다. 나는 상담 중에 진리를 말해야 하는 단계에 이르면, 내담자가 하나님의 말씀 속에서 드러나는 자기 자신의 모습을 정확하게 발견하도록 돕기를 원한다. 종종 그들은 자기 기만과 다른 사람들의 생각으로 왜곡된 카니발 거울을 들여다보고 있는 것 같다. 그들은 자기 자신에 대해서 뒤틀린 관점을 가지고 있는 것이다. 지적은 내담자 앞에 말씀의 거울을 가져다놓는 것이다. 그래서 그들은 자기 자신의 실제 모습을 발견하게 된다. 유능한 성경적 상담자라고 해서 항상 질책의 말을 해야 한다고 생각한다면, 그것은 오산이다. 그는 단지 거울을 들어 보여준다. 그들은 성경을 사용하여 하나님의 말씀이 영적 어두움을 뚫고 들어가 죄를 깨닫게 한다. 진정한 자기 이해는 진정한 회개와 고백으로 이어진다.

야고보서 1장은 위로하는 일에서도 풍성한 교훈을 준다(2-5절, 12절, 17-18절, 25절). 성경적인 위로가 단지 자기 존중감을 고양하는 인간적인 격려나 이 세상의 기만적인 대체물이 아님을 유의하라. "내가 너의 편이야. 나는 너를 믿어. 나는 네가 아무런 문제가 없다고 생각해." 위로도 역시 하나님으로부터 온다. 만약 지적이 하나님의 거울을 들이대는 것이었다면, 위로는 하나님의 약속을 제시하는 것이다. "만약 너희 중에 누구든지 지혜가 부족하다면(시험당할 때에 너희의 어리석음과 죄악이 구체적으로 드러나게 된다면), 하나님께 구하라. 그분은 후하게 주시고, 오직 그분만이 주실 수 있는 도움을 간구했다는 것으로 인해 결코 너희를 꾸짖지 않으신다." 이것이 바로 내담자가 마음으로 받아들이고 행할 수 있는 약속이다.

상담의 지적과 위로에 있어 세 번째 중요한 측면도 야고보서 1장에 나타난다. 14-15절은 어떻게 죄로 물든 욕망이 타락한 삶의 방식을 낳으며, 결국에는 하나님의 저주라는 비참한 상태로 빠지게 되는지를 보여준다. 수(Sue)와 프랜(Fran), 빌(Bill)과 쥬디(Judy), 바트(Bart)는 모두 비참함과 혼란스러움, 불행을 체험하였다. 그들은 모두 자신들의 태도, 행동, 말에서 구체적인 죄를 표현했고, 하나님을 버리고 거짓된 믿음과 육체의 정욕을 따랐다. 이제 당신은 그 결과로 나타난 행동뿐만 아니라 그 마음의 문제를 드러내야만 한다.

사람들의 인생에 대한 하나님의 계획은 무엇인가? 요엘 2장 12-13절을 살펴보자.

"여호와의 말씀에
너희는 이제라도 금식하며 울며 애통하고
마음을 다하여 내게로 돌아오라 하셨나니
너희는 옷을 찢지 말고 마음을 찢고
너희 하나님 여호와께로 돌아올지어다
그는 은혜로우시며 자비로우시며
노하기를 더디 하시며 인애가 크시사
뜻을 돌이켜 재앙을 내리지 아니하시나니."

요엘 선지자는 슬픔의 순간에 자신의 옷을 찢는 구약의 관습을 이야기하고 있다. 옷을 찢는 것은 마음 상태의 외적 표현이었다. 하나님은 단순히 행동 수준에서의 '회개'를 원하지 않으셨다. 그분은 자신에게 돌아오고자 하는 마음으로부터 우러나오는 회개를 원하셨다. 그분은 당신이 상담하고 있는 그 사람의 마음을 다시 사로잡고 다스리기를 원하신다. 그래서 그가 살아가는 방식을 완전히 변화시키기를 원하시는 것이다. 상담에서 나타나는 위로는 온 마음을 다해서 긍휼이 많으신 하나님께로 돌아오라고 권유하는 것이다. 상담에서 진리를 말할 때는 행동뿐 아니라 그 마음도 다루어야 한다.

상담은 상호 작용적이며 성경적이고 마음을 꿰뚫는 것이 되어야 한다. 어떻게 상담 과제가 이 일을 도울 수 있을까? 내가 이러한 상담 단계에서 내주는 과제는 두 가지 범주로 구분된다. 하나는 학습적인 과제이고 다른 하나는 자기 이해적 과제다. 이러한 범주들을 하나씩 다루고 그 사례들을 소개하고자 한다.

나는 많은 내담자들이 너무나 잘못된 지도를 받아왔다는 것을 발견하기 때문에 학습적인 과제를 주곤 한다. 그들은 성경의 근본적인 개념과 범주, 원리, 명령, 약속에 대해서 알지 못하거나 혹 안다 하더라도 이해하고 있지 않다. 진리를 이해하는 것은 내담자가 그것을 해석해서 성경적으로 살아가는 데 중요하다. 그러므로 나는 내담자의 잘못된 부분을 지적하면서 가르쳐야만 한다. 또한 위로하면서 가르쳐야 한다.

"그리스도인의 삶이란 무엇인가?"라는 과제는(514–516페이지 참조) 학습적인 상담 과제의 한 예를 제시해준다. 당신은 이 특별한 과제가, 배워나가는 과정에서 격려가 되고 심지어는 영적인 도전을 준다는 것을 쉽게 발견할 수 있을 것이다. 성경적 상담은 지적과 위로 사이를 완전히 구분하는 것이 아니다. 그 두 가지는 하나님의 목표를 이루기 위해서 함께 이루어진다.

이러한 학습이 도움이 되는 이유는 무엇인가? 많은 내담자들은 점진적 성화의 기본 성격을 알지 못하고 있다. 그것은 다음과 같다. "하나님은 당신의 삶에 무엇인가를 준비해놓으셨다. 그분의 제자는 완전하지는 않지만 지속적인 변화의 과정 속에서 살아간다. 실패할 때도 있지만 그러나 항상 믿음과 순종속에서 성장하는 것이다." 그리스도인의 삶은 완성된 것이 아니며 완전히 파기된 것도 아닌, 지속적인 변화의 과정이라는 것을 이해하는 사람은 드물다. 대부분의 내담자들은 그 고군분투하는 방법 대신 어떤 '비결'을 찾는다. 또 어떤 사람들은 쉽게 포기해버리고 자신들의 죄와 비참함에 따라 물 흘러가듯이 순응하며 살아간다. 어떤 사람들은 그리스도의 주 되심이 성화의 두 번째 단계를 밟는 성직자에게만 해당되는 것이 아니라 모든 그리스도인들에게 해당된다는 말을 전혀 들은 적이 없다. 그 외 다른 사람들은 하나님이 죄의 정죄함으로부터 우리를 구원해주셨을 뿐 아니라(의롭다 하심), 죄의 지배로부터도 구원해주셨다는 것(성화와 제자도)을 깨닫지 못하고 있다. 루터(Luther)의 고백과 성경의 중요한 본문들은 모두 정신을 차리게 하고 도전하며 격려한다. 이제 당신 자신을 위해서 "그리스도인의 삶이란 무엇인가?"에 대해 공부해보라. 그리고 당신이 상담하는 사람들을 돕고자 할 때에 그것을 사용하라. 아니면 당신이 상담하고 있는 사람들에게 적절하게 적용할 수 있도록 응용해보라.

비성경적인 사고 체계는 분명히 성경적인 인생관으로 바뀌어야만 한다. 나는 다음과 같이 학습적으로 연구해야 할 것들을 반복해서 과제로 낸다.

1. 성경은 마음에 대해서 무엇이라고 이야기하는가?(잠 4:23; 눅 6:43-45; 약 4:1-5)
2. 우상 숭배는 무엇인가?(겔 14:1-6; 롬 1:18-32; 고전 10:1-14; 엡 5:3-7)
3. 그리스도 안에서 내담자의 신분은 무엇인가?(롬 6:1-14; 엡; 벧후 1:3-9)
4. 하나님은 누구시며 그분이 행하시는 일은 무엇인가?(시 34, 46편; 사 40장; 롬 8장)
5. 시험받는 것과 고통당하는 것을 어떻게 이해해야 하는가?(롬 5:1-5; 약 1:1-8; 베드로전서)
6. 당신은 다른 사람의 죄로 인해 피해당한 것을 어떻게 다루어야 하는

가?(마 5장, 18:15-35; 롬 12:9-21)

　이것이 학습적인 상담 과제의 모든 내용은 아니다. 하지만 상담에서 지적과 위로의 단계에 이르렀을 때에 제시할 수 있는 학습적인 과제의 한 예를 보여준다. 이러한 과제들은 상담 시간이 좀더 효과적으로 사용될 수 있도록 도와준다. 내담자는 그 시간에 논의되고 자신의 삶에 통합될 필요가 있는 중요한 진실에 대해서, 상담 과제를 통해 정리를 끝낸 상태이기 때문이다.

　내가 내주는 지적과 위로의 상담 과제 가운데 두 번째 유형은 자기 이해에 대한 과제다. 이러한 과제는 마음이 행동을 결정한 이후부터 마음의 문제에 초점을 맞춘다. 그럴 때 죄의 속임수와의 싸움이 내면에서 일어난다. 또한 회개와 신앙이 내부에서 생기게 된다.

　내가 종종 사용하는 과제는 야고보서 4장 1-6절에 근거한다. 야고보 사도는 사람 사이의 갈등은 자신의 마음을 지배하는 욕구에서 나온다고 한다. 사람들은 자신의 계획과 말로 제시하는 혹은 은밀한 요구 사항을 가지고 다른 사람들에게 다가간다. 나는 내담자에게 그가 생각하기에 중요한 것이 무엇인지를 써보라고 하거나 아니면 "내가 정말로 내 삶에서 이루어지기를 바라는 것은 ＿＿＿이다"나 "내가 주변의 사람들에게서 정말로 바라는 것은 ＿＿＿이다"라는 형식에 답을 적게 한다. 그러고 나서 내담자에게 이러한 욕구들이 그의 인간관계에 미치는 영향에 대해서 써보도록 한다. 예를 들면 이런 식으로 질문을 던질 수 있다. "당신 마음의 계획(지배적인 욕구)은 당신이 느끼는 방식이나 주변 사람들에게 나타내는 반응들을 어떻게 형성하는가?"

　분명 이런 상담 과제의 목표는 내담자가 자신의 마음의 우상을 깨닫게 하는 것이다. 그 우상은 하나님이 원하시는 삶으로부터 끊임없이 멀어지게 만들었다. 많은 내담자들은 자신들의 행동의 논리에 대해서 의문을 제기하지 않는다.

사실 그들은 행동이 어떤 의미를 가지고 있다고 생각하지도 않는다. 즉, 우리의 행동이 우리의 마음의 생각과 의도를 표출한다고 생각하지 않는다. 이 때문에 내담자들은 종종 자신들이 지금 행하고 있는 것 외에는 다른 선택의 여지가 없다고 생각한다. 상황에 대한 그들의 관점과 소원을 듣게 되면 누구나 그들이 왜 다른 선택은 없다고 생각하는지를 이해할 수 있다. 그들이 다른 선택이 있다는 것을 깨달아야만 야고보서 4장 6절에 나오는 약속이 의미를 갖는다. "그러나 더욱 큰 은혜를 주시나니 그러므로 일렀으되 하나님이 교만한 자를 물리치시고 겸손한 자에게 은혜를 주신다 하였느니라." 자기 이해는 하나님을 이해하는 것으로 나가고, 하나님을 만나도록 인도한다(약 4:7-10).

나는 내담자들이 마음의 동기에 대해서 생각하도록 돕기를 원한다. 나는 그들이 마음속으로부터 우러나오는 말을 할 수 있도록 돕기를 바란다. 내가 이 일을 하는 한 가지 방법은 '삶의 여러 가지 상황들에 반응하기'라는 상담 과제를 주는 것이다(517-518페이지 참고). 나는 내담자가 겪고 있는 일과 비슷한 종류의 문제를 보여주는 이야기를 기록한다. 그리고 내담자가 그 글을 읽고 반응을 나타내 보이도록 한다. 그 상황에 대한 다섯 가지 가능한 반응들을 기록하고, 각각의 반응을 선택하는 이유도 덧붙이게 한다. 이런 유형의 상담 과제는 내담자가 행동의 전략적인 성격을 이해하는 데 도움을 준다. 그리고 나서 우리가 논의했던 특별한 상황에 대한 그 자신의 반응을 분석하고, 그의 마음의 소원과 목적에 대해 무엇을 드러내는지 점검하게 한다.

여기에서 성경 이야기에 대한 학습이 도움이 될 수 있다. 그리고 그것은 쉽게 "삶의 여러 가지 상황들에 대해 반응하기"라는 상담 과제에 통합될 수 있다. 나는 내담자가 자신의 상황에 대한 성경 인물의 반응을 주의 깊게 살펴보게 한다. 그런 다음 그러한 반응을 일으키는 동기가 무엇인지 이유를 찾게 한다. 이와 같은 성경 인물들은 다음과 같다. 요나서의 요나, 신명기 11장의 모세, 사사기 6장의 기드온, 갈라디아서 2장의 베드로, 마가복음 6장의 헤롯, 에스더 4-5장의 에스더. 이러한 상담 과제는 하나님께 감사하고 그분의 영광을 위하는 마음을 가짐으로써 신실하게 반응하라는 소명을 고취한다.

그 외에도 내가 이런 견지에서 자주 사용하는 상담 과제가 한 가지 더 있다. 그것은 마태복음 22장 37-40절 본문을 다루는 것이다. 계획된 상담 날짜에 내담자와 그 본문에 대해 논의할 수 있도록 상담 과제를 미리 준비하게 한다. 나는 내담자에게 두 가지 큰 계명을 깊이 숙고하게 하고, 그가 겪고 있는 상황과 그가 매일 만나는 사람들을 대면하기 위해서 어떤 계획을 세울 수 있는지를 생각하게 한다. 그런 다음에 그는 다음과 같은 제목이 있는 두 가지 목록을 만든다. "만약 내가 다른 모든 것들보다도 하나님을 더 사랑한다면 나는 ____을 할 것이다." "내가 이웃을 나 자신처럼 진심으로 사랑한다면, 나는 ____을 할 것이다." 다음 주에 우리는 그들이 직접 기술한 그 목록과 그로 인한 구체적인 변화에 대해 나눈다.

지적과 위로 단계에서 목표는 마음의 생각과 동기와 행동을 모두 포함하는 진실한 회개를 이끌어내는 것이다. 성경적인 상담자는 내담자가 성경적으로 자기를 점검하는 과정에 참여하게 하고, 하나님께 진정한 고백을 하게 하며, 그리스도를 의지하게 하고, 그의 삶의 방식을 실제적으로 바꿀 수 있는 상담 과제를 고안해야 한다.

실천

목표: 내담자가 하나님과 자기 자신과 다른 사람들에 대해서 배웠던 진리를 삶의 구체적인 상황에 적용하여, 성경적으로 교정하고 성경적인 습관을 새로

정착시키도록 돕는다.

상담은 통찰을 얻게 되는 것으로 끝나는 것이 아니다. 내담자가 하나님의 말씀의 빛을 받아 자신에 대해 얻게 된 통찰은, 앞으로 따라야만 하는 삶의 변화를 위한 기본 토대로서 중요한 의미를 갖는다. 성경은 구체적인 목표를 가지고 있는데 그것은 우리가 '모든 선한 사업에 잘 준비되는 것'이다. 성경적인 상담자는 내담자가 자신이 배운 것을 매일의 어려운 상황에 적용하기 시작할 때에 그의 곁에 있어주어야 한다.

이러한 상담 단계에서 내담자는 삶 속에 적용되어야 하는 중요한 것들을 배우게 된다. 여기에서 상담자가 할 일은 다음과 같다. 첫 번째, 목자로서의 역할을 감당해야 한다. 이는 내담자가 매우 생소한 진리들을 삶 속에 적용할 때 그를 인도하는 것이다. 두 번째, 친구로서의 역할을 수행해야 한다. 이는 내담자가 새로운 방식으로 이전의 압력을 처리하려고 노력할 때에 위로하고 지원하며 격려하는 것이다. 세 번째, 목회자로서의 역할을 해야 한다. 이는 유혹이 찾아와서 내담자가 하나님의 높은 가치 기준에서 돌아서거나 그것을 포기할 때 그 기준을 이해하도록 붙들어주는 것이다. 네 번째, 파수꾼으로서의 역할을 행해야 한다. 이것은 유혹의 실체를 의식하며, 내담자에게 악한 대적의 간교한 공격에 경고하며, 그 대적의 속임수를 물리칠 수단을 고안하도록 돕는 것을 뜻한다. 다섯 번째, 상담자는 교사가 되어야 한다. 그 과정은 학생이 새로운 성경적 통찰을 갖게 되었을 때 끝나는 것이 아니다. 진정한 삶은 실습과 실험에 있다. 교사는 배운 진리를 계속해서 강화하면서 계속 그 자리에 있어야 한다.

이와 같은 다섯 가지 역할들이 상담 단계에 적절한 상담 과제의 성격을 결정짓는다.

1. 목자. 개인적인 계획(agenda)을 성경적으로 세우라는 과제를 주라. 나는 내담자에게 가장 먼저 이것을 과제로 내준다. 그리고 나서 그 다음 상담 시간에 그것에 대해서 함께 살펴볼 수 있다. 우선 나는 내담자에게 변화가 일어나야만 하는 분야가 무엇인지 스스로 목표를 세워보게 한다. 나는 그에게 다음과 같이 묻게 한다. "나의 매일의 삶에서 하나님이 변화를 요구하시는 부분은 무엇인가?"(예를 들면, 생활 양식과 습관의 변화, 관계의 변화, 상황의 변화 등) 두 번째로 그러한 변화의 목표를 이루기 위한 구체적인 방법의 목록을 만들어 보게 한다. 말하자면 내담자는 전략적인 과제(task) 목록을 만드는 것이다. 변화는 이유가 있을 때 실행된다. 그것은 내담자를 하나님의 목표를 향해 나아가게 만든다. 세 번째로 나는 내담자에게 목표들과 각각의 목표들에 속한 과제의 우선순위를 매기게 한다. 조금 전에 말했던 대로 다음 상담 시간에 우리는 내담자가 실제로 행동할 수 있도록 실천 계획을 잘 조정할 것이다.

버릴 것과 입을 것의 목록이 중요하다. 내담자가 이러한 상담 시간에 시작할 수 있게 하는 가장 쉬운 방법은 간단한 '버릴 것과 입을 것의 목록'을 만드는 것이다. 나는 내담자로 하여금 자신에게 이렇게 묻게 한다. "내 삶에서 내가 버려야만 하는 습관이나 인간관계나 삶의 환경은 무엇인가?" 그러고 나서 이렇게 묻게 한다. "내가 지금 해야만 하지만 아직 하고 있지 않은 것은 무엇인가?" 나는 내담자가 이런 종류의 성경적인 자기 점검과 계획에 책임감을 갖길 바라기 때문에 이것을 상담 과제로 내어준다. 구체적인 계획이 구체적인 순종을 낳는다.

책임감을 깨닫는 것은 매우 중요하다. 내가 만난 많은 내담자들은 자신들이 어떤 책임을 지는지 혹은 지지 않는지에 대해서 혼란스러워하고 있었다. 나는 '믿고 순종하라'는 하나님의 부르심에 근거한 간단한 상담 과제를 그들에게 내주었다. 이것으로 인해 그들은 그 문제를 구체적인 것으로 느끼게 되었다(519-

520페이지 참조). 이 과제를 실천한 대부분의 사람들은 이렇게 하는 것이 매우 유익하다는 것을 깨닫는다. 나는 매우 간단하게 말하면서 이 숙제를 내곤 한다. "우리 모두는 삶 속에 두 가지 원을 가지고 있습니다. 하나는 책임이라는 원이고, 그 바깥에는 이보다 더 큰 관심사의 원이 있습니다. 책임의 원은 하나님이 우리에게 행하라고 분부하신 모든 것을 포함하고 있습니다. 여기에 대해서 우리는 순종해야만 합니다. 이러한 책임은 다른 어떤 사람에게도 넘길 수 없는 것입니다. 그것들은 주님이 허락하신 상황 속에서 우리에게 주어진 명령입니다. 두 번째 원은 관심사의 원입니다. 이 원 안에는 우리에게 중요하면서 매일 관심을 갖는 사항인 것, 하지만 우리에게 어떤 결과를 나타내야 하는 책임이 있거나 우리가 다룰 수 있는 부분이 아닌 것들이 있습니다. 이러한 것들에 대해서 우리는 하나님께 의지해야만 합니다. 나는 당신이 자신의 삶 속에 이러한 것들이 있음을 깨닫고 그것들을 올바른 원 안에 놓아두시기를 바랍니다." 이것이 책임의 문제를 구체적으로 드러내는 매우 간편한 방법이라는 것은 이미 증명된 바가 있다. 또한 이것은 분노와 불안감, 두려움, 조작, 소극적인 태도, 다른 많은 죄들의 근본 원인을 구체적으로 드러내기도 한다. 당신이 신뢰하도록 부름받은 부분에서 지배하려고 한다든지, 순종하라고 부르신 부분에 대해서 불순종하는 것은 모든 종류의 죄악의 근원이다.

내가 이 상담 과제를 제시하는 한 가지 방법은, 내담자가 로마서 12장 17-21절을 읽게 하는 것이다. 바울은 죄를 짓게 되는 것을 말하면서 하나님의 책임과 우리의 책임을 구별하고 있다. 악을 악으로 갚는 것은 우리가 할 일이 아니다. 복수하는 것은 하나님이 하실 일이다. 우리가 할 일은 선으로 악을 이기는 것이다. 바울은 말한다. "하나님의 분노에 맡겨두라." 실제로 그는 이렇게 이야기하는 셈이다. "하나님의 일을 행하려고 하지 말라. 그분의 일을 방해하지 말라. 악에 대해 복수하는 것은 하나님께 맡기고 그분이 너희에게 행하라고 분명히 명하신 선을 행하라." 그러면서 바울은 말한다. "할 수 있거든 모든 사람과 더불어 평화롭게 살라." 당신이 할 일은 평화를 도모하는 것이다. 하지만 당신은 다른 사람을 변화시키는 것이나 원수를 친구로 만드는 것에 대해 어떠한 책임도 없다. 당신이 좋든 싫든, 노력의 결과에 대해서 하나님만을 신뢰해야 한다. 이 구절은 책임과 관련된 상담 과제를 만드는 간단한 방법을 제공해 준다. 이를 그대로 사용하거나 당신이 상담하는 사람에 맞게 변형하라.

2. 친구. 여기서의 초점은 내담자가, 쉬운 일은 아니지만 새로운 변화를 실생활에 적용하는 일을 할 때에 복음으로써 그를 격려하고 지원하는 것이다. 대개의 경우 나는 미리 준비된 여러 성경 구절들을 연구하는 과제를 내어준다. 그 구절들은 하나님의 자녀로서의 그의 신분과 복음의 소망과 하나님의 약속, 하나님이 공급해주신 도움의 손길들, 변화와 순종을 위해서 주신 능력, 성령의 변함없는 사역, 영원을 바라보며 현재의 어려움을 극복함, 악을 제어하는 하나님의 능력 등을 주목하게 한다. 나는 각각의 과제들을 내담자의 특별한 상황의 필요에 맞게 고안하고, 다음 주간 동안 집에서 그 과제를 수행하게 한 다음, 상담을 시작할 때에 그와 함께 그 결과를 나누며 이야기한다.

3. 목회자. 히브리서 13장에서 목회자는 '자기가 회계할 자인 것같이' 하나님의 백성들을 살피는 사람으로 묘사되고 있다(17절). 상담은 몸을 사리면서 조심스럽게 조언을 하는 것 이상이다. 상담은 목회적인 기능을 갖는다. 개인적으로 나는 하나님이 돌보라고 맡기신 사람들에 대해 책임을 진다. 목회자는 하나님의 백성에게 진리를 전해줄 뿐 아니라 그들이 그것을 믿고 순종하도록 하는 데 책임을 진다. 이러한 목적으로 나는 두 가지 종류의 상담 과제를 내어준다. 첫 번째는 평가하는 과제다. 이것을 다음과 같이 정리하였다.

- 내가 배운 것들(하나님, 나 자신, 다른 사람들, 삶, 복음, 나의 삶의 환경 등에 대해서)
- 내가 배워야만 하는 것들(혼란이나 의심의 영역에 있는 것들)
- 지금까지 변화되었던 것들(이미 일어난 구체적인 변화들을 열거하라)
- 여전히 변화되지 못한 것들
- 이러한 이슈를 다루기 위해 자신이 하고 있는 일들, 변화가 일어나야 하는 부분들

내가 사용하는 두 번째 과제는 일기를 쓰게 하는 것이다. 나는 앞서 설명한 방법대로 내담자에게 다섯 가지 질문에 대답하는 형식으로 일기를 쓰게 한다. 이 일은 자신의 삶을 평가하는 것과 책임을 깨닫게 하는 데 매우 효과적이다. 또한 새롭게 쓴 일기를 이전의 상담 때 썼던 일기와 비교하게 해도 무척 고무적인 효과가 있다. 이러한 과제는 내담자가 꾸준한 인내와 자기 훈련과 더 큰 변화가 필요하다는 것을 깨닫고 진심으로 그것을 원할 수 있게 만든다.

4. 파수꾼. 상담자는 여기서 두 가지 중요한 방법으로 그 역할을 수행한다. 첫 번째는 파수꾼으로서 경고하는 것이다. 나는 내담자가 대적들의 공격에 경계를 늦추지 않기를 원한다. 두 번째는 파수꾼으로서 보호하는 것이다. 각각의 기능에 따른 상담 과제의 사례들을 다음과 같이 생각해볼 수 있다.

- '경고'의 역할: 흔히 사용되는 상담 과제는 '갈등의 순간'이 언제인지를 나열해보는 것이다. 나는 내담자들이 자신의 갈등이 어디에서 일어나는지를 깨닫게 되기를 바란다. 그리고 그들이 규칙을 무시하거나 편법을 사용하려는 유혹을 받는 상황이 무엇인지를 깨닫게 되기를 원한다. 특히 자

신이 이러한 상황에 취약한 이유를 고려하기를 원한다. 이 상담 과제를 통해 얻은 논의는 다음 과제를 위한 계획을 세우는 데 매우 유용하다.
- '보호'의 역할: 그 다음에 이어서 거의 항상 사용하는 과제는, 내담자가 유혹이 다가오는 시간과 장소를 고려하여 '유혹에 대처하는 계획'을 작성하게 하는 것이다. 종종 나는 내담자들이 이 과제를 수행하고 우리가 그것을 함께 살펴본 다음, 들고 다닐 수 있는 작은 메모지에 중요한 원리들을 적게 하고서 유혹이 일어나는 순간마다 그것을 꺼내어보도록 한다. 이 방법에는 다음 세 가지 내용이 포함된다.

1) 생각해야 하는 내용들(중요한 성경 구절, 성경적인 개념, 경고)
2) 취해야 하는 행동들(이러한 유혹을 물리치기 위해 반드시 행해야 하는 것들)
3) 불러야 하는 사람(필요한 때 언제든지 달려가 지원하고 격려하기로 동의한 사람)

5. 교사. 마지막으로 나는 과학 실습실에서 탁자에 모인 학생들 사이를 돌아다니는 교사의 역할을 한다. 교사는 학생들의 실험 실습을 지도하는 중이다. 그는 질문에 대답하기도 하고 학생들이 서툰 것이 무엇인지를 살핀다. 필요할 때에는 새로운 것을 가르치기도 한다. 그와 같이 나는 '숙련된 전문가'로서 내담자들이 배운 것을 실천할 때에도 계속해서 그들에게 가르친다. 나는 가르침을 계속 줄 수 있는 두 가지 유형의 과제에 대해서 말하고자 한다.

첫 번째는 성경적인 이해를 갖게 하는 과제다. 이 과제의 목표는 내담자가 자신의 삶에 대해서 성경적으로 생각하도록 돕는 것뿐 아니라, 그가 날마다 다루어야 하는 일들을 성경적으로 해석하고 이해하는 법을 어떻게 발전시켜나가는가를 가르치는 것이다. 우리는 여전히 혼란과 갈등을 일으킬 상황들을 주시한다. 그래서 관련된 성경 구절들을 찾고 그것들을 상담 과제로 내어준다. 나는 내담자에게 각 구절에 대해서 다음과 같은 네 가지의 질문들에 답하도록 한다.

- 하나님은 이것을 어떻게 설명하시는가?
- 이 일에서 하나님의 목표는 무엇인가?
- 하나님이 내가 행하기를 원하시는 것은 무엇인가?
- 이를 위해 하나님이 내게 주시는 자원들은 무엇인가?

그리고 나서 나는 그가 성경을 통해 얻은 것을, 자신이 경험하고 있는 일을 해석하는 데 사용하도록 돕는다.

가르치는 역할을 하는 두 번째 상담 과제는 새로운 목표를 세우게 하는 것이다. 이 과제는 내담자가 성경적으로 이해하지 못하는 구체적인 부분이 무엇인지를 살펴본 뒤에 주어진다. 여기에서는 경제 생활, 성 생활, 직장과 전문 분야, 교회 봉사, 자녀 양육, 대화의 방법, 개인의 경건 생활 등을 다룬다. 나는 내담자의 성숙의 정도에 맞는 과제를 준비한다. 그리고 우리가 그 주제를 함께 살펴보기 전에 내담자가 나름대로의 결론을 얻을 수 있게 되기를 원한다.

상담의 최종 목표는 실천하는 것이다. 이것은 하나님이 내게 허락하신 상황 속에서 행하라고 부르신 일을 구체적으로 실천하는 것과 관련이 있다. 상담자에게 이러한 실천의 단계는 복양하는 것, 친구가 되는 것, 목회하는 것, 보호하는 것, 가르치는 것을 의미한다. 상담 과제는 성경적인 상담자가 이러한 목표를 완수하기 위해서 사용해야만 하는 방법들 가운데 하나다. 이것을 사용하는 이유 역시 분명해야 한다. 이러한 상담의 단계는 행동으로 나가고, 상담 과제는 내담자가 그 행동을 직접 실천할 수 있게 만든다. 그것은 그가 자신의 삶 속에 일어나는 변화에 책임을 질 것을 요구한다. 그것은 삶을 성찰하고 연구하고 평가하며 무엇인가를 행하고 무엇인가를 다시 하는 것을 요구한다. 그래서 그는 계속해서 영적으로 강건해지며 영적인 훈련을 받게 된다.

  하나님이 만나게 하신 수와 프랜, 빌, 쥬디, 바트와 함께한 상담에서, 과제의 중요성을 아무리 강조해도 지나치지 않다. 상담 과제는 형편과 여건이 넉넉해서 하게 되는 사치스러운 활동이 아니다. 그것은 또한 보통의 성경적 상담 과정에 덧붙여지는 것도 아니다. 그것은 생산적인 성경적 상담에서 가장 중요한 부분이다. 내담자와 관계를 세우든지, 자료를 수집하든지, 죄를 직면케 하든지, 그리스도의 위로를 전하든지, 구체적인 적용을 하게 하든지 간에 상담 과제는 유용하다. 그것은 내담자를 능동적으로 참여하게 한다. 그가 성경에 의지하게 하고 마음을 열게 하며 자신의 행동에 책임 의식을 갖게 한다. 상담 과제는 내담자가 상담이 진행되는 모든 시간 동안 능동적으로 참여하게 한다. 내담자가 실제적이고 생산적이며 지혜롭게 하나님께 영광을 돌리는 과제의 형태로 자신의 마음 깊은 곳을 열면, 상담자의 일을 진척시킨 셈이다. 제이 아담스(Jay Adams)는 상담 과제에 대해서 말하면서 이렇게 이야기했다.

> "처음부터 내담자들은 성령의 능력에 의존하고, 성경의 빛을 받으면서 하나님이 그들에게 기대하시는 바를 행하라고 요구받는다. 상담자는 내담자들이 해야 할 일을 대신 해주지 않는다. 단지 그들을 지도할 뿐이다. 상담자는 양 떼를 이끄는 목자일 뿐이다. 하지만 그들은 자신의 일을 행한다. 상담자는 내담자들이 하나님께 순종하고 그분의 도우심을 의지하는 가운데 '자신의 구원을 이루는 법(해결법)'에 대해서 배워야 한다고 강조한다. 그리고 상담 과제는 그 방법이 어디에 있는지를 강조한다. 그것은 바로 하나님과 이웃에 대한 내담자의 책임을 통해 이루어진다."[3]

상담 과제 자료

큰 그림 그리기
누가복음 6장 43-45절

상황:

무슨 일이 일어나고 있는가?(현재의 상태, 다른 사람들의 행동)

열매:

지금 일어나고 있는 일에 대해 당신은 어떻게 반응하고 있는가?(감정, 행동, 반응)

근원:

현재 진행되고 있는 일에 대해서 어떻게 생각하는가?(하나님, 자기 자신, 다른 사람들, 인생)

당신이 원하는 것이 무엇인가?(목표, 욕구, 필요, 요구 사항)

상담 과제 자료

그리스도인의 삶이란 무엇인가?

1. 다음은 그리스도인의 삶에 대해 다른 각도로 본 것이다.

   a. 당신은 그리스도인의 삶에, 갈등을 끝내고 삶을 순탄하게 만드는 '비결'이 있다고 생각하는가?

   b. 당신은 변화되는 것이 너무나 힘들어보여서 그리스도인임을 포기한 적이 있는가?

   c. 당신은 삶의 모든 상황에서 예수 그리스도처럼 생각하고 행동하는 법을 배우며, 의식적으로 변화하는 '제자'가 되어가고 있는가?

   d. 당신 삶에서 결점을 깨달을 때 그것을 심각한 위기로 보고서 변명하거나 절망하는가, 아니면 그 즉시 완전해지고 건져지는 것을 간구하는가?

2. 정상적인 그리스도인의 삶에 대한 다음의 글을 읽어보라.

   그러므로 이러한 삶은
   의로움이 아니라 의로움 속에서 성장하는 것이고,
   건강한 상태가 아니라 치유받는 것이며,
   머물러 있는 상태가 아니라 되어가는 과정이고,

쉬는 것이 아니라 노력하는 것이다.
우리는 앞으로 되어질 모습에 이르지 않았지만
그것을 바라보며 성장하는 중이다.
그 과정은 끝나지 않고 계속되고 있다.
이것은 끝이 아니라 여정이다.
모든 것이 아직 영광 중에 빛나지는 않지만
점차 정결해지고 있다.
― 마틴 루터(Martin Luther)

a. 이러한 삶은 어떤 것 같은가?

b. 현세와 내세에서 어떤 약속이 이를 보증하고 있는가?

c. 이것이 그리스도인의 삶에 대한 당신의 생각인가? 어떠한 부분에서 도전을 받는가? 어떻게 격려가 되는가?

d. 구체적으로 당신은 어떻게 변화되어야 하는가?

3. 루터는 성경을 연구했기 때문에 이와 같은 글을 쓸 수 있었다. 다음 성경 구절들을 연구해보라.
야고보서 1:2-5; 빌립보서 1:6, 1:9-11, 2:12-13; 베드로후서 1:3-11
루터의 글을 읽고 던졌던 질문을 각 성경 구절에 대해서도 묻고 답하라.

a. 이러한 삶은 어떤 것 같은가?

b. 현세와 내세에 있어서 어떤 약속이 이를 보증하고 있는가?

c. 이것이 그리스도인의 삶에 대한 당신의 생각인가? 어떠한 부분에서 도전을 받는가? 어떻게 격려가 되는가?

d. 구체적으로 당신은 어떻게 변화되어야 하는가?

상담 과제 자료

삶의 여러 가지 상황들에 반응하기

다음 글을 잘 읽어보라(상담자는 내담자의 삶의 상황과 관련되는 읽을거리를 아래에 적어놓으라).

위의 상황에 반응할 수 있는 다섯 가지 방식을 기록하고 각각의 목표나 목적을 설명하라.

반응

1.
2.
3.
4.
5.

이유

1.
2.
3.
4.
5.

당신이라면 그 상황에 어떻게 반응하겠는가?

당신의 대답이 자신의 마음의 소원과 목표에 대해서 알게 해주는 것은 무엇인가?

상담 과제 자료

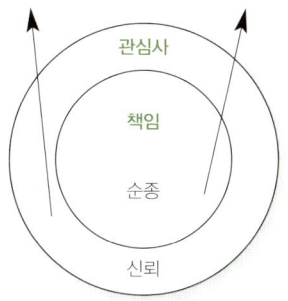

책임 소재 밝히기

당신이 삶에서 많은 관심을 갖고는 있지만 당신의 책임이 아닌 것들은 무엇인가?

내가 하나님께 의지해야만 하는 것들

1.
2.
3.
4.
5.
6.
7.
8.
9.
10.

하나님이 내게 주신 책임이기 때문에 결코 다른 사람에게 넘길 수 없는 것들

1.
2.
3.
4.
5.
6.
7.
8.
9.
10.

내가 실천해야만 하는 변화는 무엇인가?

주

1부

1장

1. 더 자세한 연구를 위해서 다음 자료를 참고하라. "Wisdom in Counseling", 〈The Journal of Biblical Counseling〉, vol. 19.2, (winter 2001), pp. 4-13.

2장

1. 더 자세한 연구를 위해서 다음 자료를 참고하라. "The Great Commission: A Paradigm for Ministry in the Local Church", 〈The Journal of Biblical Counseling〉, vol. 16.3 (spring 1998), pp. 2-4.
2. 데이비드 핸더슨(David Henderson)의 책을 보라. 「Culture Shift: Communicating God's Truth to Our Changing World(Grand Rapids: Baker Books, 1998)」. 성경의 적절한 사용에 대한 유익한 논의를 보기 원한다면 29페이지 이하를 보라.
3. 결혼 생활에 대한 이 원리를 더 적용하는 것으로 다음 자료를 참고하라. "Whose Dream? Which Bread?", 〈The Journal of Biblical Counseling〉, vol. 15.3 (spring 1997), pp. 47-50. 이 글은 '변화되는 삶을 위한 자원 시리즈(the Resources for Changing Lives Series)'로서 「Marriage: Whose Dream?」이라는 제목으로 출간되었다.

3장

1. 이 개념에 관한 더 자세한 논의를 위해서는 3부의 부록 1-3장을 보라.

4장

1. 이 그림은 다음의 책에 처음 등장하였다. 「위기의 십대 기회의 십대(Age of Opportunity: A Biblical Guide to Parenting Teens, 도서출판 디모데)」.

2부

8장

1. 더 자세한 연구를 위해 다음 두 책을 강력하게 추천한다. 「When God Weeps」, by Joni Eareckson Tada and Steven Estes(Grand Rapids: Zondervan, 1997), 「Why Does It Have to Hurt?」, by Dan G. McCartney (Phillipsburg, N.J.: P&R, 1998).
2. 더 자세한 연구를 위해서 이전에 쓴 나의 글을 보라. "Keeping Destiny in View: Helping Counselees View Life from the Perspective of Eternity," 〈The Journal of Biblical Counseling〉, vol. 13.1 (fall 1994), pp. 13–24. 이 글은 '변화되는 삶을 위한 자원 시리즈'에서 다음과 같은 제목으로 소책자로도 출간되었다. 「Suffering: Eternity Makes a Difference」.

12장

1. 개별적인 상담의 각 단계에서 상담 과제의 사용에 관하여 더 알고 싶다면 3부 부록 4-5장을 참고하라.
2. 더 구체적인 논의를 위해서 다음의 책을 보라. "Speaking Redemptively," 〈The Journal of Biblical Counseling〉, vol. 16.3 (spring 1998), pp. 10–18, "Grumbling-A Look at a 'Little' Sin", 〈The Journal of Biblical Counseling〉, volume 18.2 (winter 2000), pp. 47–52.

14장

1. 이 찬송은 하인리히 쉰크(Heinrich T. Schenk)가 쓴 곡으로 다음의 앨범에 수록되었다. The Trinity Hymnal(Philadelphia, Pa.: Great Commission Publication, 1990), #542.

3부

4장

1. Jay Adams, 「Ready to Restore(Phillipsburg, NJ: P&R, 1981)」, p. 72.

2. 민수기 11-21장, 빌립보서 2:14-16 등.

3. 인용문은 "Jesus, What a Friend for Sinners!"란 찬양의 2절과 3절에서 따온 것이다.

4. '개별적인 자료 연구(Personal Data Inventory)' 사례들은 제이 아담스의 다음 책에서도 나타난다. 「The Christian Counselor's Manual(Grand Rapids: Zondervan, 1973)」, pp. 433-435.

5. L. Berkhof, 「Systematic Theology(Grand Rapids: Eerdmans, 1941)」, p. 534.

5장

1. 고린도후서 1:3-2:4과 데살로니가전서 2:1-20, 사도행전 20:17-38을 보라. 이 세 본문은 사랑과 개인적인 정직함이 말씀의 효과적인 사역을 위한 장을 마련한다는 것을 보여준다. 사도 바울은 계속해서 자신의 편지를 읽는 성도들과 관계를 유지하고 있다. 더욱이 상대적으로 개인적이지도 않고 대중을 대상으로 하는 서신들(에베소서, 골로새서, 로마서)에서조차 그런 관계를 보이고 있다.

2. Wayne Mack, 「A Homework Manual for Biblical Counseling」, vol. 2 (Phillipsburg, N.J.: P&R, 1980).

3. Jay Adams, 「Christian Counselor's Manual(Grand Rapids: Zondervan, 1973)」, pp. 306-307.

> 영혼의 양식, 디모데 추천 도서

아름다운 노년
노년을 향한 하나님의 부르심

삶의 의미와 목적을 완성하는 인생 후반전을 위하여!

복음주의를 대표하는 거장 제임스 패커는 이 책에서 사회생활에서의 은퇴를 신앙생활에서의 은퇴로 받아들이는 인식에 의의를 제기하고 그것이 그리스도인 노년들에게 미치는 부정적 영향을 파헤친다. 노년을 인생의 새로운 기회로 인식하여 계속 배우고, 신중히 계획하며, 제자도에 심혈을 기울이는 기회로 삼도록 돕고, 나아가 그리스도인으로서 인생의 경주를 아름답게 완주할 수 있도록 인도한다.

제임스 패커 지음 | 윤종석 옮김 | 110면 | 9,000원

크리스천다움
당신의 신앙 여정을 인도할 크리스천 됨의 큰 그림

**나 중심적이고, 현세적이며, 기복적 신앙을 넘어 매력 있고
구별되며 영향력 있는 크리스천으로 살 수 있을까?
그러려면 제대로 믿고 다르게 살아야 한다!**

기독교와 크리스천을 향한 세상의 시선이 곱지 않다. 하나님의 기대에도, 세상의 기대에도 미치지 못하는 이유를 이 책은 크리스천 됨의 큰 그림이 어긋난 데 있다고 진단하고, 크리스천다움을 회복해야 할 여섯 가지 영역의 큰 그림을 제시한다.

양승헌 지음 | 238면 | 12,000원

인생 묵상
채우시는 하나님과 함께하는 삶

하늘의 별이든, 미세한 분자든, 우리네 인생이든
이 모든 것을 주관하시는 하나님은 얼마나 경이로 충만한 분인가!
이제 가만히, 그 하나님께 잠기어 보라!

우리 시대 영적 멘토 찰스 스윈돌은 여든 해 생애를 살아오는 동안 신앙과 내면의 문제, 인간관계 등 인생의 여러 문제를 가지고 깊은 묵상과 기도의 세계로 나아갔다. 이 책에 실린 90편의 묵상과 기도는 삶의 어느 순간에라도 일상에 매몰되어 흐트러졌던 초점을 다시 하나님께 맞추고, 하나님의 임재를 충만히 경험하도록 돕는다.

찰스 스윈돌 지음 | 윤종석 옮김 | 293면 | 13,000원

삶으로 드러나는 믿음
박정근의 야고보서 강해

스스로 믿음 있다 하면서 왜 삶에서는 그 믿음이 보이지 않는가?
주님은 말씀하신다. "너의 행실로 판단하리라!"

그리스도를 믿는 참된 믿음은 반드시 행위로 드러난다고 역설하는 야고보서 강해서. 이 책은 참된 믿음의 특징을 하나하나 다루면서 믿음의 삶이란 무엇인지 그리고 그것을 어떻게 우리의 삶으로 살아낼 수 있는지를 분명하게 보여준다. 마지막 날 주님 앞에 섰을 때 그분에 대한 우리의 사랑을 삶으로 증명할 것을 도전한다.

박정근 지음 | 216면 | 12,000원

성경, 왜 믿어야 하는가
성경이 진리인지 묻는 이에게

**성경에 대한 확신으로 인도하고 성경의 가치에
눈뜨게 하는 성경론 입문서**

기독교 신앙은 성경에 근거한다. 성경을 벗어나서는 어떤 것도 바른 신앙이 될 수 없다. 이 책은 성경의 권위와 절대성을 부정하는 상대주의의 시대에도 성경이 여전히 중요한 이유를 분명히 알려준다. 나아가 말씀의 하나님이 더 많이 알려지고 더욱 존귀히 여김을 받으시도록 성경에 드러난 하나님의 권위와 진실하심을 드러내 보여준다. 이 책을 통해 우리는 진리를 사랑하고 진리를 말하는 사람으로 서게 될 것이다.

케빈 드영 지음 | 장택수 옮김 | 175면 | 11,000원

부자로 살기보다 부요하게 살라
두 주인을 섬기지 않으려는 그리스도인의 결단

돈이 주인인가, 하나님이 주인인가?

배금(拜金)과 탐욕의 시대를 살아가는 그리스도인에게 제안하는 하나님이 진정한 주인 되시는 삶의 원리. 돈이 인생의 전부이고 성공의 척도라고 강변하는 세상에 휘둘리지 않도록 돈과 소유에 관한 바른 신학과 신앙으로 인도한다.

앤디 스탠리 지음 | 정성묵 옮김 | 192면 | 11,000원

아이키드
디지털 시대의 올바른 자녀양육

우리 아이가 알아야 할 디지털 세상을 현명하게 사는 법

아이키드(iKids)는 디지털 혁명기인 2000년 이후 출생한 세대를 말한다. 이 책은 다음 세대를 양육하는 부모와 교사, 사역자들에게 디지털 문화의 면면과 장단점을 알려주고 그것이 아이들의 정신적, 사회적 발달에 미치는 영향, 특히 아이들의 뇌 발달에 미치는 영향을 분석한다. 나아가 디지털 기술이 이 세대의 미래를 어떤 방향으로 이끌어가고 있는지를 진단하여 이 변화에 대비할 수 있는 실제적인 지침을 제공한다.

크레이그 케넷 밀러 지음 | 정성묵 옮김 | 307면 | 13,000원

약함이 길이다
우리의 힘, 그리스도

삶의 여러 연약함 속에서 흔들리는 인생을 향한 소망의 메시지

현대 복음주의 형성의 선구자 J. I. 패커는 육체의 가시를 지니고 살았던 바울의 고린도후서 묵상을 통해 그리스도 안에서 스스로의 연약함을 겸손하게 받아들이는 일의 중요성을 이야기한다. 우리의 연약함 속에서 그리스도의 힘을 발견하도록 돕는 이 책은 성경이 말하는 참된 의미의 연약함과 그 안에 담긴 하나님의 계획과 섭리를 일깨워준다.

제임스 패커 지음 | 윤종석 옮김 | 양장본, 144면 | 12,000원

치유와 회복의 동반자

1쇄 인쇄 2007년 8월 27일
3쇄 발행 2020년 12월 13일

지은이 폴 트립
옮긴이 황규명
펴낸이 고종율

펴낸곳 주)도서출판 디모데 〈파이디온선교회 출판 사역 기관〉
등록 2005년 6월 16일 제 319-2005-24호
주소 서울특별시 서초구 서초대로 141-25(방배동, 세일빌딩)
전화 마케팅실 070)4018-4141
팩스 마케팅실 031)902-7795
홈페이지 www.timothybook.com

값 19,000원
ISBN 978-89-388-1344-2 03230
Copyright ⓒ 주)도서출판 디모데 2007 〈Printed in Korea〉